D1922367

Gernot Asche · Wolfgang Roth · Ludwig Schroeder (Hrsg.)

Fixateur Externe

Standard-Indikationen, Operationsanleitung und Montage-Beispiele

Einhorn-Presse Verlag

Asche, G.; Roth, W.; Schroeder, L. (Hrsg.)

Fixateur Externe

Standard-Indikationen, Operationsanleitung und Montage-Beispiele

Einhorn-Presse Verlag

ISBN 3-88756-810-9

Die Autoren haben alle Anstrengungen unternommen, um sicherzustellen, daß etwaige Auswahl und Dosierungsangaben von Medikamenten im vorliegenden Text mit den aktuellen Vorschriften und der Praxis übereinstimmen. Trotzdem muß der Leser im Hinblick auf den Stand der Forschung, Änderung staatlicher Gesetzgebungen und den ununterbrochenen Strom neuer Forschungsergebnisse bezüglich Medikamentenwirkung und Nebenwirkungen darauf aufmerksam gemacht werden, daß unbedingt bei jedem Medikament der Packungsprospekt konsultiert werden muß, um mögliche Änderungen im Hinblick auf Indikation und Dosis nicht zu übersehen.
Die Wiedergabe von Gebrauchsnamen, Handelsnamen, Warenbezeichnungen usw. in diesem Werk berechtigt auch ohne besondere Kennzeichnung nicht zu der Annahme, daß solche Namen im Sinne der Warenzeichen- und Markenschutz-Gesetzgebung als frei zu betrachten wären und daher von jedermann benutzt werden dürfen.

Herausgeber:
Dr. med. Gernot Asche
Abteilung für Unfallchirurgie, Kreiskrankenhaus Freudenstadt
Karl-von-Hahn-Straße 12, 72250 Freudenstadt

Dr. med. Wolfgang Roth
Chirurgische Klinik, St. Elisabeth Klinik Saarlouis
Kapuzinerstraße 4, 66740 Saarlouis

Priv.-Doz. Dr. med. habil. Ludwig Schroeder
Abteilung Unfallchirurgie, Martin-Luther-Krankenhaus Schleswig
Lutherstraße 22, 24837 Schleswig

ISBN 3-88756-810-9
© 2002 by Einhorn-Presse Verlag GmbH, Reinbek
2., überarbeitete, erweiterte Auflage
Alle Rechte vorbehalten
Printed in EU

Inhalt

Besondere Anwendungen
- Indikation, Komponententeile, Montage, Nachbehandlung, Beispiele -

Anhang

Vorwort zur ersten Auflage

In der neuen Operationsanleitung für den Fixateur Externe HOFFMANN II werden Standardanwendungen anhand von Indikationen und Montagemöglichkeiten aufgezeigt.
Themen zur dynamischen Frakturheilung sowie Stabilitätsmessungen der einzelnen Fixateurkomponenten mit Montagebeispielen bilden den Auftakt.
Standardanwendungen, ihre Indikationen, Montageanleitungen und Fallbeispiele werden verständlich und schrittweise illustriert von verschiedenen, kompetenten Verfassern dargestellt.
Die Schwerpunkte bilden hier Tibiafrakturen, distal, proximal und im Schaft, Radiusfrakturen, Frakturen des Sprunggelenkes sowie des Oberschenkels und Frakturen der Finger.
Als besondere Anwendungen des Fixateur Externe werden Frakturen des Beckens und die Indikationsstellung bei kindlichen Frakturen behandelt.
Den Abschluß der Operationsanleitung für den Fixateur Externe HOFFMANN II bildet eine ausführliche Beschreibung der Fixateurnachbehandlung und seiner Pflege.

Gernot Asche   Wolfgang Roth   Ludwig Schroeder

Vorwort zur zweiten Auflage

Gernot Asche

Wolfgang Roth

Ludwig Schroeder

Nachdem im Frühjahr 2002 in Dallas/ Texas bereits eine erweiterte englischsprachige Ausgabe vorgestellt wurde, ist nun bereits zwei Jahre nach Erscheinen der deutschsprachigen Erstausgabe des Standardbuches über die Behandlung mit dem Fixateur Externe eine Neuauflage notwendig. Statt eines Nachdruckes schien es den Herausgebern sinnvoller, eine völlige Überarbeitung des Buches mit ergänzenden Beiträgen zu erstellen.
Die Grundkonzeption des Buches, Standardanwendungen und Montagemöglichkeiten aufzuzeigen, wurde beibehalten. Insgesamt acht neue Beiträge wurden aufgenommen. Dies zeigt die dynamische Entwicklung der Implantate und der Indikationen für den Einsatz der externen Fixation. Der Microfixateur, der dynamische Ellenbogenfixateur und die Montagekombinationen mit Ringfixateuren haben zu einer Erweiterung der Behandlungsmöglichkeiten geführt.
Auch Beiträge aus dem nicht traumatologischen Bereich sollen den Leser anregen, nach weiteren Anwendungsmöglichkeiten für den Fixateur Externe zu suchen.

Gernot Asche — Wolfgang Roth — Ludwig Schroeder

Danksagung

Unser Dank gilt den nachfolgend aufgeführten Mitautoren, die mit ihren Beiträgen zur Fertigstellung dieser Operationsanleitung für den Fixateur Externe HOFFMANN II beigetragen haben.

- *Prof. Dr. med. B. Kummer,*
  Abteilung Anatomie,
  Universität Köln;
- *M. Behrens,*
  Leiter Forschungslabor
  Stryker Trauma S.A., Genf, Schweiz;
- *Prof. Dr. F. Forriol,*
  Medizinische Fakultät,
  Universität von Navarra,
  Pamplona, Spanien;
- *Dr. med. Th. Deck,*
  Ass. Arzt Chirurgie,
  KKH Freudenstadt;
- *Dr. med. N. Florin,*
  Oberärztin der Unfallchirurgie,
  KH Nordstadt Hannover;
- *Dr. med. L. Schütz,*
  Chirurgische Klinik und Poliklinik,
  Universitätsklinikum Leipzig;
- *Dipl.-Med. F. Unger,*
  Ev. Diakonissenkrankenhaus Leipzig;
- *Dr. med. U. Socha,*
  Chefarzt der Chirurgie,
  Ev. Diakonissenkrankenhaus Leipzig;
- *Dr. med. J.P. Stahl,*
  Oberarzt, Unfallchirurgie,
  Universität Gießen;
- *Dr. med. A. Ludwig-Buchal,*
  Ass. Ärztin,
  KKH Freudenstadt;
- *Prof. Dr. D. Seligson,*
  Chefarzt Trauma,
  Universität Louisville, Kentucky, USA;
- *Dr. med. D. Beck, M.D.,*
  Universität Louisville, Kentucky, USA;
- *Priv.-Doz. Dr. med. St. Rose,*
  Klinikum der
  Johann Wolfgang Goethe-Universität,
  Frankfurt am Main;
- *Dr. R. Varsalona,*
  Abteilung für Orthopädie und Trauma,
  Universität von Catana, Italien;
- *Dr. med. A. Elsen*
  Klinik für Unfallchirurgie,
  Klinikum Hannover;
- *Prof. Dr. L. von Laer,*
  Konsiliararzt am Kinderspital
  Wildermeth, Biel, Schweiz;
- *Prof. P. Lascombes,*
  Universitätskrankenhaus,
  Kinderhospital, Pädiatrische Chirurgie,
  Vandoeuvre, Frankreich;

Der AIOD Deutschland und der Firma Stryker Howmedica danken wir für die finanzielle Unterstützung sowie dem Einhorn-Presse Verlag für die unkomplizierte Zusammenarbeit.

Unser ganz besonderer Dank gilt Frau Helga Asche, die mit viel Geduld uns unterstützt hat und uns so manchen guten Rat bei der Gestaltung des Buches gegeben hat.

Freudenstadt, im November 2002 *Die Herausgeber*

Historie

Einführung

L. Schroeder

„Das Wissenschaftliche wird von vielen Seiten zusammengetragen und kann vieler Hände, vieler Köpfe nicht entbehren. Es ist daher niemand, der nicht seinen Beitrag den Wissenschaften anbieten dürfte."

GOETHE

Das Problem der Wundbehandlung bei Frakturen hat sicherlich zur Idee des äußeren Festhalters, zum Fixateur Externe, geführt. Bereits HIPPOKRATES (13) soll nach manueller Reposition über Hebel die Anwendung eines äußeren Feststellers beschrieben haben (Abb. 1). Nach NIELÄNDER und WOLTER (1995) (12) hat Carl Wilhelm WUTZER (1789-1863) (Abb. 2) als erster bei einer Femurpseudarthrose einen Fixateur Externe verwendet (Abb. 3). Die kleinkalibrigen Schrauben hielten nicht in der dünnen Corticalis. VON LANGENBECK (1810-1887) empfahl bei Pseudarthrosen einen „Knochenschraubenapparat" mit stark kalibrigen Schrauben (Abb. 5) (3, 6, 12, 14).

Bereits 1853 benutzte James BOLTON (4, 16) in Nordamerika bei einer Femurpseudarthrose einen selbst entwickelten Fixateur Externe und veröffentlichte diesen Fall 1864. Die Methode geriet in Vergessenheit. Erst 1897 publizierte PARKHILL (Abb. 6) in Nordamerika die Ergebnisse von 9 Patienten, die mit einem von ihm konstruierten Fixateur Externe behandelt wurden (Abb. 7) (8, 13).

In Europa war es Albin LAMBOTTE, der einen „Knochennaht-Apparat" (Abb. 8) 1900 vorstellte. Eine Fotographie, aufgenommen am 24. April 1902, zeigt LAMBOTTE mit Assistenten beim Anlegen eines Fixateur Externe am Oberschenkel im Hospital Styvenberg in Antwerpen (Abb. 9). LAMBOTTE führte auch den Namen Fixateur Externe ein. Er entwickelte dieses System weiter, so daß es für alle Knochen geeignet war und auch zur Behandlung frischer Frakturen angewendet werden konnte. Das von LAMBOTTE entwickelte System fand viele Nachahmer. Ein Nachteil dieser äußeren Fixation war das Problem der Reposition. Diese mußte möglichst sorgfältig vor dem Einbringen der Schrauben erfolgen. Eine spätere Korrektur war nicht mehr möglich (Abb. 10) (3, 5, 7, 11).

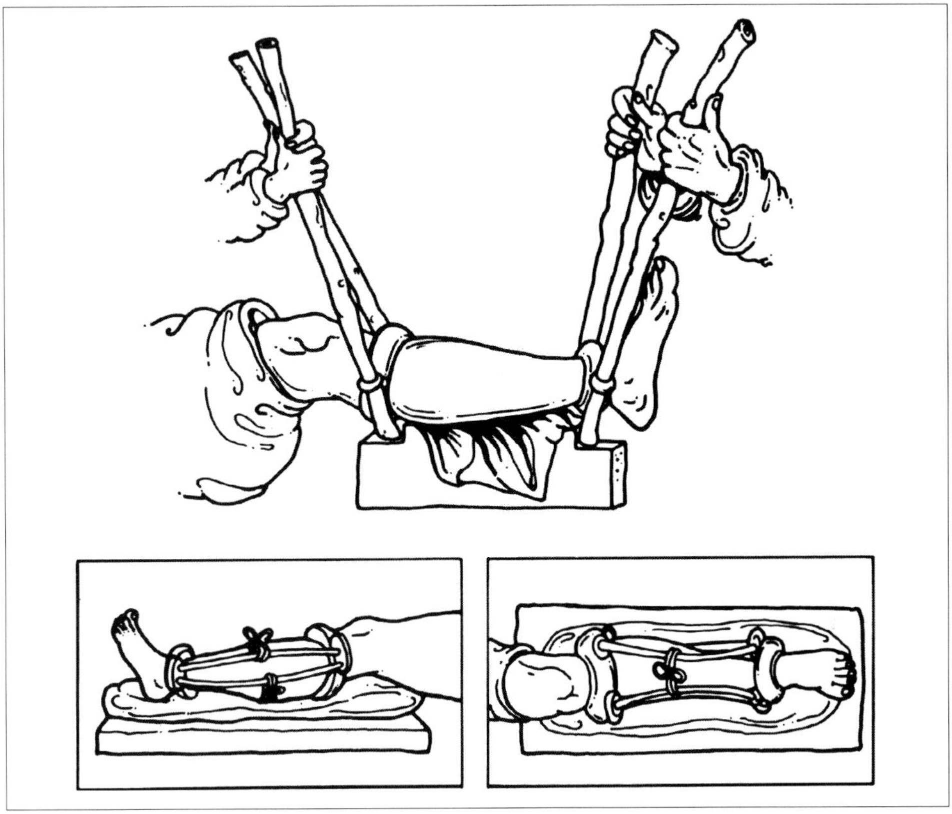

Abb. 1: Äußerer Feststeller nach Hippokrates (460-370 v. Chr.).

Abb. 2: Carl Wilhelm Wutzer (1789-1863); aus Wolter et al. (1995) (12).

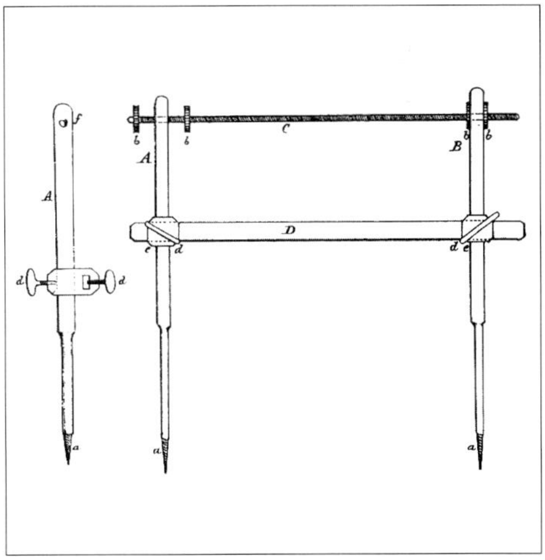

Abb. 3: Schraubenapparat von Wutzer (1843); aus Wolter et al. (1995) (12).

Abb. 4: VON LANGENBECK (1810-1887); aus WOLTER et al. (1995) (12).

Abb. 6: Clayton PARKHILL (1860-1902).

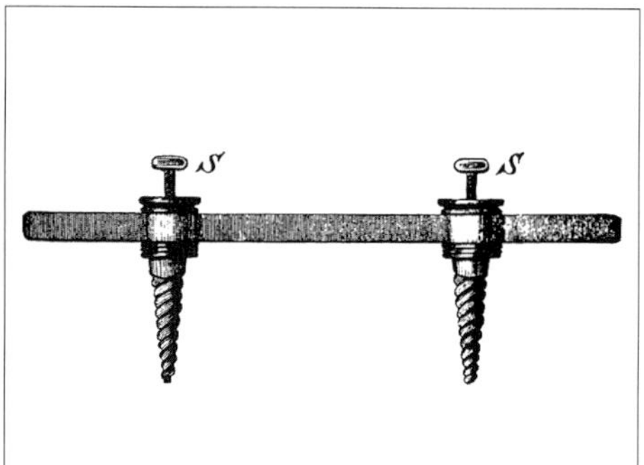

Abb. 5: Knochenschraubenapparat nach v. LANGENBECK (1855); aus WOLTER et al. (1995) (12).

Eine bahnbrechende Änderung gelang dann Raoul HOFFMANN (Abb. 11). HOFFMANN wurde am 5. April 1881 in Berlin geboren und starb am 19. März 1972 in Genf. Nach dem Abitur machte er eine Schreinerlehre und studierte dann Medizin und Theologie. 1938 entwickelte er das Prinzip der universellen Kugelgelenke mit Brückenstäben und festen Pinhalteklemmen, so daß dadurch Nachrepositionen und Korrekturen möglich wurden (9). Im April 1938 wurde dieser Fixateur zum Patent angemeldet (Abb. 12, 13) (7).

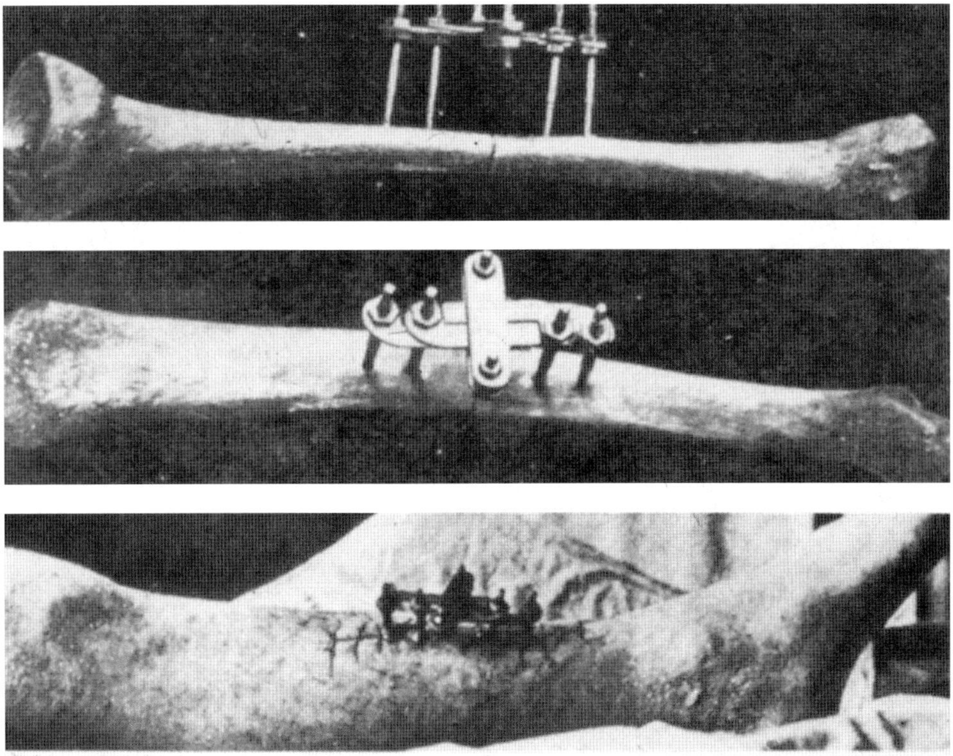

Abb. 7: Knochenfixation von PARKHILL (1897).

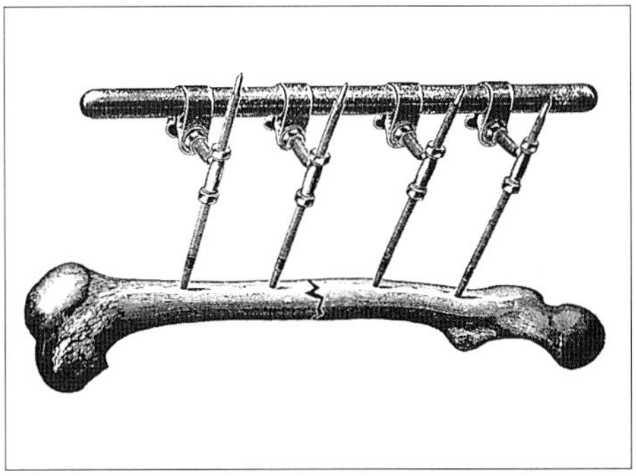

Abb. 8: „Knochennahtapparat“ nach LAMBOTTE (1900).

Gleichzeitig entwickelte er selbstschneidende Knochenschrauben, die percutan eingebracht werden konnten. Es war zunächst schwierig, eine Firma für die Herstellung dieses Fixateurs zu finden. Die Firma Ulrich in Ulm zeigte sich interessiert. Schließlich wurde dieser Fixateur von Raoul HOFFMANN bei der Firma Jaquet, die 1947 in Genf gegründet wurde, hergestellt. 1951 und 1961 wurden Monographien über die konstruktive Ausführung und die technische Anwendung

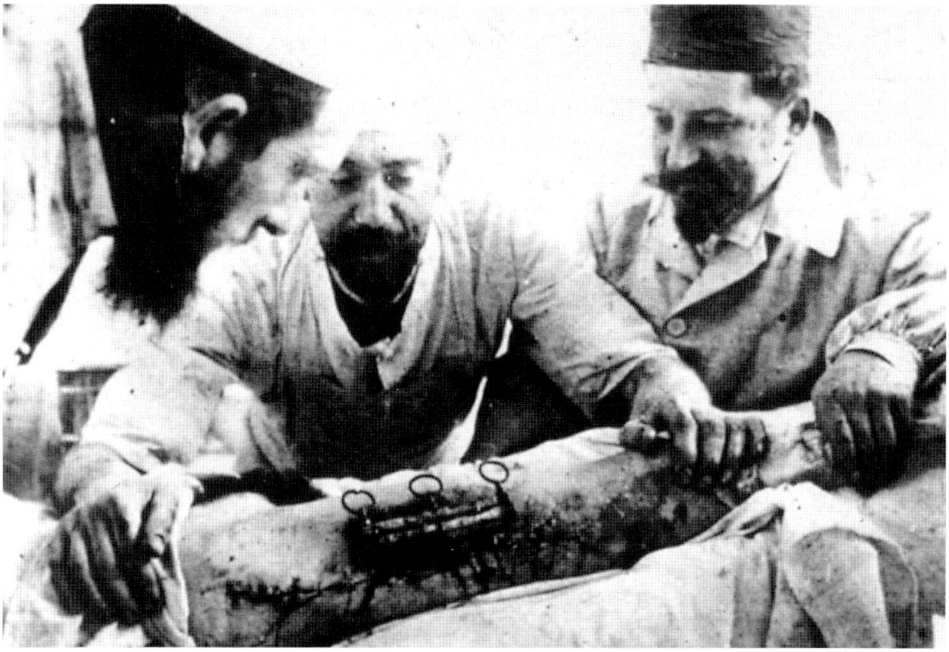

Abb. 9: LAMBOTTE im Hospital Stuyvenberg in Antwerpen (24. April 1902).

des HOFFMANN-Fixateurs sowie die klinischen Erfahrungen veröffentlicht. Nach HAUSER (1992) (7) können diese beiden „schlichten Leitfäden ohne Übertreibung als etwas verkannte, erstrangige Klassiker der Fixateurliteratur bezeichnet werden. Es finden sich darin schon viele Prinzipien, welche als neue Trends in den letzten Jahren 'en vogue' gekommen sind. So beinhaltete das modulare Fixateursystem bereits Gleitstäbe zur Kompression und Distraktion, einen Distraktor als Repositionshilfe, und für die Fixation der kleinen Knochen ist schon ein Instrumenten-Set auf der Basis von 3 mm Knochenschrauben ausgearbeitet. Die klinische Anwendung des Fixateurs ist ebenso bahnbrechend wie seine Konstruktion." (Ende des Zitates).

Der Fixateur Externe nach Raoul HOFFMANN war gegenüber den anderen Modellen eine entscheidende Verbesserung und zeigte gute Ergebnisse bei der Behandlung von Frakturen. Ende der 60er Jahre wurde vorwiegend durch VIDAL eine möglichst starre Montage als Dop-

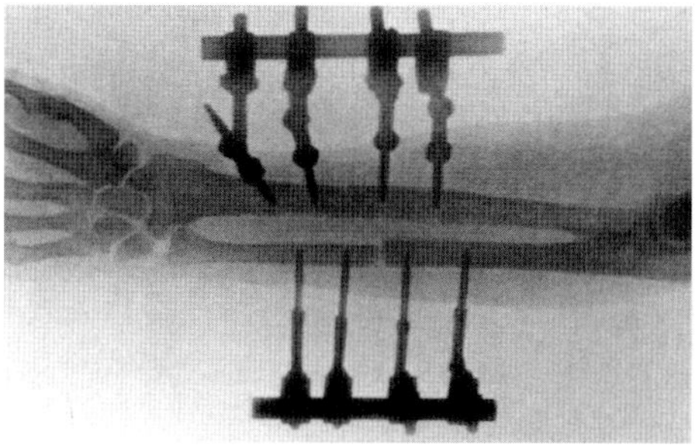

Abb. 10: Unterarmfraktur mit Fixateur nach LAMBOTTE (1902).

Abb. 11: Raoul HOFFMANN (1881-1972).

pelrahmen eingeführt (10). Eine besondere Indikation für dieses starre System wurde bei offenen Frakturen und Infektpseudarthrosen gesehen. Die eigentliche Pionierleistung von HOFFMANN, einen außerordentlich praktischen unilateralen Fixateur zur Frakturenbehandlung konzipiert zu haben, ist durch diese Entwicklung zum starren Rahmenfixateur etwas in Vergessenheit geraten. Dieses starre System war entsprechend aufwendiger anzubringen, des weiteren zeigte es wenig Patientenkomfort (Abb. 14).

Während der Fixateur Externe von LAMBOTTE (15) erst nach der offenen Reposition angebracht wurde, war es durch den HOFFMANN-Fixateur möglich, die Schrauben percutan einzubringen und erst dann die Reposition durchzuführen (1, 15). Während der HOFFMANN-Fixateur von einem Chirurgen zur Frakturenbehandlung entwickelt wurde, ist der Fixateur Externe der Arbeitsgemeinschaft für Osteosynthesefragen in klassisch orthopädischen Gefilden verwurzelt (HAU-

N° 203544 Classe 116a

CONFÉDÉRATION SUISSE B[n]

BUREAU FÉDÉRAL DE LA PROPRIÉTÉ INTELLECTUELLE

EXPOSÉ D'INVENTION

Publié le 16 juin 1939

Demande déposée: 6 avril 1938, 12 h. — Brevet enregistré: 15 mars 1939.

BREVET PRINCIPAL

Dr Raoul HOFFMANN, Genève (Suisse).

Fixateur pour le traitement des fractures des os.

Abb. 12: Patentschrift für den Raoul-HOFFMANN-Fixateur Externe (April 1938).

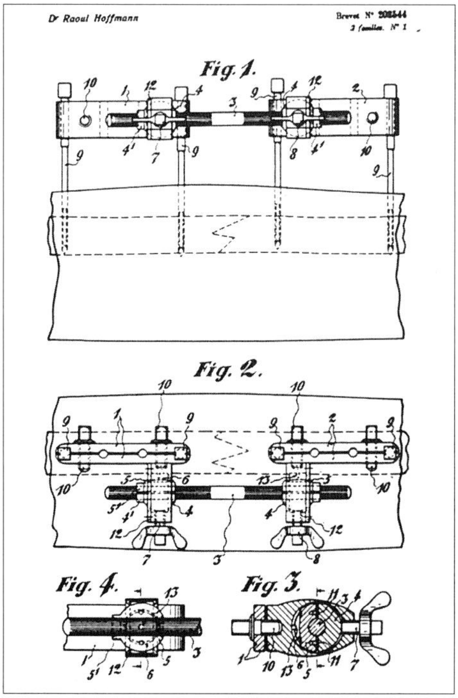

Abb. 13: Zeichnung des Fixateur Externe von Raoul HOFFMANN (1938).

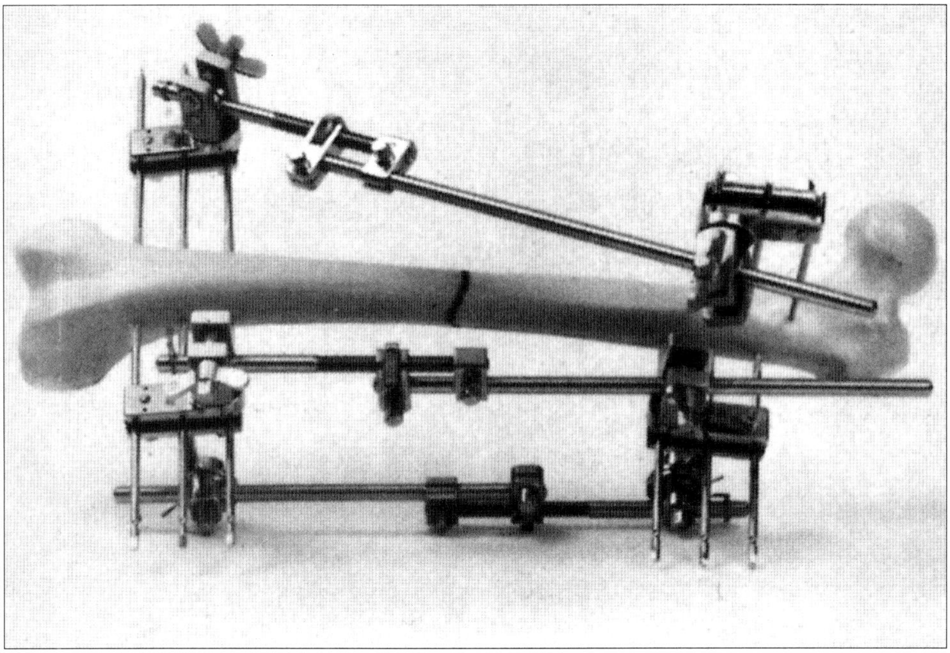

Abb. 14: Hoffmann-Fixateur bei Femurfraktur.

ser 1992) (7) und damit vorwiegend für die Durchführung von Arthrodesen oder zur Behandlung von Pseudarthrosen vorgesehen und geeignet.
Der relative Aufwand beim Hoffmann-System, vor allen Dingen bei den Rahmenkonstruktionen und die ungenügende Patientenakzeptanz führten bereits 1988 zu Überlegungen, das gesamte System zu vereinfachen (2). 1989 trafen sich in Rochester/USA Asche aus Deutschland, Court-Brown aus Großbritannien und Poka und Seligson aus den USA. Erste Erfahrungen mit dem „New Generation-System“ konnte Asche an 29 Patienten sammeln. Die Erfahrungen aus diesen klinischen Tests führten dann zu den Prototypen des Hoffmann II.

Folgende Anforderungen sollten erfüllt werden:
Pinhalter mit Feder (Klicksystem), freie Pin-Plazierung, Reduzierung der Einzelteile und farbliche Gestaltung der Fixateurteile, unter anderem zur besseren Akzeptanz durch die Patienten.
Diese Arbeitsgruppe setzte sich zusammen aus Asche (Freudenstadt), Seligson (Louisville), Court-Brown (Edinburgh), Lata (Miami) und Burny (Brüssel).
Mit der Einführung des Hoffmann-II-Fixateur-Externe-Systems wurden die Vorteile des bisherigen Hoffmann-Fixateurs beibehalten, nämlich das modulare System, die universellen Kugelgelenke sowie die freie Beweglichkeit der Apex-Pins in allen 3 Ebenen. Hinzugekommen

ist die freie Pinplazierung, der einrastende Federmechanismus (Fixation mit „klick"). Er ermöglicht eine exakte Fixation schon während der Montage und Reposition. Die Brückenstäbe werden mittlerweile aus Aluminium oder Carbonfaser hergestellt und sind somit röntgentransparent. Eine vollständige Kompatibilität mit dem Original HOFFMANN-Fixateur-System ist gegeben. Das Instrumentarium ist vereinfacht und auf wenige Artikel beschränkt. Durch Einsatz des „Mini-Tube" ist eine Dynamisierung, eine Kompression und auch eine Distraktion möglich, so daß dieses System auch für die Kallusdistraktion geeignet ist.

Das System wurde erstmalig anläßlich des 7. Freudenstädter Fixateur-Symposiums im Januar 1995 durch ASCHE vorgestellt. Eine internationale Vorstellung erfolgte im September 1995 in Lausanne.

Durch die Einführung des HOFFMANN-II-Fixateurs mit seinen vielseitigen Verwendungsmöglichkeiten ist diese Osteosyn-

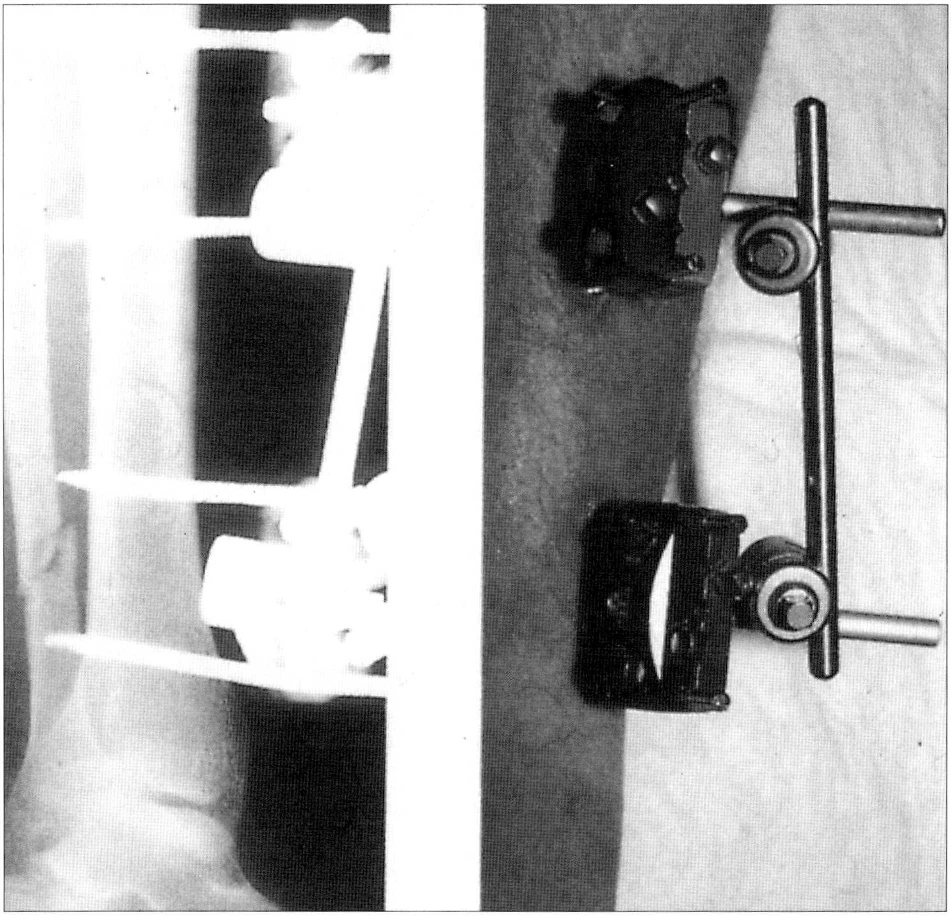

Abb. 15: HOFFMANN-II-Fixateur bei Tibiafraktur.

theseform aus der Ecke der behelfsmäßigen Notfallversorgung herausgetreten. Im Rahmen der minimal-invasiven Unfallchirurgie wird dieses System allen Anforderungen gerecht und hat sich damit sicherlich eine Spitzenposition erobert. Durch freie Pinplazierung und das modulare System sind dem Anwender zunächst keine Grenzen gesetzt (Abb. 15).

Anhand von mechanischen Untersuchungen, aber auch anhand der klinischen Erfahrungen haben sich jedoch Standardmontagen bewährt, die bei minimalem Aufwand eine ausreichende Stabilität für die Frakturversorgung erreichen bei gleichzeitiger genügender Elastizität für die Frakturheilung.

Ziel dieses Buches ist es, Standardmontagen und Hinweise für den operativ tätigen Chirurgen zu geben. Möge dieses Buch als Operationsanleitung, Handbuch und Nachschlagewerk dem Operateur dienen, ohne die eigene Kreativität bei Problemfällen einzuschränken.

Literatur

(1) Asche, G.: Wege der Osteosynthese mit dem Fixateur externe. Howmedica, Schriften zur Traumatologie, Kiel (1990)

(2) Asche, G.: Persönliche Mitteilung Mai 2000

(3) Bier, A., Braun, H., Kümmell, H.: Chirurgische Operationslehre. Verlag von Johann Ambrosius Barth, Leipzig (1914)

(4) Bolton, J.: New Method of Treating Ununited Fracture of Long Bones. Confederated States Medical and Surgical Journal, Vol. I, No. 55-56 (1864)

(5) Canadell, J., Forriol, F.: Unilateral External Fixation. University of Navarra (1993)

(6) Fock, C.: 1. Pseudarthrosis humeri sinistri mit gleichzeitiger Fractura colli humeri dextri und Querbruch im unteren Drittel desselben Oberarmes. Vollständige Heilung; 2. Schiefgeheilte Fractur des Oberschenkels; Verkürzung von 2 Zoll; gewaltsame Trennung derselben; Heilung mit Verkürzung von 1/4 Zoll in: Deutsche Klinik VII 314-315 (1855)

(7) Hauser, R.: Fixateur externe - Made in Switzerland. In: Fredenhagen, Romer, U., Rüttimann, B.: Geschichte der Schweizerischen Gesellschaft für Orthopädie. Verlag Hans Huber, Bern, Göttingen, Toronto (1992)

(8) Hoffa, A.: Verletzungen und Erkrankungen der Hüfte und des Oberschenkels. In: Handbuch der praktischen Chirurgie. Bergmann, von, E., Bruns, von, P., Mikulicz, von, J., Verlag Ferdinand von Enke, Stuttgart (1903)

(9) Hoffmann, L.: Die Geschichte des Fixateur externe nach Raoul Hoffmann. In: Asche, G.: Wege der Osteosynthese mit dem Fixateur externe. Howmedica, Schriften zur Traumatologie, Kiel (1990)

(10) Jaquet Orthopedie S.A.: External Fixation of a Complex Femoral Fracture (1983)

(11) Matti, H.: Die Knochenbrüche und ihre Behandlung. 2. Auflage, Springer Verlag, Berlin (1931)

(12) Nieländer, K.-H., Wolter, D.: C.W. Wutzer und B. v. Langenbeck: Die Pioniere des Fixateur externe. In: Wolter, D., Hansis, M., Havemann, D.: Externe und interne Fixateursysteme. Springer-Verlag, Berlin, Heidelberg, New York (1995)

(13) Peltier, L.F.: Fractures, Norman Publishing, San Francisco (1990)

(14) Probst, J.: Aus der Geschichte der Unfallchirurgie. In: Oestern, H.-J., Probst, J.: Unfallchirurgie in Deutschland. Springer Verlag, Berlin, Heidelberg, New York (1997)

(15) Scharizer, E.: Die Entwicklung der modernen Unfallchirurgie. Hefte zur Unfallheilkunde 79 (1964)

(16) Seligson, D.: Persönliche Mitteilung Mai 2000

Grundlagen zur Fixateur Externe-Behandlung

Frakturheilung unter dem Aspekt des dynamischen Fixateurs

B. Kummer

Die Frage nach den Bedingungen der Frakturheilung hängt eng mit der Frage zusammen, unter welchen mechanischen Einflüssen sich Knochengewebe bildet, erhalten bleibt und umbaut.

Die ersten brauchbaren Antworten gaben die Arbeiten von Julius WOLFF (1892, „Gesetz der Transformation der Knochen") und Wilhelm ROUX (1895, „Funktionelle Anpassung des Knochens"). Es blieb aber Friedrich PAUWELS (1935, 1960, 1965, 1973a, b) vorbehalten, für diese Vorstellungen eine brauchbare naturwissenschaftlich-theoretische Grundlage zu schaffen. Er entwickelte eine Theorie der „kausalen Histogenese" und gab für den Vorgang der „funktionellen Anpassung" (W. ROUX 1895) eine plausible mathematisch-physikalische Erklärung.

Nach dieser wohlbegründeten Hypothese reagieren die Zellen des Mesenchyms (und des wenig differenzierten Bindegewebes) auf nur zwei mechanische Grundreize: 1. Hydrostatischer Druck und 2. Dehnung. Danach entsteht unter dem Einfluß reinen hydrostatischen Drucks (hyalines) Knorpelgewebe, während Dehnung zur Bildung von (kollagenem) Bindegewebe führt (Abb. 1). Knochengewebe bildet sich erst sekundär auf der Basis eines bereits vorhandenen Stützgerüstes entweder aus Knorpel (chondrale Ossifikation) oder Bindegewebe (desmale Ossifikation).

Während PAUWELS (1973a, b) davon sprach, daß es die (Normal-) Spannungen seien, die in einer bestimmten Größenordnung Neubildung oder Abbau von Knochengewebe bewirken, scheint es vielmehr wahrscheinlicher, daß es die mit den Spannungen (σ, stress) verbundenen Deformationen (ε, strain) sind, die als unmittelbarer Reiz für Knochenbildung (Stimulierung der Osteoblasten) oder Resorption (Stimulierung der Osteoklasten) in Frage kommen (KUMMER 1981). Das schmälert keineswegs den Wert der PAUWELSschen Hypothese, da (ideal elastisches Material vorausgesetzt) Spannung und Deformation gemäß dem HOOKEschen Gesetz proportional miteinander verbunden sind.

Es ist sicher, daß die elastischen Verformungen der Knochengrundsubstanz in einer außerordentlich kleinen Größenordnung liegen. Bis heute ist aber die Frage nach genauen quantitativen Werten noch nicht restlos geklärt.

Die neuesten, auf dem Kongreß „Osteologie 2000" vorgestellten Untersuchungen geben folgendes Bild: Mechanische Dehnung um 0.4% hat eine Steigerung der Proliferationsrate und Aktivierung der Differenzierungsprozesse zur Folge

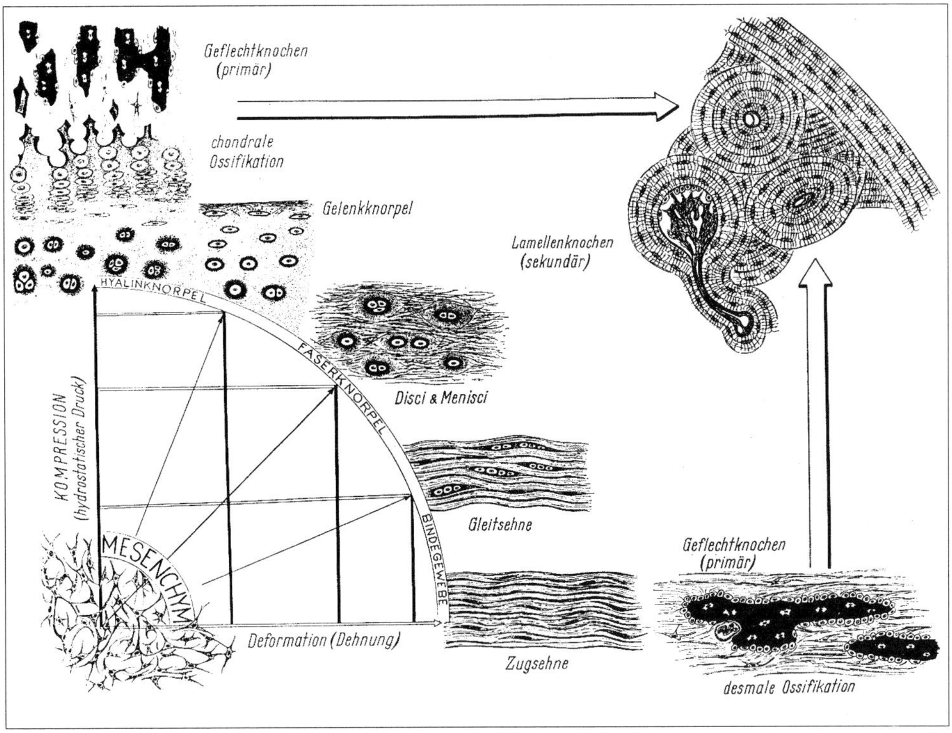

Abb. 1: Kausale Histogenese der Stützgewebe entsprechend der Hypothese von PAUWELS *(1960).*

(Osteoblastenkultur aus Rinder-Ulnae; TENBOSCH et al. 2000).

Dehnung um 1.5% bewirkt einen Anstieg des intrazellulären Kalziums (Osteoblastenkultur aus wegen Gelenkersatz entfernten menschlichen Femurköpfen; WELSCH et al. 2000).

Auch hydrostatischer Druck soll das Zellwachstum fördern (humane Osteoblasten in vitro; SEIDL et al. 2000).

Im Gegensatz dazu berichten KASTNER et al. (2000), daß in Osteoblastenkulturen (aus menschlichen Femurköpfen) bei uni-axialer „physiologischer Belastung" keine Mehrproduktion von Kollagen Typ I, Osteopontin, alkalischer Phosphatase, Knochensialoprotein und Osteonectin gefunden wurde.

Nach Querosteotomie im Metatarsus des Schafes zeigte sich, daß bei Spaltbreiten zwischen 2 und 4 mm und Bewegungen kleiner als 7% der Defektgröße mit Schwingungen von 1 Hz eine Konsolidierung mit höchster mechanischer Stabilität erreicht wurde (AUGAT et al. 2000).

Mit Ausnahme der Resultate von KASTNER et al. (2000) stützen alle zitierten Untersuchungen grundsätzlich die PAUWELSsche Idee der kausalen Histogenese und der funktionellen Anpassung des Knochens.

Die Quintessenz dieser Untersuchungen besteht nun darin, daß offenbar elastische Deformation (naturgemäß in sehr kleiner Größenordnung) der spezifische Reiz für Osteoblastenproliferation und Knochenbildung ist, wobei Makrobewegungen tunlichst auszuschalten sind, während Mikroschwingungen förderlich sein können (vergl. die Ergebnisse von AUGAT et al. 2000).

Damit ist auch das Grundprinzip der dynamischen Osteosynthese bestätigt. Das alles gilt unter der Voraussetzung, daß eine ausreichende Blutversorgung den normalen Ablauf der Stoffwechselvorgänge garantiert.

Für die Praxis bleibt es allerdings weiterhin problematisch, den zyklischen Dehnungsreiz am Ort der Reparation im optimalen Bereich einzustellen. Hier kann jedoch ein natürlicher Regulationsvorgang zu Hilfe kommen. Unter dem Aspekt der funktionellen Anpassung des Knochens darf davon ausgegangen werden, daß nicht nur in einer gewissen Toleranzspanne der Verformung Knochenbildung und Resorption proportional der aktuellen örtlichen Deformationsgröße ablaufen, sondern daß auch durch Knochenabbau an Stellen übergroßer Deformation die häufig durch Punktkontakt verursachten Spannungsspitzen dadurch abgebaut werden, daß hier Material weggenommen wird, was eine Vergrößerung der Kontaktfläche und deswegen eine Reduzierung der Spannungen (Deformationen) zur Folge hat. Dieser Mechanismus greift aber nur dann, wenn es sich lediglich um punktuelle Spannungsspitzen handelt, die dadurch einnivelliert werden. Bei ausgedehnter flächenhafter Überlastung schreitet die Knochenresorption weiter fort und die Frakturheilung ist ernstlich gestört.

Daraus läßt sich ableiten, daß die Funktion eines Fixateurs darin zu sehen ist, daß er grobe Verschiebungen der Fragmente gegeneinander verhindert, zugleich aber Druckübertragung über den Bruchspalt hinweg zuläßt, deren Größe während der Bewegung der Glieder entsprechend schwankt. Im übrigen sollte der Flächenkontakt der Fragmente möglichst ausgedehnt sein.

Im Anschluß an diese Überlegungen werden die Spannungsverteilungen im Frakturspalt bei verschiedenen Situationen von Knochenbeanspruchung und Bruchspaltrichtung unter dem Einfluß des Fixateur Externe untersucht. Zuvor ist aber die typische Beanspruchung der langen Röhrenknochen der Extremitäten kurz zu skizzieren.

Alle langen Extremitätenknochen sind an ihrem proximalen und distalen Ende in Gelenken gelagert. Als Beispiel möge das Femur dienen (Abb. 2). Da die Wirklinie des Gewichts so gut wie nie die Drehachsen der Gelenke schneidet, besitzt das Körpergewicht sowohl am Knie als auch am Hüftgelenk ein Drehmoment, das in beiden Gelenken durch ein gleichgroßes, aber gegensinniges Muskelmoment kompensiert wird, um Gleichgewicht herzustellen. Die letztendlich das Gelenk (und auch den Knochen) beanspruchende Kraft ist die Summe aller Muskelkräfte und des zu tragenden Gewichts: die Gelenkresultierende (in der Abbildung 2: RC = Resultierende für das Hüftgelenk, RG = Resultierende für das Kniegelenk).

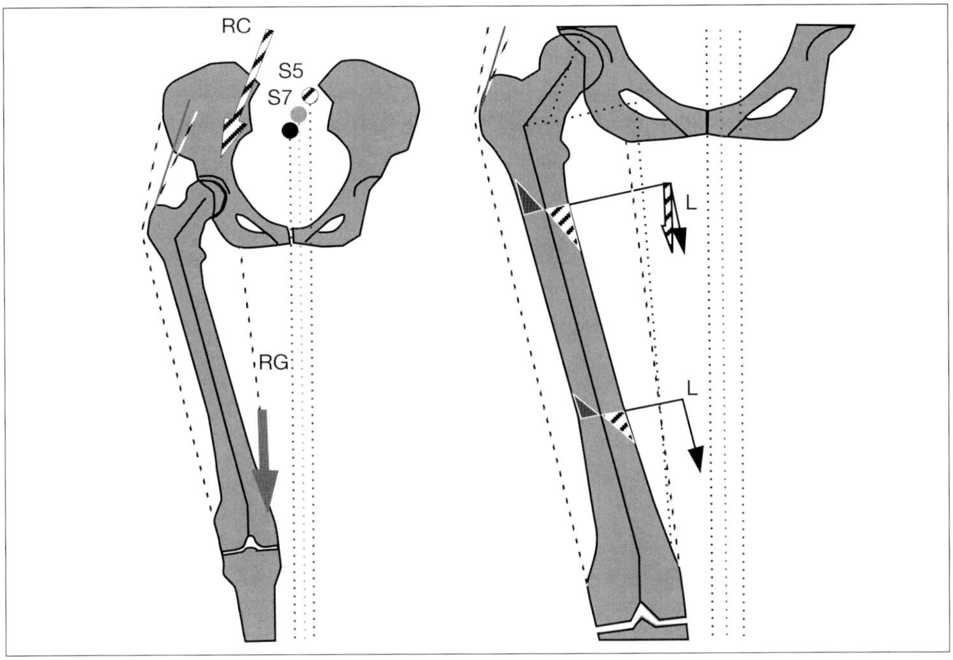

Abb. 2: Typische Beanspruchung eines langen Röhrenknochens, dargestellt am Beispiel des Femurs.
Linke Figur: Gelenkresultierende für Hüftgelenk (RC) und Kniegelenk (RG). S5 ist der Schwerpunkt der vom Hüftgelenk zu tragenden Teilmasse, S7 ist der Schwerpunkt der vom Kniegelenk zu tragenden Teilmasse.
Rechte Figur: Normalspannungsdiagramme über zwei Femurquerschnitte.
Schraffiert: Druckspannungen. Grau: Zugspannungen. L ist die für die Berechnung der Biegespannungen relevante, zur Schaftachse parallele Längskomponente der biegenden Kraft (schraffierter Pfeil).

Der beide Gelenke überspringende Tractus iliotibialis hält die Balance am Kniegelenk, die Kraft der ihn spannenden Muskeln reicht aber nicht aus, um zugleich auch das Moment am Hüftgelenk zu kompensieren. Das dafür noch erforderliche Restmoment wird von den eingelenkigen Hüftabduktoren aufgebracht. Außerdem sind in jeder Beinstellung die Adduktoren aktiv, um das Becken in der sagittalen Ebene auszubalancieren. Abbildung 2 läßt erkennen, daß die Resultierende aus allen den Femurschaft beanspruchenden Kräften außerhalb der Schaftachse und überdies schräg zu ihr verläuft. Daraus resultiert eine Biegebeanspruchung, die in verschiedenen Querschnittshöhen der Diaphyse unterschiedlich groß ist.

In Abbildung 2 sind die Spannungsverteilungen über zwei Querschnitte eingetragen. Für beide gilt, daß in der Rohrwand auf der Seite, die der Kraft zugewandt ist, Druckspannungen, auf der kraftabgewandten Seite dagegen Zugspannungen auftreten.

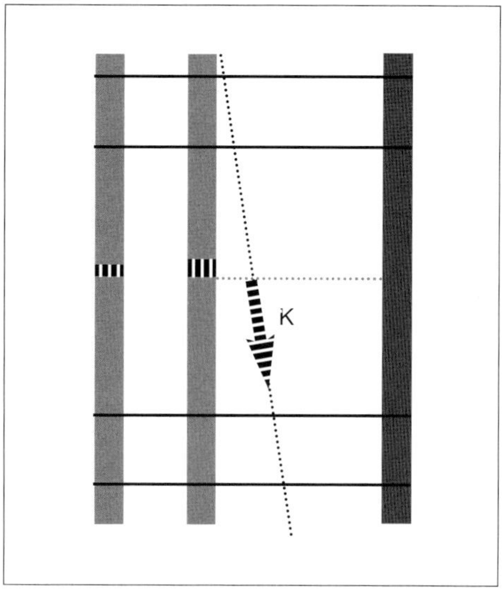

Abb. 3: Querfraktur einer Röhrenknochendiaphyse (hellgrau) unter dem Einfluß eines kraftseitig montierten Fixateur Externe (dunkelgrau). K: biegende Kraft. Die Größe der am Frakturspalt übertragenen Druckkräfte ist schraffiert dargestellt.

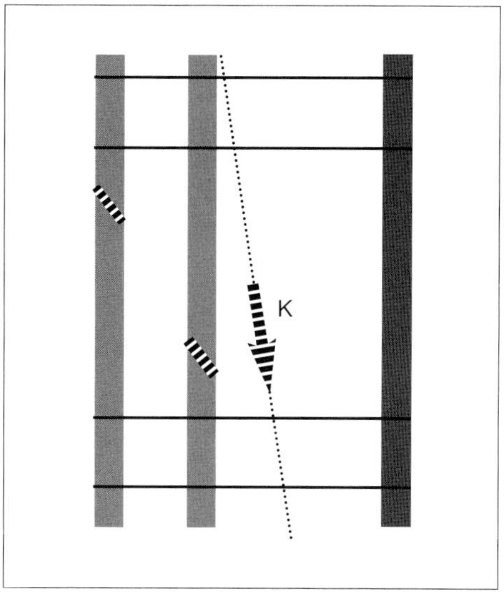

Abb. 4: Druckkräfte am Frakturspalt einer Schrägfraktur unter dem Einfluß eines kraftseitig montierten Fixateur Externe bei nach distal divergierendem Kraftverlauf. Alle übrigen Hinweise wie in Abbildung 3.

Bei Querdurchtrennung einer Diaphyse (Fraktur) bewirkt diese Beanspruchung, daß sich die Fragmente gegeneinander verschieben und gekippt werden, so daß eine Achsabwinklung zustande kommt. Der Fixateur Externe verhindert diese Dislokation und nimmt dabei einen Teil der Beanspruchung auf. Dieser Gesichtspunkt soll aber hier nicht weiter verfolgt werden, sondern unser Interesse konzentriert sich auf die mechanische Situation im Bereich der Fraktur.

Eine wesentliche Konsequenz der Applikation des Fixateurs besteht darin, daß nun über den Diaphysenquerschnitt ausschließlich Druckspannungen auftreten, d.h., daß die Biegebeanspruchung in Druck umgewandelt wurde. Das läßt sich besonders gut am Modell einer reinen Querfraktur demonstrieren (Abb. 3). Bei einer Schrägfraktur werden die übertragenen Druckkräfte geringer (Abb. 4), weil hierfür die zum Bruchspalt normal (rechtwinklig) gerichtete Komponente der axialen Druckkraft maßgebend ist. Die Längskomponente wird von der Steifigkeit des Fixateurs aufgefangen.

Dieser Zusammenhang erklärt auch, daß die Druckkomponente am Bruchspalt mit zunehmender Steilheit der Fraktur geringer wird.

Ein weiterer für die Verteilung des Drucks im Frakturspalt relevanter Parameter ist die Richtung der beanspruchenden Kraft.

In Abbildung 2 wurde gezeigt, daß die Wirklinie dieser Kraft nicht nur deutlich außerhalb der Knochenachse, sondern auch schräg zu ihr verläuft. Für die Schrägfraktur der Abbildung 4 wurde angenommen, daß die Wirklinie der beanspruchenden Kraft nach distal von der Knochenachse divergiert. Daraus ergibt sich ein fast gleichgroßer Druck auf beiden Seiten der Diaphyse. Wenn die Wirklinie der Kraft dagegen nach distal zur Knochenachse konvergiert (Abb. 5), dann ist der Druck in der kraftzugewandten Diaphysenwand größer als auf der kraftabgewandten Seite. Auch die Richtung des Frakturspaltverlaufs hat einen Einfluß auf die Druckverteilung.

Bisher war der schräg absteigende Frakturspalt gegen die Wirklinie der Kraft hin gerichtet (Abb. 4, 5). Bei entgegengesetztem Verlauf (Abb. 6) ist der Druck im oberen, kraftnahen Anteil des Bruchspalts größer als im unteren, kraftfernen Bereich.

Schließlich spielt auch die Lage des Fixateur Externe eine nicht unbedeutende Rolle.

In allen zuvor betrachteten Beispielen war der Fixateur auf der Seite der beanspruchenden Kraft montiert, so daß deren Wirklinie zwischen dem Fixateur und der Diaphyse lag (Abb. 4-6). Wird der Fixateur dagegen auf der kraftabgewandten Seite angebracht, dann können bei sonst gleichen Bedingungen am Bruchspalt wesentlich größere Kräfte wirksam werden (vergl. Abb. 4 und 7). Dabei ist nicht auszuschließen, daß der Druck auch einmal die Toleranzgrenze des Knochengewebes übersteigen kann, was zu Knochenresorption und einer Heilungsverzögerung führen würde.

Zusammenfassend kann gesagt werden, daß der Fixateur Externe in jedem Fall die für den Röhrenknochen typische Biegebeanspruchung im Frakturbereich in eine reine Druckbeanspruchung über-

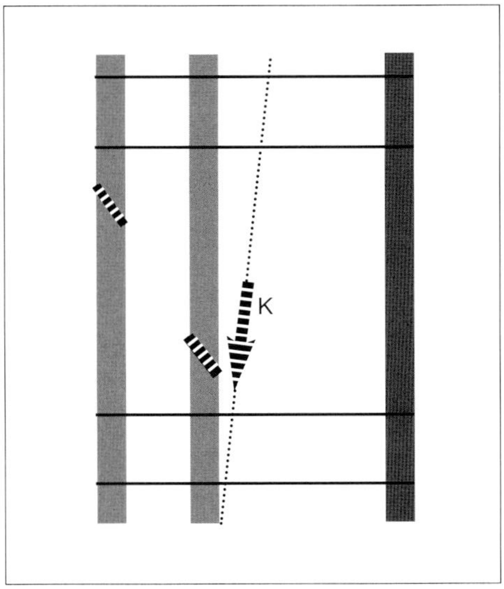

Abb. 5: Druckkräfte am Frakturspalt einer Schrägfraktur unter dem Einfluß eines kraftseitig montierten Fixateur Externe bei nach distal konvergierendem Kraftverlauf. Alle übrigen Hinweise wie in Abbildung 3.

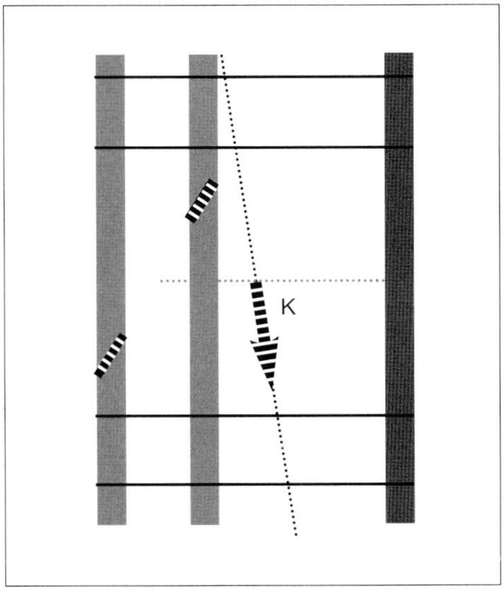

Abb. 6: Druckkräfte am Frakturspalt einer Schrägfraktur unter dem Einfluß eines kraftseitig montierten Fixateur Externe bei nach distal divergierendem Kraftverlauf und gegensinnig geneigtem Frakturspalt. Alle übrigen Hinweise wie in Abbildung 3.

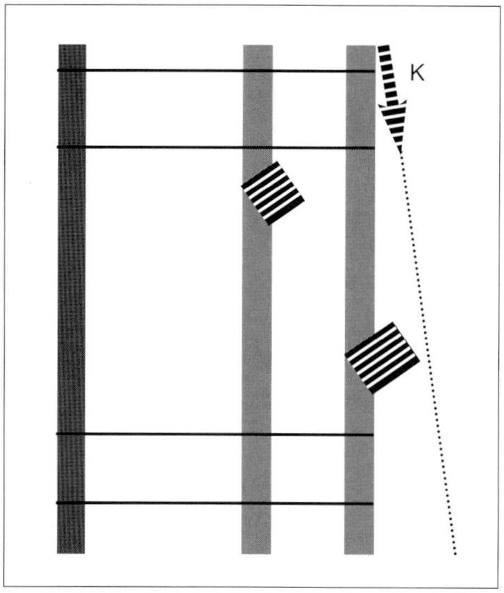

Abb. 7: Druckkräfte am Frakturspalt einer Schrägfraktur unter dem Einfluß eines Fixateur Externe, der auf der Gegenseite zur biegenden Kraft montiert ist. Alle übrigen Hinweise wie in Abbildung 3. Die Diagramme des übertragenen Drucks sind erheblich höher als in den Abbildungen 3 bis 6.

führt, so daß hier für die Proliferation und Aktivität der Osteoblasten günstige Bedingungen vorliegen. Probleme könnten allenfalls in seltenen Fällen bei ungünstiger Positionierung des Fixateurs entstehen.

Literatur

(1) Augat, P., Ignatius, A., Simon, U., Seidl, W., Kaspar, D., Heigele, C., Neidlinger-Wilke, C., Claes, L.: Die mechanisch stimulierte Kallusheilung - Eine interdisziplinäre Untersuchung zum besseren Verständnis der Knochenheilung. Osteologie 9, Supp. 1, 53 (2000)

(2) Kastner, N., Stanford, C., Brand, R.: Der Einfluß der gleichmäßigen, kontinuierlichen in vitro Dehnungsbelastung auf primäre humane Osteoblastenkulturen älterer Patienten mit Osteoporose. Osteologie 9, Supp. 1, 55 (2000)

(3) Kummer, B.: Form und Funktion. Orthopädie in Klinik u. Praxis. I: Allgemeine Orthopädie. 2. Aufl. Thieme, Stuttgart (1981)

(4) Pauwels, F.: Der Schenkelhalsbruch - Ein mechanisches Problem. Beilageheft Z. Orthop. Chir. 63 (1935)

(5) Pauwels, F.: Eine neue Theorie über den Einfluß mechanischer Reize auf die Differenzierung der Stützgewebe. Z. Anat. Entw.gesch. 121, 478-515 (1960)

(6) Pauwels, F.: Gesammelte Abhandlungen zur Biomechanik des Bewegungsapparates. Springer, Berlin - Heidelberg - New York (1965)

(7) Pauwels, F.: Atlas zur Biomechanik der gesunden und kranken Hüfte. Springer, Berlin - Heidelberg - New York (1973 a)

(8) Pauwels, F.: Kurzer Überblick über die mechanische Beanspruchung des Knochens und ihre Bedeutung für die funktionelle Anpassung. Z. Orthop. 3, 681-705 (1973 b)

(9) Roux, W.: Gesammelte Abhandlungen über Entwicklungsmechanik der Organismen. I u. II. Engelmann, Leipzig (1895)

(10) Seidl, W., Kaspar, D., Ignatius, A., Claes, L.: Einfluß von zyklischem hydrostatischem Druck auf kultivierte humane Osteoblasten. Osteologie 9, Supp. 1, 56 (2000)

(11) Tenbosch, J., Leitsch, J., Bromme, B., Jones, D.B.: Mechanische Stimulierung von primären Osteoblasten führt zur Aktivierung der MAP-Kinasen ERK-1 und ERK-2 und ist PKC-abhängig. Osteologie 9, Supp. 1, 54 (2000)

(12) Welsch, F., Kurth, A., Martin, J., Brand, R.: Humane Osteoblasten reagieren auf zyklische Dehnungsreize mit Anstieg von freiem intrazellulären Calcium. Osteologie 9, Supp. 1, 55 (2000)

(13) Wolff, J.: Das Gesetz der Transformation der Knochen. Berlin (1892)

Mechanik und Stabilität der Fixateurkomponenten

M. A. Behrens

Einführung

Die Konstruktions- und Fertigungsphilosophie externer Fixateure hat sich in den letzten Jahren verändert. Externe Fixateure sind Instrumente, die wichtige Neuerungen in der Osteosynthese ermöglichen, da sie dynamisch und/oder elastisch sein können. Sie sind bei periartikulären Brüchen verwendbar und sind das Basisinstrument in der Beinverlängerung. Es wurden viele Zubehörteile entwickelt, die den externen Fixateur zu einem vielseitigen Instrument mit zahlreichen verschiedenen Anwendungsmöglichkeiten werden lassen.

Externe Fixierung wird in immer mehr Anwendungen genutzt und ist in manchen unerläßlich. Jeder Fixateurtyp hat seine eigenen Anwendungen, obgleich es Fälle gibt, in denen sich diese überschneiden und in denen die Wahl von der Präferenz und der Erfahrung des Chirurgen abhängt.

Intramedulläre Nägel werden bei periartikulären Brüchen gewöhnlich nicht verwendet. Platten oder Schrauben können eine Lösung sein, doch die externe Fixierung bietet eine breite Palette von Möglichkeiten. Wenn Fixateur-Knochenschrauben, im folgenden unter dem Begriff Pins zusammengefaßt, unabhängig eingesetzt werden, kann ein modularer Fixateur angewandt werden. Ein einseitiger Fixateur mit einem T-Stück oder ein Hybrid-Fixateur, bestehend aus einem HOFFMANN-Stab oder einem Triax Monotube mit an einem zirkulären Ring befestigten Drähten, sind auch verwendbar. Zirkuläre Fixateure sind seit einigen Jahren hoch angesehen trotz der Tatsache, daß sie schwierig anzuwenden sind und lange Operationszeiten erfordern, da viele schwierig zu installierende Komponenten und Zubehörteile nötig sind, die sperrig und für den Patienten unbequem sind. Diese Nachteile haben dazu geführt, die mechanischen Vorteile zirkulärer Fixateure in einseitige Fixateure zu integrieren, die vier oder sechs Pins benötigen, rasch zu installieren und für den Patienten bequem sind, und deren mechanisches Verhalten veränderbar und sehr vielseitig ist.

Was den wirtschaftlichen Aspekt anbetrifft, ist derselbe Fixateur mehrfach wiederverwendbar und erlaubt funktionale Behandlung, wobei der Krankenhausaufenthalt kurz ist, die chirurgischen Risiken gering sind, und die Entfernung des Fixateurs ambulant erfolgen kann, so daß die Traumabehandlung und bestimmte chirurgische Indikationen geringe Krankenhauskosten implizieren.

In der Vergangenheit entstanden Fixateure aus den Vorstellungen von Chirurgen, die rasch realisiert wurden und sehr häufig auf Gefühl und Intuition basierten, was - bis auf sehr wenige Ausnahmen - bedeutete, daß es schwierig war, das Produkt weltweit zu vertreiben. Außerdem wurde die Produktion nicht kontrolliert, und Änderungen oder Neukonstruktionen konnten sehr leicht vorgenommen werden. Das hat sich geändert: Heute werden externe Fixateure von einem Team aus verschiedenen Ländern stammender Chirurgen entwickelt, und eine rasche Markteinführung ist unmöglich, da lange, kostspielige Untersuchungs- und Forschungsprojekte erforderlich sind. Das hat den Vorteil, daß Produkte global hergestellt werden, weltweit leicht zu verkaufen sind, in Labors gründlich getestet werden und vor ihrer Markteinführung zahlreichen klinischen Versuchen in verschiedenen Krankenhäusern unterzogen werden.

Ein neues Produkt stammt von einer Gruppe von Entwicklern und wird von einer detaillierten Dokumentation und einem kompletten Verkaufseinführungspaket begleitet, deren vor der Fertigung vorzunehmende Erstellung und Prüfung viel Zeit beanspruchen. Sind Produkte erst einmal auf dem Markt, sind sie schwierig auszutauschen und zu verändern, da die Unternehmen sie weltweit lancieren, nachdem sie bei deren Vorbereitung umfangreiche Forschung und Bewertung der wissenschaftlichen Kenntnisse unternommen haben. Dies auch aufgrund des zunehmenden kommerziellen Wettbewerbs, als erste das beste Produkt auf den Markt zu bringen. Es wird immer schwieriger, ein innovatives Produkt herzustellen, was zur Folge hat, daß immer zahlreichere Kopien auftauchen, und somit ein großer Schaden angerichtet wird. Der Verkauf eines Produkts erfordert Rechtsgarantien, die Genehmigung der FDA oder - in der EU - das CE-Zeichen, und jede, auch noch so kleine Änderung involviert lange und kostspielige Berichte, in denen die Änderungen zu rechtfertigen sind.

Mechanische Konzepte

Die Vorstellungen bezüglich der biologischen und mechanischen Prinzipien des Prozesses der Bruchheilung haben sich in den letzten Jahren geändert, und die Philosophie der um jeden Preis zu gewährleistenden Starrheit wurde von der Ansicht abgelöst, daß Deformation des Kallus infolge Elastizität oder Mikrobewegungen nützlich ist. Aus diesem Grunde wurde die Entwicklung elastischer und dynamischer externer Fixateure nötig. Obwohl nicht bekannt ist, in welchem Umfang Mikrobewegungen erforderlich sind, ist es weiterhin wichtig, soweit wie möglich für gute Blutgefäßbildung und guten Kontakt zwischen den Bruchstücken zu sorgen.

Infolgedessen müssen wir eine Reihe von Begriffen bezüglich der mechanischen Prinzipien externer Fixierung definieren und verstehen, wobei zwei von diesen am wichtigsten erscheinen: *Elastizität* und *Stabilität*. Es sollte von Anfang an klar sein, daß ein Fixateur zwar elastisch sein kann, doch immer stabil sein muß.

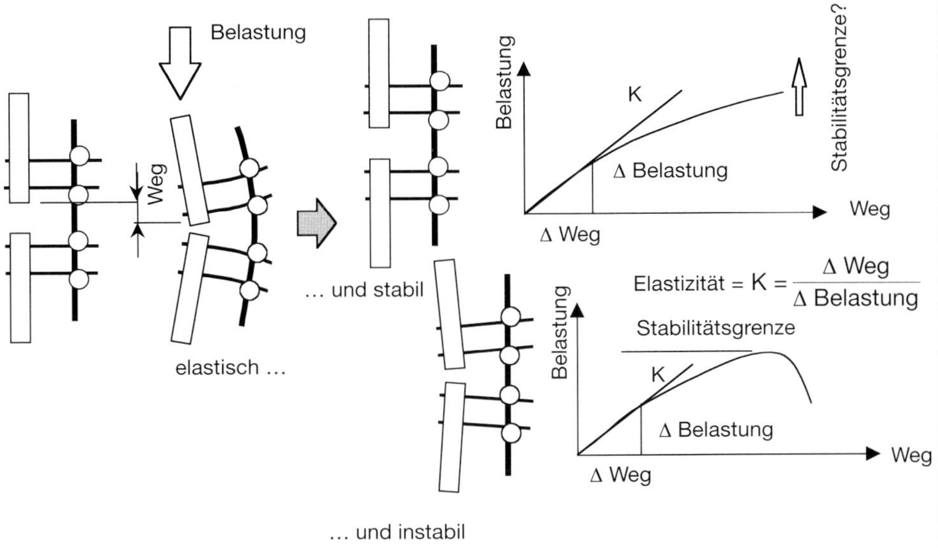

Abb. 1: Elastizität und Stabilität.

Stabilität ist eine Eigenschaft, die Reduktionsverlust in einem Bruch verhindert, während Elastizität der Mechanismus ist, der Mikrobewegungen in dem Bruchkallus erzeugt oder bewirkt, daß die Fragmente eines gebrochenen Knochens sich bei Belastungseinwirkung aufeinander zu bewegen und, wenn die Belastung aufhört zu wirken, wieder ihre ursprüngliche Position aufsuchen (Abb. 1).

Einwirkung der verschiedenen Komponenten auf das Gesamtverhalten des Fixateurs

Vom mechanischen Standpunkt aus verhält sich jeder Fixateur anders. Ein einseitiger Fixateur ist nicht das gleiche wie ein zirkulärer oder ein modularer. Jeder hat seine eigenen Merkmale, und außerdem werden seine mechanischen Bedingungen durch die Standortwahl seiner Komponenten verändert. Der Chirurg muß die Entscheidung bezüglich der erforderlichen mechanischen Merkmale des Fixateurs treffen und dessen mechanisches Verhalten und Variationen kennen, um die für den jeweiligen Fall bestgeeignete Vorrichtung zu verstehen und anzuwenden.

Mechanische Tests zur Untersuchung verschiedener Montagen mit verschiedenen Modellen externer Fixateure sollten bestimmte gemeinsame Grundlagen haben, wie z.B. den Abstand des Stabs vom Knochen, die Anzahl und den Durchmesser der Pins und deren Abstand voneinander usw.. Doch es darf nicht vergessen werden, daß eine bei der Behandlung von Schienbeinbrüchen mit ähnlichen Merkmalen verwendete modulare (HOFFMANN II) und einseitige Vorrichtung (Triax Monotube) sich unterschiedlich - obwohl adäquat - verhalten werden, um ihr Ziel in beiden Fällen zu erreichen.

Das Wichtigste bezüglich der Erzielung guter *Stabilität* in einer Montage sind die Verbindungen des Knochens zum Pin und des Pins zum Stab. Wenn der externe Fixateur in einem dieser Punkte versagt, obwohl die Montage eventuell stabil ist, wird die Behandlung letztendlich fehlschlagen.

Abgesehen von den oben erwähnten Faktoren können auch die Pinhalter oder Verbindungsgelenke des Fixateurs auf die Stabilität einwirken, und der Fixateur wird, in Abhängigkeit von deren Anzahl und seiner Größe, mehr oder weniger stabil sein.

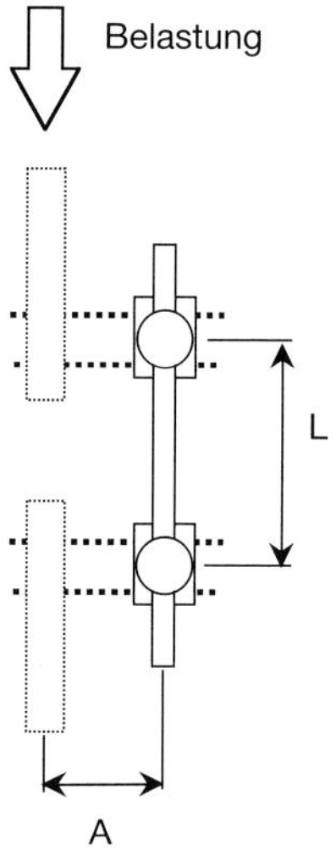

$$Kfs = \frac{\Pi E D^4}{64 L A^2}$$

Kfs = Elastizitäts-Modul des Fixateurstabes. Ein hohes Elastizitäts-Modul zeigt eine starre (oder wenig elastische) Montage. Dagegen zeigt ein tiefes Elastizitäts-Modul eine elastische Montage.
E = Young Modul des Stabes
D = Durchmesser des Stabes
A = Abstand zur Knochenachse
L = Aktiv-Länge des Stabes

- Die Verdoppelung des Durchmessers (D) bewirkt eine Montage, die sechzehnmal starrer ist.
- Eine Verdoppelung des Abstandes zur Knochenachse (A) erzeugt eine Montage, die viermal elastischer ist.
- Eine Verdoppelung der Aktiv-Länge des Stabes bewirkt eine zweimal elastischere Montage.

Abb. 2: Theoretische Beispiele der Einwirkung des Fixateurstabes. In diesem Beispiel wird der Einfluß der Pins nicht in Betracht gezogen (dieser Einfluß wird in der Abbildung 3 gezeigt).

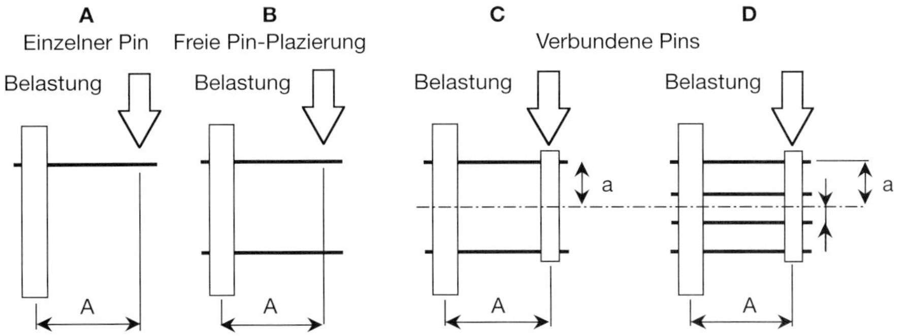

$$Ks = \frac{3E\Pi d^4}{64A^3} \qquad Ks = 2\,\frac{3E\Pi d^4}{64A^3} \qquad Ks = \frac{3E(\Pi d^4 + 16a^2\Pi d^2)}{32A^3} \qquad Ks = \frac{3E(\Pi d^4 + 10a^2\Pi d^2)}{16A^3}$$

Ks = Elastizitäts-Modul der Pins. Ein hohes Elastizitäts-Modul zeigt eine starre (oder wenig elastische) Montage. Dagegen zeigt ein tiefes Elastizitäts-Modul eine elastische Montage.
E = Young Modul der Pins
d = Durchmesser der Pins
a = Abstand zur Achse der Pingruppe
A = Abstand zur Knochenachse

- Im Falle eines einzelnen Pins [A] oder freier Pin-Plazierung [B] bewirkt die Verdoppelung des Durchmessers (d) eine Montage, die sechzehnmal starrer ist. Im Falle verbundener Pins [C] ist diese Einwirkung noch größer.
- Eine Verdoppelung des Abstandes zur Knochenachse (A) erzeugt eine Montage, die achtmal elastischer ist.
- In Falle verbundener Pins [C oder D] bewirkt eine Verdoppelung des Abstandes zwischen den Pins (a) eine Montage, die viermal starrer ist. Dieser Abstand hat keine Einwirkung im Falle freier Pin-Plazierung.
- Eine freie Pin-Plazierung ist elastischer (und meistens weniger stabil) als Montagen mit verbundenen Pins.
- Das Zusetzen von mehreren Pins hat eine kleinere Einwirkung als die Verlängerung des Abstandes [a] zwischen den Pins. Die Montage D ist z.B. nur 1.25mal starrer als die Montage C.

Abb. 3: Theoretische Beispiele der Einwirkung des Pins.

Die Komponenten eines externen Fixateurs, die auf die *Elastizität* einwirken, sind Pins und Stäbe. Wir können einen Fixateur mehr oder weniger elastisch machen, indem wir den Durchmesser der Stäbe sowie deren Anzahl und Abstand zur Knochenachse variieren (Abb. 2) oder indem wir auch den Durchmesser der Pins, deren Anordnung und Anzahl oder deren Abstand voneinander ändern (Abb. 3). Die Biegung der Fixateurstäbe hängt, wenn man Stäbe identischer Durchmesser vergleicht, vom Material ab, aus dem sie hergestellt sind. Stahlstäbe sind zum Beispiel starrer als Kohlenfaser- und Aluminiumstäbe.

Alle diese Merkmale haben einen bedeutenden Einfluß auf die mechanischen Eigenschaften eines Fixateurs, obwohl nicht alles nur im Hinblick auf die Starrheit der Vorrichtung ausgewählt wird, da häufig ein bestimmter Pin-Typ verwendet werden muß, der für die Knochenanatomie und den Vorrichtungstyp geeignet ist.

Modulare und dynamische Montagen

Externe Fixateure können dynamisch und/oder elastisch sein, wobei mit beiden Systemen die gleichen Ergebnisse erzielt werden, da alle Komponenten eines externen Fixateurs, insbesondere die Pins, mehr oder weniger elastisch sind.

Das Verhalten einer modularen Vorrichtung ist durch Änderung von deren Starrheit variierbar, indem die Konfiguration der einzelnen Komponenten angepaßt werden. Im Hinblick auf die zu erreichende Elastizität sollten eher elastische Pins von 4 oder 5 mm verwendet werden. Modulare Fixateure lassen eine größere Verschiebung zu, bevor sie wieder in ihre Ausgangsstellung zurückkehren. Eine etwas starrere Vorrichtung bietet eine höhere Stabilitätsgrenze und, wenn wir die Elastizität der Vorrichtung erhöhen möchten, müssen wir deren Starrheit reduzieren und dabei darauf achten, daß die Elastizitätsgrenze nicht zu sehr reduziert wird, da dies Instabilität zur Folge haben kann (Abb. 4).
Wenn der Stab eines Fixateurs dyna-

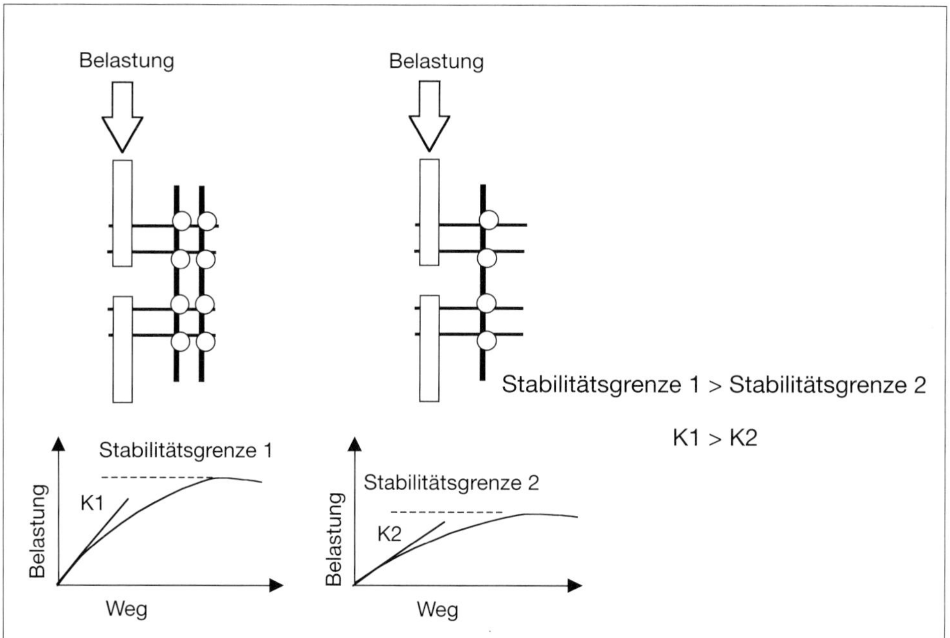

Abb. 4: Modulare Einrichtungen: Beispiel des HOFFMANN *II-Fixateurs.*

misch ist, wie im Falle des Triax Monotube, können starre Pins von bis zu 6mm verwendet werden. Eine solche Montage sollte prinzipiell so starr wie möglich sein, damit die Elastizität durch die Dynamisier-Einrichtung gegeben werden kann und nicht durch die verschiedenen Komponenten. Ist die Montage zu elastisch, verliert sich der Dynamisations-Effekt in der Elastizität der Gesamt-Montage, und der Effekt wird ähnlich wie bei einem modularen Fixateur sein.

Die Dynamisier-Einrichtung (meistens eine Feder) reduziert nicht die Stabilität. Sie erzeugt eine lineare Beziehung zwischen der angewandten Belastung und dem Weg (Veränderung der Elastizität), ohne die Stabilitätsgrenze zu verändern (Abb. 5).

Der einseitige externe Fixateur Triax Monotube z.B. ist sehr stabil, ist bezüglich seiner Elastizität leicht prüfbar und hat die gleiche Wirkung wie elastische modulare Vorrichtungen, wie z.B. HOFFMANN II.

Diese Ergebnisse zeigen die unterschiedliche Philosophie, die hinter den beiden Systemen steht. Während bei den einseitigen Fixateuren das Anbringen zweier Pinhalter, einer proximal und einer distal zum Fokus des Bruchs, genügt, um die sichere und adäquate Leistung des Fixateurs zu erzielen, sind bei Verwendung eines modularen Fixateurs mehr Pinhalter und Verbindungsgelenke zur Erzielung einer sicheren und stabilen Vorrichtung nötig. Mechanische Untersuchungen zeigen zum Beispiel, daß die verschiedenen Elemente des externen Fixa-

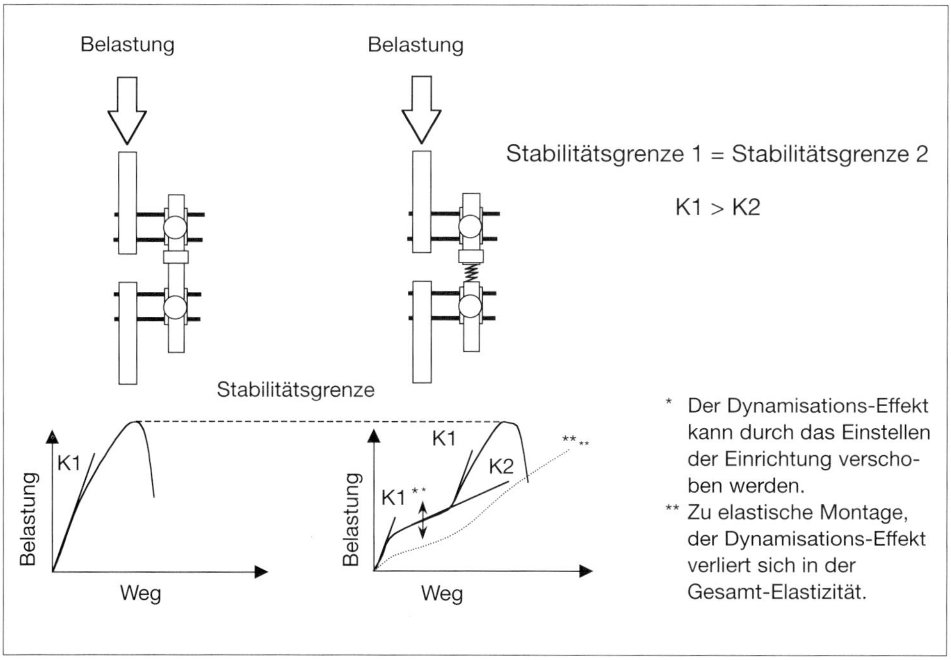

Abb. 5: Dynamische Einrichtungen: Beispiel des Triax-Fixateurs.

teurs Triax besser zusammenhalten als beim HOFFMANN II (Abb. 6).

Es darf nicht vergessen werden, daß die Anwendung des externen Fixateurs HOFFMANN II größere Erfahrung erfordert, da dessen Elastizität nur unter Hinzufügung oder Entfernung einiger der Komponenten prüfbar ist.

Es ist schwierig, einen modularen Montagetyp für alle Brüche anzugeben, doch die Erfahrung zeigt, daß die Mehrheit der Chirurgen eine kleinere Anzahl Pinhalter und Verbindungsgelenke bevorzugt, um mit möglichst wenigen Pins, Verbindungsgelenken und Stäben eine stabile und zugleich elastische Montage zu erzielen (Abb. 7).

Mechanische Untersuchungen des HOFFMANN II-Fixateurs zeigen, wenn man Stäbe identischer Durchmesser vergleicht, daß die Biege-Starrheit von Stahlstäben größer ist als die von Kohlenfaser- und Aluminiumstäben, während die Biege-Stabilitätsgrenze der Kohlenfaserstäbe erheblich höher liegt als die der Stahl- und Aluminiumstäbe (Abb. 8). Wenn wir das Verhalten der Stäbe in verschiedenen Montagen vergleichen, kommen wir zum

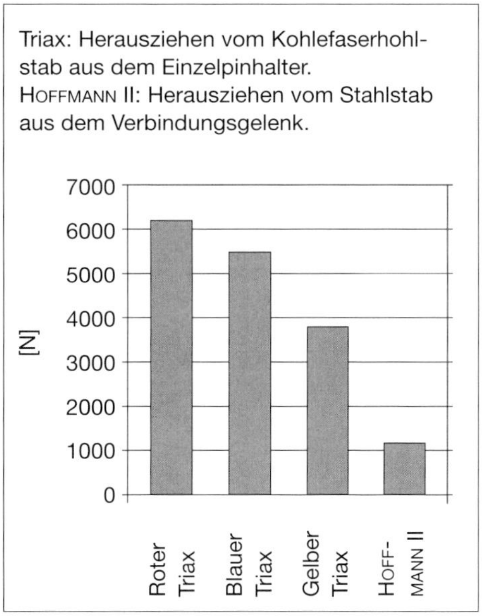

Abb. 6: Beispiel eines Vergleiches zwischen Triax- und HOFFMANN II-Elementen.

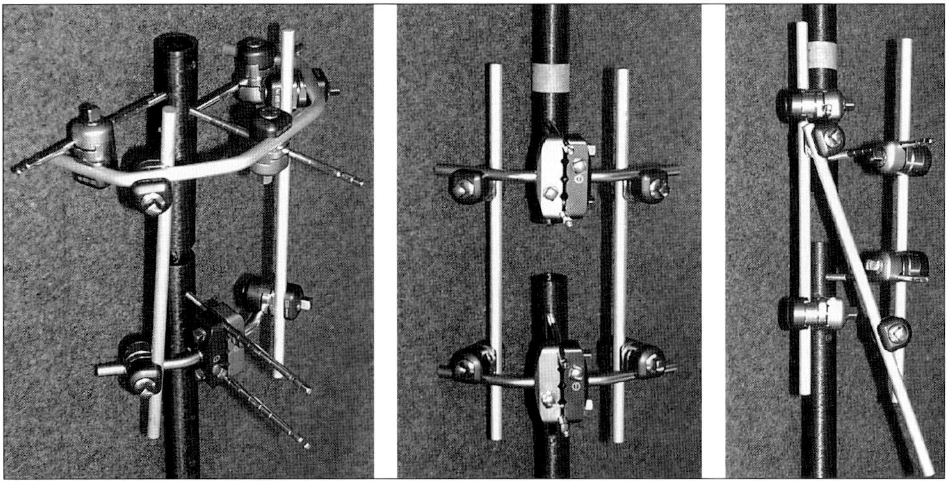

Abb. 7: Beispiele von HOFFMANN II-Montagen.

Schluß, daß Montagen mit Stahlstäben meistens mehr Stabilität und Starrheit als Fixateure mit Kohlenfaser- oder Aluminiumstäben vorweisen.

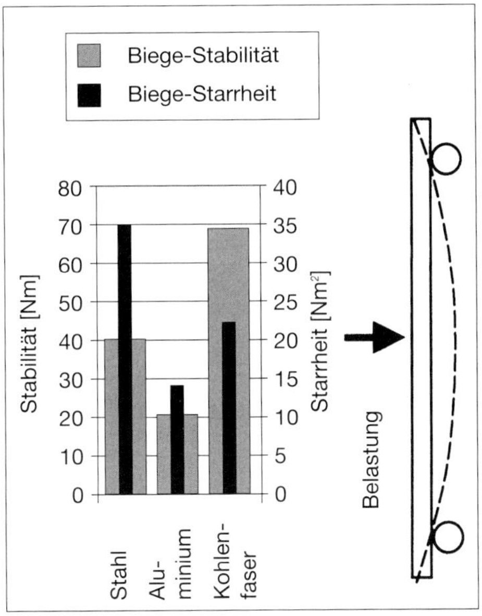

Abb. 8: Biegeverhalten der 8 [mm] HOFFMANN II-Stäbe.

Weitere Vergleiche zeigen, daß die HOFFMANN II-Komponenten besser unter sich zusammenhalten als bei dem älteren HOFFMANN-Modell (Abb. 9), was sich durch eine höhere Stabilität der Montagen ausdrückt. Die HOFFMANN II-Montagen sind aber auch elastischer, was letztendlich größere Verbiegungen zuläßt, bevor sich das Ganze effektiv verbiegt.

Ist bei modularen Fixateuren das Verhalten der Komponenten schon bekannt, ist es interessanter, das mechanische Verhalten der verschiedenen Montagen zu studieren, denn diese werden von den Chirurgen verwendet. Die Untersuchung der Komponenten andererseits ist für den Hersteller von größerem Interesse. Zweck der Untersuchung einer Montage ist es eher, herauszufinden, wie stabil diese ist als wie elastisch, da - klinisch gesehen - die Elastizität eines Fixateurs kein Problem ist. *Was ein Fixateur braucht, ist Stabilität.*

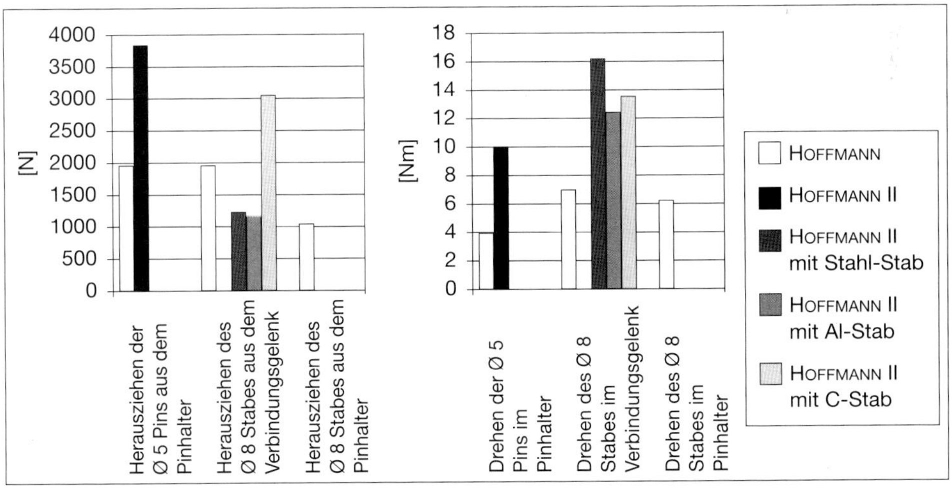

Abb. 9: Messungen auf HOFFMANN- und HOFFMANN II-Komponenten.

Einfluß des Bruchkallus auf das Gesamtverhalten der Vorrichtung

Die von einem externen Fixateur übertragene Belastung hängt vom Zeitpunkt der Behandlung ab. Wenn in dem Moment, in dem der externe Fixateur nach einem Knochenbruch angebracht wird, eine Trennung der Bruchstücke besteht, werden alle Kräfte über den Fixateur übertragen (Abb. 10, A). Wenn sich Kallus zwischen den Bruchstücken bildet, erfolgt die Belastungsübertragung teilweise über den Fixateur, doch in Abhängigkeit von der Starrheit des Bruchkallus zunehmend über den gebrochenen Knochen (Abb. 10, B). Am Ende der Behandlung, wenn die Knochenheilung fortgeschritten ist, überträgt der Knochen den größten Teil der Belastung (Abb. 10, C).

In vitro-Versuche auf verschiedenen mehr oder weniger steifen Montagen, wo der Kallus mit Federn simuliert wurde, haben gezeigt, daß die Elastizitäts-Differenz zwischen den Montage-Konfigurationen am Anfang der Bruchheilung sehr deutlich ist, aber, daß diese Differenz verschwindet, wenn die Bruchheilung fortgeschritten ist (Abb. 11).

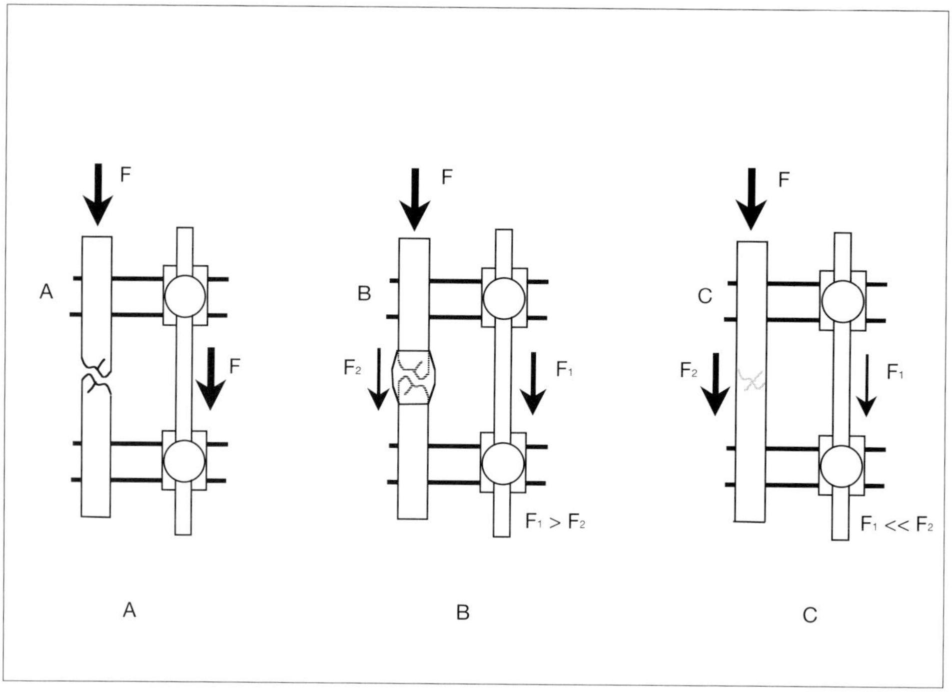

Abb. 10: Belastungsübertragung im Laufe der Bruchheilung.

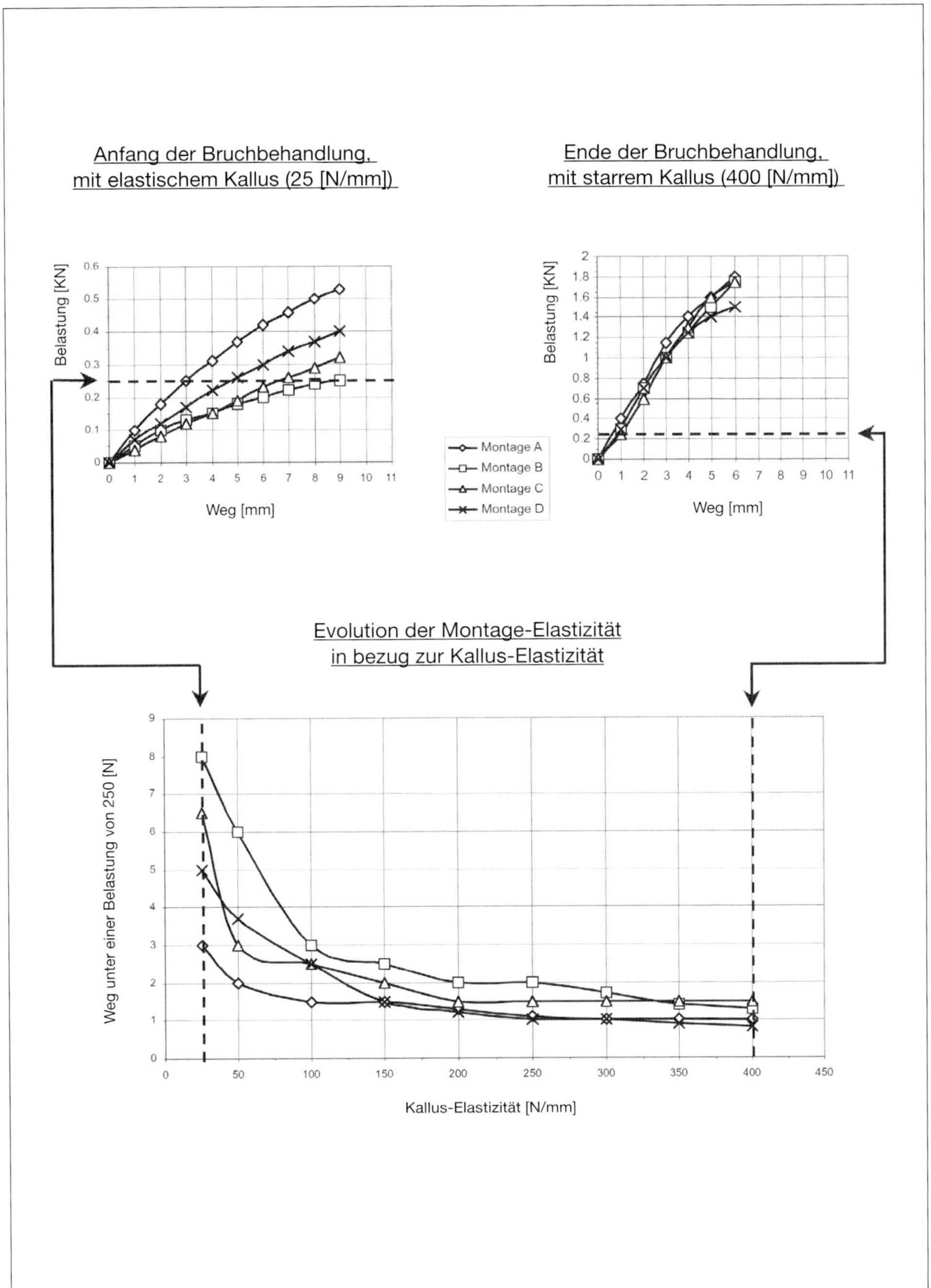

Abb. 11: Einfluß der Kallus-Elastizität auf das Verhalten der Montage im Laufe der Bruchheilung (in vitro-Simulation).

Zusammenfassung

Für externe Fixateure gibt es in der Orthopädie- und Traumachirurgie immer exaktere Indikationen, und für manche Indikationen sind diese Fixateure unersetzlich geworden.
Der Markt für externe Fixateure hat sich im letzten Jahrzehnt infolge der neuartigen Konzeption der Instrumente und der Konstruktion unterschiedlicher Modelle, die genügende Garantien für die erfolgreiche Einphasen-Behandlung von Brüchen bieten, verändert. Mechanische Untersuchungen der verschiedenen verfügbaren Fixateure sollten niemals als Wettbewerb, sondern als Weg zu einem besseren Verständnis der von Chirurgen eingesetzten Geräte angesehen werden.
Externe Fixierung ist sehr vielseitig, bietet große Plazierungsfreiheit und stimuliert somit die Kreativität der Chirurgen. Aus diesem Grunde sollten Chirurgen mit den mechanischen Prinzipien der Fixierung vertraut sein.

Nachwort

Eine Montage mit einem einseitigen Fixateur ist in einer größeren Anzahl von Pathologien verwendbar und erlaubt eine kleinere Anzahl von Konfigurationen als modulare Montagen des HOFFMANN-Typs. Deshalb ist es wichtig zu wissen, wie die verschiedenen Fixateurmontagen auf externe Belastungen reagieren und die Empfehlungen des Herstellers, die Erfahrung anderer Chirurgen und die Grundregeln der Mechanik zu beachten, um das Installieren instabiler Montagen zu verhindern, wo es logische, kluge Lösungen gibt. Es sollte jeweils das bestgeeignete Instrument benutzt werden, um eine rasche, einfache Operation und einen sicheren Heilungsfortschritt für jeden Patienten zu ermöglichen.

Literatur

(1) BURNY, F. et al.: Poster presented at the ESB Conference, Leuven, 28-31 August, (1996)
(2) BOURGEOIS, R., BURNY, F.: Measurement of the stiffness of fracture callus in vivo. A theoretical study, Journal of Biomechanics. Elsevier, Oxford 5, 85-91 (1972)
(3) MATA, J.: External modular fixation: design and mechanical behavior. Biomecánica, Spain, VI, 11, 106-112 (1998)

Die externe Fixation: Allgemeines zur Technik

F. Forriol • J. Cañadell

Der Fixateur Externe hat seine Wirksamkeit in der Frakturbehandlung bewiesen. Aufgrund der Erfahrungen, die mit ihm gemacht wurden, der Weiterentwicklungen, die in der Zwischenzeit stattgefunden haben, und neuer Designs ist sein Anwendungsbereich mittlerweile weit über die Basisindikationen hinausgewachsen, bei denen er viele Jahre lang eingesetzt wurde. Heute wird der Fixateur Externe in vielen Fachkliniken zur Versorgung von Frakturen der oberen und unteren Extremitäten, bei verzögerter Konsolidierung und Pseudarthrosen sowie zur Korrektur von Achsenfehlstellungen und zur Extremitätenverlängerung verwendet.

Um gute Resultate mit dem Fixateur Externe zu erzielen, müssen einige technische Aspekte beachtet werden. Der Eingriff muß so durchgeführt werden, als handele es sich um eine korrektive Operation. Wichtig ist, daß das operative Vorgehen im voraus unter Beachtung aller Einsatzmöglichkeiten des Gerätes sorgfältig durchdacht wird.

Indikationen für den unilateralen Fixateur Externe

Ein unilateraler Fixateur Externe muß verschiedene Grundkriterien erfüllen, auf denen sein Nutzen in der klinischen Praxis beruht. Ein Gerät, das für den täglichen Gebrauch bestimmt ist, muß den folgenden Anforderungen weitgehend genügen:

1. Es muß möglich sein, die gesamte Behandlung damit durchzuführen, ohne daß das System ausgetauscht oder ein anderes Fixationssystem zu Hilfe genommen werden muß.
2. Der Fixateur muß sich den unterschiedlichen biologischen Bedingungen der Knochenbildung anpassen.
3. Das Gerät muß einfach und anpassungsfähig sein.
4. Es muß so leicht und so unauffällig wie möglich sein.
5. Es muß leicht anzubringen und komfortabel zu tragen sein.
6. Es muß vielseitig sein, so daß dasselbe System bei verschiedenen Indikationen eingesetzt werden kann.

Die Liste der Anforderungen läßt sich auf vier Grundprinzipien reduzieren (1, 2): Der Fixateur Externe muß sich der Anatomie der jeweiligen Region anpassen, er muß Zugang zu der Läsion gewähren, bestimmte mechanische Mindestanforderungen erfüllen und für den Patienten bequem sein.

Im Jahre 1991 stellte Wagner (7) fest, daß der Fixateur Externe bei geschlossenen Femurfrakturen eher eine Alternative zu Gips und Zugverband als zur internen Fixation darstellt. Seitdem hat sich jedoch das Indikationsspektrum für die externe Fixation allmählich erweitert, und mittlerweile wird diese Form der Behandlung auch bei Frakturen des Fersenbeins, zur Korrektur komplexer Fußdeformitäten sowie als Test verwendet, ob eine Lendenwirbelarthrodese indiziert ist (6).

Der unilaterale Fixateur Externe wird heute in der Traumatologie und der Orthopädie in folgenden Situationen eingesetzt:

A. Traumatologie

1. Zur Stabilisierung von Frakturen der langen Röhrenknochen: offene und geschlossene diaphysäre, metaphysäre, epipysär-metaphysäre Frakturen;
2. zur Fixation von Segmentfrakturen;
3. bei Instabilität des Kniegelenks;
4. bei Pseudarthrosen;
5. zur Behandlung von Knochendefekten.

B. Orthopädische Chirurgie

1. Zur Knochenverlängerung;
2. zur Epiphysendistraktion und bei Epiphysenlösungen;
3. zum Knochensegmenttransport;
4. bei Pseudarthrosen;
5. zur Stabilisierung nach massiven tumor- oder infektionsbedingten Resektionen;
6. zur Korrektur von Achsenfehlstellungen und -abknickungen;
7. bei bifokalen Verlängerungsoperationen;
8. zur Fixation von Osteotomien;
9. bei Arthrodesen.

Vorteile der unilateralen externen Fixation

Die unilaterale externe Fixation eignet sich zur Stabilisierung von Knochenfrakturen, wenn andere Fixationssysteme nicht indiziert sind, wie z. B. bei offenen Frakturen.

Der Fixateur kann dem Frakturtyp angepaßt werden. Bei stabilen Querfrakturen kann er in leichter Kompression belassen werden. Bei Trümmer- oder Segmentfrakturen dagegen muß er neutral eingestellt werden, damit die Gliedmaßenlänge unverändert bleibt.

Die externe Fixation ermöglicht die Beobachtung und Kontrolle von Weichteilverletzungen ebenso wie die Durchführung eventuell erforderlicher Operationen (Lappenplastik, Reparatur von Nerven und/oder Gefäßen etc.). Sie erleichtert auch ergänzende Maßnahmen wie z. B. Wundreinigung, Verbandwechsel, Haut- oder Knochentransplantationen, Spülungen u.ä., ohne den Zustand der Fraktur zu beeinträchtigen. Falls erforderlich, kann sogar direkt am Knochen operiert werden, ohne daß das Gerät anders eingestellt oder entfernt werden muß.

Diese Form der Behandlung ermöglicht das Funktionieren der Extremität und die Mobilisierung der benachbarten Gelenke. Sie stellt somit auch eine Form der Prävention dar, denn sie reduziert die Wahrscheinlichkeit von Entzündungen, wirkt einer Minderdurchblutung des Gelenkes entgegen und verhindert Kapselfibrosen, Gelenkversteifungen, Muskelatrophien und Osteoporose. Außerdem kann der Patient schon in einem frühen

Stadium aufstehen, und in manchen Fällen – z. B. bei Beckenfrakturen oder Polytrauma – können wesentliche Hygienemaßnahmen ohne allzu große Unannehmlichkeiten für den Patienten durchgeführt werden.
Die Operation ist nicht übermäßig invasiv und kann erforderlichenfalls in Lokalanästhesie durchgeführt werden. Am Ende der Behandlung können Gerät und Pins ambulant entfernt werden. Das System läßt der Kreativität des Chirurgen Spielraum. Es erlaubt die Konstruktion verschiedener Fixateure, die den individuellen Bedürfnissen der Patienten und einem breiten Spektrum verschiedenartigster Läsionen angepaßt sind. Es ist eine sehr flexible Behandlungsform, die in vielen verschiedenen Situationen angewendet werden kann. Dabei dürfen jedoch die Grundprinzipien der Stabilität und Elastizität, wie sie an anderer Stelle dieses Buches dargestellt werden, nicht übersehen werden.
Die externe Fixation greift nicht in die biologischen Prozesse ein, die sich bei der Frakturheilung und der Bildung eines Verlängerungskallus abspielen, sondern läßt die Frakturstellen und die Weichteile, die den Knochen umgeben, ungestört. Auch die Durchblutung von Periost und Mark des verletzten Knochens bleibt unbeeinträchtigt. Der Hauptvorteil des Fixateur Externe liegt jedoch darin, daß er die Vaskularisierung des Knochens nicht negativ beeinflußt. Das bedeutet, daß er keine Knochennekrosen verursacht, daß die Heilung schneller und befriedigender vonstatten geht und daß das Infektionsrisiko vermindert wird (4).
Der Vorteil im Hinblick auf die Infektionsgefahr liegt aber nicht nur in dem geringeren Risiko, sondern auch darin, daß die externe Fixation im Falle einer dennoch eingetretenen Infektion günstigere Bedingungen für die Therapie und die Heilung bietet als die interne Fixation.
Die mechanischen Eigenschaften des unilateralen Fixateur Externe können im Laufe der Behandlung modifiziert werden.

Nachteile der unilateralen externen Fixation

Das Behandlungsteam muß über gewisse einschlägige Fachkenntnisse verfügen und die Technik beherrschen, die beim Anpassen des Fixateur Externe angewendet wird. Schlechte Anpassung oder Einsatz des Systems bei falschen Indikationen kann zu einer hohen Versagerrate führen. Aufgrund der häufigen Anwendung und der augenscheinlichen Einfachheit dieses Verfahrens kommt es zu verschiedenen Komplikationen, die wie bei jeder anderen Art der Osteosynthese dadurch vermieden werden können, daß die Grundprinzipien beachtet und die Empfehlungen zum Vorgehen befolgt werden.
BEHRENS et al. (1) wiesen darauf hin, daß die Anwendung eines transfixierenden Fixateurs nicht ratsam ist, da hierbei Kompartmentsyndrome verursacht und Gefäße oder Nervenäste geschädigt werden können. Darüber hinaus kann die Transfixation der dorsalen Flexoren des Sprunggelenkes und des Fußes zu einer Versteifung des Sprunggelenks führen;

dies ist, laut EMERSON et al. (3), die häufigste Komplikation bei der Behandlung von Tibiafrakturen mit diesem Verfahren. Heute sind jedoch viele dieser Probleme behoben.
Dennoch müssen wir darauf hinweisen, daß der Rahmen vom Patienten und seiner Familie akzeptiert werden muß und nur bei solchen Patienten verwendet werden sollte, die zur Kooperation bereit sind.
Bei der Einführung der Pins muß sehr präzise gearbeitet werden, um zu gewährleisten, daß die Pins gut greifen, ohne Frakturen hervorzurufen; außerdem müssen die anatomischen Gegebenheiten an den Eintrittsstellen beachtet werden.
Die häufigste Komplikation der externen Fixation ist zweifellos die Pininfektion. Zwar kommt es bei diesem Verfahren selten zu Infektionen, doch können bei mangelnder Sauberkeit leicht Rötungen in der Umgebung der Pins oder gelegentlich auch leichte Infektionen in diesem Bereich auftreten. Diese Infektionen sind nicht mit denen vergleichbar, die bei anderen Osteosynthese-Systemen auftreten, weil die Befolgung einfacher Hygieneregeln ausreicht, um sie zu verhindern. Manchmal kann allerdings eine kurze Behandlung mit Antibiotika erforderlich sein. Für die Entfernung der Pins hat das keine Folgen. Näheres dazu finden Sie in dem Beitrag von ASCHE am Ende des Buches.
In manchen Fällen muß der externe Fixationsrahmen relativ lange getragen werden; dies kann für den Patienten ebenso wie für den Arzt belastend sein. Bei zu früher Entfernung des Fixateurs ist jedoch mit unerwünschten Folgen zu rechnen.

Technische Aspekte der unilateralen externen Fixation von Frakturen

Plazierung und Positionierung des Fixateur Externe spielen eine außerordentlich wichtige Rolle bei der Behandlung von Frakturen, da die Art der Fixation ausschlaggebend dafür ist, wie starr die Frakturfragmente miteinander verbunden werden.
Wir reponieren die Fraktur in der Regel lieber vor dem Anlegen des Fixateur Externe als danach. Auf diese Weise vermeiden wir es, die Pins allzu starker Krafteinwirkung auszusetzen und den Stab unnatürlich zu forcieren. Eine präzisere und anatomiegerechtere Korrektur zu einem späteren Zeitpunkt nach der initialen Reposition und Fixation der Fraktur wird dadurch nicht verhindert oder beeinträchtigt. Für den Fall, daß später eine Kompression der Fragmente erforderlich wird, empfehlen wir immer, einen Stab mit Verlängerung zu verwenden.
Die Pins sollten etwa 5 cm proximal und distal von der Frakturstelle eingebracht werden. Dabei ist darauf zu achten, daß die Pinspitze nach dem Durchtritt durch die Gegenkortikalis etwas aus dem Knochen hervorragt.
An Tibia und Humerus verwenden wir selbstperforierende 5-mm-Pins. Pins mit einem Durchmesser von 4 mm setzen wir nur bei Kindern ein. Beim Einbringen eines selbstperforierenden Pins ist es ratsam, den Pin zunächst in umgekehrter Richtung zu der späteren Insertion einzuschrauben, um eine Vertiefung zu erhalten, die ein Wegrutschen des Pins über die Kortikalis verhindert. Aus praktischen

Gründen empfehlen wir die Anwendung von 5 oder 6 mm dicken selbstperforierenden Pins vom Apex-Typ für die Kortikalis und vom SCHANZ-Typ für die Spongiosa. Wir führen die Pins immer manuell unter Verwendung von Führungshülsen ein, so daß die Pins desselben Pinhalters nach dem Einbringen parallel stehen. Das forcierte Einführen eines Pins in einen Pinhalter erzeugt hohe Spannungen, die später zur Osteolyse und möglicherweise zur Pinlockerung führen.

Der Stab soll möglichst knochennah plaziert werden. Im Falle der Tibia ist dies sehr einfach, da wir den Fixateur hier immer an der Innenseite anbringen. Dieser muskelfreie Bereich wurde von BEHRENS et al. (2) als „Tibiakorridor" bezeichnet. Pinhalter oder Stäbe dürfen jedoch niemals direkt auf der Haut liegen, da sonst keine ausreichende Hygiene möglich ist und der Fixateur vor allem von Gewebe umgeben wäre, das an den Tagen nach einer Fraktur in der Regel entzündet oder ödematös ist.

An den unteren Extremitäten ist bei großzügiger Kallusbildung eine zunehmende Dynamisierung oder das Anlegen einer Gipsschiene nützlich, um den Knochen noch besseren Halt zu geben.

Unilaterale externe Fixationsverfahren bei der Knochenverlängerung

Die Operationstechnik ist einfach. Die Beweglichkeit der Pinhalter und die Tatsache, daß sich der Stab verlängern und verkürzen läßt, erleichtern die Anwendung. Nach der Wahl der geeigneten Größe wird der Fixateur an den zu verlängernden Knochen angelegt und dessen Abmessungen angepaßt. Die proximalen Pins müssen sowohl beim Femur als auch bei der Tibia so proximal wie möglich eingebracht werden. Wenn möglich, sollte die Osteotomie im Bereich der Metaphyse mit einem Meißel durchgeführt werden. Anschließend wird eine geringfügige Distraktion vorgenommen, um zu prüfen, ob die Osteotomie befriedigend ausgeführt wurde und der Fixateur der Distraktion keinen Widerstand entgegensetzt. Wir empfehlen, mit der Verlängerungsprozedur nach fünf bis acht Tagen zu beginnen und die Distraktion dann mit einer Geschwindigkeit von 1 mm/Tag, verteilt auf jeweils zwei Sitzungen, durchzuführen.

Femurverlängerung

Nach der Vorbereitung des Operationsfeldes wird mit einem Skalpell am äußeren Aspekt des Femurs in Höhe des Trochanter minor oder etwas distal davon ein Hautschnitt gelegt, durch welchen die Führungshülse bis zur äußeren Femurkortikalis eingeführt wird. Mit Hilfe des C-Armes wird bestimmt, an welchem Punkt der proximale Pin eingeführt werden soll (in Höhe des Trochanter minor). Die Weichteile werden durch eine Hülse geschützt. Zum Einbringen des Pins wird ein Handbohrer verwendet, mit dem beide Kortikales durchbohrt werden. Danach wird die Führung für den zweiten Pin parallel zum ersten positioniert. Auf dieselbe Weise werden die distalen Pins eingebracht (0,5 cm proximal vom Tuberculum adductorium). Richtig positioniert, müssen die vier Pins parallel zueinander liegen und der physiologischen Antekurvatur des Femurs folgen. Als nächstes folgt der Hautschnitt für die perkutane Femurosteotomie. Durch die Inzision wird der Meißel eingeführt, um mit Hilfe des C-Arms den Verlauf der Osteotomie zu markieren. Diese sollte so proximal wie möglich erfolgen. Unter Anwendung einer Schutzhülse werden dann mit einem Bohrer Löcher durch die Kortikales gebohrt.

Die Bohrlöcher werden um die gesamte Zirkumferenz des Femurs gesetzt und erleichtern die Osteotomie, die anschließend mit einem Meißel vollendet wird. Nach radioskopischer Kontrolle der Osteotomie kann die Reduktion erfolgen und die Wunde geschlossen werden. Dann wird so vorsichtig wie möglich der Fixateur Externe auf die Pins montiert. Wenn man sich davon überzeugt hat, daß der Stab parallel zur Femurdiaphyse liegt, können alle Schrauben des Fixateurs festgezogen werden.

Im Falle einer beidseitigen Verlängerung wird die gleiche Prozedur auf der kontralateralen Seite wiederholt.

Tibiaverlängerung

Nach Anlegen der Blutsperre wird der am weitesten distal gelegene Pin eingebracht, dessen Funktion darin besteht, die Tibia an ihrer Verbindungsstelle mit der Fibula zu fixieren (Abb. 1). Ein Hautschnitt wird gelegt, und mit einem Handbohrer wird der Pinkanal durch Tibia und Fibula gebohrt, um jede Dislokation der distalen Fibula zu verhindern. Anschließend kann der zweite distale Pin durch beide Kortikales der Tibia hindurch eingeführt werden. Der proximale Pin soll in einer Ebene liegen, die parallel zu der Ebene der distalen Pins verläuft. Zu diesem Zweck wird ein sehr kleiner Hautschnitt gelegt und unter Zuhilfenahme einer Führungshülse der zweite Pin parallel zu dem ersten eingeführt.

Als nächster Schritt folgt die offene Resektion eines 2 cm großen Zylinders aus dem distalen Drittel der Fibuladiaphyse. Anschließend wird die Tibiaosteotomie perkutan durch eine sehr kleine Hautinzision in Höhe der proximalen Metaphyse durchgeführt. Um die weitere Arbeit mit dem Meißel zu erleichtern, werden mit einem Bohrer zirkulär mehrere Löcher gebohrt. Dann wird die Osteotomie vollendet, indem die verbliebenen Knochenpfeiler durchtrennt werden. Die Arbeit an der Osteotomie wird fluoroskopisch überwacht. Danach wird der Fixateur Externe auf die Pins montiert. Nach nochmaliger Kontrolle der parallelen Lage des Gerätes zur Tibiadiaphyse wird der ganze Fixateur durch Festziehen aller Schrauben gut fixiert. Wir empfehlen nach dem Eingriff eine Pause von fünf bis acht Tagen, bevor mit der Verlängerungsprozedur begonnen wird.

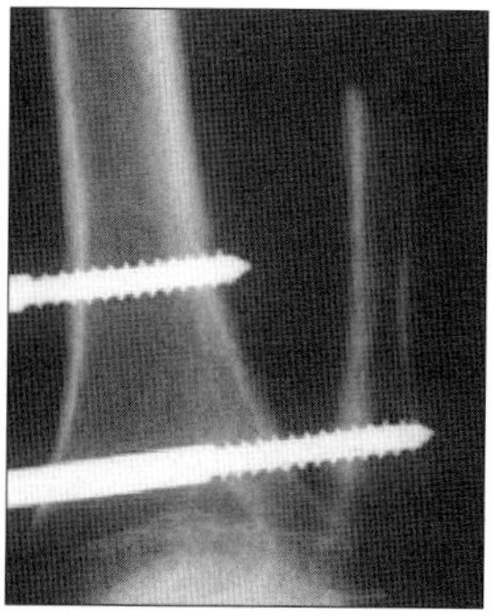

Abb. 1: Tibiaverlängerung: Der distale Pin verbindet die Tibia mit der Fibula.

Die täglichen Verlängerungsmanöver können verschieden schnell und in unterschiedlichen Abständen durchgeführt werden (Abb. 2). Im allgemeinen wird der Knochen pro Tag in zwei Sitzungen um 1 mm verlängert. Je nach der Geschwindigkeit der Osteogenese kann man schneller oder langsamer vorgehen. Wenn die gewünschte Länge erreicht ist, beginnt die Reifungsphase.

Wir empfehlen, die Pins täglich mit Wasser und Seife zu säubern und, zumindest anfangs, auf die Anwendung von Antibiotika zu verzichten. Die Verlängerung muß engmaschig überwacht werden, damit auf alle Eventualitäten rasch reagiert werden kann.

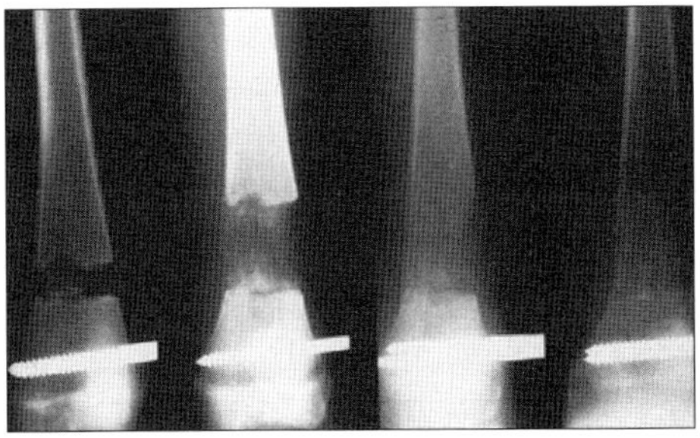

Abb. 2: Femurverlängerung: die distalen Pins. Die Entwicklung des Verlängerungskallus.

Verlängerung der oberen Extremitäten

Bei Armverlängerungen ist es besonders wichtig, sehr genau auf die anatomische Lage von Nerven und Gefäßen zu achten. Nach Anlegen der Blutsperre plazieren wir vier Pins in den kürzeren Knochen. Vor dem Einbringen der Pins muß der Pinkanal sorgfältig von Hand vorgebohrt werden; Elektrobohrer mit hohen Geschwindigkeiten dürfen nicht verwendet werden (Abb. 3).

An der Ulna ist die Anwendung des Fixateur Externe relativ unkompliziert, da dieser Knochen ebenso wie die Tibia tastbar ist (Abb. 4).

Beim Radius müssen die proximalen Pins zwischen dem M. extensor digitorum und dem M. supinator, die distalen Pins zwischen dem M. extensor pollicis brevis und dem M. extensor indicis eingebracht werden (8).

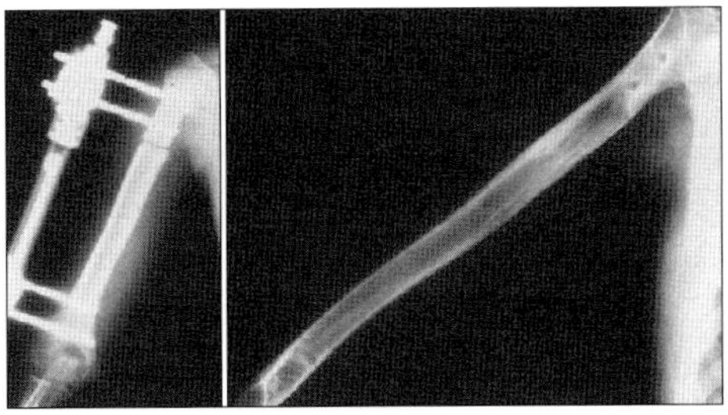

Abb. 3: Humerusverlängerung.

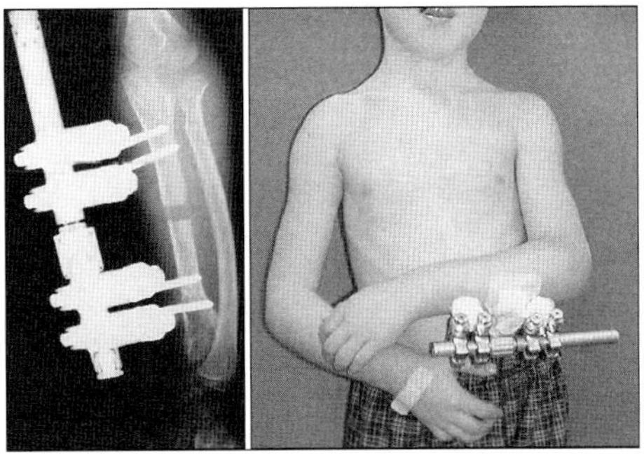

Abb. 4: Ulnaverlängerung bei Osteochondromatose mit Radiusköpfchenluxation infolge einer Verkürzung der Ulna.

Distraktion der Epiphysenfuge

Technisch unterscheidet sich dieses Verfahren von den oben beschriebenen Verlängerungsverfahren vor allem dadurch, daß zwei Pins in die Epiphyse eingeführt werden.
Im Bereich der Epiphyse werden die Pins nebeneinander eingebracht, d. h. senkrecht zu der Ebene, in der die diaphysären Pins liegen. Zur Durchführung dieses speziellen Schrittes gehört zu allen Modellen des Fixateurs ein sogenanntes T-Stück (Abb. 5).
Es sollten Pins mit einem Durchmesser von 5 oder 6 mm verwendet werden. Beim Einführen der Pins ist darauf zu achten, daß der Eintrittspunkt weder zu nahe am Gelenkknorpel noch zu nahe an der knorpeligen Wachstumszone liegt (Abb. 6).

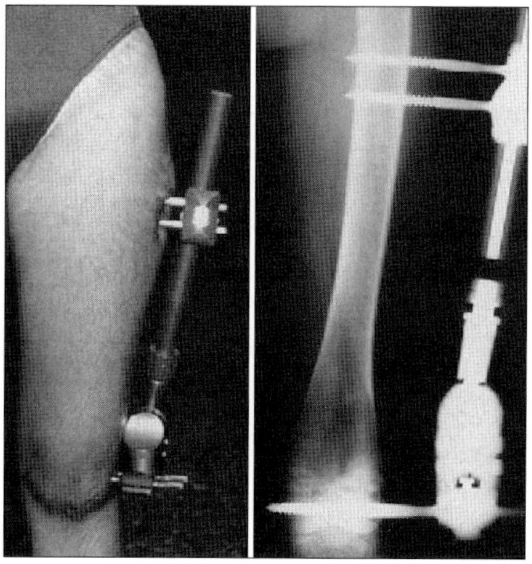

Abb. 5: Epiphysendistraktion an der distalen Wachstumszone des Femurs.

Winkelkorrekturen

Der Fixateur Externe Monotube® ist so konstruiert, daß durch Entfernen oder Lockern eines Pins im Pinhalter eine allmähliche Winkelkorrektur in der einen oder anderen Richtung möglich ist, je nachdem, ob der Stab verkürzt oder verlängert wird. Das ist ein sehr einfaches System, bei dem zum Drehen der Pins keine weiteren Hilfsmittel benötigt werden. Wenn die Pins in die Epiphyse eines noch wachsenden Knochens eingebracht werden, kann mit Hilfe des T-Stücks eine asymmetrische Epiphysendistraktion (Hemichondrodiastase) zur gleichzeitigen Korrektur von Längenunterschieden und Achsenfehlstellungen durchgeführt werden.

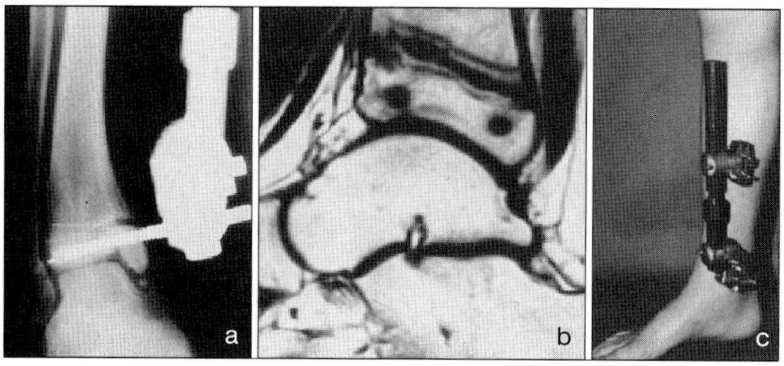

Abb. 6: Epiphysendistraktion an der distalen Wachstumszone der Tibia.
a) Zwei 5-mm-Pins in der distalen Epiphyse.
b) Kernspintomografische Darstellung nach Entfernung der Pins.
c) Unilateraler Fixateur mit T-Stück.

Arthrodiastase

Nach Einleitung der Narkose und Lagerung des Patienten in Dekubituslage werden zwei Pins in den proximalen Abschnitt des Femurs und zwei weitere Pins in einer Linie mit den vorherigen in das Ilium eingebracht und anschließend mit dem Corpus des Fixateurs verbunden, der für den jeweiligen Fall ausgewählt wurde. Nach Abschluß der Fixation folgt sofort eine Distraktion um 0,5-1,0 cm.

Postoperativ muß der Patient etwa drei Monate lang jede Gewichtsbelastung vermeiden. Danach wird der Fixateur entfernt und die Behandlung mit einem täglichen Physiotherapie-Programm fortgesetzt. Das Gelenk darf nur allmählich einer langsam zunehmenden Gewichtsbelastung ausgesetzt und frühestens nach drei weiteren Monaten voll belastet werden.

Bei einer Arthrodiastase des Kniegelenks wird ein viel einfacheres Verfahren angewendet, das aber denselben Grundprinzipien folgt (Abb. 7).

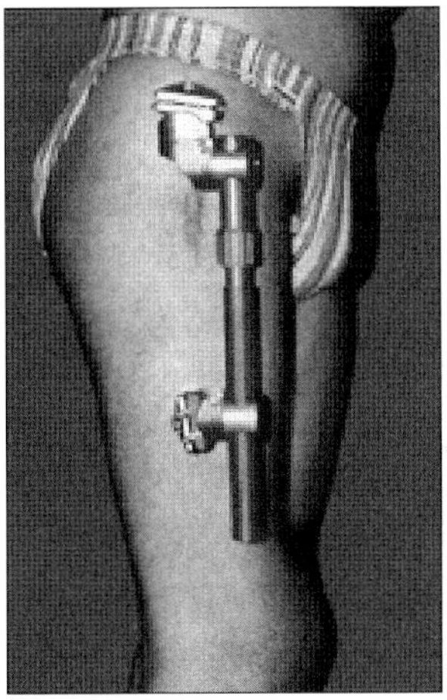

Abb. 7: Unilateraler Fixateur mit T-Stück zur Arthrodiastase.

Entfernung des Fixateur Externe

Der Zeitpunkt der Entfernung des Fixateur Externe ist bei Frakturen, besonders aber bei Knochenverlängerungen von entscheidender Bedeutung für den Behandlungserfolg und für das Auftreten späterer Komplikationen. Die Entscheidung darüber hängt von verschiedenen klinischen und radiologischen Gesichtspunkten ab, z. B. vom Reifegrad des Kallus, von der seit der Anbringung des Fixateurs vergangenen Zeitspanne und vom Auftreten von Problemen bzw. Komplikationen, die die stetig zunehmende Stabilisierung der Extremität beeinträchtigen. Bei Frakturen kann die vorzeitige Entfernung des Fixateurs Deformitäten der langen Knochen nach sich ziehen.

Bei Knochenverlängerungen sind die Erfolgschancen größer, wenn der Fixateur Externe nicht zu früh entfernt wird. Ebenso lassen sich mögliche Komplikationen wie Achsabknickungen, Frakturen oder Kollaps des Verlängerungskallus vermeiden, wenn man lange genug wartet.

Darüber hinaus fördert längeres Warten die funktionelle Erholung und den Erfolg der Physiotherapie. Sind Anhaltspunkte dafür zu erkennen, daß die Verlängerungszone noch nicht reif ist, wird meistens der Weg gewählt, die Extremität mit einer Gipsschiene zu schienen und so lange nicht zu belasten, bis die Konsolidierung vollständig abgeschlossen ist.

Literatur

(1) Behrens, F., Searls, K.: External fixation of the tibia. J. Bone Joint Surg. (Br.) 68B, 246-254 (1986)

(2) BEHRENS, F.: External Fixation. In: M.E. Müller, M. Allgöwer, R. Schneider, H. Willenegger: Manual of internal fixation. 3. Auflage. Springer Verlag, Berlin - Heidelberg (1991)

(3) EMERSON, R.H., GRABIAS, S.L.: A retrospective analysis of severe diaphyseal tibial fractures treated with external fixation. Orthopedics 6, 43-49 (1983)

(4) FERNANDEZ, A.: External fixation using simple pin fixators. Injury 23 (1992)

(5) MORGENROTH, B., NEIKES, M., SCHMIDT, H.G.K.: Lagerung, Alltagshilfe und Prinzipien der physikalischen Therapie bei Patienten mit Ringfixateurmontagen nach Ilisarow. Unfallchirurg 95, 574-579 (1992)

(6) SOINI, J., SLÄTIS, P., KANNISTO, M., SANDELIN, J.: External transpedicular fixation test of the lumbar spine correlates with the outcome of subsequent lumbar fusion. Clin. Orthop. 293, 89-96 (1993)

(7) WAGNER, H.: Osteosynthesen am Femur. In: H.W. Springorum, B.D. Katthagen: Aktuelle Schwerpunkte der Orthopädie 2. G. Thieme Verlag, Stuttgart, 94-96 (1991)

(8) WAGNER, M.: Die Verlängerungsosteotomie von Radius und Ulna bei Fehlstellungen des Ellenbogen- oder Handgelenks. Orthopäde 21, 230-234 (1992)

Fixateurmodule und Montagebeispiele

G. Asche

Der Fixateur Externe HOFFMANN II wurde entwickelt, um mit wenigen, sich selbst erklärenden Bauteilen alle erdenklich möglichen und notwendigen Fixateurmontagen bei Frakturen, insbesondere bei gelenknahen Frakturen, anbringen zu können.

Das Ziel dieser Neuentwicklung war es, weichteil- und knochenschonend Problemfrakturen zu stabilisieren. Durch formschöne Gestaltung der Komponenten sollte der Fixateur wieder eine höhere Akzeptanz bekommen. Er sollte flexibel sein, und Frakturen sollten bei bereits liegendem Fixateur noch reponierbar sein. Weiterhin sollte eine bereits fertige Montage sowohl durch zusätzliche Fixateurstangen ergänzbar sein, als auch schrittweise abbaubar sein, je nach Fortschreiten der Frakturheilung. Nur wenige Teile sind zum Erreichen dieser Ziele notwendig gewesen; sie sollen im folgenden kurz für den Überblick des Anwenders beschrieben werden, ohne auf die oben beschriebenen technischen Hintergründe einzugehen.

Stab-zu-Pin-Verbindungsgelenk
(Abb. 1)

Mit ihm ist die beliebige Plazierung von einzelnen Pins möglich. Mit ihnen können insbesondere gelenknahe Frakturen ohne Gelenküberbrückung stabilisiert werden. Diese Fixateurkomponente hat die folgenden Eigenschaften:

- Freie Pin-Plazierung.
- Freie Beweglichkeit der Apex-Pins in allen 3 Ebenen.
- Verwendbar für 4 und 5 mm Apex-Pins.

Abb. 1: Stab-zu-Pin-Verbindungsgelenk.

- Der einrastende Federmechanismus (Klick-Mechanismus) ermöglicht eine exakte Fixation und gewährleistet festen Halt der Komponenten schon während der Rahmenmontage und der Reposition.
- Verwendbar mit allen 8 mm-HOFFMANN-Brückenstäben.
- Die Verzahnung zwischen den Einzelteilen gewährleistet exzellente Rotationsstabilität, die Fixation der Komponente ist mit einer einzigen Schraube möglich.
- Die Komponente ist durch die Farbcodierung „Grau-Blau“ leicht zu erkennen.

Stab-zu-Stab-Verbindungsgelenk (Abb. 2)

Diese Komponente ist in gleicher Weise gebaut, kann aber auf beiden Seiten die 8 mm-Verbindungsstäbe aufnehmen und besitzt ebenfalls den Klickmechanismus. Durch diesen Klickmechanismus ist es leicht, am Verbindungsstab zu montieren. Der vormontierte Rahmen bleibt in seiner Position erhalten, auch während die Fraktur noch reponiert wird. Die wesentlichen Eigenschaften sind somit der einrastende Federmechanismus, die freie Beweglichkeit in allen 3 Ebenen und die Verwendbarkeit mit allen HOFFMANN-Brückenstäben. Die Fixation dieser Komponente erfolgt ebenfalls mit nur einer Schraube. Die Komponente ist an der Farbcodierung „Blau-Blau“ zu erkennen.

Abb. 2: Stab-zu-Stab-Verbindungsgelenk.

Pin-Halter (Abb. 3)

Ein guter Fixateur Externe muß vielseitig sowie einfach zu handhaben sein und bei instabilen Frakturen eine exzellente Rahmenstabilität aufweisen.
Dieses gewährleistet der HOFFMANN-II-Pin-Halter mit seinen beidseitig montierbaren Ansatzstäben für kompakte Rahmenkonstruktionen. Der Pin-Halter kann mehrere parallel eingebrachte Pins aufnehmen, in 5 verschiedenen Positionen. Mit 2 Vierkantschrauben wird der Pin-Halter an den eingebrachten Apex-Pins befestigt. An beiden Seiten des Pin-Halters befinden sich Ansatzmöglichkeiten für gerade und gebogene Ansatzstäbe in

Abb. 3: Pin-Halter.

12 verschiedenen Winkelstellungen. Mit den lateral angebrachten Schrauben werden die Ansatzstäbe festgeklemmt. Der Pin-Halter besteht aus Aluminium und trägt damit zur Gewichtsreduktion der Gesamtmontagen bei. Diese Grundkomponenten werden komplettiert durch gerade und gebogene Ansatzstäbe sowie durch Brückenstäbe, wahlweise aus Stahl, Aluminium oder Kohlefaser (Abb. 4).

Die Gesamtmontage der HOFFMANN-II-Fixateursysteme ist immer elastisch und trägt damit zur dynamischen Frakturheilung bei.

Die nachfolgenden Rahmenbeispiele zeigen die wesentlichen Anwendungsgebiete des HOFFMANN-II-Fixateurs. In den folgenden Kapiteln wird auf diese Anwendungen im einzelnen eingegangen.

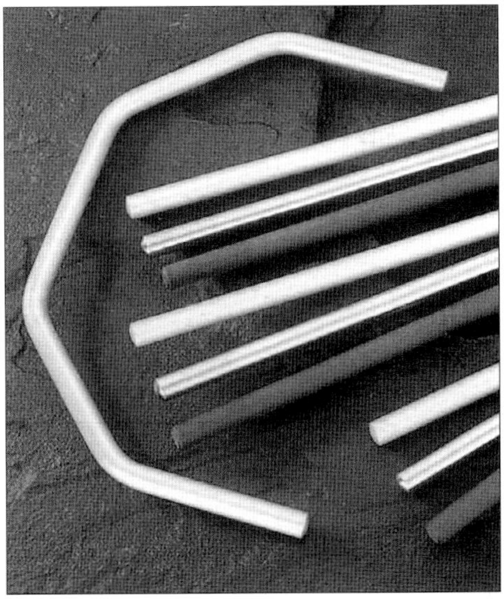

Abb. 4: Brückenstäbe.

Abbildung 5 zeigt einen Rahmen für Quer-, Schräg- und Stückfrakturen mit Weichteilschaden. Wichtig ist, daß die Stange-zu-Stange-Halter die Brückenstäbe frakturnah und knochennah positionieren. Die Frakturen können hiermit ausgeheilt werden, der frühzeitige Verfahrenswechsel ist aber auch möglich. Ist eine Ausheilung mit Fixateur primär geplant, sollte der Monotube von Beginn der Behandlung benutzt werden.

Der Rahmen für proximale Tibiafraktur beruht auf dem Prinzip der freien Pinplazierung. Die Einzelpins werden mit den Pin-zu-Stab-Verbindungsgelenken am gebogenen Brückenstab befestigt. Proximale Tibiafrakturen und Tibiakopffrakturen lassen sich hiermit gewebsschonend stabilisieren und ausheilen (Abb. 6).

In gleicher Weise wie bei den proximalen Tibiafrakturen läßt sich auch distal bei nicht nagelfähigen Frakturen der Fixateur in der Technik der freien Pinplazierung montieren. Die Gelenküberbrückung kann somit bei diesen Frakturen vermieden werden (Abb. 7).

Der Halbrahmen bei der Femurfraktur sollte nur bei offenen Frakturen und bei polytraumatisierten Patienten vorübergehend angewendet werden. Zur Steigerung der Rahmenstabilität lassen sich an den gebogenen auch jeweils zwei Brückenstäbe anbringen. Der Verfahrenswechsel sollte später immer angestrebt werden (Abb. 8).

Abb. 5

Abb. 6

Abb. 7

Abb. 8

Bei Kindern allerdings ist die Ausheilung der Fraktur wegen der kurzen Heilungsphase möglich und sollte immer angestrebt werden.

Mit der Technik der freien Pinplazierung lassen sich auf einfache und schnelle Weise problematische Sprungelenksfrakturen und Luxationen mit schwerem Weichteilschaden stabilisieren. Die Stabilisierung der Knochen läßt sich oftmals perkutan minimal-invasiv ermöglichen. Da die Schienenbehandlung nicht erforderlich ist, lassen sich die Weichteile hervorragend überwachen (Abb. 9).

Die Übersichtlichkeit der wenigen Fixateurteile, das leichte Verständnis dieser Teile und die leichte Montage von Fixateurrahmen wird dazu beitragen, viele Problemfrakturen, insbesondere die gelenknahen Frakturen, risikoarm und stabil zu fixieren.

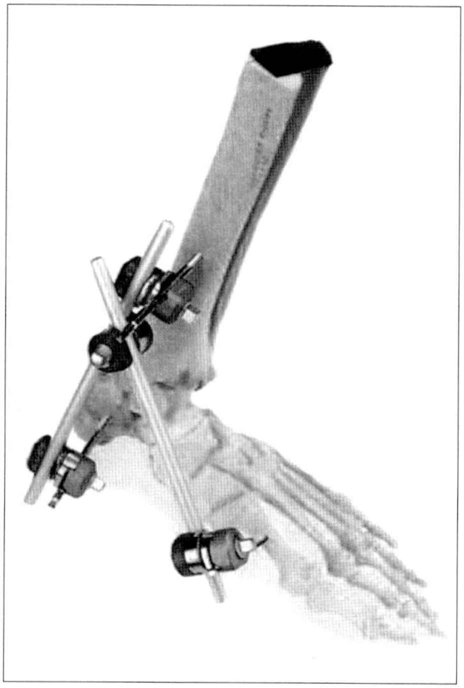

Abb. 9

Standardanwendungen

- Indikation, Komponententeile, Montage, Nachbehandlung, Beispiele -

Fixateur Externe bei Finger- und Mittelhandfrakturen

Th. Deck • G. Asche

Einleitung

Die Bedeutung der Verletzungen im Finger- und Mittelhandbereich liegt in der Störung der komplexen Funktion unseres Feinmotorikorgans, von dem nicht nur in großem Maße unsere Arbeits- und Erwerbsfähigkeit, sondern auch unser psychisches und soziales Wohlbefinden abhängt. Neben anderen Osteosyntheseverfahren wie der Platten- oder Schraubenosteosynthese, der KIRSCHNER-Drahtspickung und der intramedullären Schienung bietet der Fixateur Externe bei bestimmten Frakturformen der Finger- und Mittelhandknochen eine ausgezeichnete Möglichkeit der Wiederherstellung des knöchernen Handskelettes.

Operationsprinzip

Ziel der Frakturversorgung ist die achsgerechte, übungsstabile Osteosynthese unter maximaler Schonung der neurovaskulären Strukturen und des Muskel-Sehnenapparates bei gleichzeitiger Minimierung des Infektrisikos. Der Mini-Fixateur ermöglicht durch das frakturferne Einbringen der Pins und das geschlossene Repositionsverfahren den Erhalt des der knöchernen Heilung förderlichen Frakturhämatoms und senkt insbesondere bei offenen Frakturen die Infektrate.

Vorteile

- Sichere Stabilisierung der Fraktur ohne zusätzliche Ruhigstellung;
- Erhalt des Frakturhämatoms bei geschlossener Reposition;
- Weichteilinspektion und -pflege möglich;
- frühfunktionelle Nachbehandlung;
- minimale operationsbedingte Weichteiltraumatisierung;
- Zweiteingriff zur Metallentfernung mit erneuter Gewebetraumatisierung entfällt;
- kurze Operationszeiten;
- Versorgung in Lokal- oder Leitungsanästhesie möglich.

Nachteile

- Möglichkeit der Pininfektion;
- Patientencompliance notwendig.

Indikationen

- Offene Frakturen der Finger und Mittelhand;
- gelenknahe Fingerfrakturen;
- subcapitale Frakturen Metacarpale I und V;
- Trümmerfrakturen der Finger und Mittelhand;
- Frakturen der Metacarpale I Basis (BENNETT / ROLANDO);
- Quer- und kurze Schrägfrakturen Metacarpale I und V;
- Quer- und kurze Schrägfrakturen der Finger.

Kontraindikationen

- Metacarpale II - IV Frakturen sind oft besser mit anderen Verfahren zu stabilisieren;
- lange Schräg- und Spiralfrakturen wegen einer erhöhten Dislokationsrate;
- fehlende Patientencompliance in der Nachbehandlung (z.B. Demenz, Psychosen);
- Schwangerschaft wegen Röntgenbelastung intraoperativ.

Patientenaufklärung

Neben den allgemeinen Operationsrisiken sollte der Patient über die Möglichkeit des Pininfektes (meist konservativ behandelbar), der Pinlockerung (selten bei korrekter Pinplazierung), der bleibenden Bewegungseinschränkung bei gelenküberbrückender Montage und der Notwendigkeit der offenen Reposition bei Repositionshindernis aufgeklärt werden.

Operationsvorbereitung

Zur Indikationsstellung sind technisch gute Röntgenaufnahmen in 2 Ebenen notwendig. Die Narkoseform wird in Abhängigkeit der Verletzung, der Patientenrisiken und des Patientenwunsches festgelegt. Die Lagerung der verletzten Extremität erfolgt auf dem Handtisch mit der Möglichkeit der intraoperativen Durchleuchtung und der Option einer Blutsperre. Für die Standardmontage mit einem Minifixateur nach JAQUET sind die abgebildeten Instrumente und Fixateurkomponenten notwendig (Abb. 1).

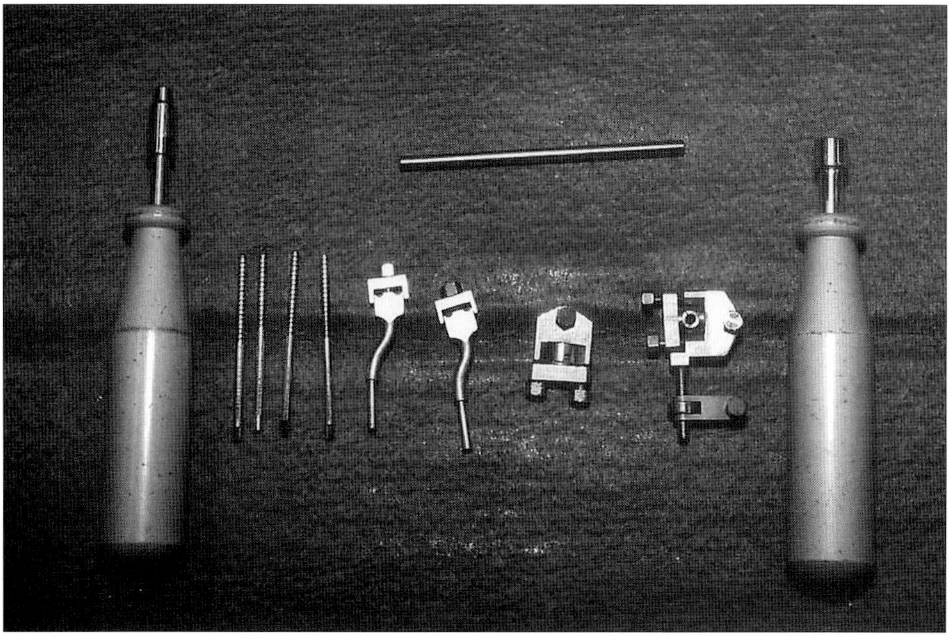

Abb. 1

Operationstechnik

Die Lagerung der verletzten Hand erfolgt auf dem Handtisch. Die Reposition der Fraktur wird geschlossen durch Zug und Gegenzug durchgeführt. Eine offene Reposition erfolgt bei Repositionshindernis und bei offenen Frakturen (Abb. 2a, b).
Unter Bildwandlerkontrolle werden die Inzisionsstellen für die proximal und distal der Fraktur einzubringenden Doppelpingruppen festgelegt. Danach erfolgt eine jeweils ca. 1 cm lange Hautinzision dorsal des Gefäß-Nervenbündels und lateral der Strecksehne. Die Haut sollte bei der Inzision nicht verzogen werden, um eine Verschiebung zwischen Hautinzision und Knocheneintrittspunkt der Pins zu vermeiden.
Anschließend wird der Knochen stumpf mit einer PÉAN-Klemme dargestellt (Abb. 3).

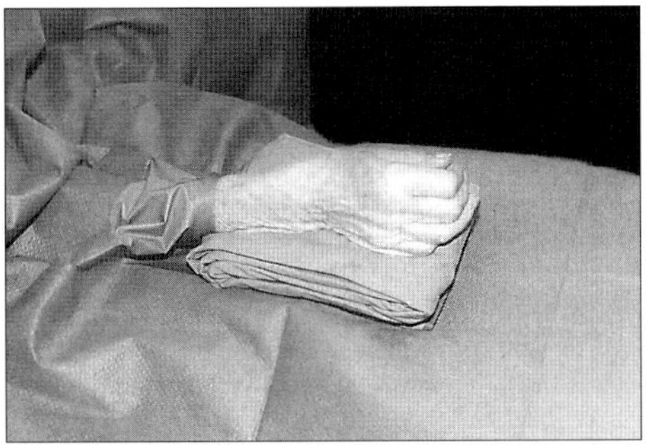

Abb. 2a

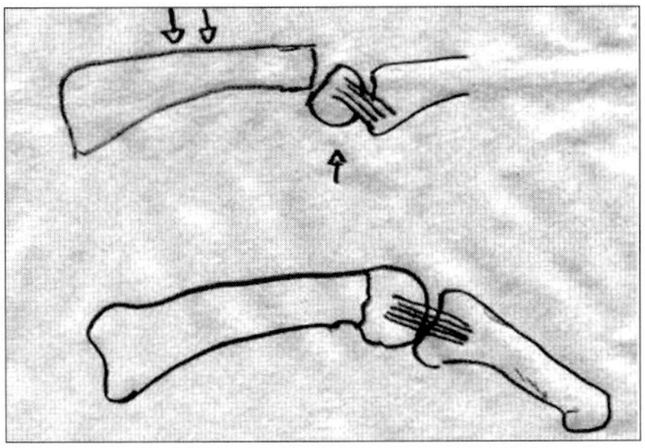

Abb. 2b

Mit einem KIRSCHNER-Draht oder einem 1,5mm-Bohrer wird der erste Pinkanal vorgebohrt und anschließend manuell ein 2mm Pin eingedreht. Beim Bohrvorgang ist darauf zu achten, daß beide Kortikales und der Markraum erfaßt werden, um eine sichere Verankerung zu erreichen. Der Pin muß sicher in der Gegenkortikalis verankert sein, jedoch nicht zu weit in die Weichteile gedreht werden, um Verletzungen und Irritationen zu vermeiden. Mehrfachbohrungen und tangentiale Bohrungen sollten vermieden werden, um einem Ausbrechen oder einer Lockerung des Pins vorzubeugen. In Freihandtechnik wird der 2. Pin der Doppelpingruppe parallel zum ersten in gleicher Weise in einem Abstand von 5mm über dieselbe Hautinzision eingebracht (Abb. 4a-c).

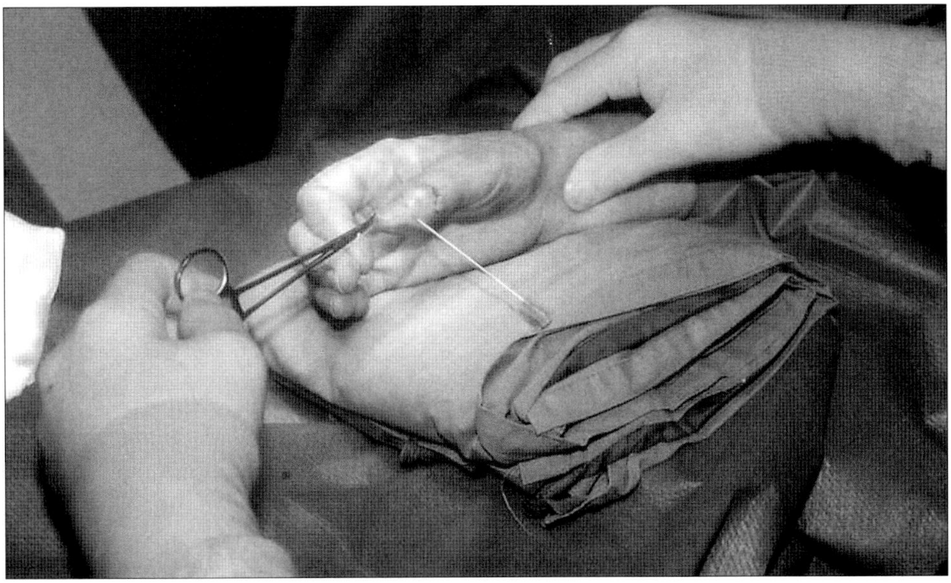

Abb. 3

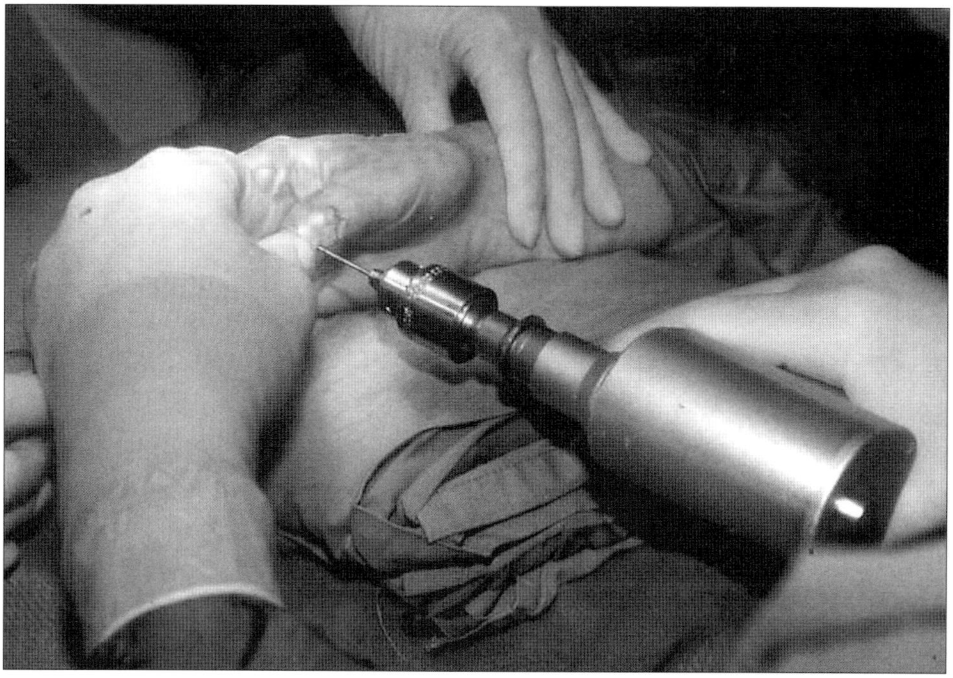

Abb. 4a

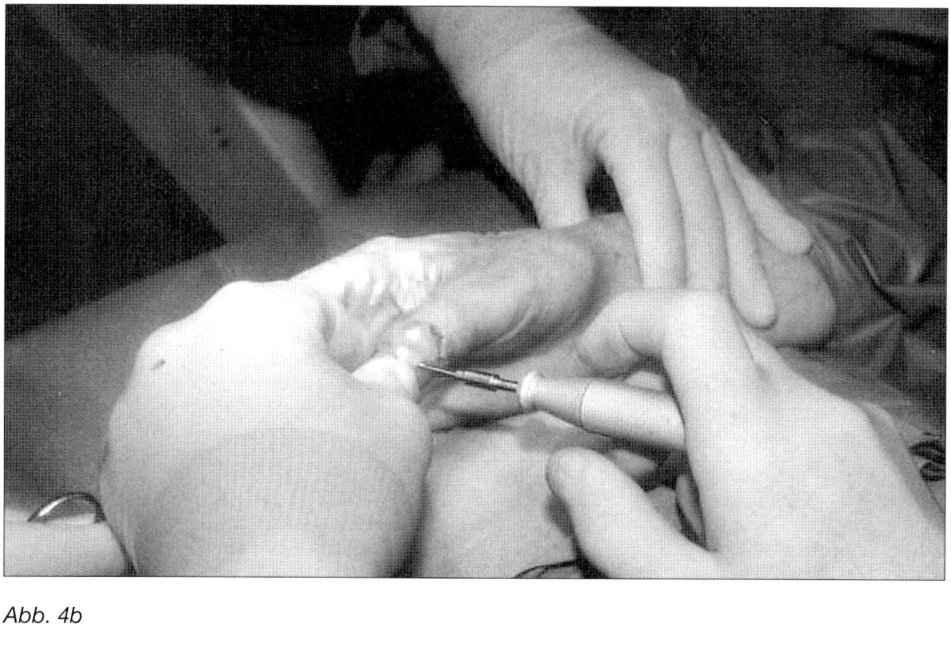

Abb. 4b

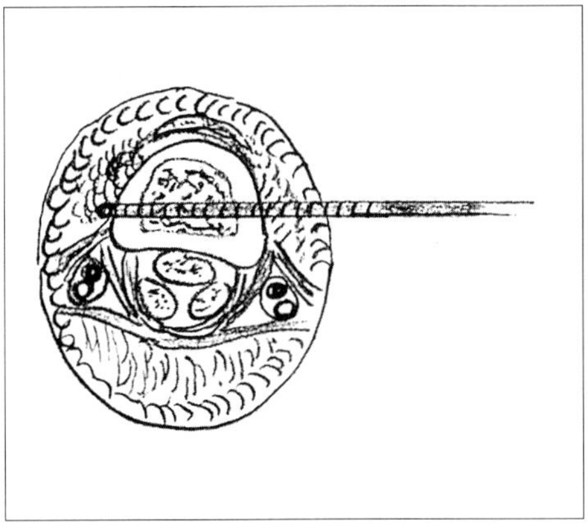

Abb. 4c

Die 2. Doppelpingruppe wird jenseits der Fraktur plaziert. Nach Möglichkeit erfolgt die Pinplazierung nicht gelenküberbrückend, um eine freie Beübung aller Gelenke postoperativ zu ermöglichen. Bei gelenknahen Fingerfrakturen, subcapitalen Metacarpalefrakturen und Metacarpale I-Frakturen ist jedoch meist eine gelenküberbrückende Montage notwendig (Abb. 5).

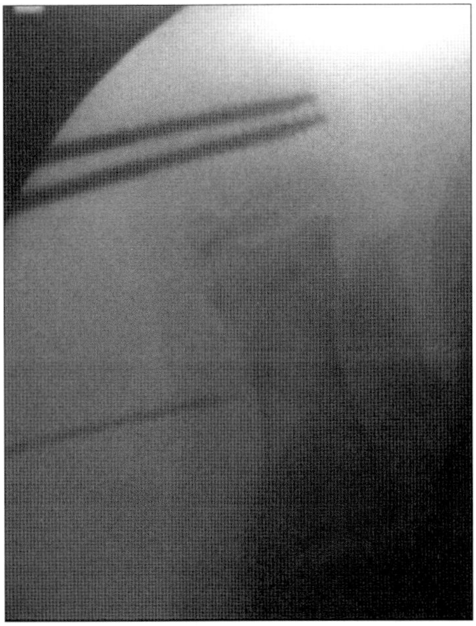

Abb. 5

Es erfolgt nun die Montage der Pinhalter, die in verschiedener Form vorliegen, und der Kugelgelenke sowie des 3mm Gleitstabes. Hierbei ist auf einen ausreichenden Abstand des Gleitstabes von den Weichteilen zu achten unter Berücksichtigung einer möglichen postoperativen Schwellneigung.

Nach Feinreposition in achsgerechte Stellung werden alle Fixateurschrauben festgezogen. Dabei sollte eine Einzelbilddurchleuchtung erfolgen, ohne daß sich die Hände des Operateurs im Strahlengang befinden. Die Haut wird - falls notwendig - nachinzidiert und ein Verband angelegt (Abb. 6a-c).

Postoperative Behandlung

In der ersten postoperativen Phase sollte die verletzte Extremität zur Verbesserung des Lymphabflusses hochgelagert werden. Der Patient erhält bei Bedarf Analgetika und wird in der Fixateurpflege angeleitet. Ab dem 5. postoperativen Tag ist das Duschen mit Fixateur erlaubt. Die frühfunktionelle Nachbehandlung erlaubt ein Bewegen aller nichtfixierten Gelenke unmittelbar postoperativ, ggf. unter krankengymnastischer Anleitung.

Der Fixateur wird 4-5 Wochen belassen und nach röntgenologisch gesicherter knöcherner Konsolidierung ohne erneute Anästhesie entfernt.

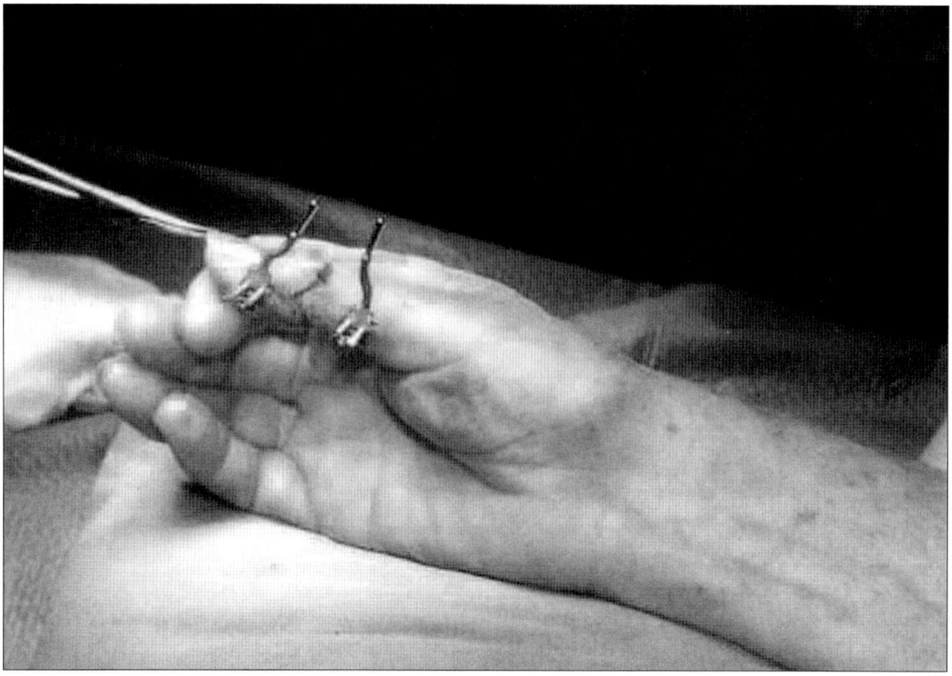

Abb. 6a

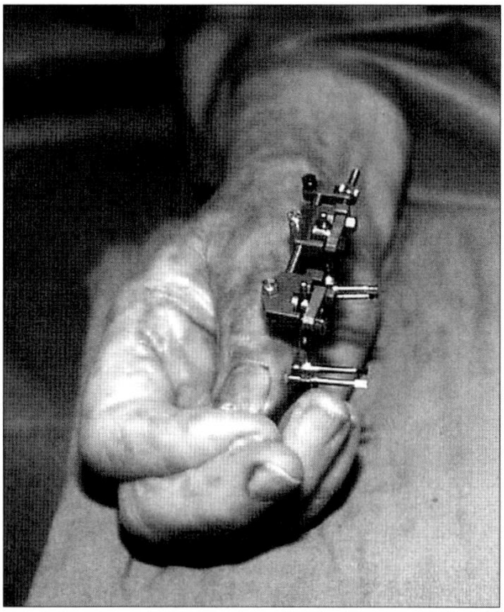

Abb. 6b

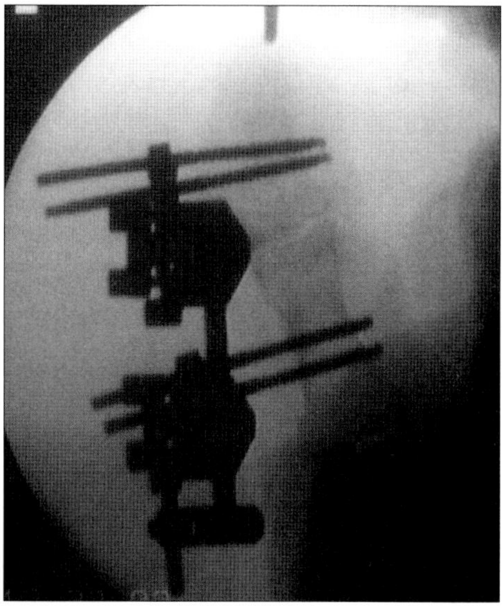

Abb. 6c

Besonderheiten der Operationstechnik

In der Regel werden 2mm starke Halbschrauben als Pin und ein unilateraler Rahmen zur Stabilisierung gewählt. Diese Konstruktion ergibt eine ausreichende Stabilität bei gleichzeitig guter Beweglichkeit. In seltenen Fällen kann zur Erhöhung der Stabilität jedoch mittels transfixierenden Schrauben auch eine bilaterale Rahmenkonstruktion erfolgen. Die Pins werden dabei quer zum Knochen dorsal des Gefäß-Nervenbündels eingebracht (Abb. 4c, 7a, b). Die Kugelgriffe zur Fixation des 3mm Gleitstabes können wahlweise auch als Kugelgleitgriff montiert werden und erlauben dann eine Distraktion/Kompression von 6 mm ohne Achsverlust (Abb. 8).

Die Versorgung der Bennett-Frakturen mittels Fixateur ermöglicht eine Schonung der Weichteile durch geschlossene Reposition und Retention mittels Ligamentotaxis. Die Pins werden dabei im MCP I und im Os trapezium plaziert. Eine Fixation erfolgt auch hier für 5 Wochen (Abb. 9).

Abb. 7a

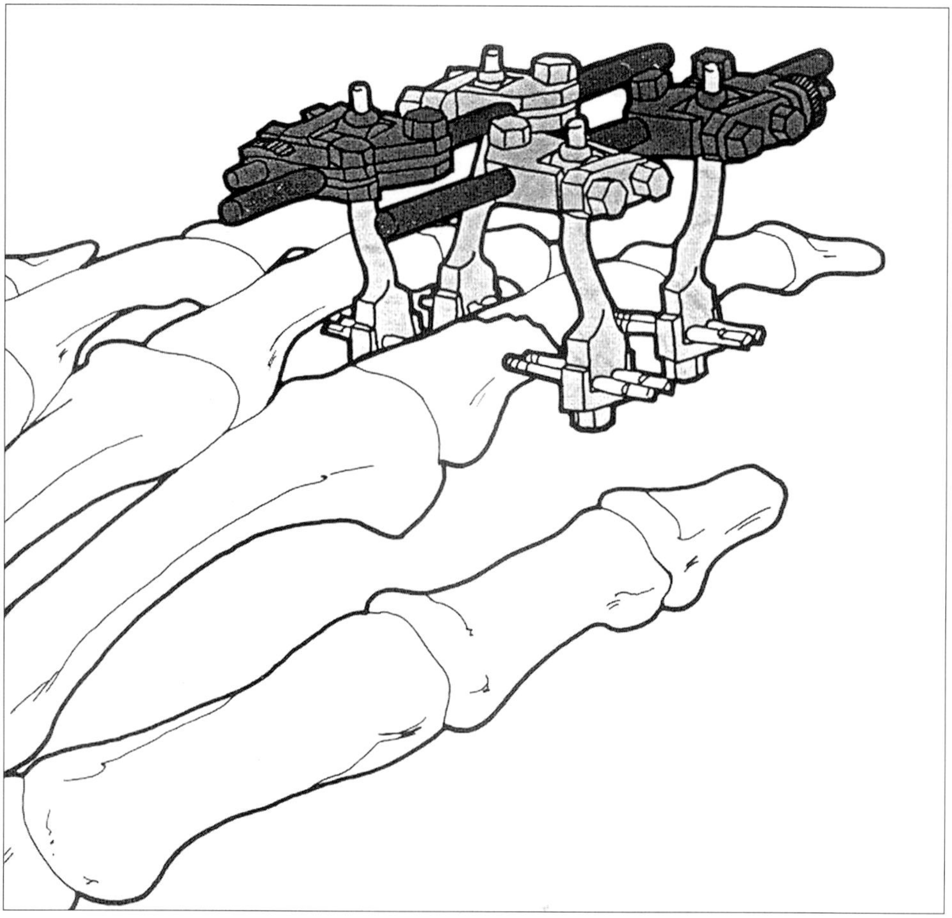

Abb. 7b

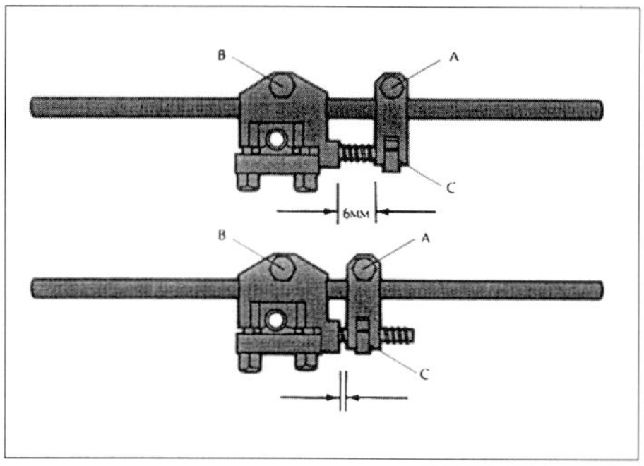

Abb. 8

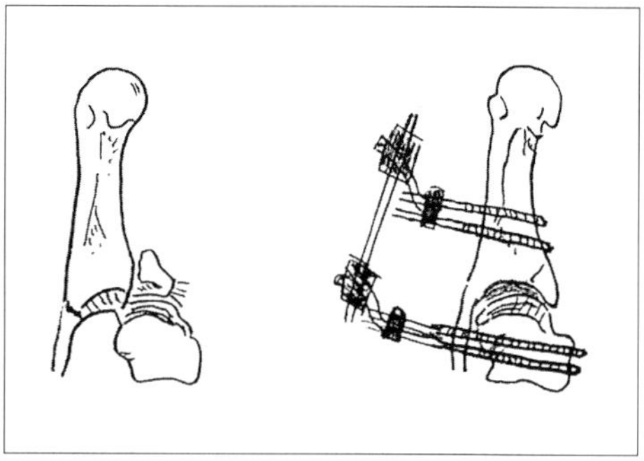

Abb. 9

Fehler und Gefahren

- Falsche Wahl der Weichteilinzision mit Gefäß-Nervenschädigung.
- Tangentiale statt zentrale Lage des Pins im Knochen, dadurch Gefahr des Ausbrechens.
- Pins der Doppelpingruppe sind nicht parallel oder in zu großem Abstand eingebracht, dadurch Entstehen von Spannungen am Knochen bei der Pinhaltermontage mit der Möglichkeit der Pinlockerung.
- Hautinzision zu klein oder schlecht plaziert, dadurch erhöhte Pininfektrate durch mechanische Irritation.

Peri- und postoperative Komplikationen

- Lockerung der Fixateurschrauben bei ungenügender Fixation oder Manipulation durch den Patienten, dadurch Repositionsverlust - Nachreposition notwendig.
- Pininfekt im postoperativen Verlauf - Fixateurpflege überprüfen, ggf. Nachinzision der Weichteile, ggf. antibiotische Therapie. Solange der Pin fest im Knochen verankert ist und der Infekt antibiotisch beherrscht werden kann, kann der Pin belassen werden. Bei fortschreitendem Infekt Pinentfernung und falls notwendig Ruhigstellung durch Schiene.

Ergebnisse

Zwischen dem 1. 1. 1995 und dem 31. 12. 1999 wurden insgesamt 80 Frakturen an Finger und Mittelhand mit dem Mini-Fixateur HOFFMANN versorgt. Es handelte sich um 42 Metacarpaleschaft- oder -Köpfchenfrakturen, 11 BENNETT-Frakturen und 27 Fingerfrakturen. Von den 80 Frakturen waren 8 offen. Alle Frakturen wurden mittels Halbschrauben und unilateraler Rahmenkonstruktion versorgt. Gelenküberbrückende Montagen erfolgten bei 5 Fingerfrakturen und 25 Metacarpalefrakturen. Alle Frakturen wurden zur achsgerechten Ausheilung gebracht bei einer Pininfektrate von 2,5 %. Eine Osteomyelitis trat nicht auf. Die funktionellen Ergebnisse werden im wesentlichen von der unfallbedingten offenen oder geschlossenen Weichteilschädigung bestimmt. Bei fehlender Nerven- oder Sehnenverletzung bzw. fehlender Gelenkdestruktion konnte in allen Fällen eine vollständige Wiederherstellung der Handfunktion erreicht werden.

Literatur

(1) ASCHE, G., HAAS, H.-G., KLEMM, K.: The External Mini-fixator: Application and Indication in Hand Surgery. In: A. F. Brokker, Ch.C. Edwards (Hrsg.): External Fixation. Williams and Wilkins, Baltimore, 105-110 (1979)

(2) Asche, G., Haas, H.-G., Klemm, K.: Erste Erfahrungen mit dem Minifixateur externe nach Jaquet. Aktuelle Traumatologie 9, 261-268 (1979)

(3) Asche, G., Burny, F.: Indikation für die Anwendung des Minifixateur externe, eine statistische Analyse. Aktuelle Traumatologie 12, 103-110 (1982)

(4) Asche, G.: Stabilisierungsmöglichkeit einer intraartikulären Trümmerfraktur des 1. Mittelhandknochens mit dem Minifixateur externe. Handchirurgie 13, 247-249 (1981)

(5) Asche, G.: Stabilisierungsmöglichkeit fingergelenksnaher Frakturen mit dem Minifixateur externe. Handchirurgie 16, 192-195 (1984)

(6) Asche, G.: Die Behandlung der Frakturen der Metacarpalia mit dem Minifixateur. In: H. Nigst, D. Buck-Gramcko, H. Millesi (Hrsg.): Bibliothek für Handchirurgie. Hippokrates Verlag, Stuttgart, 81-87 (1987)

(7) Bradford, Ch.I.-I., Dolphin, J.A.: Fractures of the hand and wrist. In: J.E. Flynn (Hrsg.): Handsurgery. Williams and Wilkins, Baltimore (1966)

(8) Buck-Gramcko, D., Hoffmann, R., Neumann, R.: Der handchirurgische Notfall. Hippokrates Verlag (1983)

(9) Nigst, H.: Frakturen der Metakarpalia. In: H. Nigst, D. Buck-Gramcko, H. Millesi (Hrsg.): Handchirurgie, Bd. 11. Georg Thieme Verlag, Stuttgart, New York, 26.32-26.56 (1981)

Der Microfixateur*)
Eine Weiterentwicklung des bewährten Minifixateur – erste klinische Erfahrungen –

G. Asche

Im Rahmen der Weiterentwicklung der Fixateur-externe-Systeme ist auch der Minifixateur von Stryker Howmedica verbessert und dem HOFFMANN II- und HOFFMANN II-Compact-System angepaßt worden.
Durch neue Komponenten und Verkleinerung derselben ist ein neues, flexibles, den Problematiken der Hand angepaßtes Fixateur-System entstanden.
An den Indikationen, Kontraindikationen und der Operationstechnik hat sich hierbei nichts Wesentliches geändert. Die Behandlungsprinzipien wurden im vorherigen Artikel ausführlich beschrieben. So sollen in Ergänzung zu diesem Artikel lediglich die neuen Komponenten vorgestellt und erklärt werden. Anhand von einigen Fallbespielen wird das neue System demonstriert.

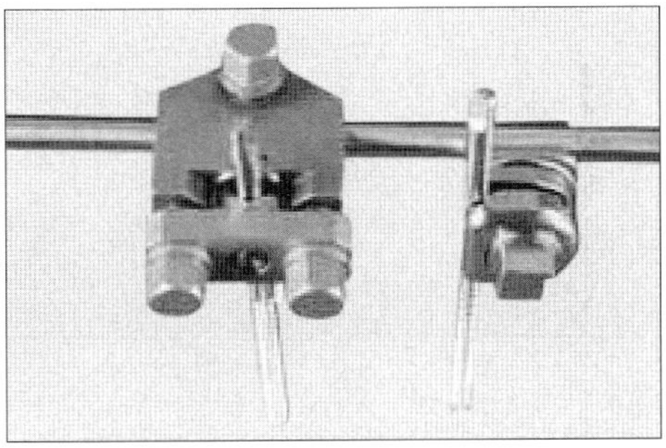

Abb. 1: Die neuen Komponenten wurden wesentlich verkleinert und die Handhabung verbessert. Auch dieses System besteht aus nur 6 Komponenten.

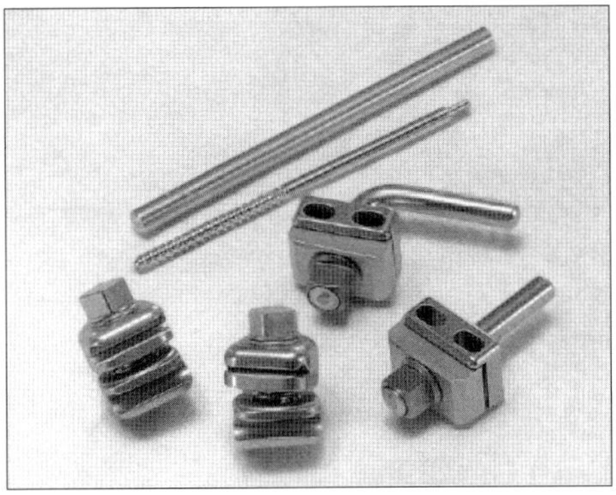

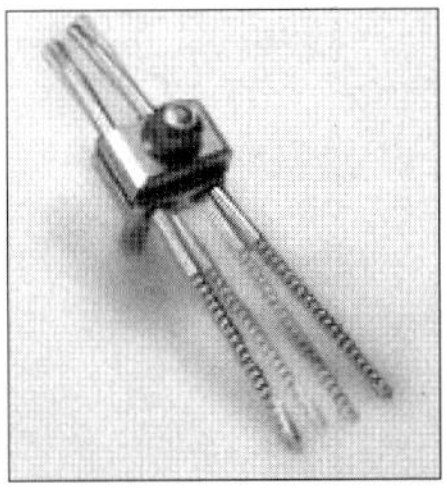

Abb. 2: Die Komponenten für die Knochenschrauben, ovaläre Halterungen. So können die Knochenschrauben in verschiedenen Positionen am Knochen eingebracht werden.

*) *Das Produkt ist zur Zeit noch nicht auf dem Markt erhältlich.*

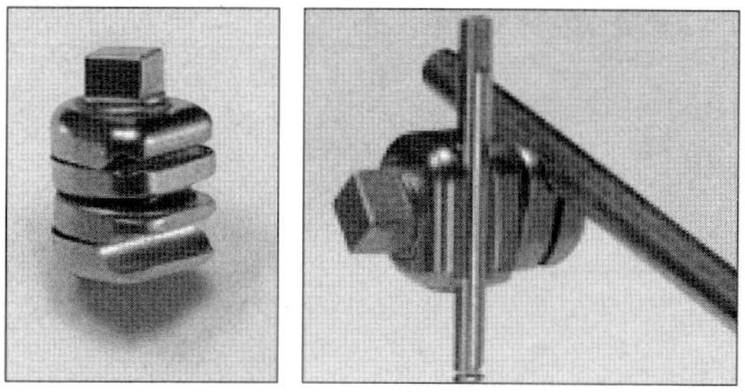

Abb. 3: Mit einem Klick lassen sich bei dieser Pin-zu-Stab Komponente Knochenschraube und Fixateurstab verbinden.

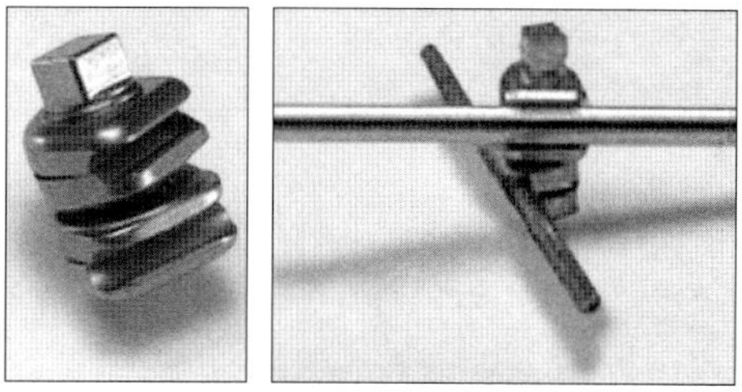

Abb. 4: Die Stab-zu-Stab Komponente verbindet zwei Microfixateur-Stangen.

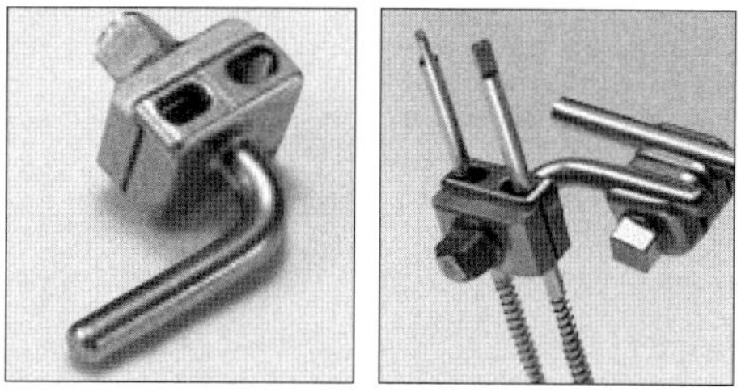

Abb. 5: Diese Komponente erlaubt die Verlängerung der Stäbe und ist besonders bei der gelenküberbrückenden Fixierung von Fingergrundgelenken in 80° Beugestellung geeignet.

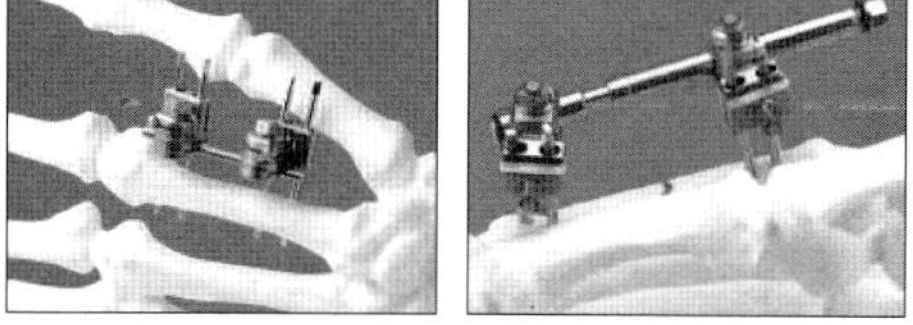

Abb. 6: Eine einfache Montage, demonstriert am Knochenmodell. Auch wird ein Modul zur Knochenverlängerung zur Verfügung stehen.

Beispiel (Abb. 7a-h)

An einem Beispiel wird das typische operative Vorgehen gezeigt.

Der Patient zog sich bei einem Sturz eine BENNETT'sche Fraktur zu. In Regionalanästhesie wird versucht, durch Ligamentotaxis die Fraktur exakt zu reponieren. Dies gelingt sehr gut. Die Indikation für die geschlossene Reposition und Stabilisierung mit dem Microfixateur ist gegeben (Abb. 7a-c).

Perkutan wird nun nach einer kleinen Hautinzision ein 1,6 mm KIRSCHNER-Draht in das Trapezium gebohrt und der Knochenpin hier eingedreht. Nach der Plazierung der Pins wird der Rahmen montiert und die Fraktur durch Ligamentotaxis reponiert. Die Fraktur steht nun in beiden Ebenen achsengerecht (Abb. 7d-f).

Bereits wenige Tage nach der Operation ist die Hand frei beweglich. Zusätzliche Ruhigstellung ist nicht erforderlich (Abb. 7g, h).

Dieses neue System stellt eine weitere Bereicherung bei der Behandlung von Fingerfrakturen dar.

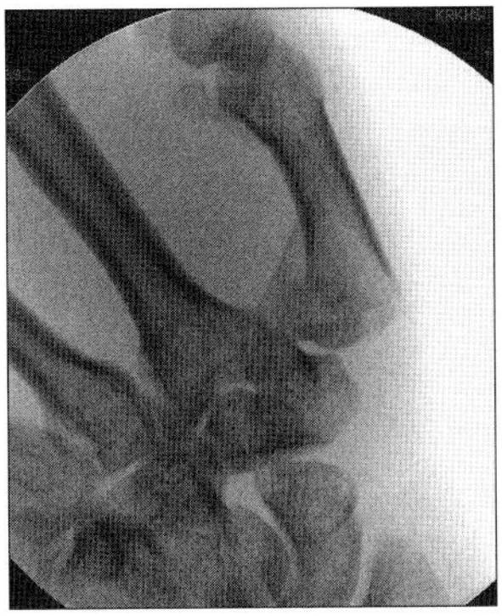

Abb. 7a

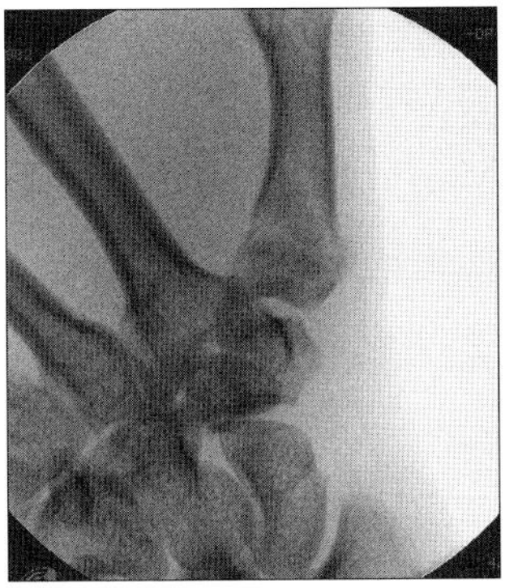

Abb. 7b

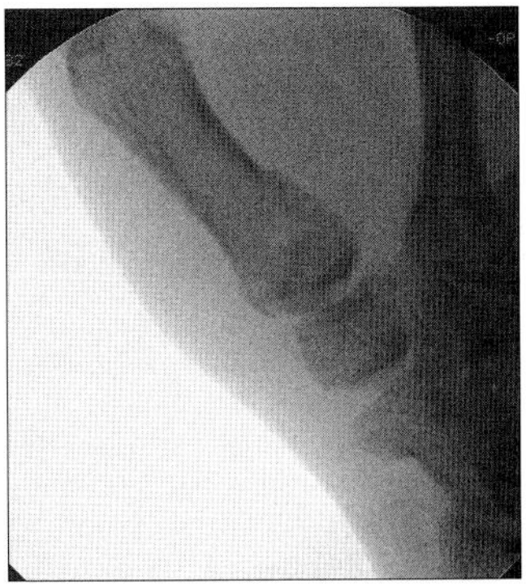

Abb. 7c

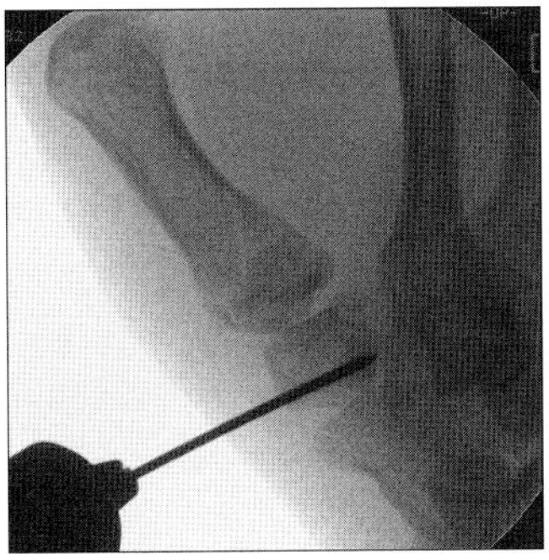

Abb. 7d

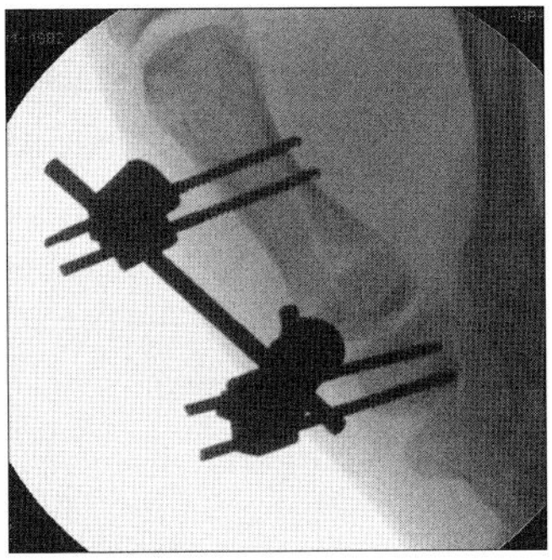

Abb. 7e

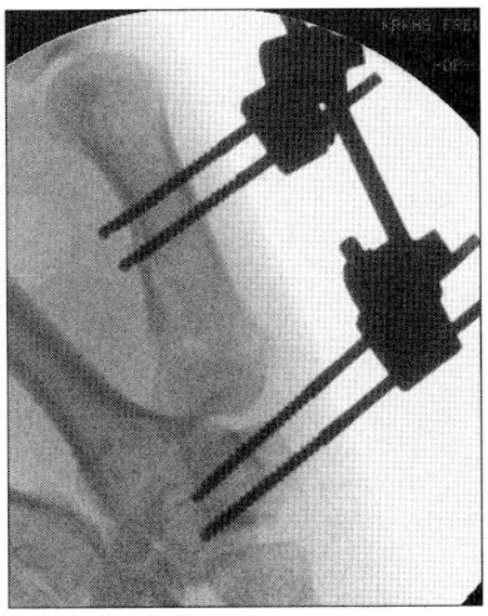

Abb. 7f

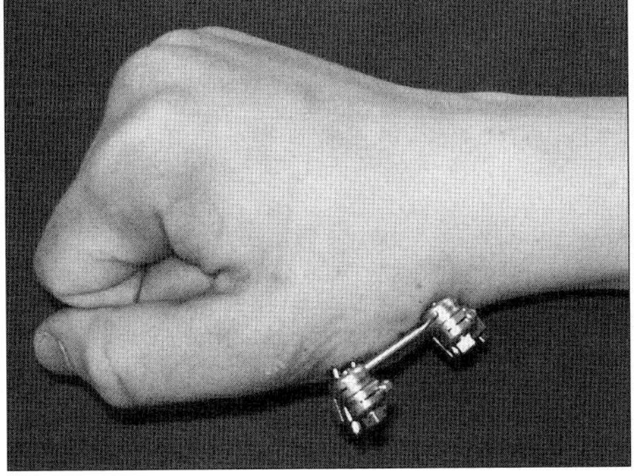

Abb. 7g

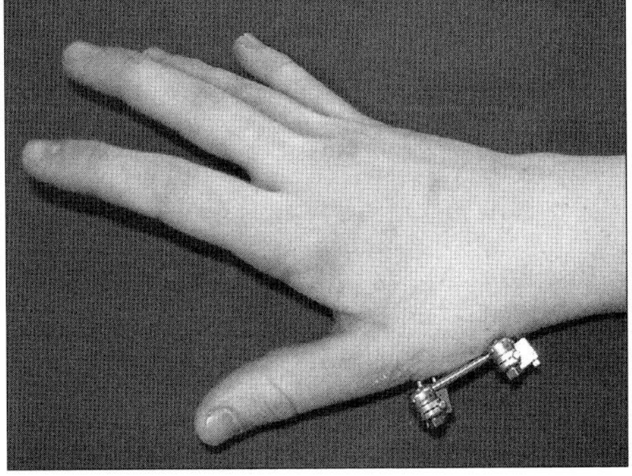

Abb. 7h

Der Fixateur Externe HOFFMANN II Compact, gelenküberbrückende Montage bei der distalen Radiusfraktur

N. Florin

Operationsprinzip

Frakturen des distalen Radius lassen sich mit dem Fixateur Externe, Typ HOFFMANN II Compact, minimal-invasiv stabilisieren. Die benachbarten Gelenke können sofort frei bewegt werden.

Indikationen

1. Alle instabilen distalen Radiusfrakturen, die geschlossen reponiert werden können.
2. Alle offenen Frakturen sowie Frakturen mit ausgeprägten Weichteilschäden.

Kontraindikationen

Stabile distale Radiusfrakturen Typ AO-Klassifikation 23 A2 können komplikationsärmer 4 Wochen im Gips ruhiggestellt werden. Auch distale Radiusfrakturen der Klassifikation 23 B werden nicht mit dem Fixateur, sondern effektiver durch interne Osteosynthese versorgt.

Patientenaufklärung

Eine Aufklärung über Infektionsrisiko, Gefahr der Knochensprengung, Materialausbruch (Pinlockerung), posttraumatische Arthrose, verbleibende Fehlstellung der Gelenkfläche, Sehnenverletzung, Karpaltunnelspaltung, allgemeine Narkoserisiken, postoperative Thrombose und SUDEK-Syndrom muß erfolgen.

Operationsvorbereitung

Technisch gute Röntgenaufnahmen in zwei Ebenen sind erforderlich. Die sofortige Reposition und operative Stabilisierung ist empfehlenswert. Sollte dies technisch oder organisatorisch nicht möglich sein, erfolgt zunächst die Ruhigstellung auf einer Gipsschiene.

Instrumentarium

1. Kleine Wundversorgung mit Skalpell, Pinzetten, Klemmchen.
2. Spezialinstrumentarium für den HOFFMANN II Compact-Fixateur Externe (Abb. 1).

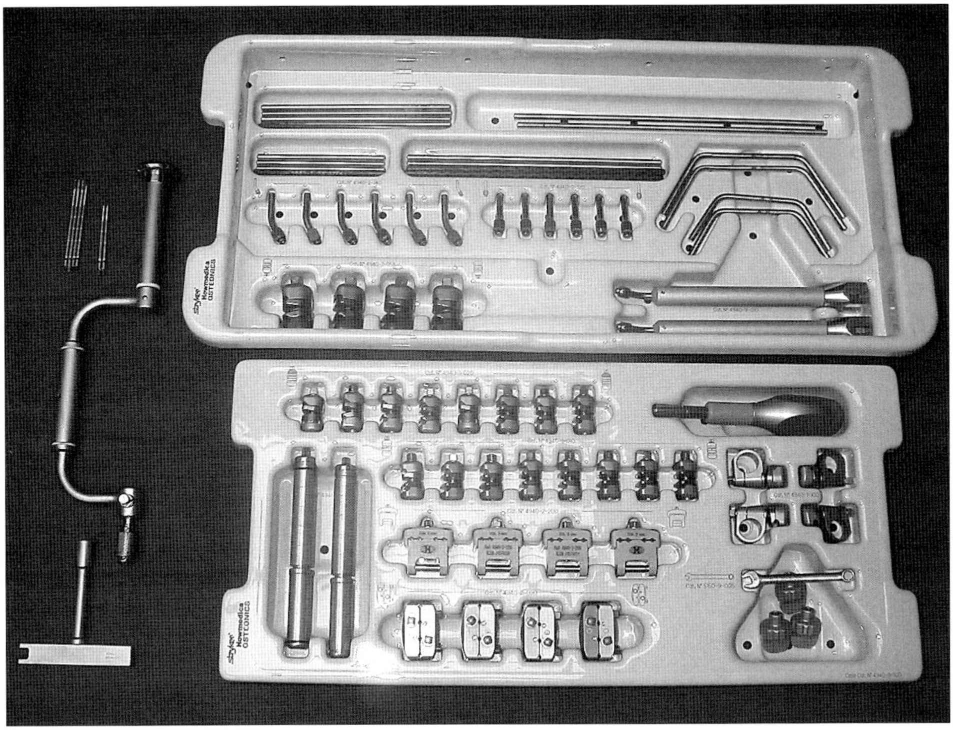

Abb. 1

Lagerung

Der Arm wird frei auf dem Handtisch oder dem Bildwandler bei Rückenlage des Patienten gelagert.

Operationstechnik

1. Der zweite Mittelhandknochen wird getastet. Es erfolgt ca. 1 cm proximal des Mittelhandköpfchens die Hautinzision von knapp 1 cm Länge im 45° Winkel von dorso-radial auf den Mittelhandknochen zielend. Spreizen der Weichteile bis auf den Knochen. Einbringen der Weichteilschutzhülse im 45° Winkel von dorso-radial kommend zentral auf den Knochen und Einbringen eines Apex-Pins 3 mm stark (Abb. 2).
2. Aufsetzen des Pinhalters und Festlegen der Position für die zweite Inzision basisnah über dem zweiten Mittelhandknochen. Markieren der Position.
3. Anlegen eines ebenfalls ca. 1 cm langen Schnittes in 45° von dorso-radial kommend basisnah über dem Mittelhandknochen II. Spreizen der Weichteile. Einbringen des Gewebeschutzes über den Pinhalter und Eindrehen eines zweiten 3 mm starken Apex-Pins parallel zum ersten. Durchleuchtungskontrolle in beiden Ebenen, Montage des Pinhalters (Abb. 3).

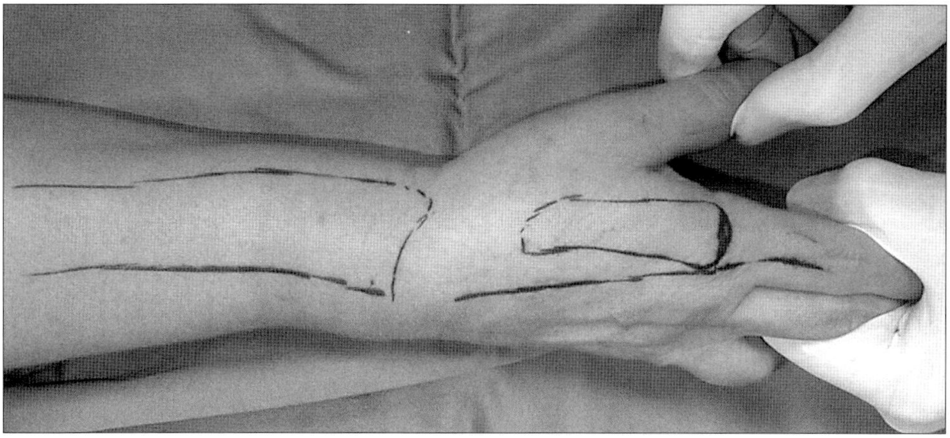

Abb. 2

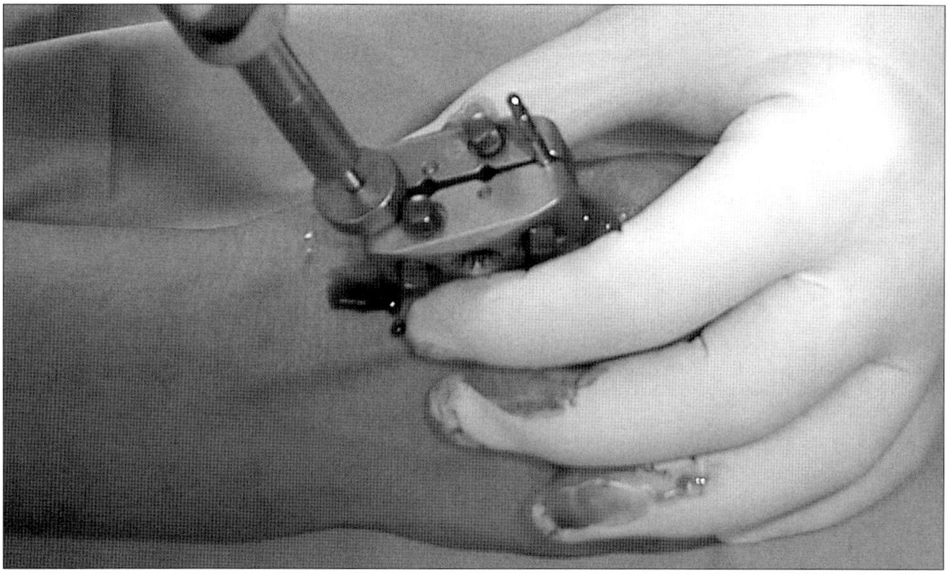

Abb. 3

4. Aufsuchen des Eintrittsortes für den radialen Pin proximal der Fraktur unter Durchleuchtungskontrolle. Proximale Fissuren müssen beachtet werden. Hautschnitt ca. 1 cm lang ventral des Musculus abductor pollicis longus. Stumpfes Auseinanderdrängen der Weichteile mit einer gebogenen Klemme. Einbringen der Gewebeschutzhülse und Eindrehen eines 3 mm Apex-Pins mit dem Handbohrer (Abb. 4).

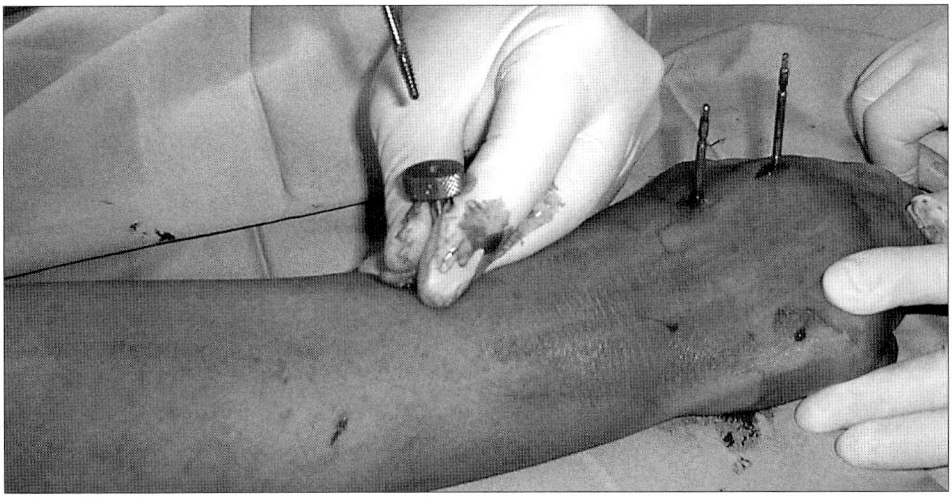

Abb. 4

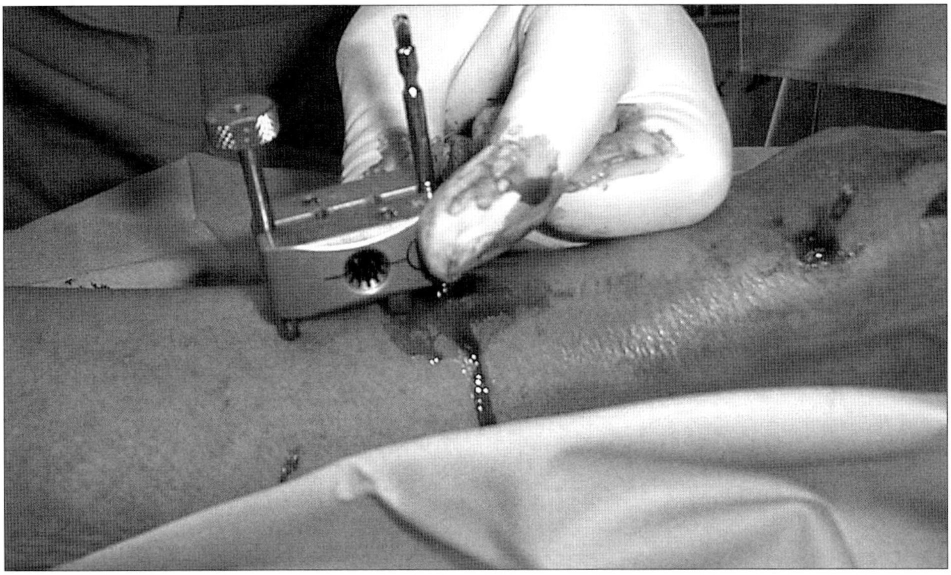

Abb. 5

5. Aufsetzen des Pinhalters und Markieren der Eintrittsstelle für den 4. Pin. Hautschnitt ebenfalls ca. 1 cm lang. Auseinanderdrängen der Weichteile. Einbringen der Gewebeschutzhülse und Eindrehen des 4. Pins 3 oder 4 mm stark parallel zum 3. Pin mit dem Handbohrer. Montage des Pinhalters (Abb. 5).

6. Anbringen und Fixieren von je zwei Ansatzstäben, 30° gebogen, über dem zweiten Mittelhandknochen radial, gegebenenfalls gerade, um die Beweglichkeit des Daumens nicht einzuschränken (Abb. 6).
7. Anklemmen von je einem Stab-zu-Stab-Verbindungsgelenk und Auswählen von zwei Karbonbrückenstäben (Abb. 7).
8. Reposition der Fraktur unter Durchleuchtungskontrolle in beiden Ebenen und Fixieren der Verbindungsgelenke (Abb. 8a, b).

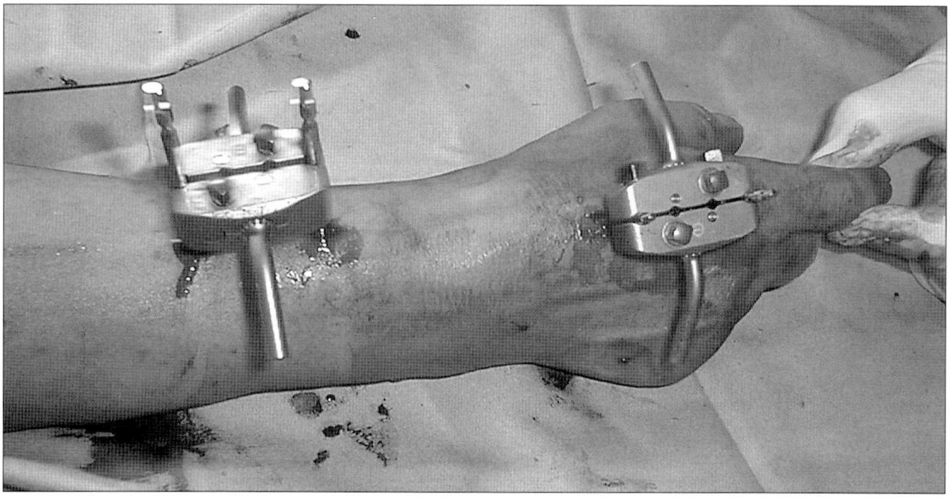

Abb. 6

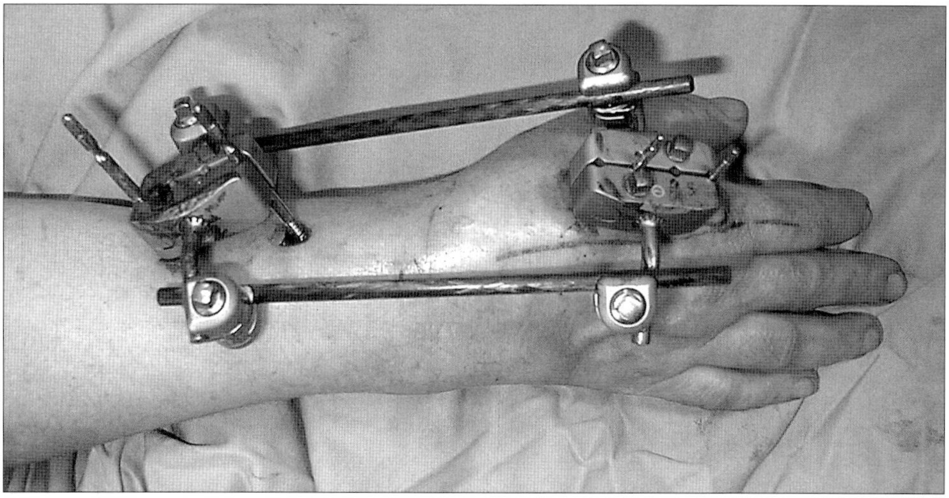

Abb. 7

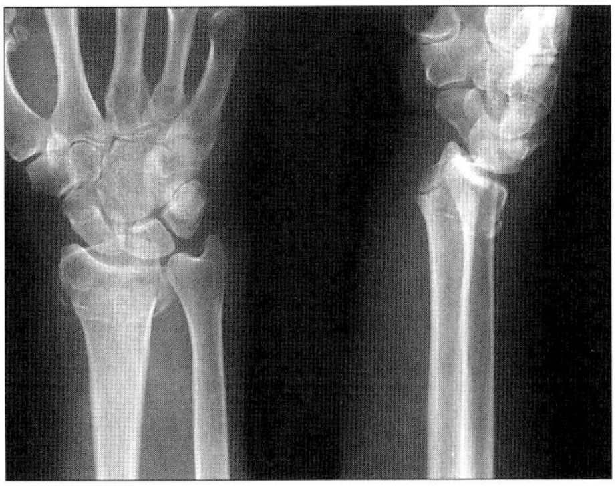

Abb. 8a

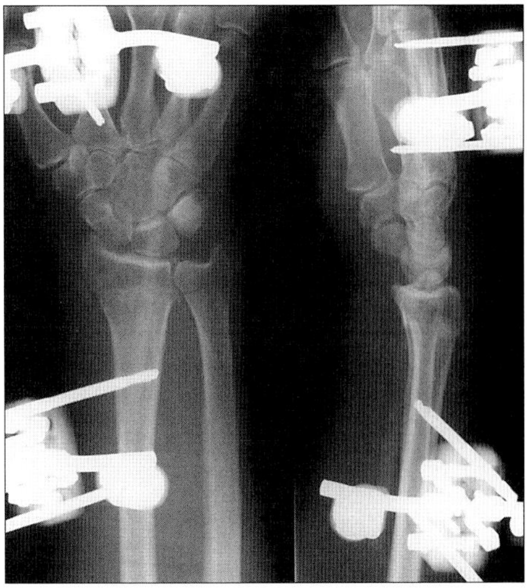

Abb. 8b

Montagebesonderheiten

Nicht jede Montageform ist in gleicher Weise stabil. Es wurden deshalb Stabilitätsmessungen mit verschiedenen Konfigurationen vorgenommen. Diese Messungen wurden mit der des bewährten HOFFMANN-Midifixateurs verglichen. Dabei ergaben nur zwei gelenküberbrückende Montageformen die erforderliche Stabilität, die oben beschriebene und die hier als Alternative gezeigte Montage (Abb. 10).

Die Verformbarkeit des HOFFMANN-Midifixateurs entspricht der unten gezeigten Montagevariante. HOFFMANN-Midifixateur und HOFFMANN-Compact in der unten angegebenen Form haben die gleiche Stabilität. Der Orthofix für das Handgelenk ist wesentlich instabiler. Mit Repositionsverlusten bei solchen Montagen ist zu rechnen. Alle anderen gelenküberbrückenden Montagemöglichkeiten des HOFFMANN II-Compact sollten nicht benutzt werden, da hier mit Repositionsverlusten zu rechnen wäre. Besonders die Montage mit nur einem Brückenstab ist sehr instabil (Abb. 9). Der Vorteil dieser Montageform ist, daß der Daumen frei bewegt werden kann. Folgendes ist zu beachten (Abb. 10). Ein Brückenstab ist mit den Stab-zu-Stab-Verbindungsgelenken an den gebogenen Halterungen befestigt, der zweite Brückenstab ist mit zwei Pin-zu-Stab-Verbindungsgelenken an den zwei frakturnahen Apex-Pins befestigt.

Bei Frakturformen ohne Gelenkbeteiligung ist bei ausreichender Festigkeit des distalen Fragmentes die nicht gelenküberbrückende Montageform in der Technik der freien Pinplazierung möglich. Die folgenden Bilder zeigen wesentliche Merkmale dieser Fixationstechnik (Abb. 11a-d).

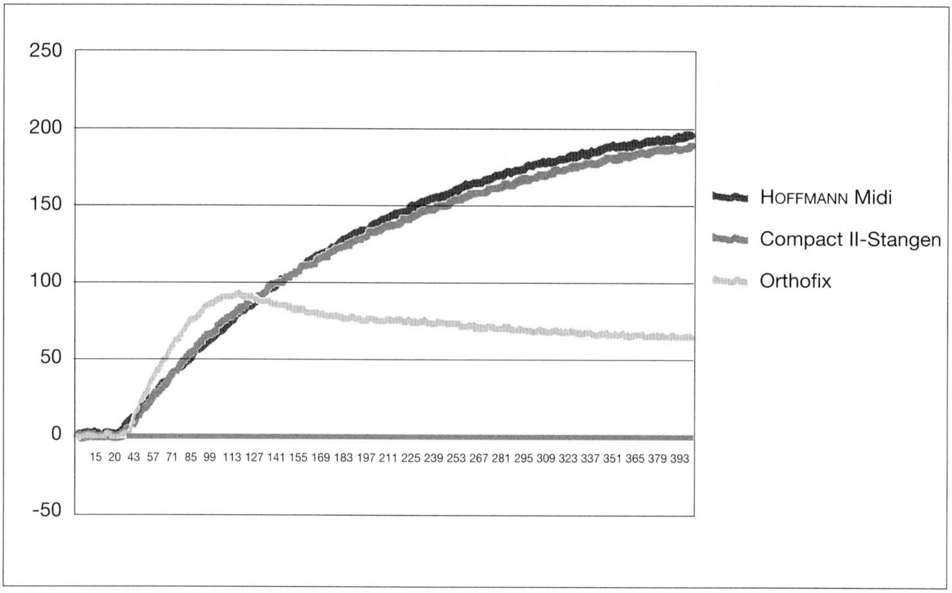
250
200
150
100
50
0
-50
15 20 43 57 71 85 99 113 127 141 155 169 183 197 211 225 239 253 267 281 295 309 323 337 351 365 379 393
HOFFMANN Midi
Compact II-Stangen
Orthofix

Abb. 9

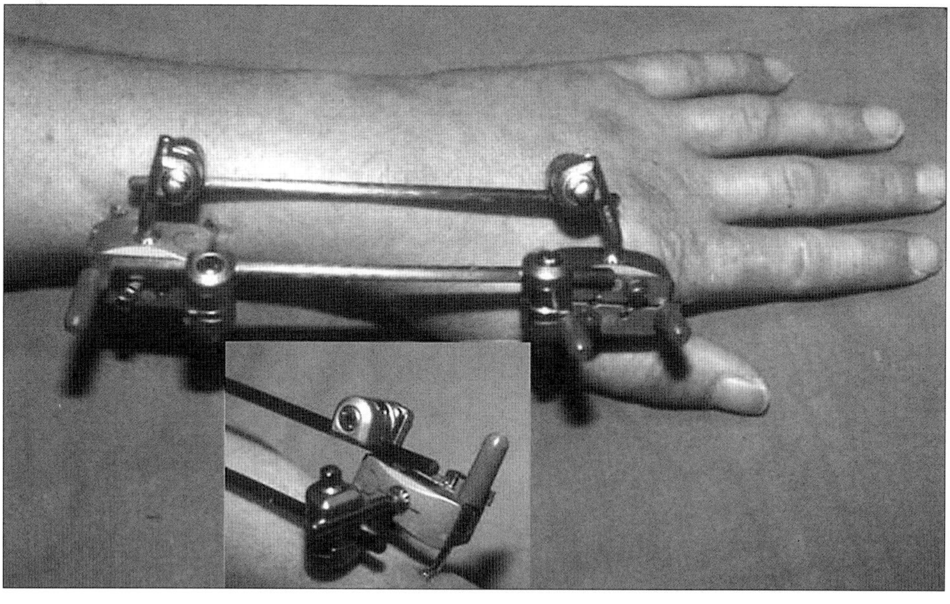

Abb. 10

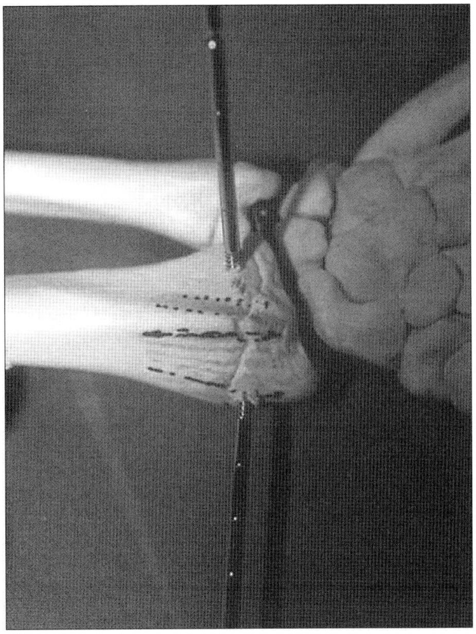

Ein Apex-Pin wird in das distale Radiusende parallel zur Gelenkfläche eingebracht, der zweite Pin wird dorsal parallel zum Radioulnargelenk positioniert. Nur auf diese Weise werden Strecksehnen und Nerven geschont. Der proximale Pinhalter wird wie oben beschrieben positioniert.
Diese Patientin konnte schon 8 Tage nach der Operation ihr Handgelenk nahezu frei bewegen.

Abb. 11a

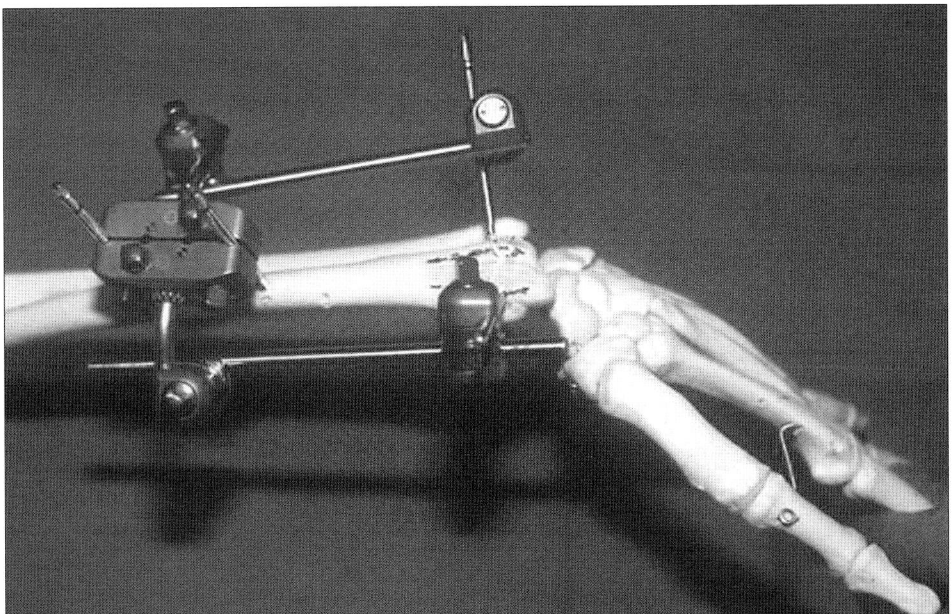

Abb. 11b

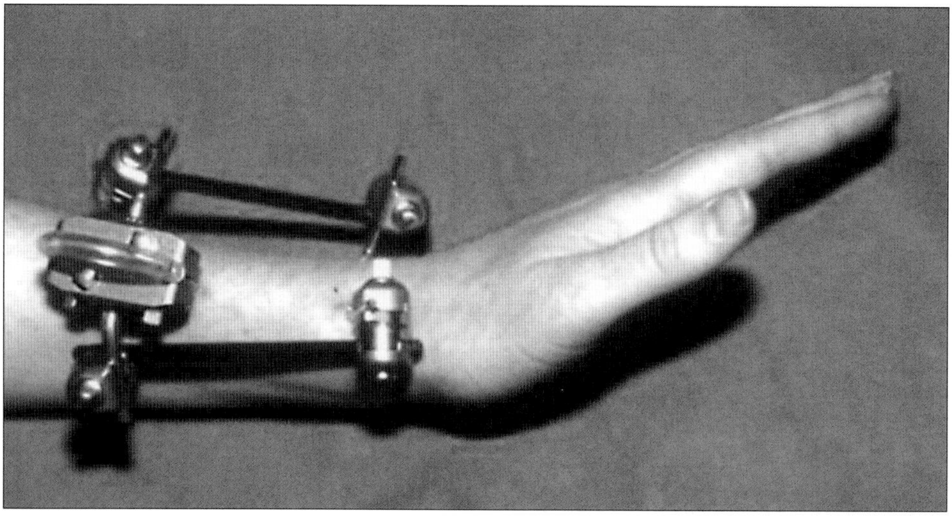

Abb. 11c

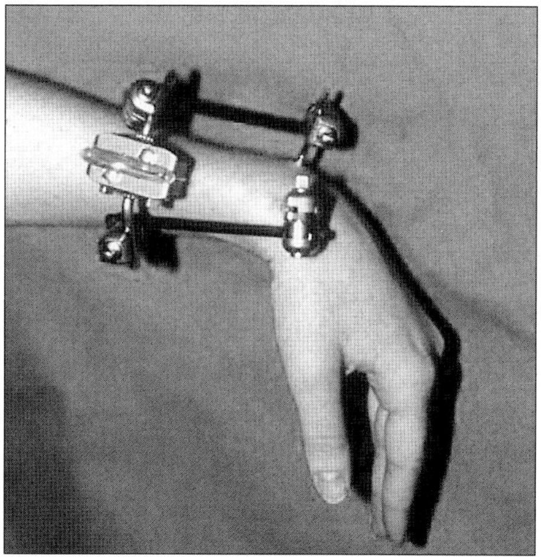

Abb. 11d

Postoperative Behandlung

Die tägliche Pinpflege wird anfangs durch das Pflegepersonal durchgeführt, Patienten werden zur selbständigen Pinpflege angelernt. Bis zum Abschluß der Wundsekretion ist ein steriles Abdecken der Pineintrittsstellen erforderlich. Die Mobilisation der Nachbargelenke ist sofort nach dem Abklingen der Narkose erlaubt. Während des stationären Aufenthaltes werden die Patienten täglich bei der Mobilisation der Nachbargelenke angeleitet. Die Übungen sollen dann im häuslichen Bereich fortgeführt werden. Eine Röntgenkontrolle erfolgt direkt postoperativ sowie eine, zwei und sechs Wochen nach der Versorgung. Bei entsprechender knöcherner Konsolidierung ist die Metallentfernung meist nach sechs Wochen ambulant möglich.

Besonderheiten

Einzelne gelenktragende Fragmente, die sich nicht geschlossen reponieren lassen, können perkutan mit einer PÉAN-Klemme gehoben werden und ggf. passager mit einem K-Draht fixiert werden (Abb. 12).

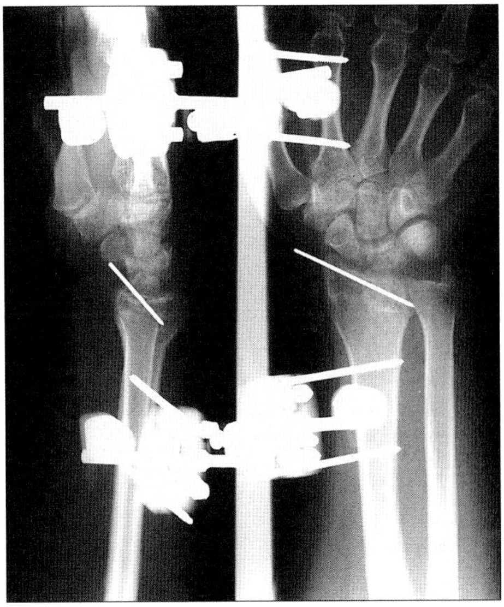

Abb. 12

Fehler und Gefahren

1. Zu sparsame Hautinzisionen führen zu Spannungen an den Pineintrittsstellen und zu Infekten.
2. Zu steiles Eingehen von dorsal auf den zweiten Mittelhandknochen kann zu Verletzungen sowie Fixation der Strecksehne des Zeigefingers führen.
3. Falsche Wahl des Eintrittspunktes über dem Radius sowie zu sparsame Weichteilmobilisation oder fehlender Gewebeschutz kann zu Sehnenverletzungen der Daumen- und Handgelenksextensoren führen (Abb. 13).
4. Ungenügende Reposition führt zu posttraumatischer Arthrose und Minderbeweglichkeit im Handgelenk.

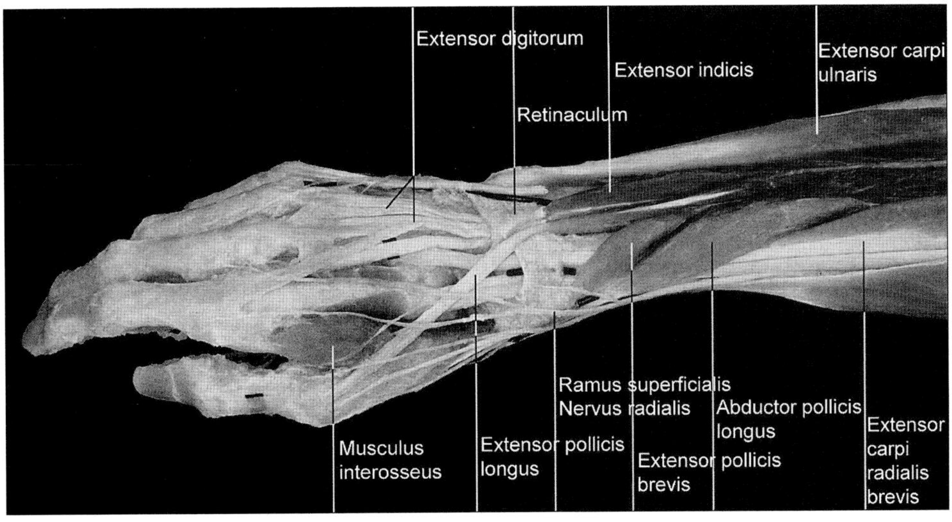

Abb. 13

Ergebnisse

Wir haben im letzten Jahr 40 Patienten mit dislozierten distalen Radiusfrakturen mit Fixateur Externe versorgt. Von den nachuntersuchten Patienten hatten 30% eine Fraktur der AO-Klassifikation 23 A3, 30% eine Fraktur der AO-Klassifikation 23 C2 und 40% eine Fraktur der AO-Klassifikation 23 C3. Dreimal wurde ein Verfahrenswechsel wegen eines sekundären Korrekturverlustes mit Spongiosaplastik und Plattenosteosynthese durchgeführt. Einmal kam es zum Pininfekt. Bei 20% der Patienten war das Ergebnis (Klassifikation nach LINDSTRÖM) sehr gut, bei 50% war es gut, bei 20% mittel und bei 10% schlecht.

Die Methode der gelenküberbrückenden Fixation bringt bei differenzierter Indikation gute Ergebnisse und wird von Patienten ohne Probleme toleriert. Die Ergebnisse sind entscheidend abhängig vom Resultat der Reposition und dem Ausmaß der primären Gelenkzerstörung.

Literatur

(1) ASCHE, G.: Die Behandlung der distalen Radiusfraktur mit dem Midifixateur externe. Frakturen der Hand und des Handgelenkes. In: Nigst, H. (Hrsg.): Frakturen der Hand und des Handgelenkes. Hippokrates Verlag, Stuttgart, 37-41 (1987)

(2) ASCHE, G.: Ihr Fixateur externe, Patienteninformationsbroschüre. Freudenstadt (1999)

(3) DÓCZI, J., FRÖHLICH, P.: Die Einteilung der distalen Radiusfrakturen und ihr diagnostischer Wert. Der Unfallchirurg 5, 323-326 (1996)

(4) KLEIN, W., DÉE, W., RIEGER, H., NEUMANN, H.-S., JOOSTEN, U.: Results of transarticular fixator application in distal radius fractures. Injury Vol. 31 Supp. 1, 71-77 (2000)

(5) LÜTJEN-DRECOLL, E., ROHEN, J. W.: Atlas der Anatomie, Schattauer Verlag, Stuttgart (1997)

(6) MATSCHKE, S., WINKLER, H., KESSLER, T., WENTZENSEN, A.: Versorgung der distalen Radiusfraktur mit dem Fixateur externe. Trauma und Berufskrankheit Band 1, Heft 1, 24-32 (1998)

(7) OTTO, W.: Minimalinvasive Osteosynthesetechniken bei distalen Radiusfrakturen. Trauma und Berufskrankheit Band 2, Supp. 1, 5-7 (2000)

(8) SCHÖNING, G. VON: Entstehung und Einteilung von Speichenbrüchen. Bericht über die Unfallmedizinische Tagung in Berlin. Heft 99, 93-107 (1997)

(9) VÉCSEI, V., BERGER, G., SCHWENDENWEIN, E.: Spätergebnisse operativ versorgter distaler Speichenbrüche. Bericht über die Unfallmedizinische Tagung in Berlin. Heft 99, 109-117 (1997)

Der dynamische Handgelenksfixateur

L. Schütz • G. Asche

Einleitung

Die operative Behandlung von Knochenbrüchen wurde in der Vergangenheit durch interne Osteosynthesen durchgeführt, deren Wirkungsprinzip stets auf eine übungsstabile, aber auch statische Situation ausgerichtet war.
Durch die in neuerer Zeit durchgeführte Verwendung von externen Osteosyntheseverfahren ist neben der suffizienten Stabilisierung der Fraktur auch eine Dynamik im Frakturbereich zu beobachten.
Die Mikrobewegungen, die früher verpönt waren und als schädlich erachtet wurden, führen jedoch zu einer im Röntgenbild dokumentierbaren Frakturheilung, die durch die zu beobachtende Kallusbildung erkennbar wird.
Ohne auf die einzelnen lokalen anatomischen Besonderheiten der jeweiligen anderen Körperlokalisationen einzugehen, kann als bestimmender Faktor für eine transartikuläre Fixation die Ligamentotaxis am Handgelenk festgestellt werden. Die Ligamentotaxis bewirkt durch den Zug am Bandapparat die Aufrechterhaltung des Repositionsergebnisses bis zur Ausheilung.
Bei genauer Betrachtung der anatomischen Region können die am Handgelenk ansetzenden Bandstrukturen differenziert werden:
So teilen sich die Ligamenta zwischen einem intrinsischen und extrinsischen System auf. Da für die Reposition überwiegend das extrinsische System verantwortlich ist, war die Überlegung, die Bewegung in dem intrinsischen System freizugeben. Aus dieser Überlegung heraus basiert die Entwicklung des Bewegungsfixateurs durch G. ASCHE, dessen Applikation nun im Detail erläutert werden soll.
Die einzelnen Operationsschritte werden durch eine bildliche Darstellung ergänzt.

Beschreibung des Bewegungsfixateurs

Der Bewegungsfixateur weist verschiedene Einstellmöglichkeiten auf, die in Abbildung 1 dargestellt sind. Wesentlich erscheint in diesem Zusammenhang, daß am Handgelenk die Bewegung physiologisch in zwei Ebenen erfolgt:
1. Die transversale Bewegungsachse;
2. die Ulna-Radial-Achse.
Das Bewegungselement weist die Möglichkeit der Bewegung in diesen zwei Ebenen auf.

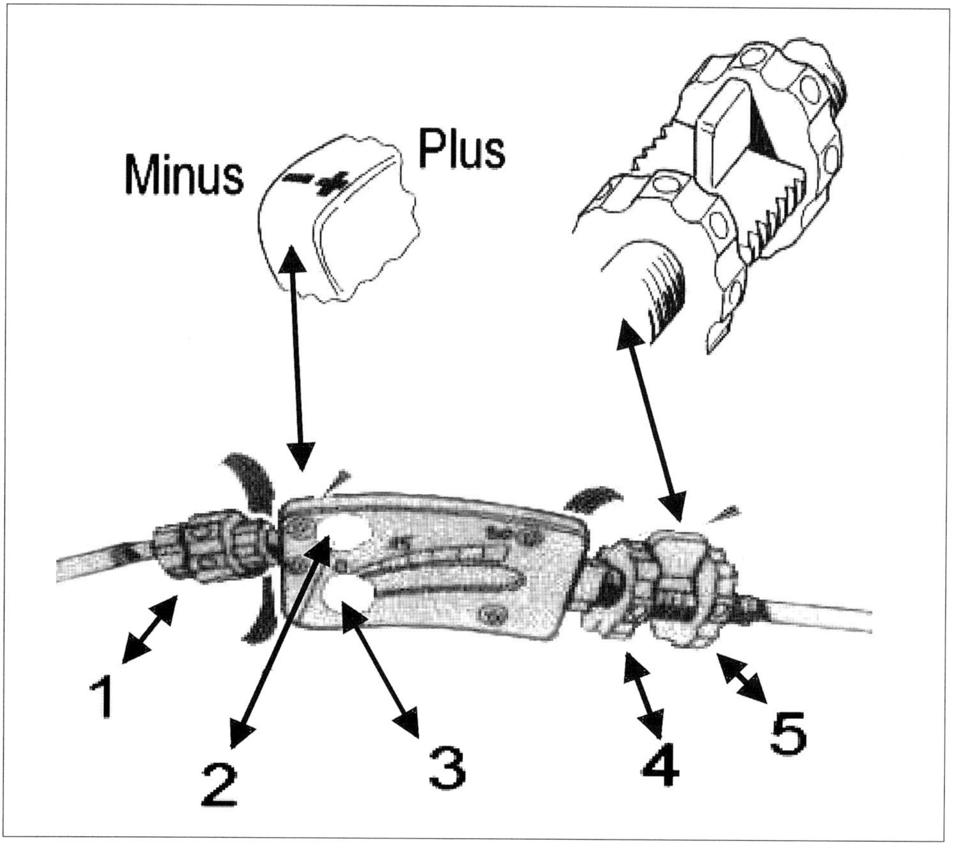

Abb. 1

Schraube 1 und 2: Ulna-Radial-Achse; Schraube 3: transversale Bewegungsachse; Schraube 4 und 5: entspricht der auch beim Midifixateur vorhandenen Rändelschraube mit der Möglichkeit der Ligamentotaxis bzw. Lockerung derselben (Abb. 1).

Vorteile

- Sichere Stabilisierung der Fraktur im geschlossenen Verfahren;
- frühfunktionelle Behandlung des Handgelenkes;
- verbesserter Gebrauch der Hand während des Tragens des Fixateurs;
- gute Callusbildung durch dynamisches Funktionsprinzip.

Nachteile

- Möglicher Pininfekt;
- hohe Compliance des Patienten;
- technisch schwieriger zu montieren als ein normaler Fixateur.

Indikationen

- Frakturen mit volar intaktem Gelenkanteil (A2, A3, C1, C3 der AO-Klassifikation).

Kontraindikation

- Wenig kooperative Patienten;
- alle B-Frakturen der AO-Klassifikation.

Patientenaufklärung

Neben allgemeinen Operationsrisiken muß der Patient über einen Pininfekt mit den notwendigen Konsequenzen informiert werden. Die Möglichkeit des Repositionsverlustes und mögliche Nachreposition muß angedeutet werden. Auch über die anschließend notwendige intensive Krankengymnastik und mögliche verbleibende Bewegungseinschränkung muß aufgeklärt werden.

Operationsvorbereitung

Technisch gute Rö.-Aufnahmen in 2 Ebenen. Narkose in Plexusanästhesie, intravenöse Lokalanästhesie (BIERsche Anästhesie) oder Vollnarkose.
Lagerung auf einem Handtisch; Hand mit einem Tuch unterlegen, damit beim seitlichen Röntgen ein Winkel der Hand zum Handtisch von 30° resultiert.

Operationstechnik

Im ersten Schritt werden die Pins nach der obligatorischen Primärreposition plaziert. Hierbei ist am Os metacarpale II eine distale Positionierung zu wählen. Sowohl am Os metacarpale II als auch am distalen Radius sind die Pins möglichst in einem Winkel von 45° einzubringen (Abb. 2).
Nach Anbringen der Haltebacken wird der Zielpunkt der Drehachse bestimmt, wobei darauf geachtet wird, die distale

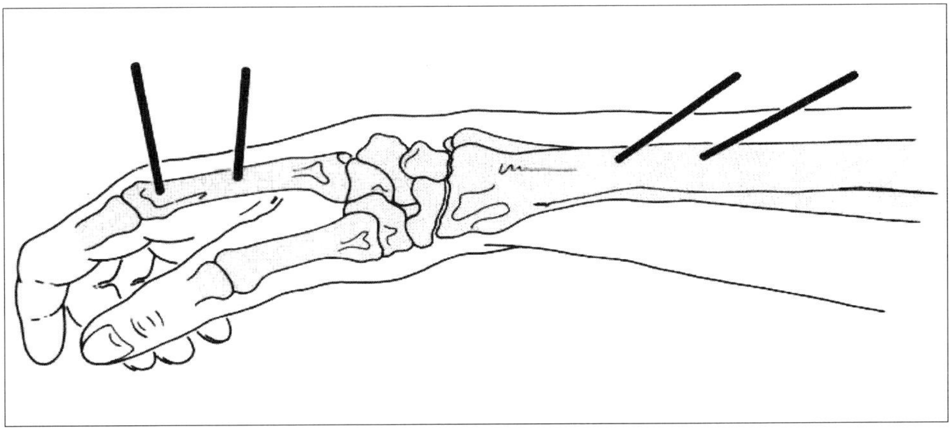

Abb. 2

Verklemmung der Midifixateurhalterung nach distal zu positionieren. Dies erfolgt im seitlichen Strahlengang unter dem Bildwandler. Idealerweise ist der Zielpunkt zwischen dem Os lunatum und Os capitatum optimal eingestellt. Erleichtert wird die anschließende Reposition dann, wenn der Zielpunkt auf der Haut markiert wird (Abb. 3).

In Abbildung 4 wird schematisch nochmals der ideale Zielpunkt, wie bereits oben beschrieben, dargestellt. Die Fraktur wird reponiert und das Bewegungselement so eingestellt, daß die Zieldrähte auf den zuvor markierten Drehpunkt auf der Haut gerichtet sind. Dann werden die Flügelschrauben fixiert und die Reposition unter dem Bildwandler kontrolliert.

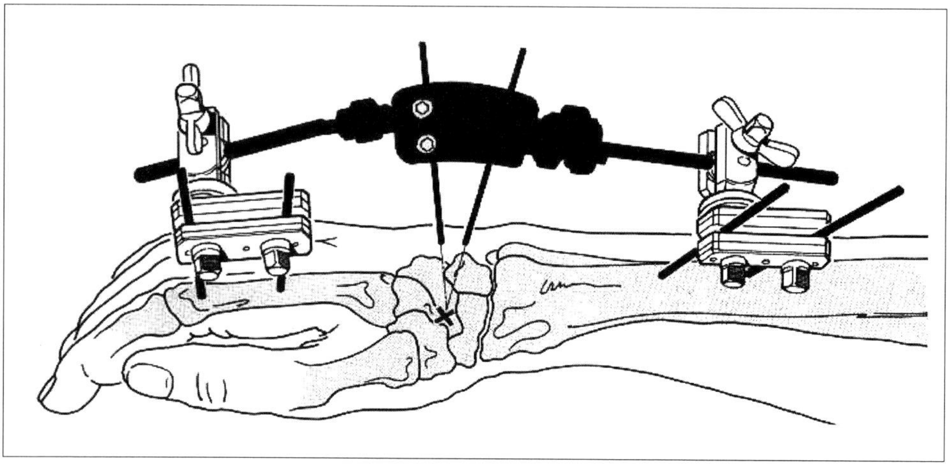

Abb. 3

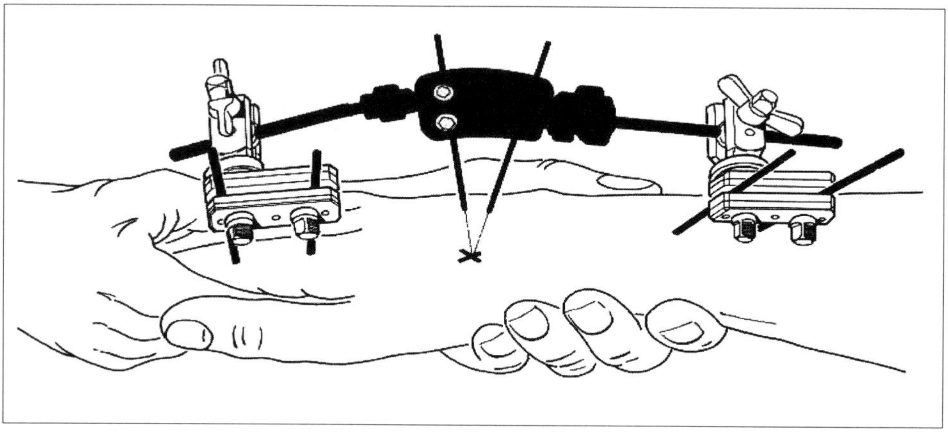

Abb. 4

Anschließend müssen die Bewegungsachsen am Handgelenk eingestellt werden. Hierbei sollte zuerst die transversale Bewegungsachse justiert werden. Hierzu erfolgt die Öffnung der Schrauben 1-5. Dann wird die Schraube 1 in Richtung Plus gedreht. Nun erfolgt an der Schraube 2 eine ¼-Drehung nach links und Schraube 3 wird in die 30°-Position gestellt. Jetzt sollten Schrauben 4 und 5 gelockert werden (Abb. 5).

Im nächsten Schritt erfolgt die Einstellung der Ulna-Radial-Achse. Hierbei stellt sich durch Beugung des Handgelenkes die erforderliche Bewegungsachse ein. Dann wird die Schraube 1 in Richtung Minus gedreht, die Schraube 2, 4 und 5 fixiert. Bei dieser Einstellung sollte ein freies Gleiten des Bewegungselementes in der vorgegebenen Richtung möglich sein. Nach erneuter Kontrolle wird die Schraube 3 in der 0°-Stellung fixiert (Abb. 6).

Nach der durchgeführten Reposition erfolgt die Einstellung der Bewegungsphase an den Schrauben 1 und 3. Das gewünschte Bewegungsausmaß wird an der Schraube 3 eingestellt und an Schraube 1 kann, sofern ein freies Gleiten behindert sein sollte, durch Drehung in Richtung Plus eingestellt werden. Hierdurch erfolgt eine automatische Nachjustierung (Abb. 7).

Ist die Fraktur reponiert, wird das Repositionsergebnis unter dem Bildwandler nochmals kontrolliert, wie in Abbildung 8 dargestellt ist. Hierbei sollte auch in der Bewegungsphase keine Dislokation der Fraktur sichtbar sein.

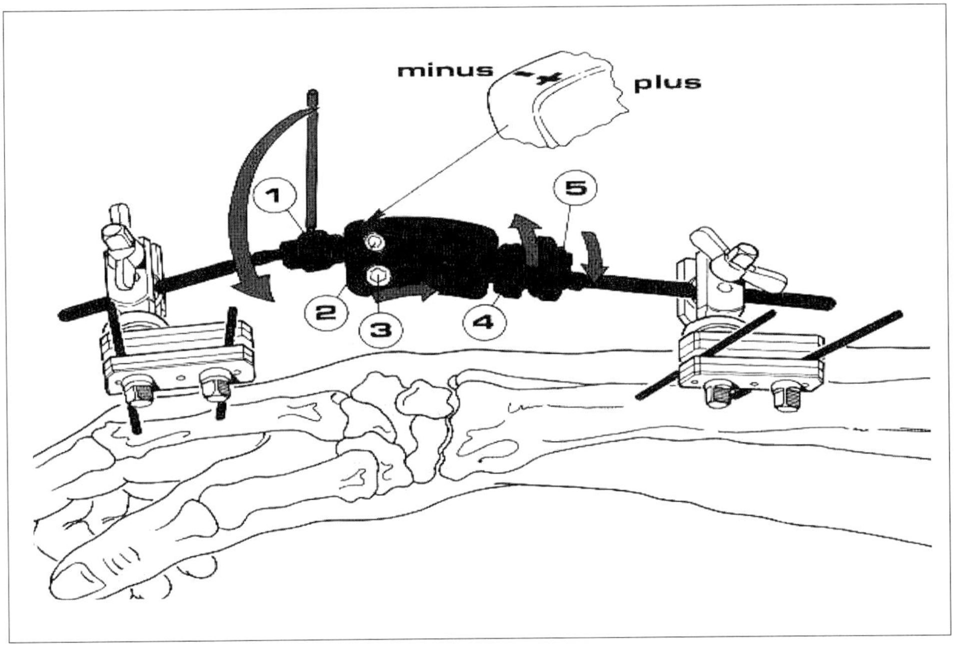

Abb. 5

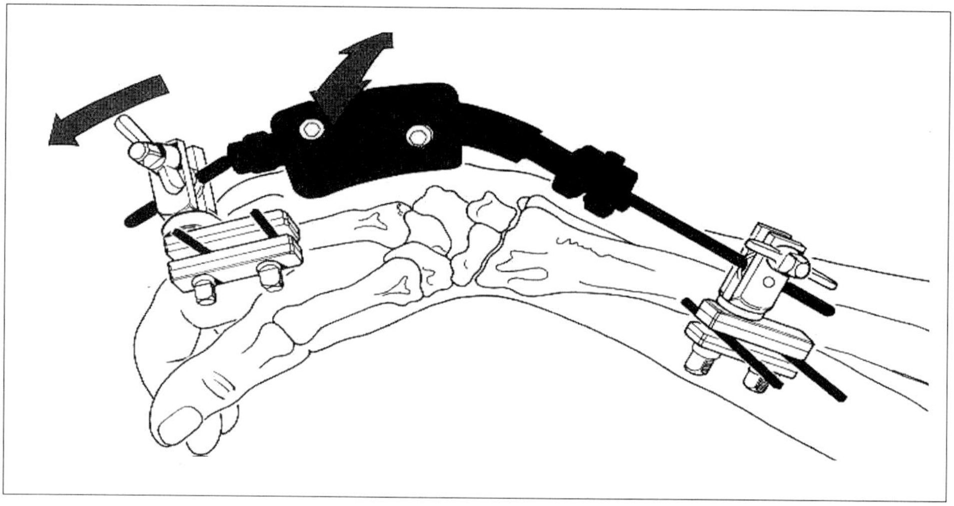

Abb. 6

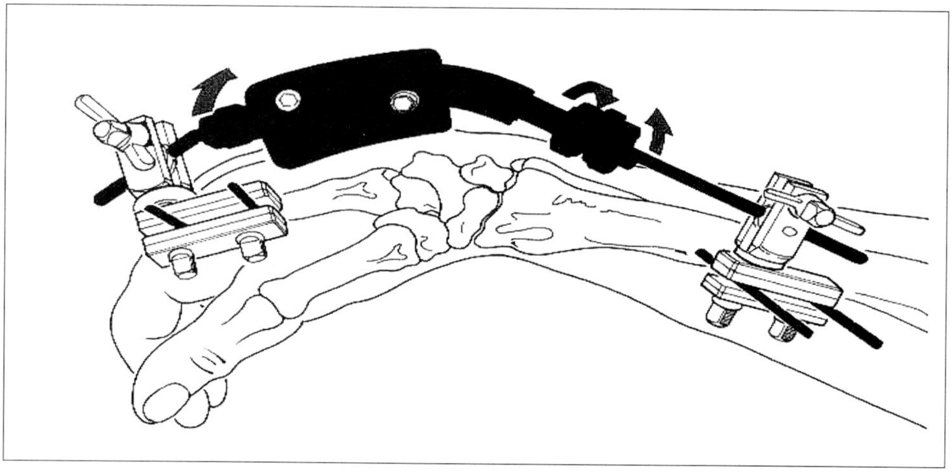

Abb. 7

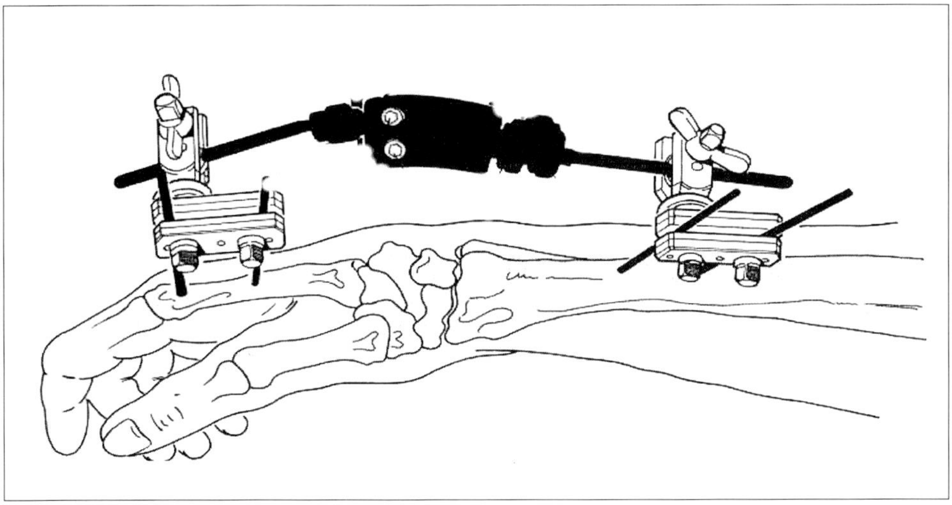

Abb. 8

Postoperative Behandlung

Die Nachbehandlung stellt in der Frakturenbehandlung einen wesentlichen Anteil dar, da der Patient während dieser Phase geführt und zur selbständigen Pflege des Fixateurs angehalten werden sollte. Auch darf die physiotherapeutische Behandlung, besonders bei dem dynamischen Handgelenksfixateur, nicht vernachlässigt werden, weil diese einen erheblichen Anteil des funktionellen Ergebnisses bedeutet. Nachdem der Patient die selbständige Fixateurpflege beherrscht, sollte die Ligamentotaxis nach zwei Wochen um ca. 5 Millimeter an der Rändelschraube gelockert werden, um so die bei zu extensivem Zug am Bandapparat zu beobachtende Algodystrophie zu vermeiden. Die Freigabe der Bewegung erfolgt nach 3-4 Tagen, wenn der Patient zunehmend schmerzfreier ist. Hierzu wird die Schraube 3 in die 30°-Position gebracht.

Röntgenkontrollen sind nach zwei und sechs Wochen erforderlich. In Fällen, bei denen eine sichere Durchbauung nicht erkennbar erscheint, kann der Fixateur durchaus noch ein bis zwei Wochen länger belassen werden. Die Entfernung des dynamischen Handgelenksfixateurs erfolgt ambulant ohne Narkose des Patienten.

Durch eine Vielzahl von Studien ist der Erfolg dieser Operationsmethode dokumentiert. Hervorzuheben ist in diesem Zusammenhang die Feststellung, daß das Ausheilungsergebnis bei Behandlung mit dem dynamischen Handgelenksfixateur nach einem Jahr mit den anderen Osteosyntheseverfahren gleichwertig ist. Der Vorteil ist jedoch in dem Zeitraum bis zu einem Jahr zu sehen, da die Patienten bei Verwendung des dynamischen Handgelenksfixateurs schneller die normale Gebrauchsfähigkeit der Hand erlangen.

Behandlungsbeispiel

Diese Radiusfraktur einer 62jährigen Frau ereignete sich bei einem Sturz auf das gestreckte Handgelenk (Abb. 9a, b).

Am Unfalltag wurde in intravenöser Lokalanästhesie die geschlossene Reposition durch Ligamentotaxis achsen- und längengerecht vorgenommen. Mit der Bewegung wurde bereits nach 3 Tagen

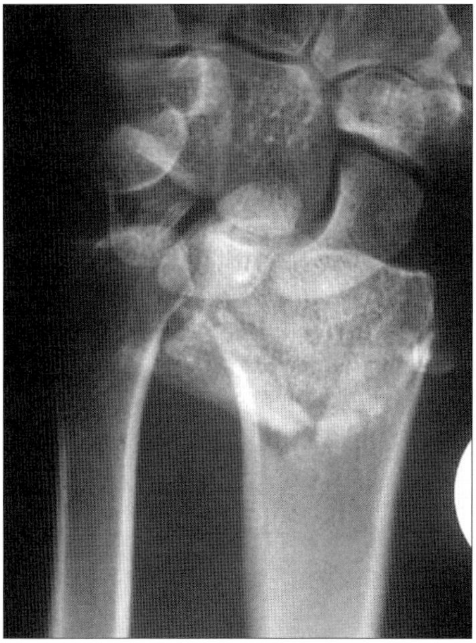

Abb. 9a

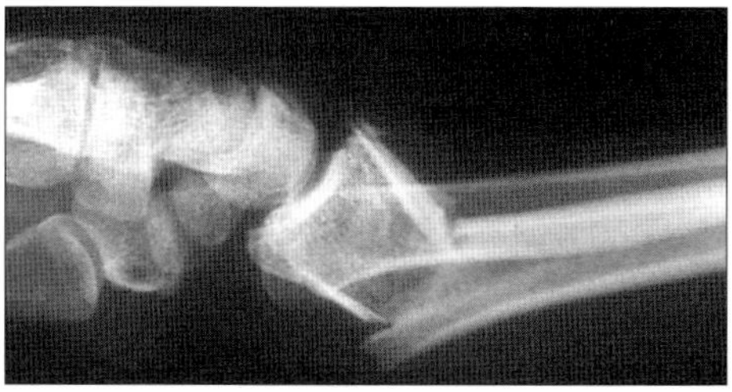

Abb. 9b

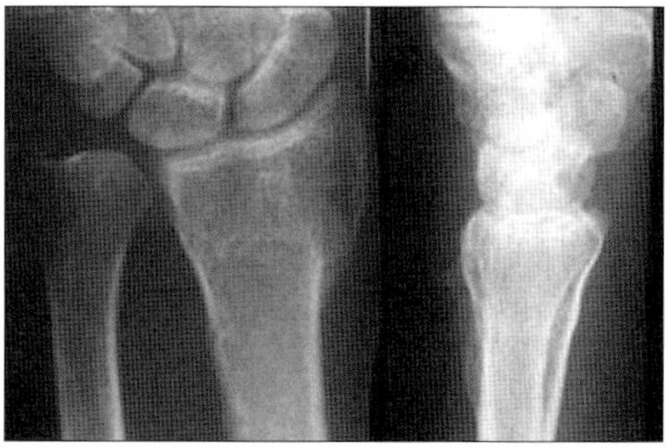

Abb. 10a

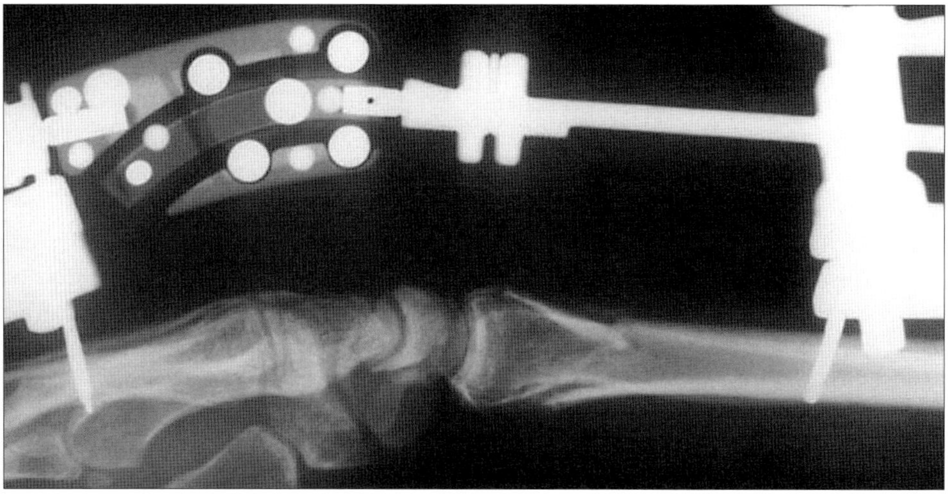

Abb. 10b

begonnen (Abb. 10a, b). Nach 10 Tagen konnte die Patientin das Bewegungsausmaß von 30° erreichen. Die Frau konnte ihren Haushalt allein bewältigen und hatte durch die 30°-Beugung für die täglichen Arbeiten mehr Bewegungsfreiheit. Die Fraktur heilte ohne Funktionsbeeinträchtigung aus.

Die Bewegungsmöglichkeit des Moduls wurde voll ausgeschöpft (Abb. 11a, b).

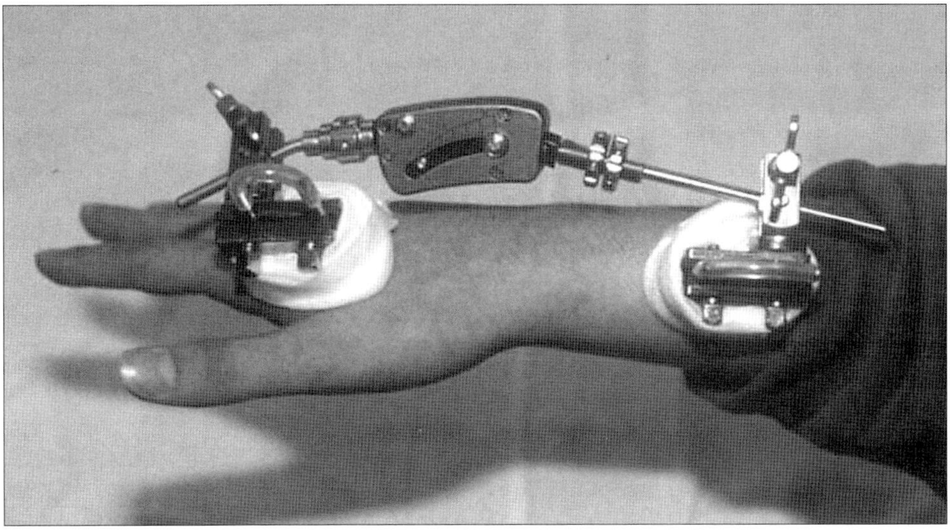

Abb. 11a

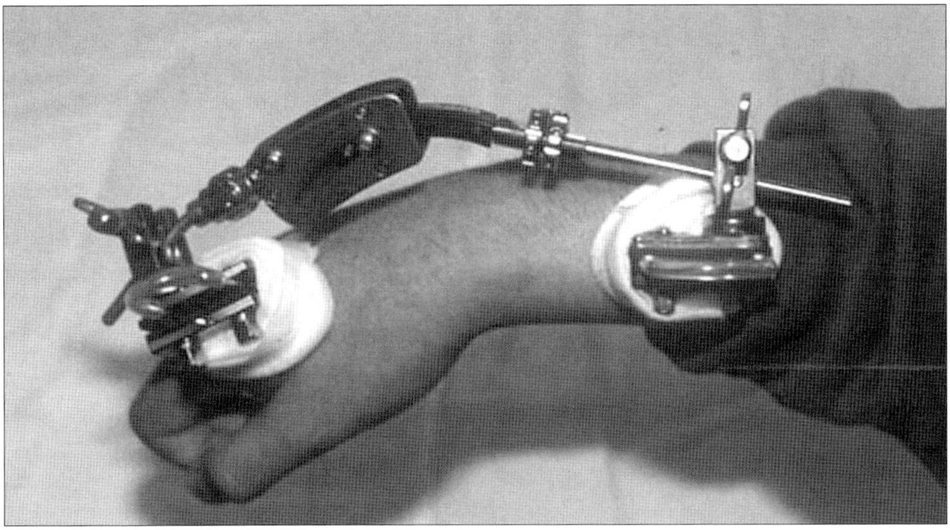

Abb. 11b

Ergebnisse

In Zusammenarbeit mit 4 Zentren wurde eine prospektive Studie erstellt. Ziel dieser Studie war es, herauszufinden, ob durch dynamische Behandlung von Speichenbrüchen Vorteile zu erzielen sind.

Es wurden 104 Frakturen von 102 Patienten analysiert. Es handelte sich um 70 Frauen und 32 Männer. Das Durchschnittsalter betrug 54 Jahre. Die Nachuntersuchung erfolgte nach durchschnittlich 215 Tagen. Nach der AO-Klassifikation wurden folgende Frakturtypen behandelt.

A1: 0;	B1: 1;	C1: 21;
A2: 7;	B2: 1;	C2: 31;
A3: 33;	B3: 1;	C3: 10.

103 Frakturen wurden als instabil klassifiziert, nur eine war stabil. Die Dauer der Arbeitsunfähigkeit betrug im Durchschnitt 85 Tage.

Je besser die Reposition einer Fraktur, um so besser das klinische Ergebnis, um so besser die Beweglichkeit und um so geringer die Schmerzen.

Ein gutes Repositionsergebnis hatte einen wesentlichen positiven Einfluß auf das gute klinische Ergebnis, ebenso auf die Schmerzfreiheit und gute Beweglichkeit.

Das Rö.-Ergebnis nach der LIDSTRÖM-Klassifikation war in 98% mit sehr gut und gut bewertet, in 2% als mittel. Das klinische Ergebnis war bei 91% sehr gut und gut, bei 9% mittel.

92% der behandelten Patienten hatten einen Ellenvorschub unter 2 mm.

Je früher mit der Bewegung begonnen wurde, umso besser waren die Befunde bei der Nachuntersuchung. Alle Parameter wie Rö.-Befund, klinisches Ergebnis, Schmerzen, Kraft und insbesondere die Beweglichkeit waren günstiger.

Je früher der Bewegungsbeginn, um so besser die Beweglichkeit.

Bei Patienten, die erst 14 Tage nach der Operation mit der Bewegung begannen, fielen die genannten Parameter schlechter aus, insbesondere die Beweglichkeit. Auch der Ellenvorschub war in der Gruppe der früh bewegenden Patienten deutlich geringer.

Literatur

(1) ASCHE, G.: Stabilisierung von handgelenksnahen Speichenbrüchen mit dem Midifixateur externe: Vorgetragen 22. Symposium Deutschsprachige Arbeitsgemeinschaft für Handchirurgie 1981. Handchirurgie 15, 38-42 (1983)

(2) ASCHE, G.: Die Behandlung der distalen Radiusfraktur mit dem Midifixateur externe. Frakturen der Hand und des Handgelenkes. In: Nigst, H. (Hrsg.): Frakturen der Hand und des Handgelenkes. Hippokrates Verlag, Stuttgart, 37-41 (1987)

(3) ASCHE, G.: Die dynamische Behandlung von handgelenksnahen und gelenksbeteiligenden Speichenbrüchen mit einem neuartigen Bewegungsfixateur. Akt. Traumatologie 1/90, 130-145 (1990)

(4) BÖHLER, L.: Die Technik der Knochenbruchbehandlung im Kriege und im Frieden. 7. Aufl., Maudrich, Wien (1941)

(5) COONEY, W.: Current Management of Fractures of the distal Radius and Forearm: Experience with external pin fixation, External Fixation: The Current State of the Art. A.F. Brooker, Ch.C. Edwards (Eds.) Williams and Wilkins, Baltimore 83-104 (1979)
(6) DESTOT, E., GALLOIS, E.: Recherches physiologiques et experimentales sur les fractures de l'extremite infereure du radius (radiographie). Rev. Chir. (Paris) 18, 886 (1898)
(7) FRYKMAN, G.: Fractures of the distal radius, including sequelae-shoulder-hand-finger-syndrome, disturbance in the distal radio-ulnar joint and impairment of nerve function. A clinical and experimental study. Acta orthop. scand. Suppl. 1, 108 (1967)
(8) METTLER, O.: Distale Radiusfrakturen und Rentenfälle der SUVA in den Jahren 1980-1981. Frakturen der Hand und des Handgelenkes. Henry Nigst, Hippokrates-Verlag, 13-30 (1987)
(9) PFEIFFER, K.: Offene Osteosynthese distaler Radiusfrakturen: Indikationen, Technik, Resultate. Frakturen der Hand und des Handgelenkes. Henry Nigst, Hippokrates-Verlag, 43-52 (1987)
(10) REHN, J.: Behandlungsergebnisse typischer Radiusfrakturen. Chirurg 36, 206-211 (1965)
(11) VIDAL, J., BUSCAYRET, CH., MELKA, J.: Der Hoffmann'sche Fixateur externe in der Orthopädie und Traumatologie. Orthop. Traumatologie 227, 667-679 (1980)

Der Dynamische Ellenbogen-Bewegungsfixateur in der Unfallchirurgie

F. Unger • U. Socha

Einleitung

Die operative Therapie ellenbogengelenknaher Frakturen ist häufig eine Gratwanderung zwischen ausreichend stabiler Osteosynthese, operationsbedingtem Weichteiltrauma und Gelenkschädigung durch die postoperative Immobilisation. Bei der Versorgung distaler Humerusfrakturen und proximaler Unterarmfrakturen werden gegenwärtig Plattenosteosynthesen bevorzugt. Minimal-invasive Verfahren, wie die Verschraubung oder die KIRSCHNER-Draht-Osteosynthese, werden wegen der geringeren mechanischen Stabilität seltener angewendet und häufig mit einer zeitweiligen Ruhigstellung im Gips kombiniert. Bei der Versorgung von Läsionen des Kapsel-Band-Apparats muß oftmals auch eine temporäre Immobilisation des Ellenbogengelenks erfolgen.

Die durch Kapselschrumpfung und Muskelhypotrophie bedingte posttraumatische Arthrose im Ellenbogengelenk bis hin zur Ankylose bzw. dem „Stiff Elbow" veranlasste Prof. Dr. Bernard F. MORREY (Mayo Clinic, Rochester, USA), in Zusammenarbeit mit der Industrie, einen Bewegungsfixateur für das Ellenbogengelenk zu entwickeln. Dabei sollte der neue Fixateur kleiner und komfortabler für den Patienten sein als andere bisher benutzte Fixateure.

Prof. Dr. Bernard F. MORREY veröffentlichte im Jahr 2000 die Methode des Dynamischen Bewegungsfixateur für den Ellenbogen „Dynamic Joint Distractor II" in seinem Buch 'The Elbow – Master Techniques in Orthopaedic Surgery'.

Beschreibung des DJD II (Abb. 1)

Der Bewegungsfixateur besteht im wesentlichen aus 2 Brückenstäben von 5 mm Durchmesser, welche untereinander mit einem zentral angebrachten

Abb. 1: Der Dynamische Ellenbogen-Bewegungsfixateur (Dynamic Joint Distractor / DJ-DII).

Scharniergelenk verbunden sind. Das Scharniergelenk weist eine zentrale 3mm Bohrung zur Aufnahme des Drehachsenpins auf. Über eine Vierkantschraube läßt sich eine Distraktion bis max. 3 mm auf den humeroulnaren Gelenkspalt erzielen. Der Bewegungsfixateur wird über Apex-Pins und Stab-zu-Pin-Verbindungsgelenke des HOFFMANN II Compact Fixateur Externe Systems der Fa. Stryker-Howmedica am Humerus bzw. der Ulna befestigt. Es lassen sich dabei Apex-Pins von 3 oder 4 mm Durchmesser verwenden. In Ausnahmefällen können mittels Stab-zu-Stab-Verbindungsgelenken auch 5 mm Brückenstäbe benutzt werden.

Vorteile

- Beweglichkeit des Ellenbogengelenks bei Versorgung gelenknaher Verletzungen;
- zusätzliche Stabilisierung einer Fraktur bei herkömmlichen Osteosyntheseverfahren (Verplattung oder Verschraubung bzw. KIRSCHNER-Draht-Fixation);
- Stabilisierung des Ellenbogengelenks nach Rekonstruktion von Kapsel- und Bandverletzungen;
- erlaubt Bewegung des Ellenbogengelenks sehr zeitig und vermeidet dadurch postoperative Kapsel- und Bandschrumpfungen und somit Bewegungseinschränkungen;
- erlaubt den Verzicht auf andere Stabilisierungsmaßnahmen wie z. B. Gips;
- ermöglicht die intensive physiotherapeutische Behandlung nach Arthrolyse zur Behandlung des posttraumatisch eingesteiften Ellenbogengelenks;
- ermöglicht die Anwendung eines Interpositionsverfahrens bei rekonstruktiver Chirurgie der Gelenkflächen.

Nachteile

- Risiko der Nervenverletzung bei Montage (N. radialis bzw. N. ulnaris);
- technisch anspruchsvoll zu montieren;
- hohe Patientencompliance erforderlich;
- Pininfekt, Pinlockerung möglich.

Indikationen

- Per- und transkondyläre Humerusfrakturen;
- dislozierte Radiusköpfchenfrakturen;
- Frakturen des Proc. coronoideus;
- komplexe distale Humerus- und proximale Unterarmfrakturen;
- komplexe Kapsel- und Bandverletzungen;
- posttraumatische Arthrose, Ankylose bzw. Stiff Elbow.

Kontraindikationen

- Mangelnde Patientencompliance;
- Osteoporose.

Patientenaufklärung

- Intraoperatives Verletzungsrisiko von Nerven und Gefäßen, Radialis- und Ulnarisläsion;
- Infektionsrisiko, Pinlockerung, Pininfekt, Pinwechsel, Nachreposition, Nachoperation;

- verzögerte Knochenbruchheilung;
- alternative Behandlungsmethoden;
- allgemeine Behandlungsrisiken, Wundinfekt.

Operationsvorbereitung

- Röntgenaufnahmen des Ellenbogengelenks in 2 Ebenen;
- Akutoperation angeraten;
- bei offenen Frakturen Antibiotikaprophylaxe.

Instrumentarium (Abb. 2)

- HOFFMANN II Compact Fixateur Externe System;
- DJD II-Gelenke, Zielgerät für den Drehachsenpin, Zielhülsen;
- Röntgenbildverstärker;
- Oberarmblutsperre fakultativ.

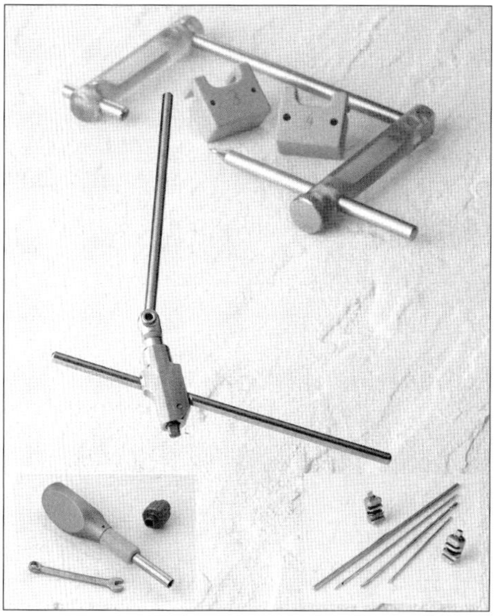

Abb. 2: Verwendetes Instrumentarium.

Lagerung

- Empfohlen wird die Bauchlagerung bei distaler Humerusfraktur mit gebeugtem Ellenbogengelenk;
- bei proximaler Unterarmfraktur oder Bandrekonstruktion ist die Rückenlagerung hilfreicher;
- Seitenlagerung wird wegen der mangelnden Durchleuchtungsmöglichkeit nicht empfohlen.

Operationstechnik

In Bauch- oder Rückenlage wird zunächst die übliche Osteosynthese oder die Versorgung der Kapsel- bzw. Bandläsion durchgeführt. Die verwendeten Verfahren sind seit Jahren etabliert und werden deshalb nicht gesondert aufgeführt.
Bei der Anbringung des Fixateurs muß man die idealisierte Drehachse des

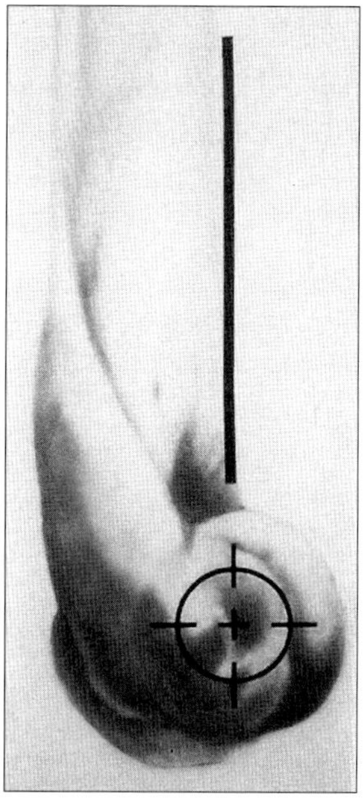

Abb. 3: Die Drehachse verläuft zentral durch das Capitulum humeri in Verlängerung der ventralen Humerus-Kortikalis.

Humeroulnar-Gelenkes berücksichtigen (Abb. 3, 4).
Unter röntgenologischer Kontrolle wird nach Hautinzision zunächst ein 3 mm Apex-Pin von radial eingedreht. Die

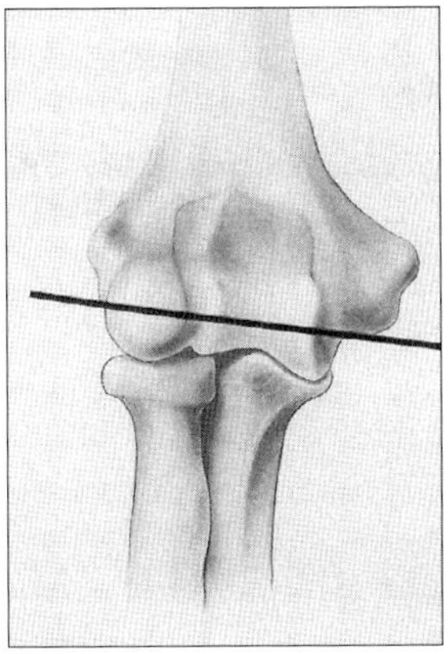

Abb. 4: In der a.-p.-Sicht beträgt der Winkel zwischen Humerus-Längsachse und Drehachse 97°, entsprechend der natürlichen Varusstellung des Unterarmes.

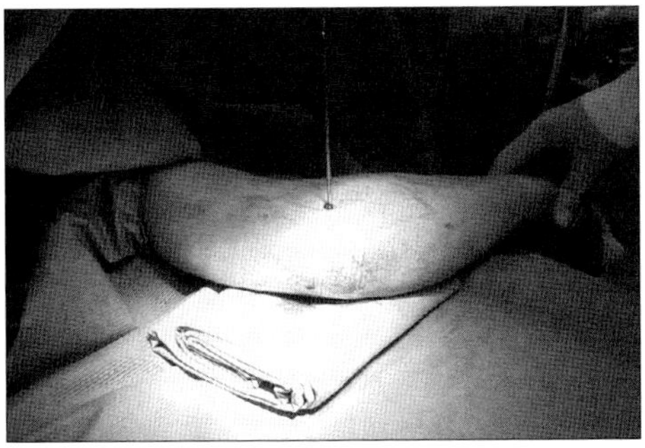

Abb. 5: Eindrehen des Führungspins.

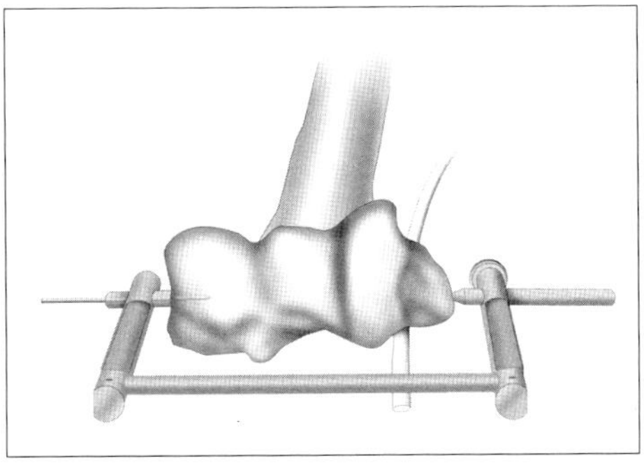

Abb. 6: Verwendung des humeralen Zielgerätes bei transcondylärer Fraktur.

Weichteile werden dabei mit der Zielhülse geschützt. Der Pin wird auf ca. 2/3 der gesamten Trochlealänge eingedreht. Damit wird die Irritation des N. ulnaris vermieden (Abb. 5).
Ist die Trochlea frakturiert, bietet sich die Verwendung des humeralen Zielgerätes an, da hiermit eine Kompression erreicht werden kann. Allerdings ist hierbei in jedem Fall der Verlauf des N. ulnaris vor Anbringen des Zielgeräts darzustellen (Abb. 6).
Bei korrekter Lage des Führungspins in beiden Ebenen wird der Gelenkkörper aufgesetzt und zuerst der proximale Pin in den Humerus eingedreht. Es ist unbedingt empfehlenswert, durch ausreichend große Hautinzisionen am Humerus die Weichteile so zu spalten, daß mit Sicherheit beim Eindrehen des Pins der N. radialis, welcher hier kreuzt, nicht getroffen wird (Abb. 7-13).

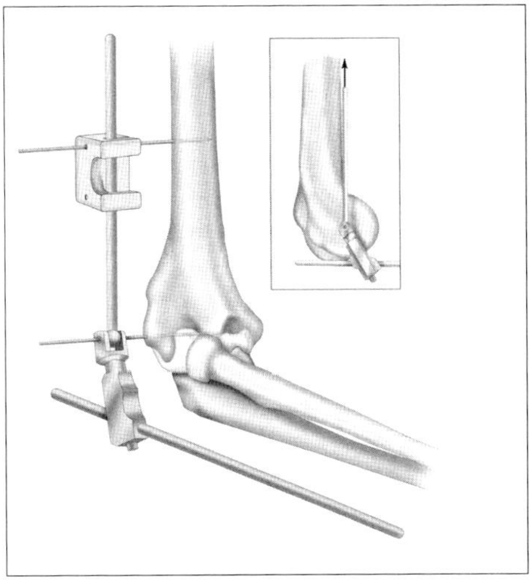

Abb. 7: Der Gelenkkörper wird mit der zentralen Bohrung auf den Führungspin aufgesetzt. Der humerale Stab wird an der ventralen Humerus-Kortikalis ausgerichtet.

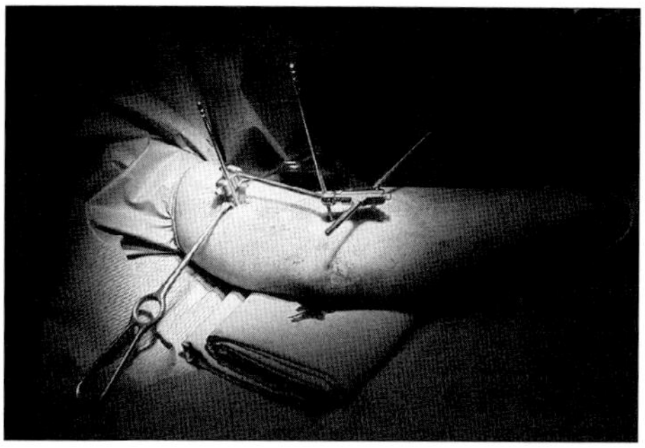

Abb. 8: Nach Hautinzision wird der proximale Pin unter Sicht in den Humerus eingedreht.

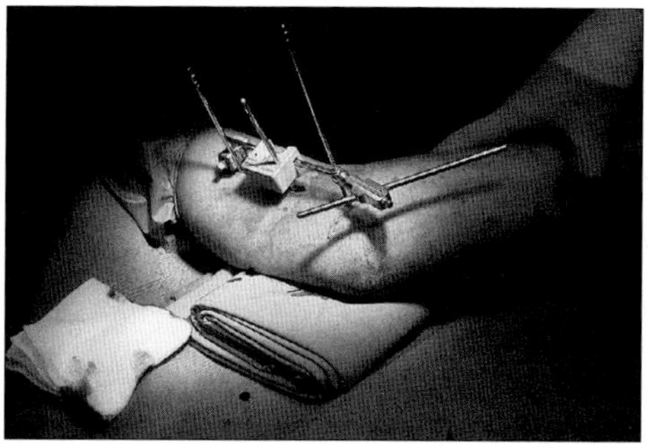

Abb. 10: Anschließend wird der distale Pin in den Humerus eingebracht.

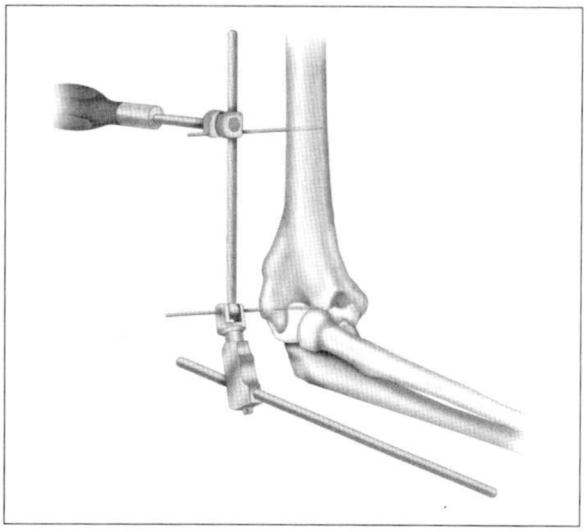

Abb. 9: Der Gelenkkörper wird mittels Verbindungsgelenk am Pin angeheftet.

Die Verbindungsgelenke sind anschließend locker zu adaptieren. Mit mehreren Streck- und Beugemanövern muß gewährleistet werden, daß die Bewegung leichtgängig ist. Zum Schluß werden die Verbindungsgelenke fest angezogen. Der Führungspin wird entfernt und die Inzisionen werden verschlossen.

Erscheint die einseitige Montage nicht stabil genug, muß ein durchquerender Führungspin benutzt werden. Dieser wird anstelle des einseitig montierten Pins eingebohrt und unter Schonung des

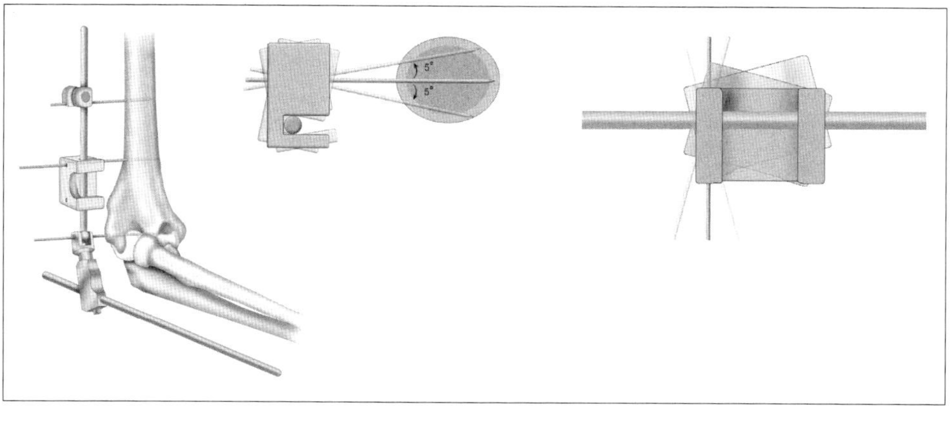

Abb. 11: Zur Einbringung des Pins können die Zielhülsen verwendet werden, welche bei variabler Positionierung den erforderlichen Abstand des Brückenstabs zum Pin garantieren.

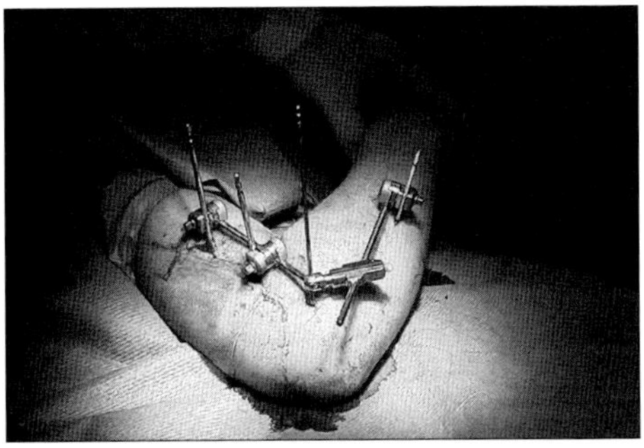

Abb. 12: Die Montage wird anschließend mit dem distal angebrachten ulnaren Pin ergänzt.

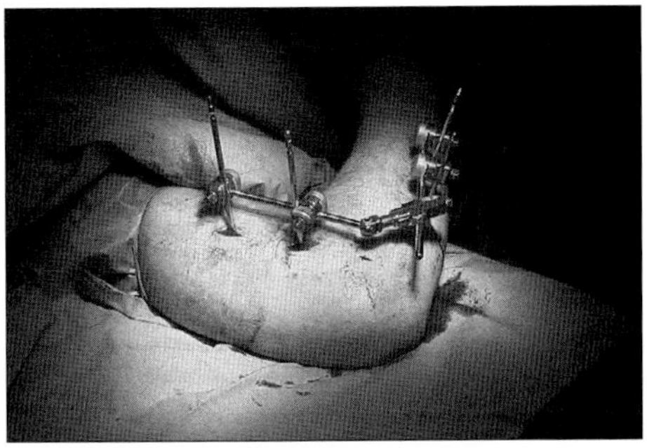

Abb. 13: Mit dem proximal in die Ulna eingebrachten Pin wird der Rahmen komplettiert.

N. ulnaris auf der Gegenseite herausgeführt. In Analogie zum o. g. Vorgehen wird ein 2. Rahmen medial montiert (Abb. 14, 15).

Wird eine Distraktion der humeroulnaren Gelenkflächen gewünscht, muß die Distraktionsschraube am Gelenkkörper entsprechend gedreht werden (Abb. 16).

Abb. 14: Unilaterale Montage.

Abb. 15: Bilaterale Montage.

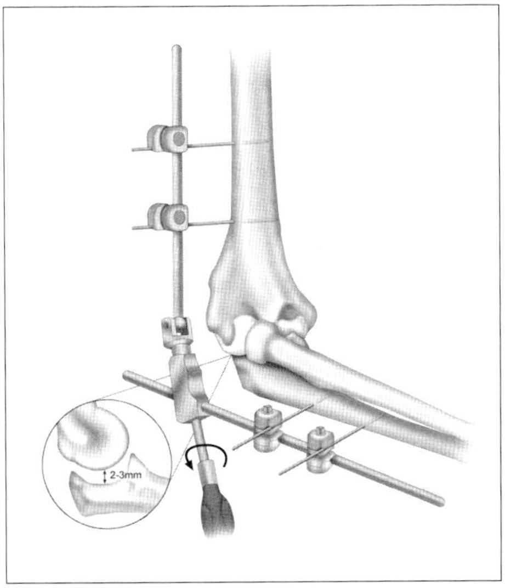

Abb. 16: Distraktion der Gelenkflächen mittels Distraktionsschraube.

Postoperative Behandlung

Der angebrachte Fixateur kann bei sehr instabilen Verhältnissen für die ersten 4-7 Tage mit einem quer angebrachten Brückenstab vollständig fixiert werden. Zur Physiotherapie kann der Brückenstab nach Anweisung des Arztes und am besten unter seiner Kontrolle demontiert und anschließend wieder angebracht werden (Abb. 17).

- Der erste Verbandswechsel erfolgt am 1. postoperativen Tag.
- Der Beginn der Physiotherapie wird vom Arzt festgelegt. Empfohlen sind aktive Bewegungsübungen und die Verwendung einer Motorschiene.
- Der Patient ist vom ersten Tag an in die tägliche Pinpflege einzubeziehen, dabei primär Pinpflege durch das Pflegepersonal und später durch den Patienten selbst.

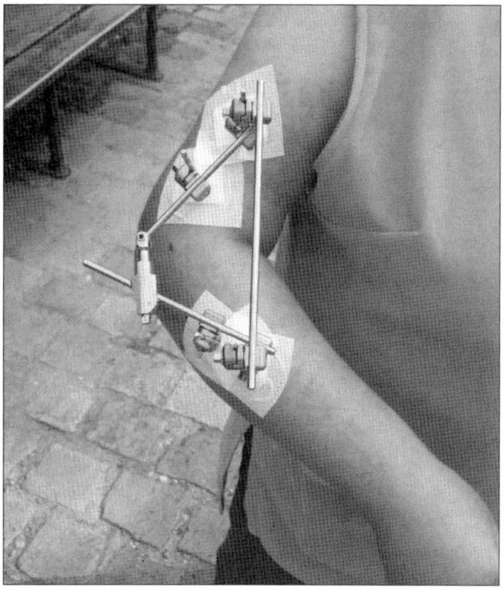

Abb. 17: Mit einem zusätzlichen Brückenstab fixierter Bewegungsfixateur.

- Entsprechende Röntgenkontrollen ca. 2 wöchentlich.
- Fixateurentfernung entsprechend Verletzung nach 6-10 Wochen, meist ambulant möglich.

Besonderheiten der Operationstechnik

Der Operateur sollte über ausreichende Erfahrungen bei der Verwendung des Fixateur-Systems haben und gut mit dem HOFFMANN II Compact System vertraut sein. Wesentlich für eine funktionstüchtige Montage ist die sichere und exakte Plazierung des Führungspins zur Erreichung der genauen Drehachse.

Fehler und Gefahren

- Verletzung von N. radialis und ulnaris durch unzureichende Darstellung;
- Pins sollen manuell und nicht mit der Bohrmaschine eingebracht werden, um Hitzenekrosen und Pinverlust zu vermeiden.

Klinischer Fall

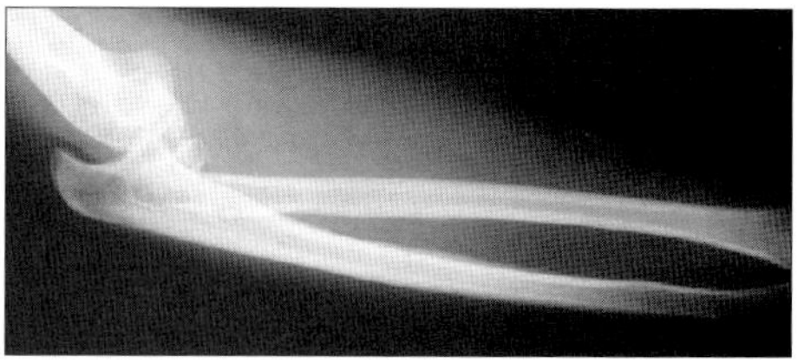

Abb. 18

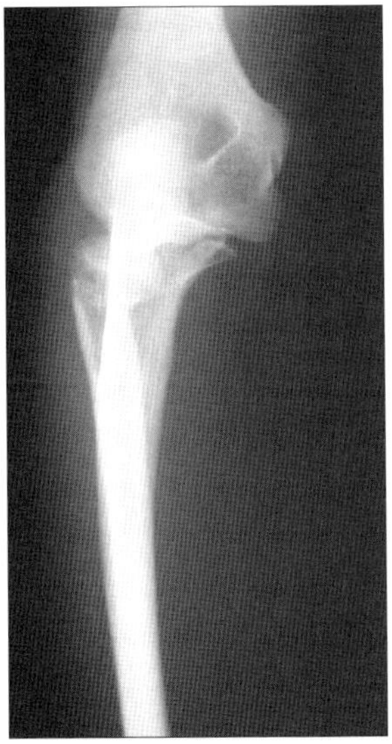

Abb. 19
Abb. 18 und 19: 33jähriger Patient, Sturz auf eisglatter Straße, Ellenbogenluxation mit Radiusköpfchenfraktur.

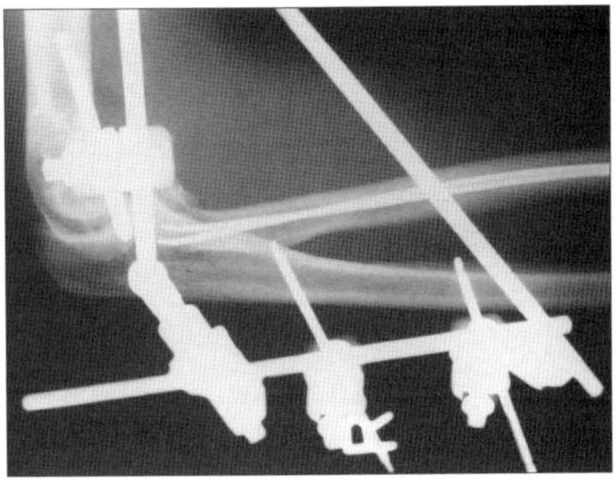

Abb. 22

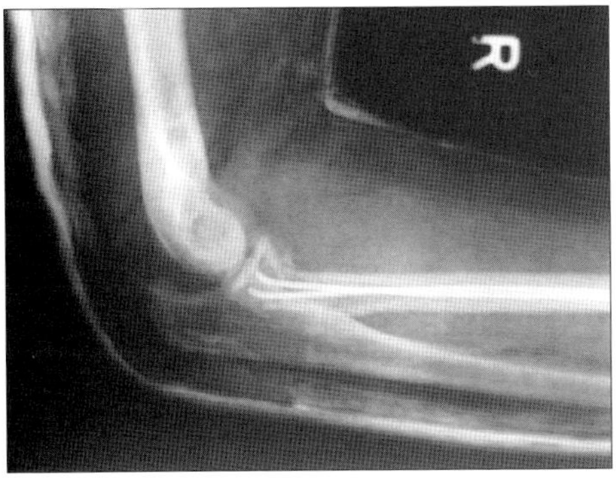

Abb. 20

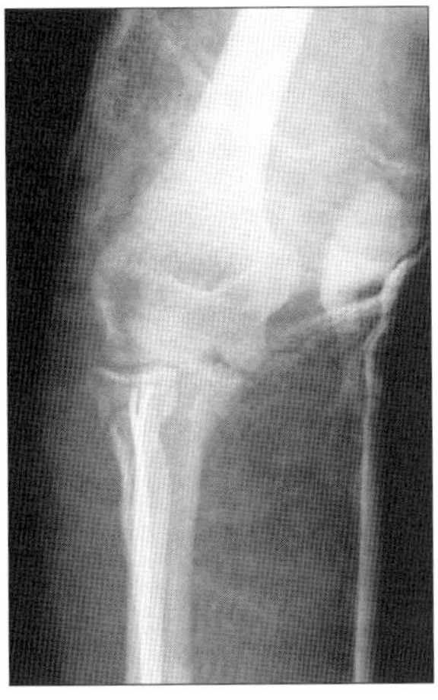

Abb. 21
Abb. 20 und 21: Primärversorgung mittels retrograder Federnagelung und Oberarmgips, am 2. postop. Tag motorischer Radialisschaden durch Gipskante, Subluxation des Ellenbogens.

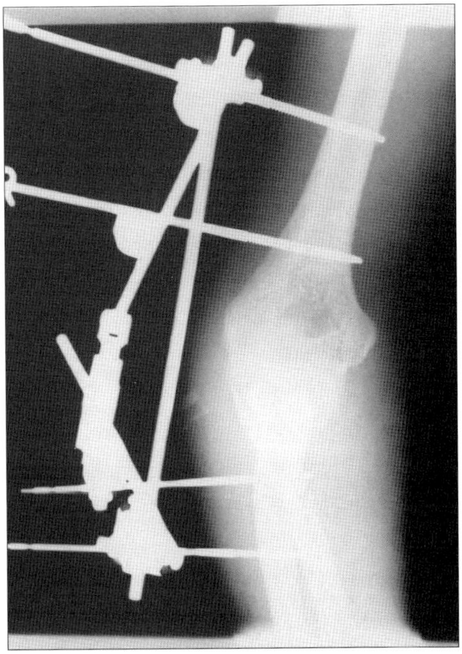

Abb. 23
Abb. 22 und 23: Gipsentfernung und Anlage eines Ellenbogenbewegungsfixateurs, Rückgang der Radialisparese nach 6 Wochen, korrekte Artikulation des Gelenkes.

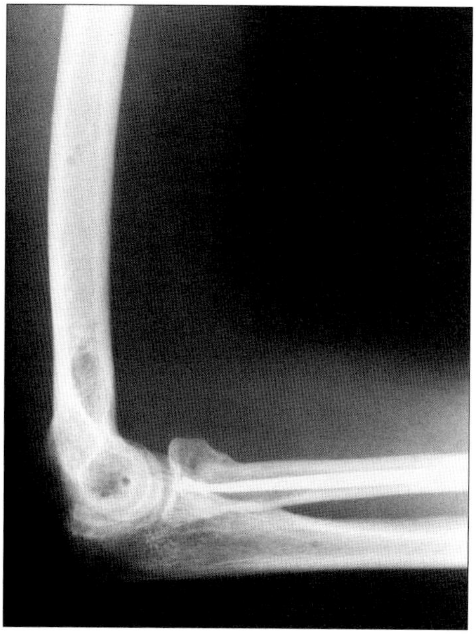

Abb. 24

Zusammenfassung

- Durch den Gebrauch des Ellenbogenbewegungsfixateurs lassen sich etablierte Osteosynthesetechniken zusätzlich mechanisch stabilisieren.
- Der Wandel zur minimal-invasiven Operationstechnik wird unterstützt.
- Die zusätzliche Applikation von Gipsverbänden kann ersetzt werden.
- Mögliche posttraumatische Arthrosen und Gelenkschädigungen durch lange Immobilisation sind wegen der Möglichkeit zur frühzeitigen Bewegungstherapie leichter vermeidbar.
- Die Behandlung der Ellenbogenankylose kann mittels Arthrolyse und Distraktion wirksam ergänzt werden.

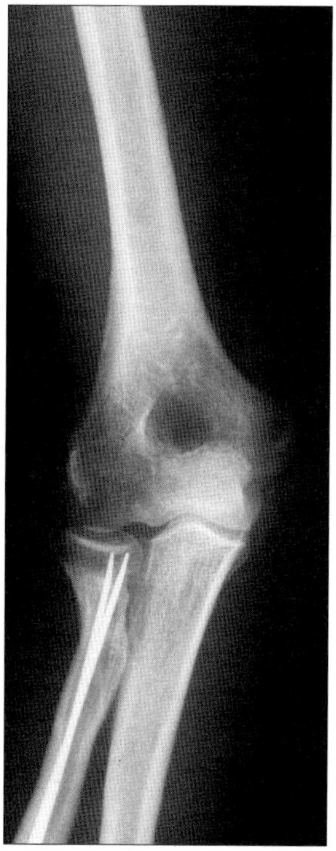

Abb. 25

Abb. 24 und 25: Röntgenaufnahme 10 Wochen postoperativ, Fixateur zwischenzeitlich entfernt, Frakturheilung mit gutem Ausheilungsergebnis und guter Funktion. Subjektiv Wohlbefinden.

Literatur

(1) MORREY, B.F., HOTCHKISS, R.N.: Articulated External Fixators. In: Morrey, B.F.: The Elbow. Master Techniques in Orthopaedic Surgery. 2nd Ed. Lippincott, Philadelphia 139-160 (2000)

Die minimal-invasive Osteosynthese von Tibiakopffrakturen mit dem Fixateur Externe

U. Socha

Operationsprinzip

Unter Berücksichtigung des Weichteiltraumas hat sich in den letzten Jahren die minimal-invasive Osteosynthese von Tibiakopffrakturen mit dem Fixateur Externe etabliert. Das Operationsprinzip besteht in einer anatomiegerechten, percutanen Aufrichtung des Tibiaplateaus unter arthroskopischer und röntgenologischer Kontrolle mit nachfolgender Wiederherstellung der Achsen zwischen Plateau und Tibiaschaft und der Abstützung der reponierten Fragmente durch den Fixateur Externe.
Während Tibiakopffrakturen vom B-Typ mittels percutaner Schraubenosteosynthese versorgt werden, eignen sich die A-Frakturen sowie auch die C1- bis C3-Frakturen für eine derartige Versorgung. Entscheidend ist eine deutliche Minimierung des operativen Weichteiltraumas bei einem bereits oft durch den Unfall vorbestehenden Weichteilschaden.

Vorteile

- Anatomiegerechte Frakturstabilisierung des Tibiaplateaus an den Tibiaschaft;
- gleichzeitige Versorgung des Kniegelenkschadens;
- freie Beweglichkeit der angrenzenden Gelenke;
- geringe Weichteiltraumatisierung;
- einfache Reposition, leicht korrigierbar;
- frühfunktionelle Nachbehandlung ist gegeben;
- ambulante Entfernung des Fixateur Externe.

Nachteile

- Perforation der Muskulatur;
- Pinlockerung - Pininfekt;
- Möglichkeit einer Pseudarthrose;
- relativ längere Ausbehandlungszeit;

Indikation

- Alle Tibiakopffrakturen der AO-Klassifikation A1-A3 und C1-C3;
- gelegentlich kann der Fixateur Externe unterstützend bei den B-Frakturen in Kombination mit einer perkutanen Schraubenosteosynthese angewandt werden.

Kontraindikationen

- Mangelnde Compliance des Patienten;
- Patientenalter und ausgeprägte Osteoporose.

Patientenaufklärung

- Infektionsrisiko, insbesondere über den Pininfekt;
- Behandlungsmethode mittels Fixateur Externe;
- alternative Operationsverfahren.

Operationsvorbereitung

- Röntgenaufnahmen des Kniegelenkes mit Unterschenkel in zwei Ebenen;
- zur Frakturtypisierung und Verifizierung, insbesondere der Tibiakopfgelenkfläche, ist ein Computertomogramm indiziert. Konventionelle Schichtaufnahmen ergeben gleichgute diagnostische Ergebnisse;
- die Akutversorgung wird empfohlen.

Instrumentarium

- Fixateur Externe-System;
- Arthroskopie-Set;
- kanülierte Schrauben.

Lagerung (Abb. 1)

- Rückenlagerung des Patienten auf dem Extensionstisch;
- manuelle Reposition der Fraktur und Fixierung des Fußes mit dem Fußhalter des Extensionstisches;
- Anlage einer Blutsperre (Anwendung indiziert bei gleichzeitiger Arthroskopie);
- die Lagerung des gesunden Beines erfolgt im gynäkologischen Beinhalter unter Beugung und Außenrotation;

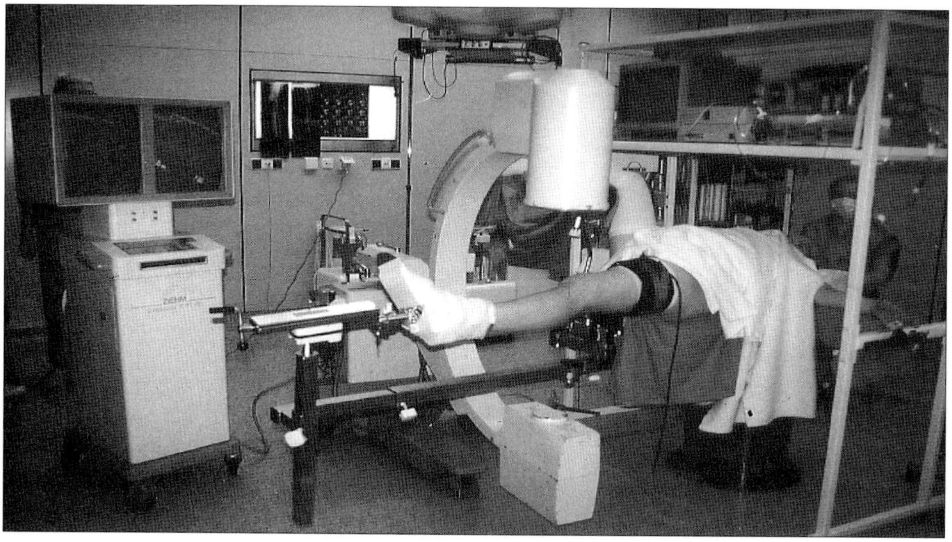

Abb. 1: Lagerung und Positionierung der Arthroskopieeinheit und des C-Bogens.

- Positionierung der Arthroskopieeinheit sowie des Bildwandlers, ein Durchschwenken des C-Bogens muß die Beurteilung der Fraktur in zwei Ebenen erlauben.

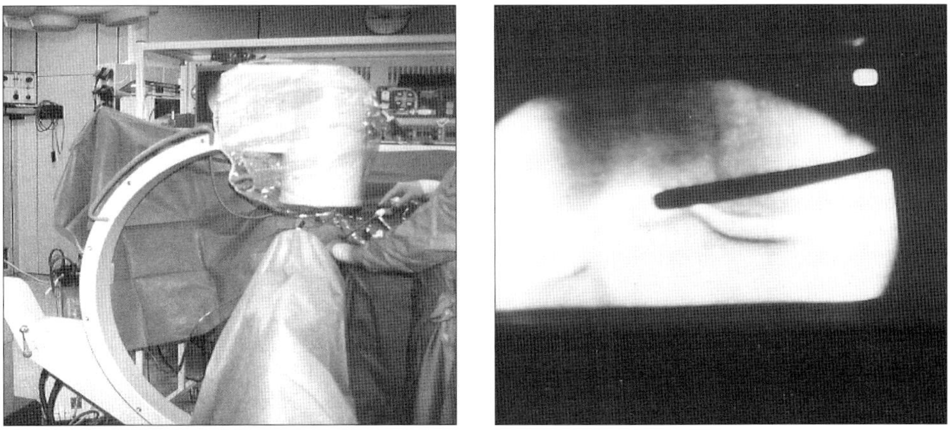

Abb. 2a, b: Arthroskopie des Kniegelenkes.

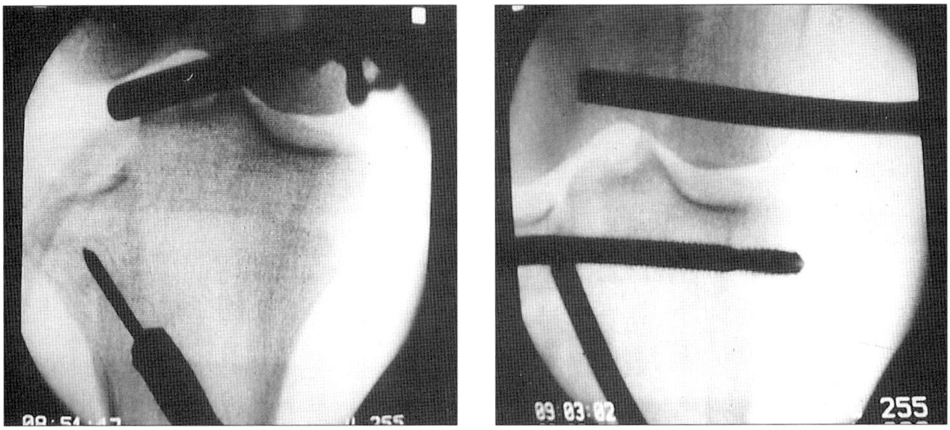

Abb. 3a, b: Percutane Aufrichtung der Tibiagelenkfläche.

Operationstechnik

Im ersten Operationsschritt erfolgt die Arthroskopie des Kniegelenks, wobei der Zugang nach Möglichkeit von medial her gewählt werden sollte. Über die Spül-Saug-Technik wird das Hämarthros ausgespült, Begleitverletzungen diagnostiziert und ggf. arthroskopisch behandelt. Gleichzeitig ist ein Überblick über die Fraktursituation und vorliegender Impressionen der Gelenkfläche möglich.

Danach erfolgt die Fein-Reposition der tibialen Gelenkfläche. Über ein medial-ventrales Knochenfenster erfolgt mittels Stößel die Wiederaufrichtung der Gelenkfläche, gleichzeitig unter arthroskopischer und röntgenologischer Kontrolle. Dieser Arbeitsschritt muß behutsam ausgeführt werden, um nicht über das Niveau hinaus Fragmente in das Gelenk zu treiben. Ist die Gelenkfläche kongruent wieder aufgerichtet, erfolgt über das gleiche Knochenfenster die Unterfütterung der Tibiagelenkfläche bzw. die Auffüllung des knöchernden Defektes mit Spiongiosa, bzw. Knochenersatzmaterial (Endobon, Norian SRS).

Nach anatomiegerechter Reposition des Tibiaplateaus erfolgt nun die achsengerechte Reposition des Plateaus an den Tibiaschaft und die nachfolgende Stabilisierung mit einem unilateralen Fixateur Externe. Hierfür haben sich prinzipiell zwei Fixateurmontagen empfohlen: Unter Nutzung des gebogenen Brückenstabes des HOFFMANN-II-Fixateur Externe werden halbcirculär von lateral über ventral nach medial 3 selbstbohrend-selbstschneidende Apex-Pins eingebracht, die sicher die gegenüberliegende Corticalis fassen müssen. Danach wird der gebogene Brückenstab fixiert. Die distale Abstützung erfolgt unilateral auf die von medial in die Tibia eingebrachten Pins. Eine entsprechende Rohr-zu-Rohr-Montage erfolgt (Abb. 4).

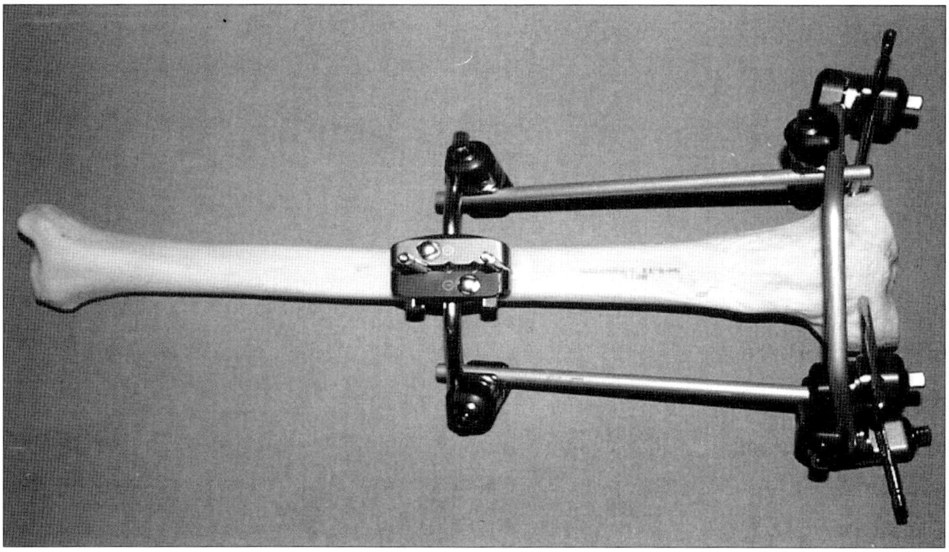

Abb. 4: Fixateurmontage mit gebogenem Brückenstab.

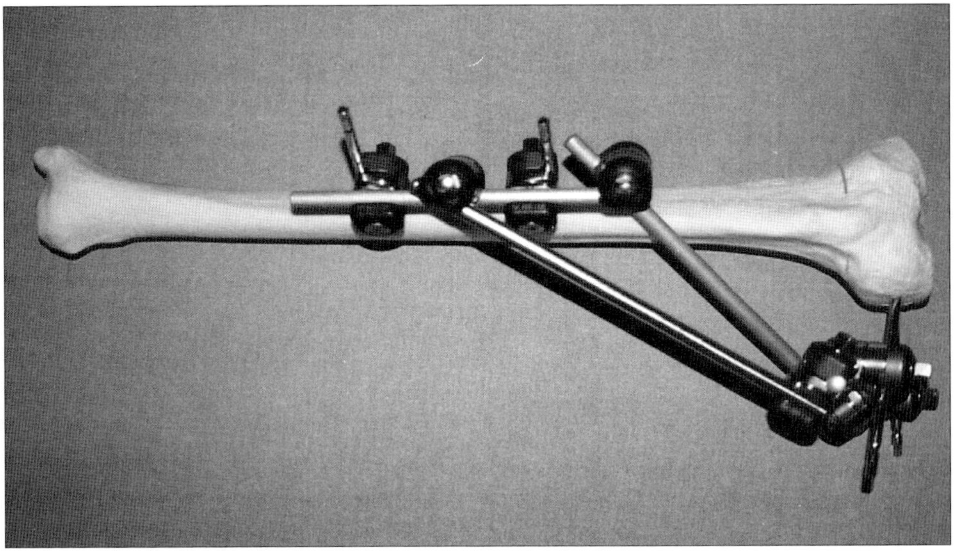

Abb. 5: Fixateurmontage von lateral nach ventral.

In einer weiteren, zweiten Möglichkeit der Fixateurmontage werden die Pins ausschließlich von lateral her in den Tibiakopf divergierend eingebracht und danach über eine Rohr-zu-Rohr-Montage schräg zu den ebenfalls von medial in die Tibia eingebrachten Pins verbunden (Abb. 5).

Beide Fixateurmontagen fixieren stabil das Tibiaplateau an den Schaft und erlauben eine frühfunktionelle Nachbehandlung. Zusätzlich können percutan KIRSCHNER-Drähte und/oder Schrauben eingebracht werden.

Mit einer arthroskopischen sowie röntgenologischen Kontrolle des Repositionsergebnisses wird der operative Eingriff beendet. Nach Drainage des Kniegelenkes erfolgt der Wundverschluß mit abschließendem sterilen Wundverband.

Postoperative Behandlung

- Postoperativ erfolgt eine Röntgenaufnahme des Kniegelenkes mit Unterschenkel in zwei Ebenen zur Dokumentation.
- Postoperativ ist das Erkennen eines Kompartmentsyndroms von entscheidender Bedeutung!
- Keine komprimierenden Verbände!
- Krankengymnastische Übungen zur Pneumonie- und Thromboseprophylaxe werden mehrmals täglich ausgeführt.
- Der erste Verbandswechsel mit Drainentfernung erfolgt am zweiten postoperativen Tag.
- Spätestens ab dem zweiten postoperativen Tag beginnende Physiotherapie mit Bewegungsübungen mittels Motorschiene.

- Mobilisierung des Patienten an Unterarmgehhilfen und einer Teilbelastung von 10-15 kg Körpergewicht je nach Compliance des Patienten, nach sechs Wochen Steigerung der Teilbelastung auf die Hälfte des Körpergewichtes.
- Tägliche Pinpflege primär durch das Pflegepersonal, später durch den Patienten selbst.
- Kontrolle der Pinstellung durch tägliche ärztliche Verbandsvisiten.
- Ca. 10 Wochen postoperativ wird der Fixateur Externe ambulant entfernt, danach ist Vollbelastbarkeit erreicht.
- Entsprechende Röntgenkontrollen am stationären Entlassungstag, ambulant nach 6 Wochen und vor und nach Fixateurabnahme.

Besonderheiten der Operationstechnik

Der Operateur sollte über ausreichende Kenntnisse in der Arthroskopie des Kniegelenkes sowie in der Handhabung des Fixateurs verfügen. Um ein sekundäres Weichteilödem durch das Spülsystem zu vermeiden, sind die arthroskopischen Maßnahmen zielgerichtet und zeitgerecht durchzuführen.

Fehler und Gefahren

- Fehlplazierung der Pins;
- instabile Fixateurmontage;
- sekundäres Kompartmentsyndrom.

Klinischer Fall

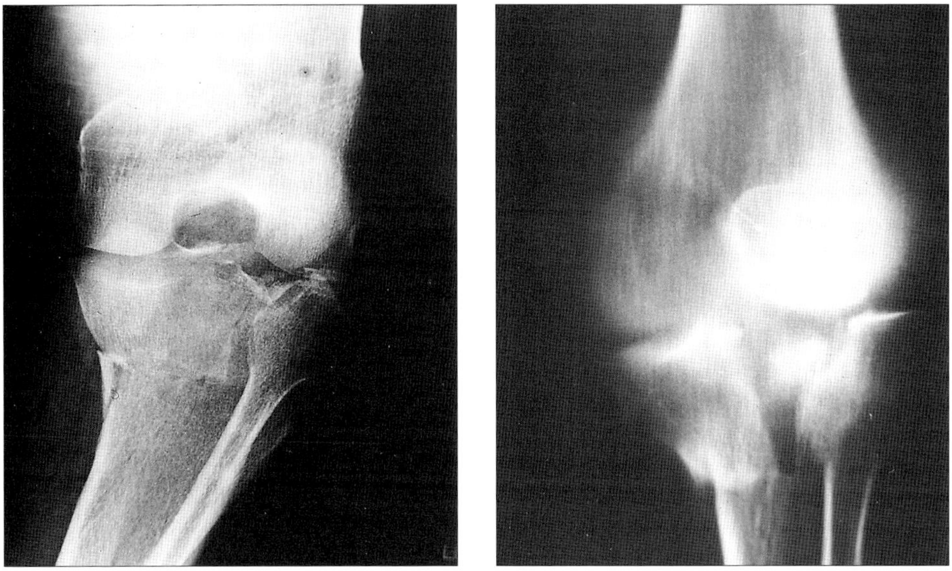

Abb. 6a, b: Tibiakopffraktur links, AO-Klassifikation 41-C3 einer 75jährigen Patientin. In der Schichtaufnahme erkennt man deutlich die imprimierte Tibiagelenkfläche.

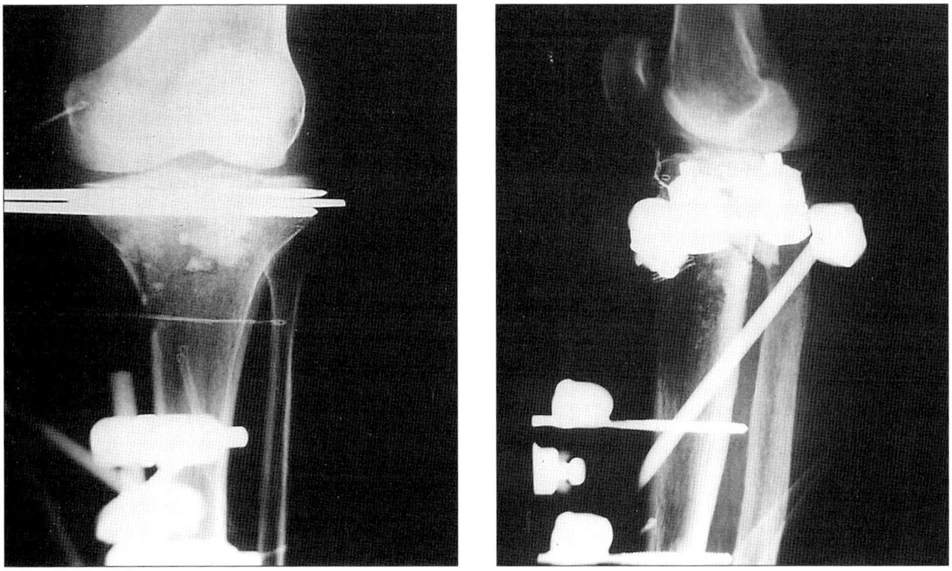

Abb. 7a, b: Postoperatives Versorgungsbild nach percutaner Aufrichtung des Tibiaplateaus und Wiederherstellung der Achsen zwischen Plateau und Schaft.

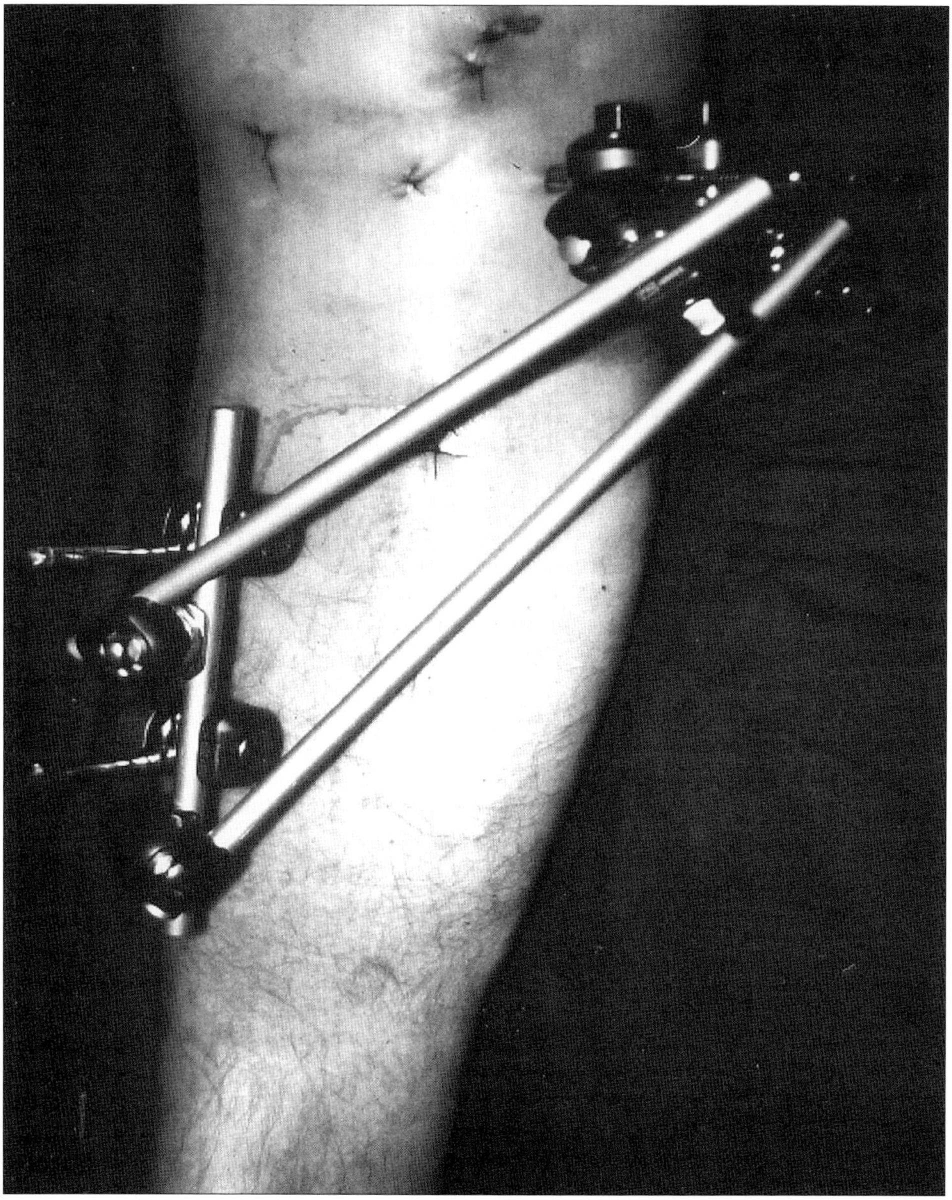

Abb. 8: Klinisches Bild.

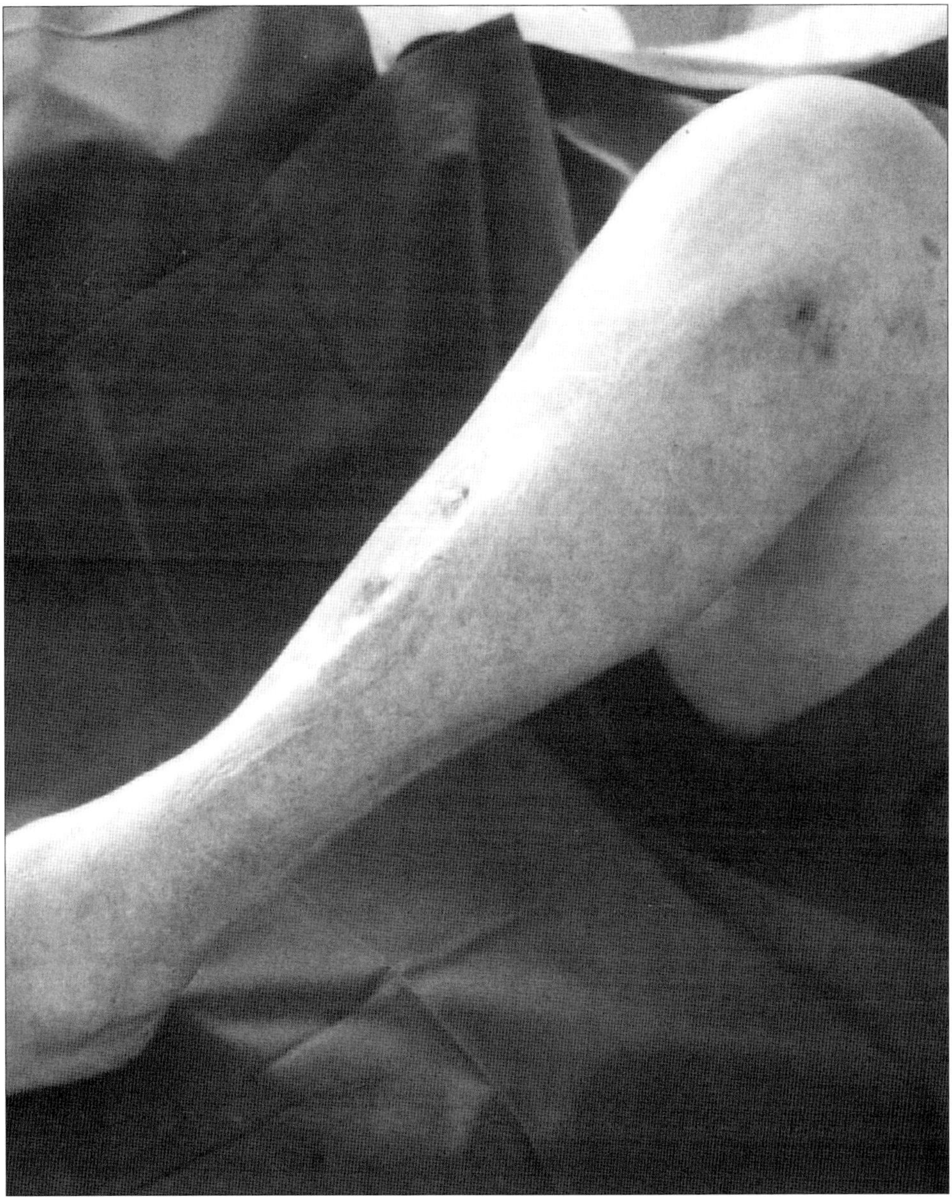

Abb. 9: Funktionelles Bild.

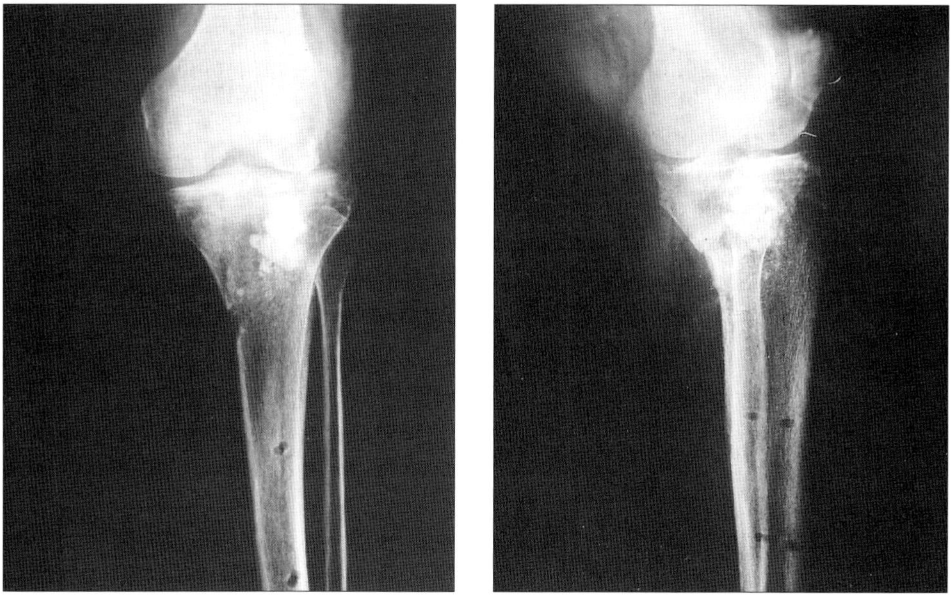

Abb. 10a, b: Röntgenaufnahme nach Frakturkonsolidierung und Entfernung des Fixateur Externe nach 10 Wochen.

Zusammenfassung

Die operative Versorgung von Tibiakopffrakturen durch die minimal-invasive Osteosynthese unter Verwendung des Fixateur Externe stellt in der Tat eine Alternative zu aufwendigen offenen internen Osteosyntheseverfahren dar. Vorteile dieses operativen Vorgehens sind die Minimierung des Weichteiltraumas, die sofortige Lagerungs-, Übungs- und Belastungsstabilität und die Möglichkeit sekundärer Korrekturen. Die frühfunktionelle Nachbehandlung mit seltenem Repositionsverlust und relativ geringer Komplikationsrate erbringt gute bis sehr gute Ergebnisse.

Standardanwendungen am Tibiaschaft

G. Asche

Die Unterschenkelfraktur beim Erwachsenen gehört zu einem der häufigsten Knochenbrüche des menschlichen Körpers. Ein großer Teil dieser Frakturen betrifft das mittlere Drittel der Tibia und der Fibula. Bei den heute möglichen knochen- und weichteilschonenden Operationsverfahren mit deutlich gemindertem Operationsrisiko sind diese Frakturen in der Regel eine Indikation zur Osteosynthese.

Die häufigste Ursache einer Tibiafraktur ist die direkte Gewalteinwirkung durch Stoß, Schlag oder Zertrümmerung bei Verkehrsunfällen und Sportverletzungen.

Die indirekte Gewalteinwirkung führt meistens zu typischen Torsions- oder Spiralbrüchen, wie dies zum Beispiel beim Skifahren vorkommt.

Der wesentliche Faktor für eine folgenlose Ausheilung solcher Frakturen wird durch das Ausmaß der Weichteilschädigung bestimmt. Gerade bei schweren Weichteilschäden steht das schonende Weichteilmanagement bei der operativen Versorgung im Vordergrund.

Die Stabilisierung der Tibiafraktur im mittleren Schaftdrittel erfolgt derzeit in der Regel durch die intramedulläre Osteosynthese, vorwiegend mit dem ungebohrten Nagel. In vielen Fällen, insbesondere bei den offenen Frakturen, ist es jedoch notwendig, die äußere Stabilisierung anzuwenden, um eine bessere Konditionierung der Weichteilverhältnisse zu erzielen.

Der Fixateur Externe bietet hier die Möglichkeit der weichteilschonenden Knochenstabilisierung, entweder als vorübergehende Stabilisierungstechnik bis zur definitiven Versorgung durch intramedulläre Osteosynthesen nach Weichteilabheilung oder in der Technik der definitiven Fixateur-Versorgung mit dynamischen Fixateuren.

Die Fixateurtechnik soll hier am Beispiel der Versorgung mit dem modularen HOFFMANN II-Fixateur und dem unilateralen dynamischen Monotube vorgestellt werden.

Da besonders bei offenen Frakturen das im Knochen eingebrachte Metall leicht eine Infektion begünstigen kann, verhindert die Anlage eines Fixateurs solche Infektionen, weil hier das Metall außerhalb der durchblutungsgestörten Fraktur und Weichteile liegt.

Vorteile

- Schnelle und leichte Anlage des Fixateur Externe;
- Flexibilität durch modulare Systeme;

- das Metall liegt außerhalb der infektgefährdeten, durchblutungsgestörten Knochen und Weichteile;
- geringe Weichteiltraumatisierung;
- geringer Blutverlust;
- kurze Operationszeit;
- geringes Infektionsrisiko;
- leichte Montage des Fixateurs und leichte Reposition der Fraktur auf dem normalen Operationstisch;
- bei der Metallentfernung keine erneute Operation und kein erneuter stationärer Aufenthalt notwendig;
- risikoarme Möglichkeit des frühsekundären Verfahrenswechsels.

Nachteile

- Gefahr der Bohrlochinfektion nach längerem Tragen eines Fixateurs (länger als 10 Wochen);
- außerhalb des Körpers liegendes Metall;
- erforderliche Akzeptanz des Patienten;
- Pflegeaufwand für den Patienten.

Indikationen

- Zweit- und drittgradig offene Frakturen;
- Frakturen mit erheblicher Weichteilkontusion oder ausgeprägtem Décollement;
- Frakturen, bei denen der Markraum sehr eng ist und bei denen für eine intramedulläre Osteosynthese stärkere Aufbohrungen notwendig werden;
- vorübergehende Stabilisierung von Tibiafrakturen beim Polytrauma.

Kontraindikation

- Patienten, bei denen längerfristige Pflege des Fixateurs nicht gewährleistet ist (unzureichende Compliance, Alkoholiker);
- fehlende Akzeptanz des Patienten, einen äußeren Apparat zu tragen (bei dieser Gruppe von Patienten sollte der Fixateur nur als vorübergehende Stabilisierung benutzt werden);
- Nickelallergie (hier sollten Fixateurschrauben aus Titan benutzt werden).

Patientenaufklärung

Bei der Patientenaufklärung müssen aus forensischer Sicht alle heute zur Verfügung stehenden Standardstabilisierungsverfahren für Tibiafrakturen erwähnt und mit ihren Vor- und Nachteilen dargestellt werden. Konkurrierende Verfahren sind hier insbesondere die intramedulläre Nagelung, der Fixateur Externe und im Ausnahmefall die Platte.

Aufklärungspunkte beim Fixateur Externe-Verfahren

- Gefahr der Pin-Infektion und damit verbunden die Möglichkeit der zweiten Operation mit Wechsel des Pins;
- mögliche Notwendigkeit der Nachreposition;
- Möglichkeit verzögerter Knochenbruchheilung mit eventuell notwendigen Nachoperationen;
- allgemeine Narkoserisiken;
- postoperative Thrombose- bzw. Emboliemöglichkeit.

Operationsvorbereitung

- Technisch gute Röntgenaufnahmen in 2 Ebenen, insbesondere mit Darstellung der benachbarten Gelenke;
- Kontrolle, ob in die Gelenkregion reichende Fissuren zu sehen sind;
  die Sofortoperation wird angeraten. Sollte dies technisch oder organisatorisch nicht möglich sein, Anlage einer Oberschenkelschiene;
- für die Operation sollte sichergestellt sein, daß ausreichend Fixateurkomponenten zur Verfügung stehen;
- bei offenen Frakturen sollte eine perioperative Antibiotikaprophylaxe eingesetzt werden.

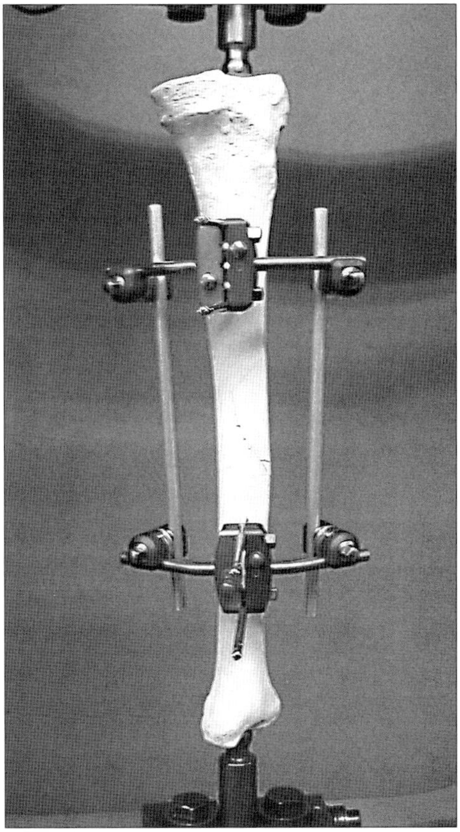

Abb. 1a

Systemeigenschaften des HOFFMANN II

Der HOFFMANN II-Fixateur ist ein in sich elastischer Fixateur. Nur wenige Teile werden für eine Standardmontage benötigt. Bei axialer Belastung verformt sich der Apparat, aber es kommt nicht zum Abbruch der Belastungskurve (Abb. 1a, b).

Der Monotube kann sich nur wenig verformen und benötigt deshalb als Dynamisierungselement eine Feder und einen Gleitweg (Abb. 12).

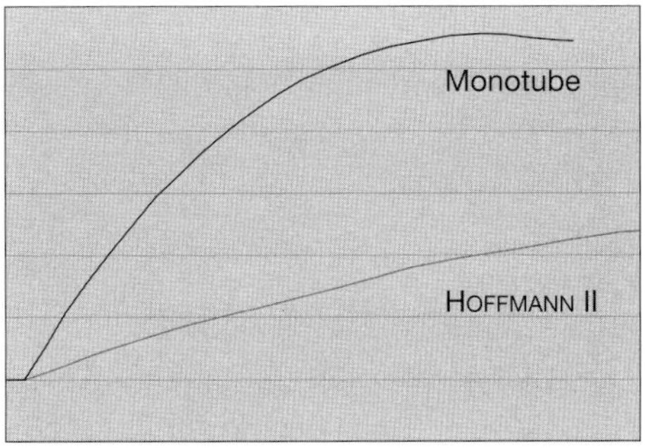

Abb. 1b: Stabilitätsvergleich Monotube - HOFFMANN II.

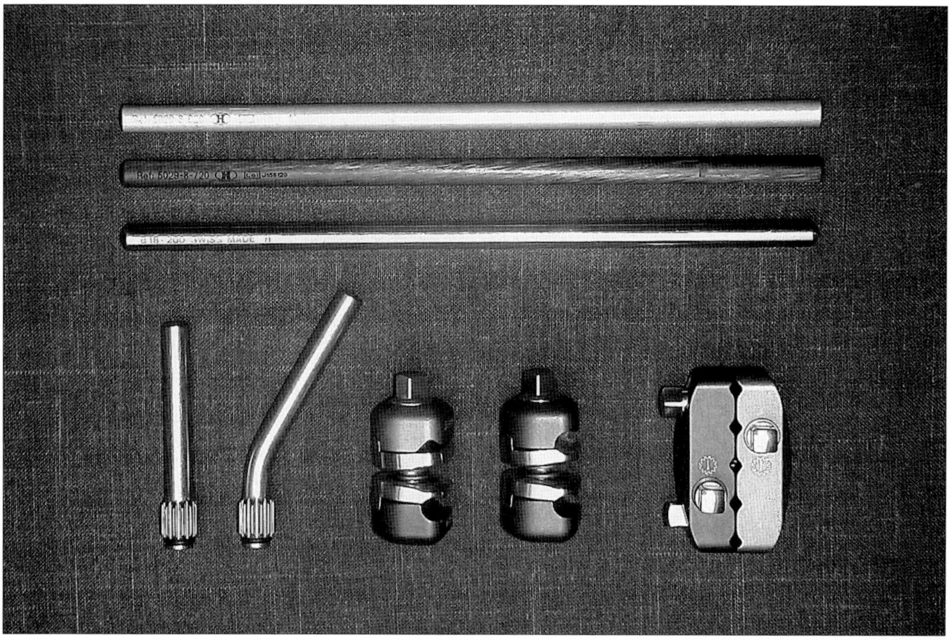

Abb. 2: Die Komponenten des HOFFMANN II und die Anzahl der Komponenten für eine Tibiamontage, wie sie unten beschrieben wird.

Ansatzstab gerade, Ansatzstab gebogen	*4*
Verbindungsgelenk Stab-zu-Stab	*4*
Verbindungsgelenk Stab-zu-Pin, Pinhalter	*2*
Brückenstab	*2*

Instrumentarium

Das Fixateur Externe-Instrumentarium sollte mit einer ausreichenden Zahl von Fixateurkomponenten bestückt sein (Abb. 2).

Lagerung

- Rückenlage auf Normaltisch;
- das verletzte Bein liegt für die seitliche Durchleuchtung 10-20 cm höher als das unverletzte Bein.

Radiologische Hilfsmittel

Ein Bildwandler, der ohne Bewegen des verletzten Beines in beiden Ebenen optimale Röntgenbilder zeigt, dies ist besonders notwendig für die geschlossene Reposition von Tibiafrakturen. Der Bildwandler sollte auf Pulsationsbetrieb eingestellt sein, um die Durchleuchtungszeiten zu verkürzen.

I. Operationstechnik bei Verwendung des HOFFMANN II (Abb. 3-8)

Mit der angegebenen Rahmenkonstruktion können Frakturen im distalen und proximalen Drittel zur Ausheilung gebracht werden, oder es kann ein Verfahrenswechsel zum Verriegelungsnagel vorgenommen werden.

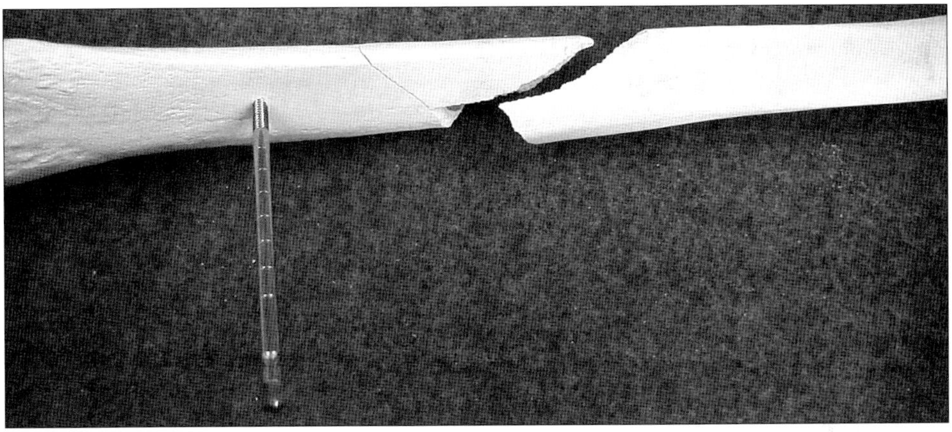

Abb. 3: Der erste Pin wird ca. 2-3 Querfinger von der Fraktur entfernt eingebracht.

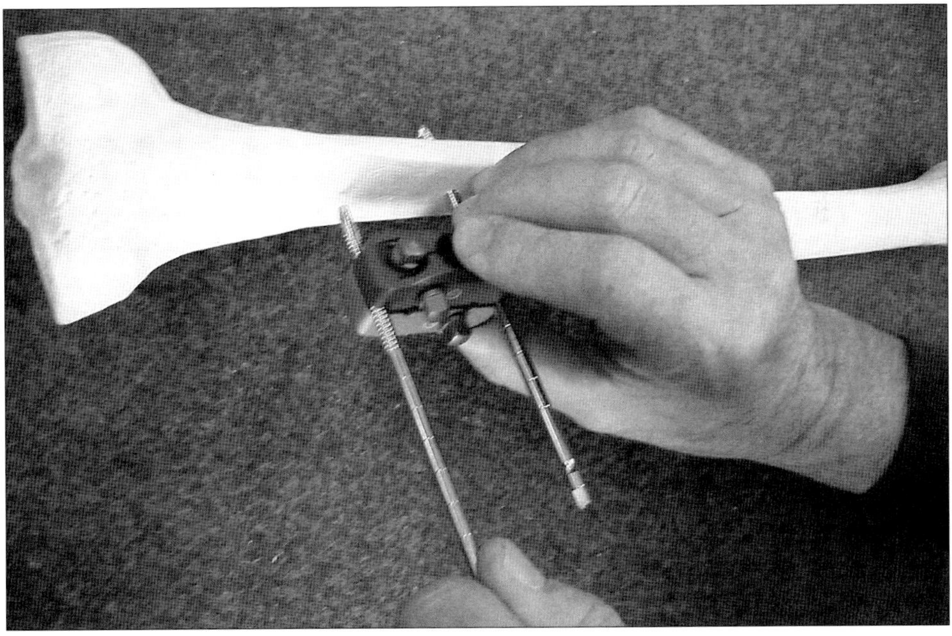

Abb. 4: Der zweite Pin wird mit der Halterung als Zielgerät parallel eingedreht.

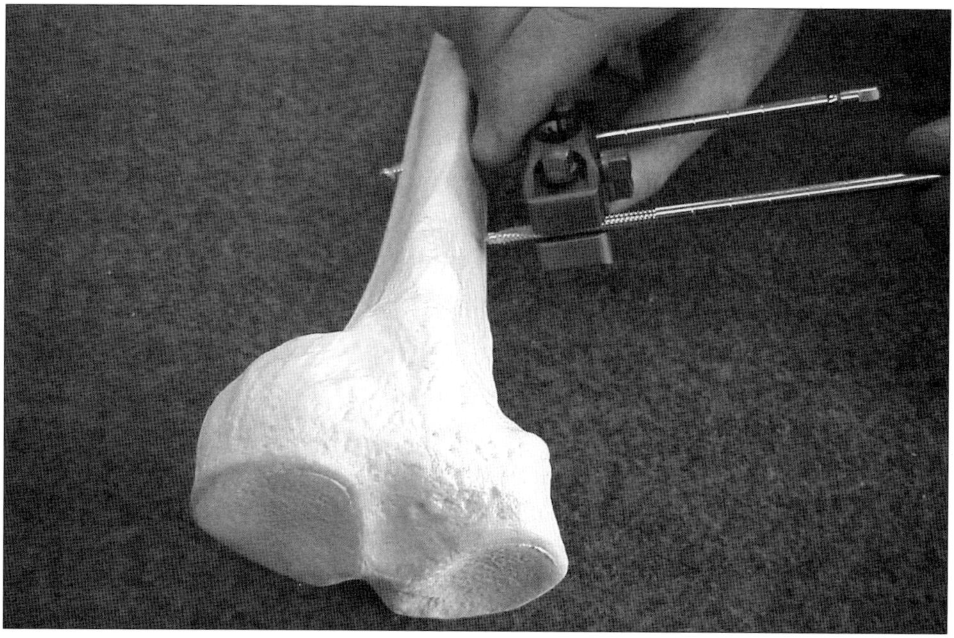

Abb. 5: Der Abstand zwischen Haut und Halterung beträgt eine Fingerbreite. Dies ist nicht nur für die Pinpflege wichtig, sondern auch für die Rahmenstabilität (je weiter entfernt die Halterung von der Haut ist, um so instabiler wird der Rahmen).

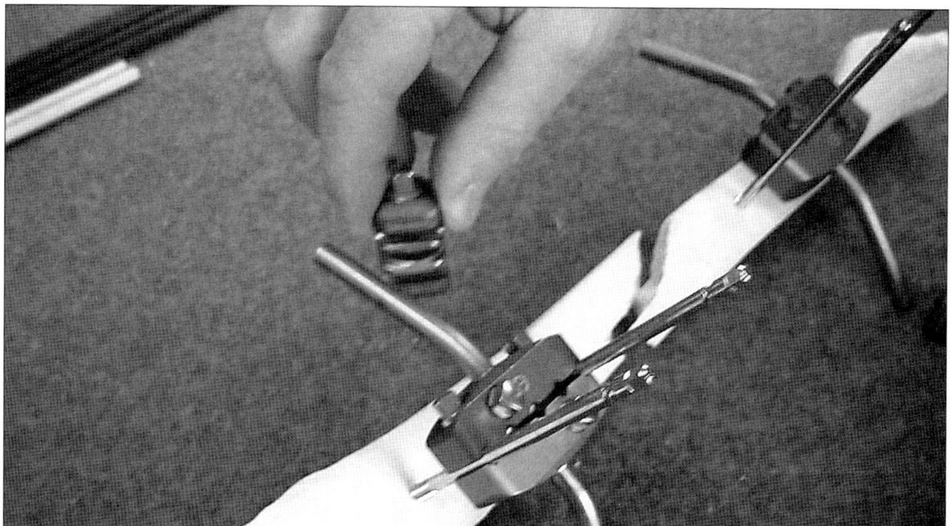

Abb. 6: Nachdem distal und proximal der Fraktur die Pin-Gruppen eingesetzt und die Halterungen montiert sind, werden die Ansatzstäbe eingesteckt. Sie sollten so eingesteckt werden, daß die später anzubringenden Stangen möglichst ***frakturnah und hautnah*** *an der Stange-zu-Stange-Halterung befestigt sind.*

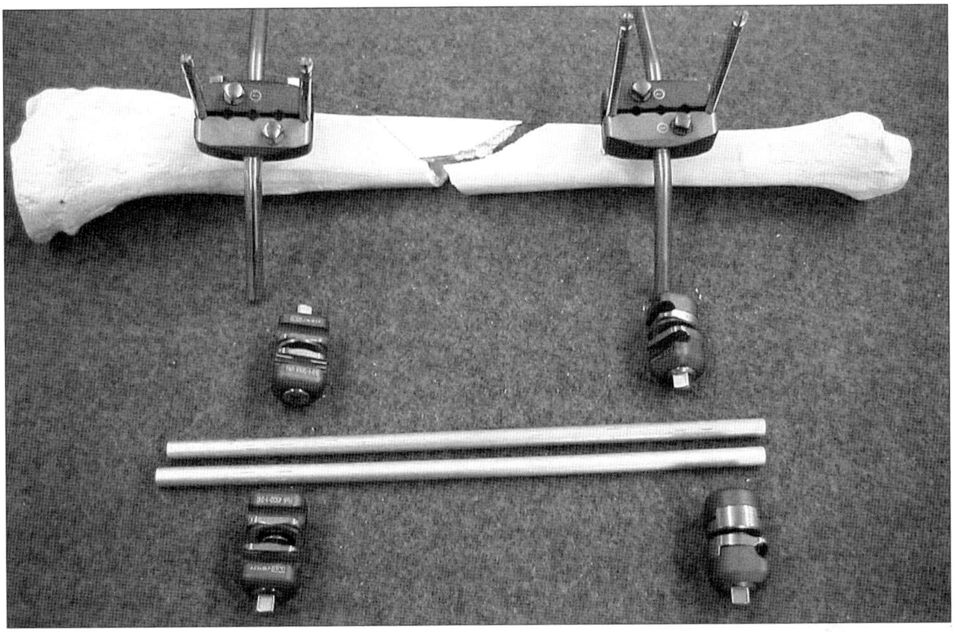

Abb. 7: Die Halterungen mit den vier Ansatzstäben sind montiert. An diese werden die im Bild sichtbaren Stab-zu-Stab-Verbindungsgelenke „angeklickt“. Zwei Brückenstäbe aus Stahl, Aluminium oder Kohlenfaser komplettieren den Rahmen.

Abb. 8: Mit den montierten Brückenstäben läßt sich die Fraktur reponieren. Nach röntgenologisch gesicherter guter Frakturstellung werden die Schrauben der Verbindungsgelenke festgezogen.

II. Technik des Wechsels vom Hoffmann II zum Monotube
(Abb. 9a-d)

Im mittleren Drittel kann die Ausheilung mit dem Monotube erfolgen und der Hoffmann-Fixateur gegen den Monotube ausgewechselt werden.

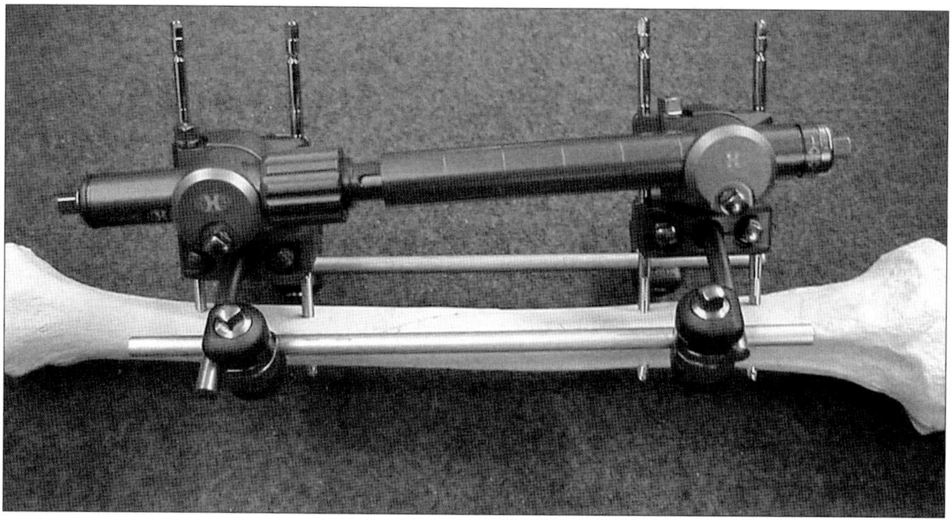

Abb. 9a-d: Der Abstand der Fixateur-Pins bei Hoffmann II und Monotube ist der gleiche.
Abb. 9a: Zunächst wird der Monotube auf die Nägel aufgesteckt. Alle Schrauben des Monotube werden fixiert.

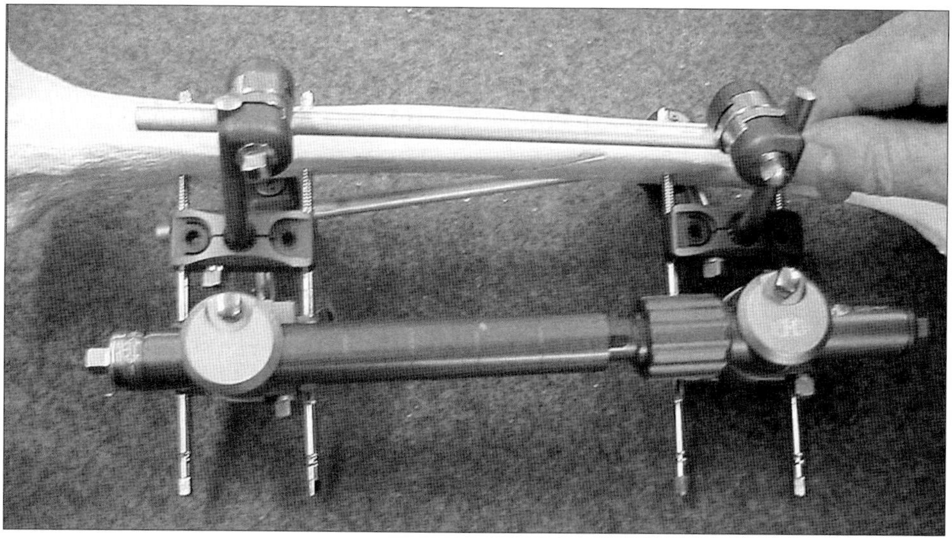

Abb. 9b: Der Hoffmann II wird entfernt.

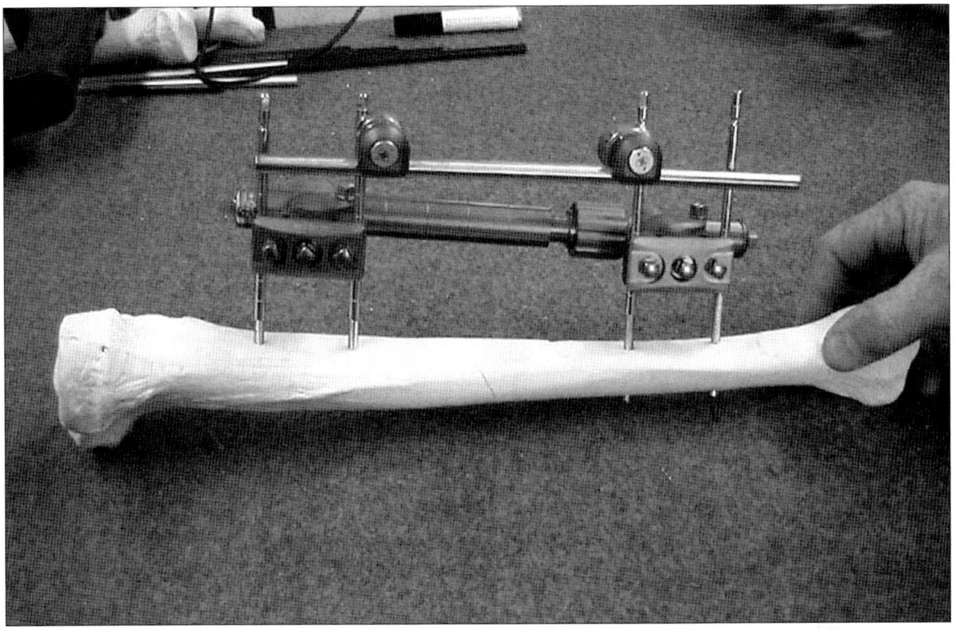

Abb. 9c: Nach Entfernen des HOFFMANN II wird eine HOFFMANN II-Stange oberhalb des Monotube befestigt.

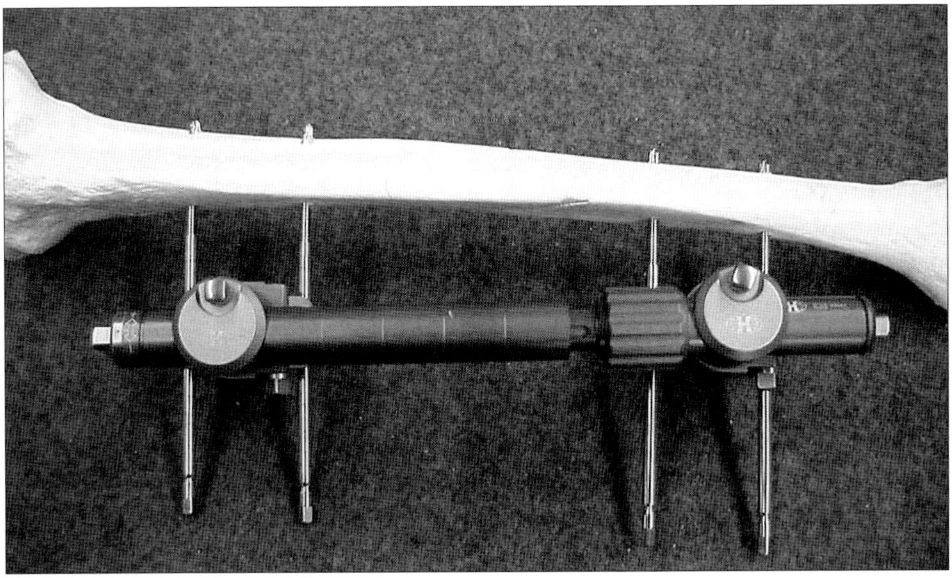

Abb. 9d: Der Monotube wird nach Öffnen der Schrauben knochennah verschoben und wieder fixiert. Nun kann die HOFFMANN II-Stange entfernt werden.

III. Operationstechnik bei der Verwendung des Monotube

Wenn man gemäß Absprache mit dem Patienten die Ausheilung einer Tibiafraktur im mittleren Schaftdrittel vornehmen will, so ist das operative Vorgehen wie folgt:

Abb. 10: Die Pins werden wie oben angegeben in die Tibia eingebracht. Der Monotube wird auf die Pins aufgesetzt. Die zwei äußeren Schrauben der Halterung werden fixiert. Nun wird die Fraktur reponiert und alle übrigen Schrauben festgezogen.

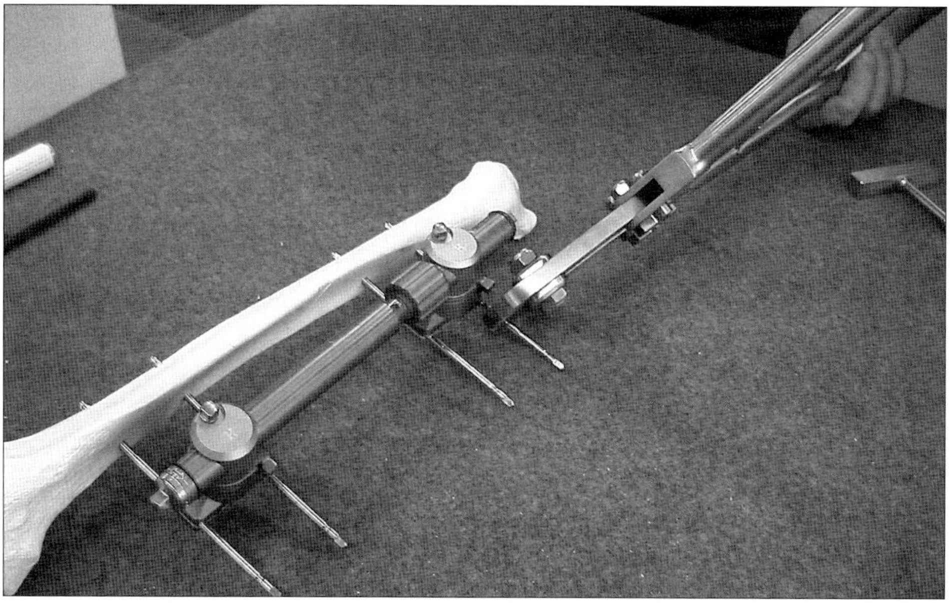

Abb. 11a

Abb. 11b
Abb. 11a, b: Ist die Fraktur achsengerecht und gut adaptierend reponiert, werden die zu langen Pins mit dem Bolzenschneider gekürzt. Auf die Pins werden dann Plastikschutzkappen aufgeschoben. Die Rändelschraube wird zugedreht. Die Schraube am dickeren Ende des Monotube wird ganz nach rechts gedreht. Auf diese Weise ist der Monotube statisch fixiert.

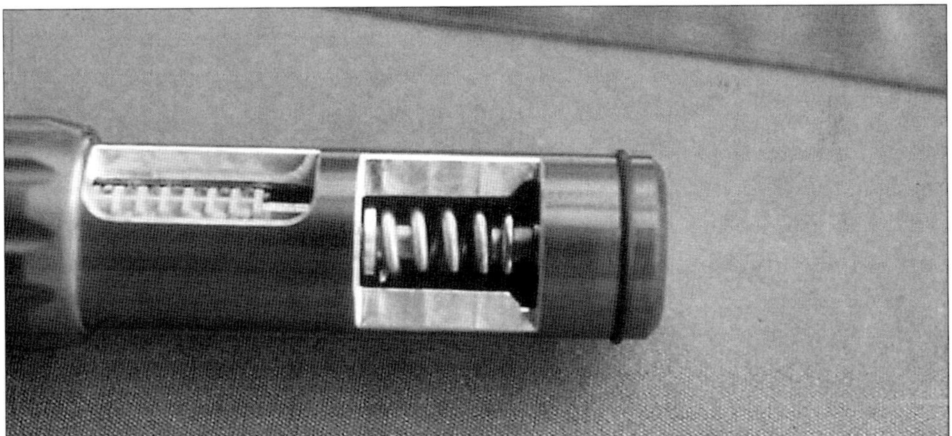

Abb. 12: Im dickeren Teil des Monotube befindet sich links im Bild das zirkuläre Kugellager. Wegen dieser Form des Kugellagers kann der Monotube auch bei schräger Montage dynamisch gleiten. Der Gleitvorgang wird durch Drehung der Rändelschraube auf Position 2 möglich.
Im rechten Teil befindet sich eine Feder. Sie wird durch Drehen der Schraube im dickeren Ende des Monotube rechts herum gespannt und links herum entspannt.

Postoperative Behandlung

- Tägliche Verbandswechsel an den Pin-Eintrittsstellen mit sorgfältiger Pin-Pflege gemäß einer standardisierten Pflegeanleitung (s. Anhang Seite 236);
- Antibiotikagabe je nach Weichteilsituation;
- vom ersten postoperativen Tag an krankengymnastische Übungen, zur Mobilisierung des Kniegelenkes und Spitzfußprophylaxe;
- Übungen zur Pneumonie- und Thromboseprophylaxe;
- Lagerung des Beines für die ersten 6-8 Tage in einer Schaumstoffschiene, ggf. auch in einer elektrischen Bewegungsschiene;
- frühzeitige Mobilisierung unter Entlastung des Beines mit Unterarmgehstöcken;
- Belastungsbeginn je nach Frakturtyp frühestens nach Abschwellen der Weichteilsituation;
- Belastungsaufbau je nach Schmerzangabe des Patienten. Hier wird der Zeitpunkt bei offenen Frakturen später sein als bei kurzen Schräg- und Querfrakturen.
- Ist ein Verfahrenswechsel zur intramedullären Osteosynthese geplant, sollte es innerhalb von 14 Tagen erfolgen, da hier das Infektionsrisiko sehr gering ist (unter 1%). Die Verfahrenswechsel-Operation sollte unter Antibiotikaschutz erfolgen.
- Sorgfältige Einweisung des Patienten bzw. auch der Angehörigen in die Fixateur-Pflege (siehe Pflegeanleitung Seite 236).
- 4wöchige Röntgenkontrollen mit jeweiliger Angabe zur Belastungsform (Teil- oder Vollbelastung, 4-Punkt-Gang);
- je nach Frakturheilungsverlauf Entfernen des Fixateurs frühestens nach 3 Monaten, längstens nach 4-5 Monaten. Sollte sich nach 10-12 Wochen keine Heilungs- und Kallustendenz zeigen, Erwägung einer Spongiosaplastik oder später Verfahrenswechsel, dann allerdings sollte der Fixateur zunächst entfernt werden und die intramedulläre Stabilisierung 2-3 Wochen später erfolgen.

Fehler und Gefahren

- Einbringen der Fixateurnägel zu frakturnah, hier kann sich ein möglicher Infekt von der Pin-Stelle bis in die Fraktur ausbreiten;
- instabiler Rahmen;
- nicht ausreichend angezogene Schrauben an den Fixateur-Komponenten;
- zu frühe Belastung mit der Gefahr des Repositionsverlustes;
- Pin-Infekt. Sollte der Pin-Infekt durch Hochlagerung des Beines und Antibiotikagabe innerhalb von 8 Tagen nicht zur Ruhe kommen, wird der Pin-Wechsel durchgeführt. Dies ist an anderer Stelle in Lokalanästhesie möglich.

Ergebnisse

Eine Ausheilung von Unterschenkelfrakturen mit dem Fixateur Monotube und dem HOFFMANN II ist in vergleichbarer Zeit wie mit einem V.-Nagel möglich. Fixateur-Patienten sind ebenso mobil wie Patienten mit einem V.-Nagel.

Durch die Neuentwicklung eines flexibleren Fixateur HOFFMANN II als Ergänzung zum Monotube sind jetzt alle Frakturen der Tibia mit Fixateursystemen zu stabilisieren und zur Ausheilung zu bringen.

Das Bestreben des neuentwickelten HOFFMANN II-Fixateurs ist es, mit wenigen verständlichen Modulen einen den Bedürfnissen entsprechenden Fixateur schnell aufzubauen und ihn in seiner Form einfach gestaltet und ansehnlich zu halten.

So kann mit diesem neuentwickelten Fixateur die anerkannte elastische Fixierung von Frakturen vorgenommen werden mit dem Vorteil einfacher und überschaubarer Montagemöglichkeit.

Formschöne Gestaltung des Fixateurrahmens bringt bei behandelndem Arzt und auch bei dem Patienten eine höhere Akzeptanz für diese Behandlung. So muß die interne Osteosynthese zur Frakturheilung nicht in jedem Fall erzwungen werden. Die Behandlungsrisiken mit diesem Fixateur sind ausgesprochen gering.

Literatur

(1) BICK, E.M.: Source Book of Orthopedics. Hafner Pub. New York (1968)

(2) BURNY, F., BOURGOIS, R.: Etude théorique de l'ostéotaxis. Dans „La fixation externe en Chirurgie", Imp. médicale et scientifique, Bruxelles, 109-119 (1965)

(3) BURNY, F., BOURGOIS, R., DONKERWOLCKE, M.: Elastic fixation of Fractures. In: H.K. Uhthoff (Ed.): Current concepts of Internal Fixation of Fractures. Springer-Verlag, Heidelberg, 430-442 (1980)

(4) DANIS, R.: Théorie et pratique de l'ostéosynthèse. Masson, Paris (1949)

(5) LAZO-ZBIKOWSKI, J.: Biocompression. Sliding External Fixation. Clinical Orthopaedics and R.R. Vol. 206, 169-184 (1986)

Klinische Beispiele für die Versorgung distaler Tibiafrakturen und des Pilon tibiale

J.-P. Stahl • R. Schnettler

Einleitung

In der Behandlung distaler Tibiafrakturen, vor allem aber der Pilon tibiale-Frakturen des Erwachsenen, ist die Bedeutung des Weichteilschadens seit dem Ende der siebziger Jahre des 20. Jahrhunderts hinsichtlich der Versorgung derartiger Frakturen mehr und mehr in den Mittelpunkt der Überlegung gelangt (3).
Deshalb ist der begleitende Weichteilschaden ein wesentliches Kriterium für das Behandlungsregime und das Behandlungsergebnis. Aus diesen Erfahrungen heraus ist gerade in den letzten Jahren ein Wandel zugunsten der primär minimal-invasiven Vorgehensweise eingetreten (7, 9, 15). Eine primäre definitive Versorgung durch offene Reduktion und innere Fixation mittels Plattenosteosynthese mit oder ohne Spongiosaplastik, wie sie früher propagiert wurde (6, 11, 13, 17, 18, 24), sollte deshalb möglichst vermieden werden (1, 4, 7, 16, 21, 22).
Die Vorgehensweise einer minimal-invasiven Osteosynthese zur Wiederherstellung der Gelenkfläche in Kombination mit der Distraktion wurde bereits 1965 von Scheck (20) beschrieben.
Die operative Stabilisation gerade der Pilon tibiale-Fraktur ist auch bei schwerem Weichteilschaden bereits initial wegen der unbedingt notwendigen Gelenkrekonstruktion erforderlich. Hierfür bietet sich ein Fixateur Externe mit der Möglichkeit der freien Pin-Plazierung als weichteilschonende Maßnahme an. Auch gelenkübergreifende bewegliche Fixateure führen, wie Marsh et al. (9) beschrieben, zu guten Ergebnissen.
In den meisten Fällen ist die Ausheilung der Fraktur im Fixateur Externe möglich (Abb. 1-3). Voraussetzung ist eine gute Pinpflege und gewissenhafte Mitarbeit durch den Patienten.

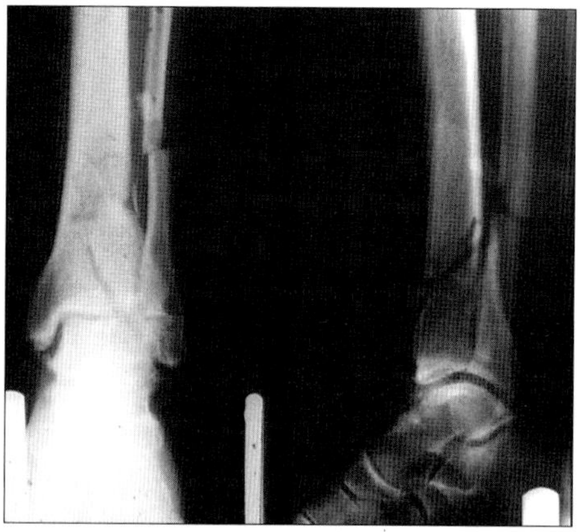

Abb. 1: Die Unfallröntgenaufnahmen des li. Unterschenkels und des Sprunggelenks zeigen eine distale Unterschenkelfraktur mit Beteiligung der Tibiagelenkfläche (AO 43 C 2).

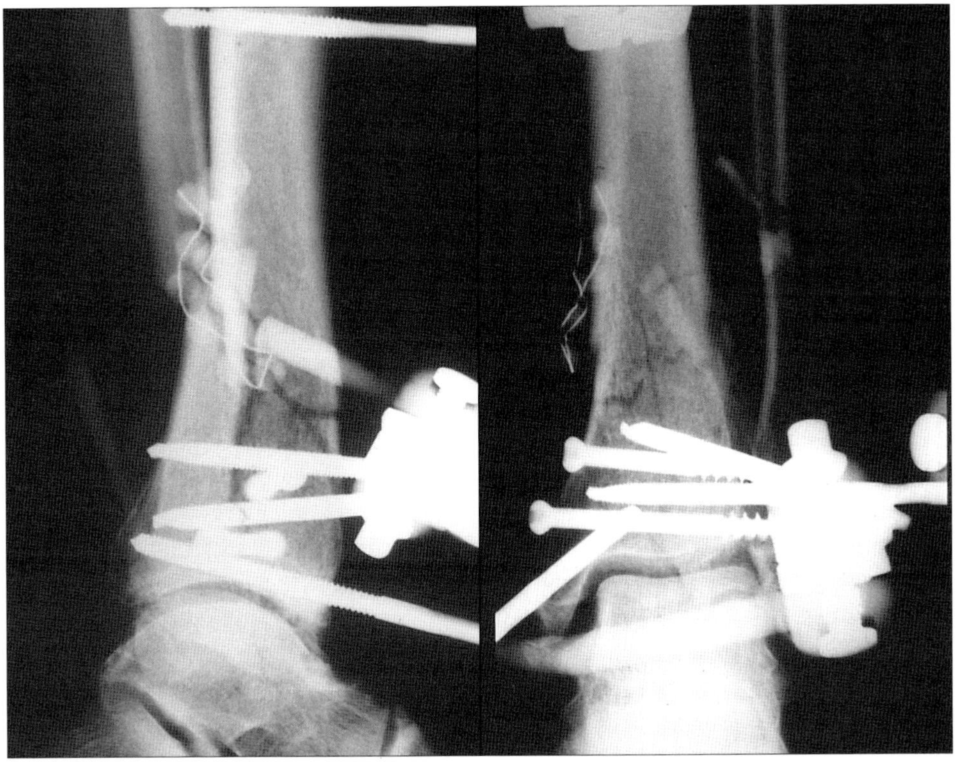

Abb. 2: Die Versorgung erfolgte durch gedeckte minimal-invasive Schraubenosteosynthese und nicht gelenküberbrückende Montage des HOFFMANN II-Fixateur Externe. Auf die Stabilisation der Fibulafraktur wurde bei erhaltener Länge in diesem Fall verzichtet.

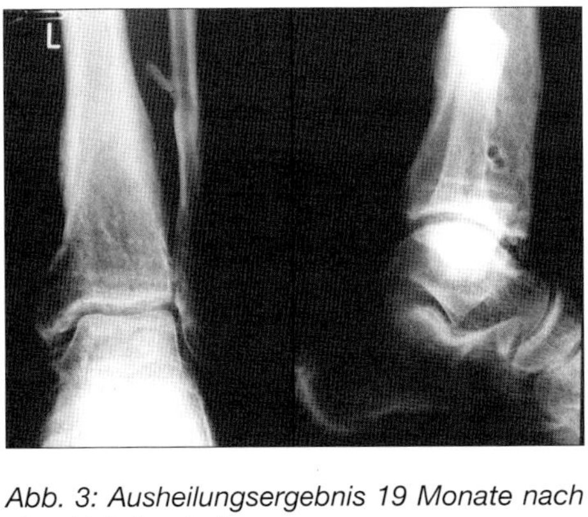

Abb. 3: Ausheilungsergebnis 19 Monate nach dem Unfallereignis.

Operationsprinzip

Durch kleine Stichinzisionen werden die selbstschneidenden Apex-Pins im Tibiaschaft und im Calcaneus, Talus oder im mittleren Anteil des Mittelfußknochens eins plaziert. Dadurch können ohne Denudierung der Fragmente unter Anwendung der Ligamentotaxis weitgehend korrekte Gelenk- und Achsenverhältnisse wiederhergestellt werden. Die Montagen sollten entweder mit Aluminium- oder Carbonstangen angelegt werden. Dies verbessert die Durchleuchtungs- und Röntgenmöglichkeit. Bei schwerem Weichteilschaden oder offener Fraktur 2.-3. Grades sollte die Fixateur Externe-Fixateur Externe kann man weitere Weichteilschäden und Fragmentdevaskularisierung verhindern (7). Die exakte Wiederherstellung der Fibulalänge sollte jedoch so früh als möglich durch eine Plattenosteosynthese oder schonender noch durch eine intramedulläre Stabilisation, z. B mit einem flexiblen Titannagel, KIRSCHNER-Drähten oder einem RUSH-Pin erfolgen.

In geeigneten Fällen (distales intaktes Fragment größer als 1 cm) kann - wie von VRABL (23) bereits vorgeschlagen - eine nicht gelenkübergreifende Montage vorgenommen werden. Diese ermöglicht dann eine frühzeitige aktive und passive Beübung des Sprunggelenkes (Abb. 4a, b).

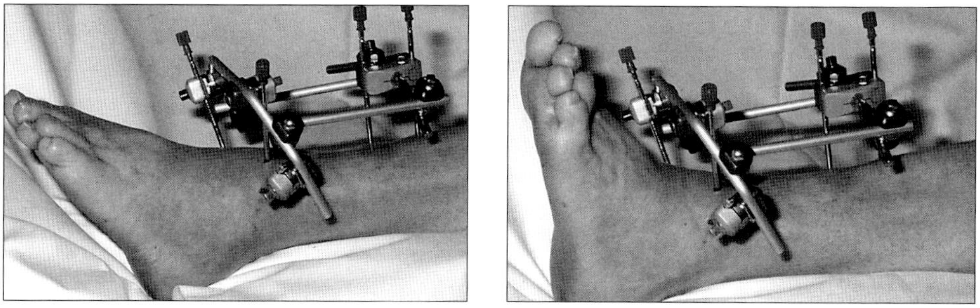

Abb. 4a, b: Nach Abschwellung des Weichteilmantels ist eine aktive Übungsbehandlung für das obere Sprunggelenk bei liegendem Fixateur Externe möglich.

Montage bereits so angelegt werden, daß sekundär notwendige plastische Maßnahmen, wie z. B. mikrovaskulär gestielte Haut- oder Muskellappen, ohne weitere Änderungen durchgeführt werden können. Durch die primäre Verwendung des Gegebenenfalls kann man die externe Stabilisation durch eine minimal-invasive gedeckte Schraubenosteosynthese zur Wiederherstellung der Tibiagelenkfläche ergänzen, wie das obige Beispiel zeigt.

Montageformen (Abb. 5a, b - 6a, b)

Diese Montagebeispiele zeigen die Bedeutung der anzubringenden Fixateurstangen. Die schräg eingebaute dritte Stange bewirkt einen erheblichen Stabilitätsgewinn. Die Kurve (Abb. 5b) ist flach, sie kommt bei Nachlassen der Belastung auf die Montage im Testgerät nicht mehr in die Nähe des Ausgangspunktes. Der Rahmen verformt sich, eine Fraktur würde verschoben. Die Kurve (Abb. 6b) ist steiler, damit ist der Rahmen lediglich durch eine zusätzliche Stange stabiler geworden, eine Verformung und damit verbundene Frakturverschiebung würde in einem solchen Fall nicht stattfinden.

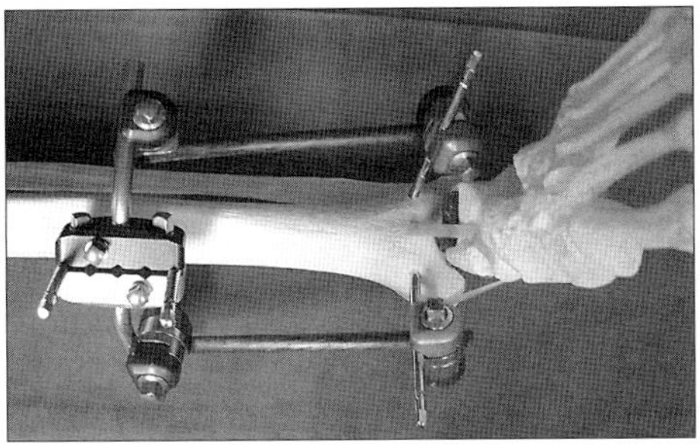

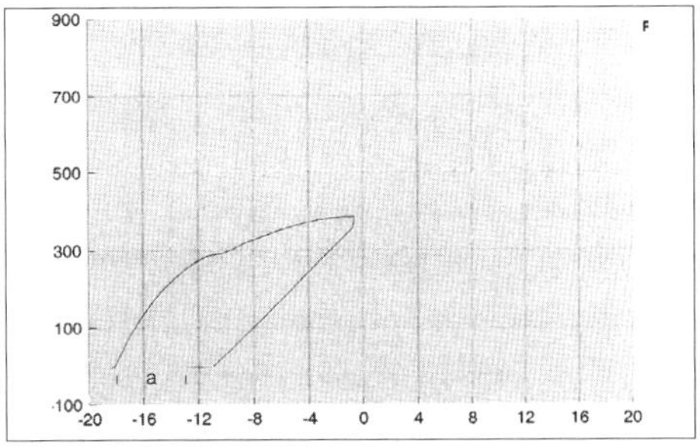

Abb. 5a, b: Diese Rahmenform ist instabil und führt bei Belastung zu Frakturverschiebungen. Der Abstand (a) entspricht der Rahmenverformung und damit dem Repositionsverlust.

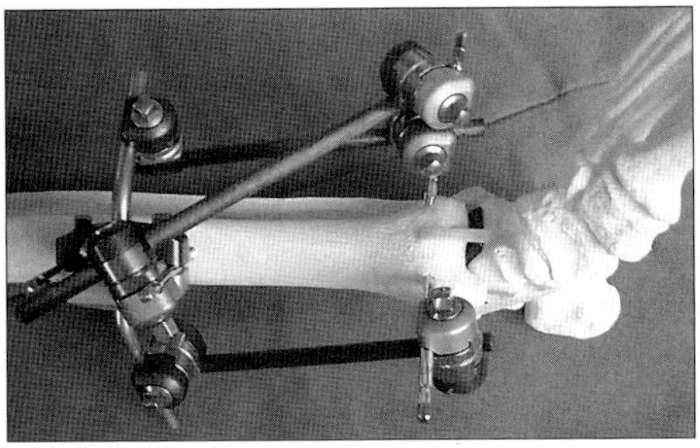

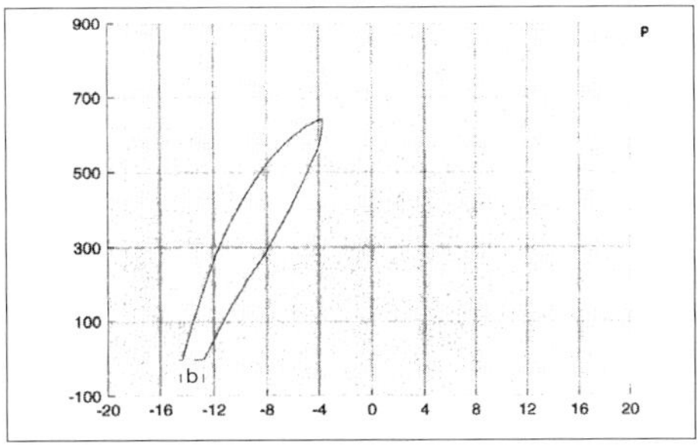

Abb. 6a, b: Nur eine zusätzliche Stange erhöht die Stabilität und verhindert Repositionsverlust. Der Abstand (b) ist hier sehr gering.

Indikationen

Distale Tibiamehrfragment- und Trümmerfraktur (AO-Klassifikation 43 A2- und A3-Frakturen, 43 B2- und B3-Frakturen, 43 C1-, C2- und C3-Frakturen) sowie Pilon tibiale-Frakturen mit entsprechendem Weichteilschaden.

Kontraindikation

- Keine, da es sich in der Regel um einen Notfalleingriff handelt.

Patientenaufklärung

Präoperativ müssen mit dem Patienten unbedingt folgende Probleme besprochen werden:

- Gefäß- und Nervenläsionen, Irritationen der Sehnen, Pin-Infektion mit Pinlockerung und dann notwendigem Pinwechsel;
- Notwendigkeit einer Nachreposition bei Fehlstellung oder Repositionsverlust;
- bei Heilungsverzögerung kann eine Spongiosaplastik oder der Verfahrenswechsel notwendig werden;
- wie bei allen Verletzungen an der unteren Extremität können Thrombosen auftreten;
- bei Zunahme der Weichteilschäden sind später plastische Maßnahmen notwendig.

Operationsvorbereitung

Bei der primären Stabilisation der distalen Tibia und des Pilon tibiale handelt es sich in der Regel um einen Notfalleingriff, die Operationsvorbereitung entspricht damit dem üblichen Vorgehen bei solchen Maßnahmen.
Der Verletzte sollte zweckmäßigerweise auf dem Rücken gelagert und der betroffene Unterschenkel so gelagert werden, daß die Bildwandlerkontrolle im seitlichen Strahlengang möglich ist.

Operationstechnik

Nicht gelenkübergreifende Technik
Nach Hautdesinfektion und Abdeckung des frei beweglichen Unterschenkels erfolgt zunächst die Plazierung zweier Pins an der medialen Schienbeinkante 2-3 cm proximal der Fraktur. Der Abstand wird bei Verwendung des HOFFMANN-II-Fixateurs Externe entsprechend der Doppelbacke gewählt, die mit zwei gebogenen Pinhaltern bestückt wird (Abb. 7).
Die distalen zwei Pins werden nun in dem gelenknahen Fragment, einmal in Höhe des Innenknöchels, zum anderen in lateraler Position, unmittelbar proximal der Tibiagelenkfläche plaziert.
Durch diese Montage der distalen Pins wird eine größere Stabilität und eine bessere Retention des Repositionsergebnisses erzielt. Dabei müssen Verletzungen der Sehnen, Nerven und Gefäße unbedingt vermieden werden. Auch hier wird der HOFFMANN-II-Fixateur Externe in Form einer Rahmenmontage angelegt (Abb. 8).

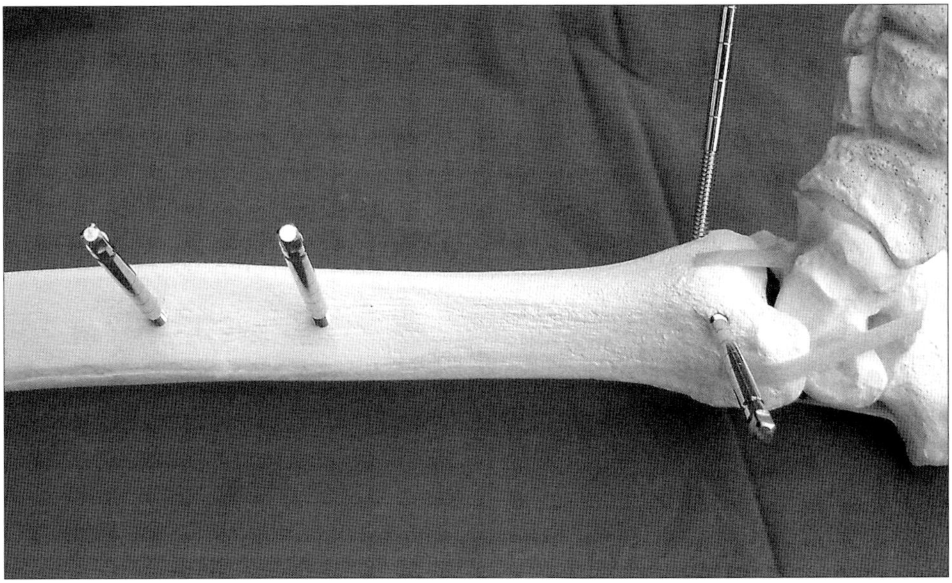

Abb. 7

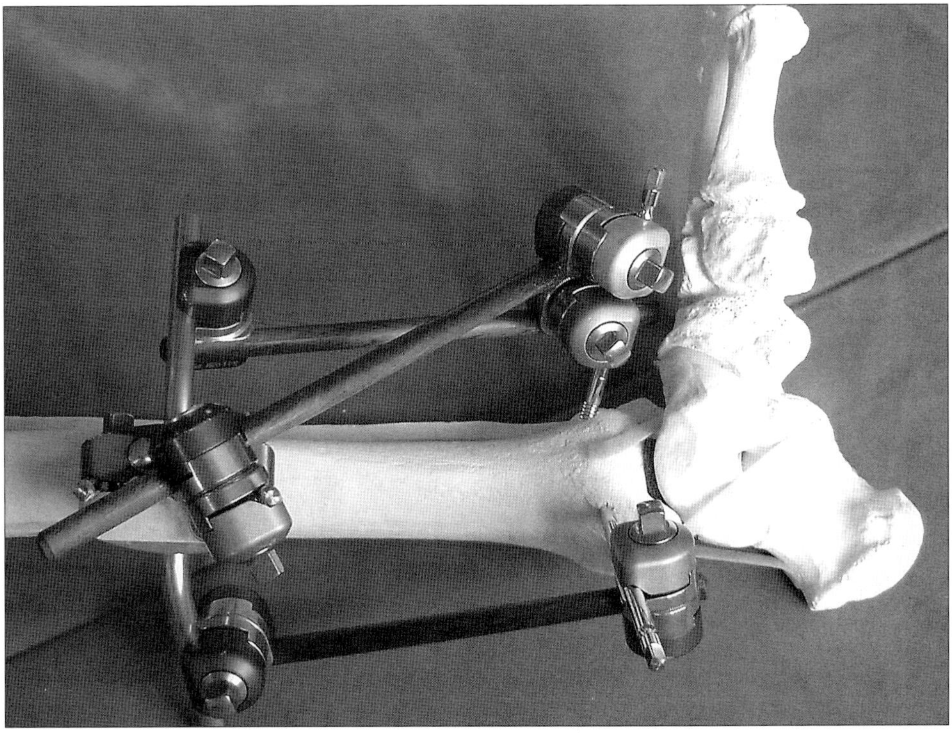

Abb. 8

Diese Pins werden dann proximal mit einer Doppelklammer versehen und distal über Carbonstangen an Pin-zu-Stab-Haltern befestigt.
Besonders wichtig für die Stabilität ist eine dritte Stange, wie oben beschrieben, die einen proximalen Pin mit einem distalen Pin verbindet.
Zur Spitzfußprophylaxe kann in den ersten Mittelfußknochen ein Pin eingebracht werden und über eine Stange mit dem Hauptrahmen verbunden werden. Hierzu wird der Fuß dann in die Rechtwinkelstellung positioniert. Nach Schwellungsrückgang und Schmerzreduktion kann dieser zur Freigabe der Übungsbehandlung (auch temporär) entfernt werden (Abb. 9).

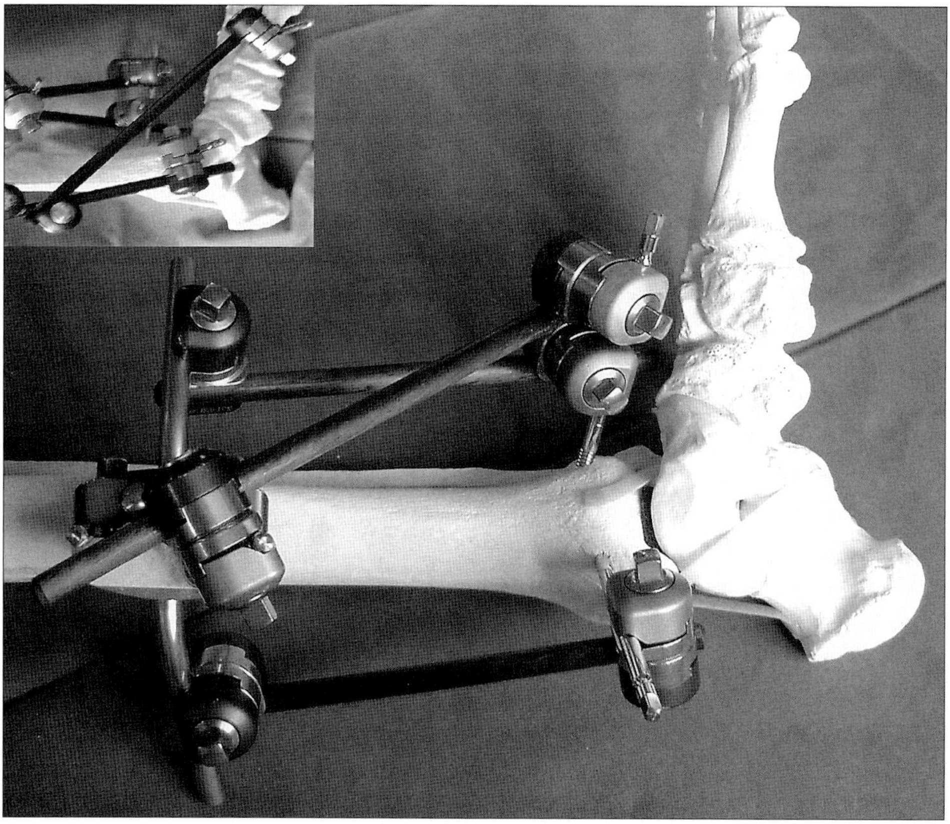

Abb. 9

Gelenkübergreifende Technik

Bei gelenküberbrückender Montage werden die distalen Pins im Calcaneus und in der Mitte des I. Mittelfußknochens plaziert (Abb. 10, 11). Die eingebrachten Pins werden mit Pin-zu-Stange-Haltern über Carbonstangen verbunden. Die dritte schräg angebrachte Stange gibt dem Rahmen die entscheidende Stabilität, wie dies oben an den Meßkurven demonstriert wurde.

Durch kleine Stichinzisionen können kleinere Korrekturmanöver direkt ausgeführt werden. Gegebenenfalls können zusätzlich K-Drähte, in Einzelfällen auch einzelne kanülierte Spongiosaschrauben plaziert werden, um so die Gelenkfläche wiederherstellen zu können. Knochendefekte werden mit Spongiosa oder Endobone-Ersatzknochen aufgefüllt (Abb. 12, 13).

Die Reposition erfolgt unter axialem Zug und unter Bildwandlerkontrolle in beiden Ebenen (Abb. 12, 13).

Zuvor muß jedoch, wie oben bereits dargestellt, die Fibula primär definitiv unter exaktem Längenausgleich stabilisiert werden. Dabei kommt eine intramedulläre Stabilisation in Frage oder die Plattenosteosynthese mit der Drittelrohrplatte. Auch kann eine Zuggurtungsosteosynthese oder eine Minimalosteosynthese zum Ziel führen. Erst nach wiederhergestellter Fibula ist unter Zuhilfenahme der Ligamentotaxis die Rekonstruktion der Tibia leichter und exakter möglich (Abb. 14, 15, 16).

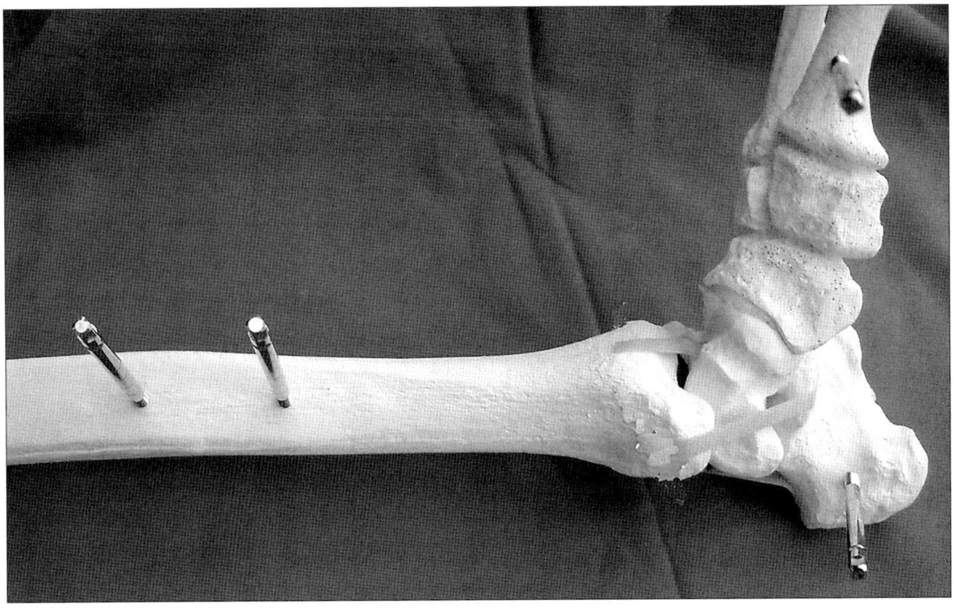

Abb. 10

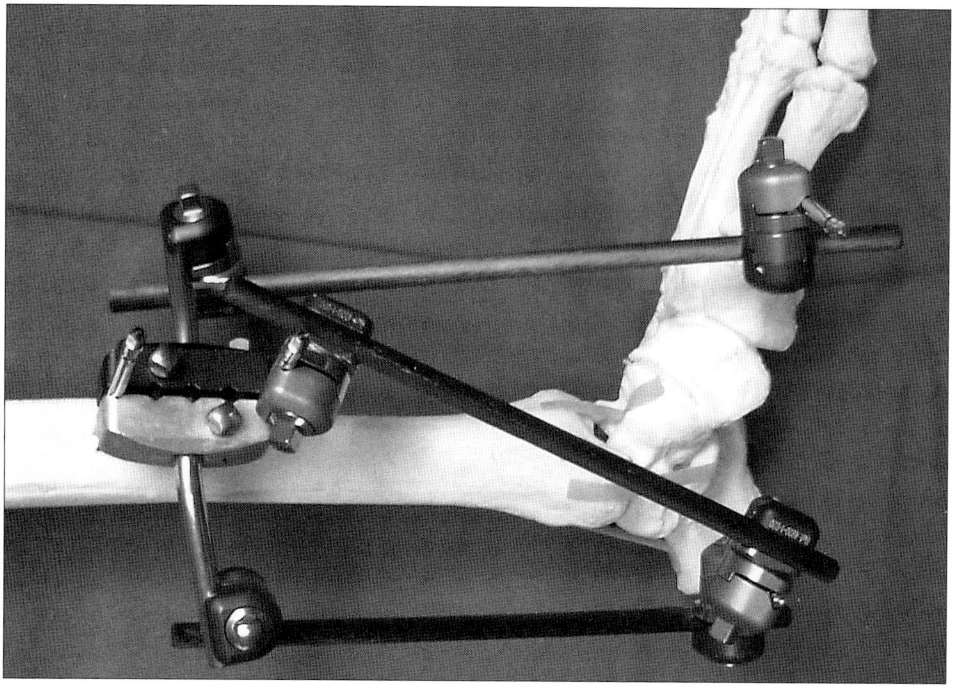

Abb. 11

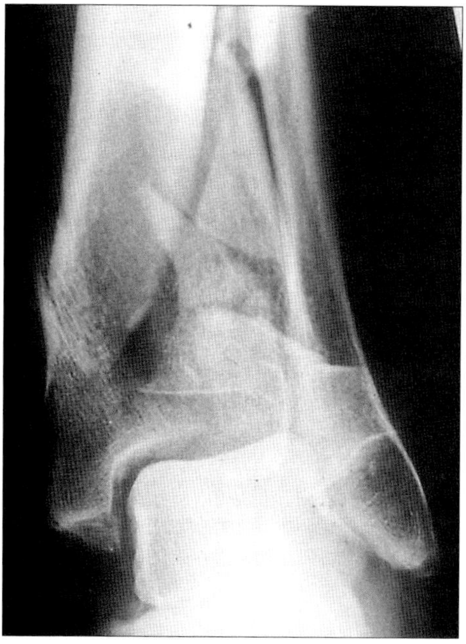

Abb. 12

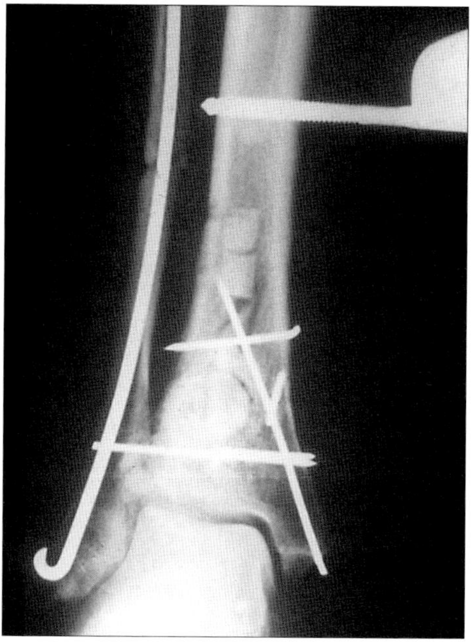

Abb. 13

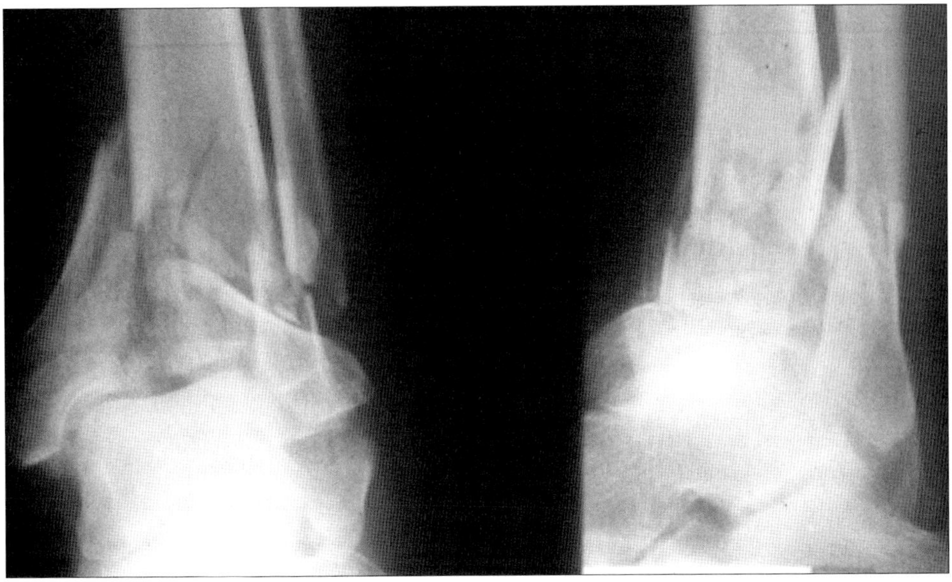

Abb. 14

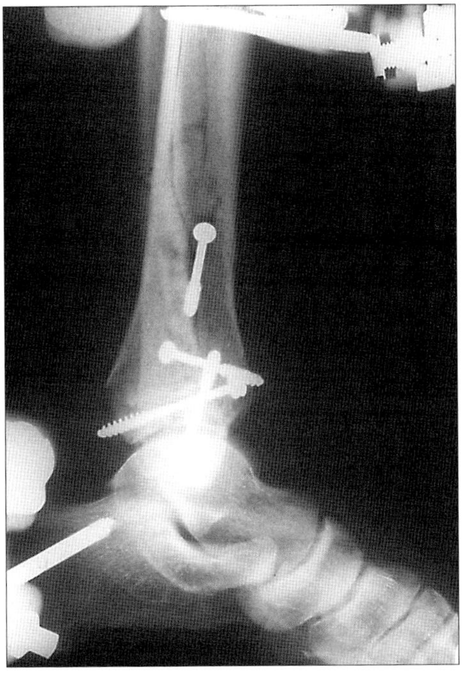

Abb. 15

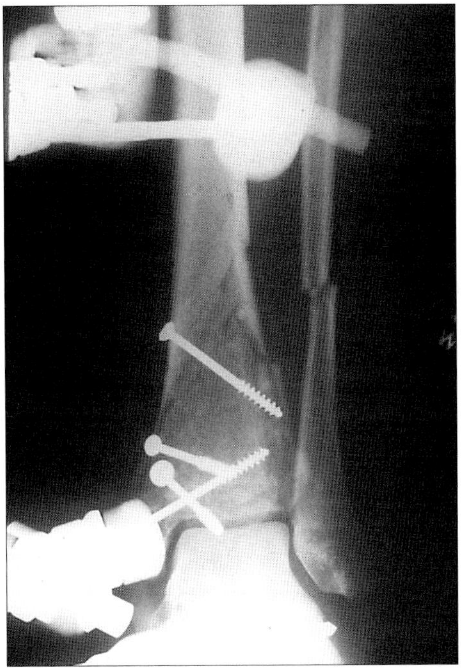

Abb. 16

Postoperative Behandlung

Bei der gelenkübergreifenden Montage erfolgt die Nachbehandlung durch Hochlagerung und abschwellende Maßnahmen. Das unter Umständen nötige Auffüllen von Defekten mit autologer Spongiosa oder Knochenersatzmaterialien sollte in der Regel erst sekundär nach Verbesserung der Weichteilsituation durchgeführt werden. Ein Wechsel des Verfahrens auf eine andere Osteosyntheseform ist jedoch bei exakt angelegter stabiler Montage mit dem dynamischen HOFFMANN II-Fixateur nur selten notwendig.

Die nicht gelenkübergreifende Montage ermöglicht eine frühe funktionelle Nachbehandlung des Sprunggelenks unter krankengymnastischer Übungsanleitung. Dabei sollte besonders auf mögliche Irritationen der Sehnen durch die Pins geachtet werden. Ist der senkrecht eingebrachte Pin aber korrekt plaziert, sollte dieses Problem nicht auftreten.

Immer sollte eine Thromboembolieprophylaxe durchgeführt werden, dabei muß auch die Gefahr einer heparininduzierten Thrombozytopenie bedacht werden.

Besonderheiten der Operationstechnik

Bei der Erstoperation ist besonders darauf zu achten, daß die Gelenkkonturen möglichst exakt wiederhergestellt werden. Auch die achsengerechte Reposition ist primär immer anzustreben. Wie bereits erwähnt, sollte auch ein später notwendig werdender plastischer Eingriff an den Weichteilen ohne Änderung der Montage möglich sein.

Fehler und Gefahren

Eine nicht korrekte Einstellung des Sprunggelenkes in Neutral-Null-Stellung birgt bei der gelenkübergreifenden Montage die Gefahr, daß es zur Ausbildung einer fixierten Spitzfußfehlstellung kommen kann. Auf eine Rechtwinkelstellung des Sprunggelenkes sollte daher besonders achtgegeben werden.

Diese Problematik besteht auch bei der nicht gelenkübergreifenden Montage immer dann, wenn eine ausreichende frühzeitige Übungsbehandlung unfall- bzw. schmerz- oder schwellungsbedingt nicht möglich ist. In diesen Fällen empfiehlt sich, wie oben erwähnt, auch hier die temporäre Fixation des Sprunggelenks in Neutral-Null-Stellung durch einen zusätzlich im MFK I eingebrachten Pin, der in die Montage mit einbezogen wird. Dieser Pin wird möglichst frühzeitig entfernt und die Bewegung im Sprunggelenk damit freigegeben. Auch kann zum Üben die das Gelenk transfixierende Stange abgenommen und nach dem Üben wieder angebracht werden.

Bei distalen Tibiafrakturen besteht die Gefahr, begleitende Verletzungen des oberen Sprunggelenkes zu übersehen. Es wird daher empfohlen, immer Röntgenaufnahmen des OSG in 3 Ebenen (a.p., 20° innenrotiert und seitlich), zusätzlich mit auf den Gelenkspalt zentrierten Zentralstrahl anzufertigen (5) (Durchleuchtungsaufnahmen).

Eine nicht exakte Wiederherstellung der Gelenkfläche mit korrektem Längenausgleich der meist mitverletzten distalen Fibula führt unweigerlich innerhalb weniger Jahre zur Arthrose (5).
Bei offenen Frakturen sollte auf einen primären Wundverschluß, sofern dieser nicht absolut spannungsfrei gelingt, verzichtet werden. In diesen Fällen empfiehlt es sich, zunächst einen temporären Wundverschluß, beispielsweise unter Verwendung eines Polyurethan-Schaumes (Vacuseal®), durchzuführen und erst sekundär nach Abschwellen der Weichteile einen definitiven Wundverschluß anzustreben.

Per- und postoperative Komplikationen

Bei der Plazierung der Pins kann es zu Irritationen im Verlauf der Sehnen kommen. In diesen Fällen ist eine Korrektur der Pinlage erforderlich, anderenfalls kann es in der Folge zu einer Sehnenruptur kommen. Darüber hinaus kann in diesen Fällen auch bei der nicht gelenkübergreifenden Montage schmerzbedingt eine aktive Beübung des Sprunggelenkes nicht erfolgen. Es besteht damit die Gefahr einer fixierten Spitzfußfehlstellung, so daß gegebenenfalls eine Spitzfußprophylaxe durch einen zusätzlichen Pin, wie weiter oben beschrieben, erfolgen muß.
Für Thrombosen und Infektionen gelten die allgemein üblichen Diagnose- und Behandlungsrichtlinien.
Aufgrund der in der Regel begleitenden erheblichen Weichteilschädigung kann es zu mehr oder minder ausgedehnten Nekrosen mit oder ohne Beteiligung der Beugesehnen kommen. In diesen Fällen steht die Rekonstruktion des Weichteilmantels im Vordergrund. Eine achsengerechte Reposition sowie eine Reposition der Gelenkfläche sollte primär immer angestrebt werden. Die definitive Rekonstruktion der Tibia - mit Spongiosa oder Knochenersatzmaterialien - sollte erst nach Wiederherstellung des Weichteilmantels erfolgen. Bis zu diesem Zeitpunkt ist es zweckmäßig, den Fixateur Externe zu belassen.
Pseudarthrosen, die aufgrund der erhöhten Instabilität der Fixateur Externe-Montage, insbesondere der nicht gelenkübergreifenden Montage, oder aber bei Verwendung des Hybrid-Fixateurs auftreten können, werden in der üblichen Technik durch Pseudarthrosenresektion und Spongiosaplastik, im Einzelfall auch mittels Distraktionsosteoneogenese, behandelt.
Seit der Anwendung dieser minimal-invasiven Operationstechnik mit dem „free Pin-Placement Fixateur“ konnten operationsbedingte Weichteilschäden verhindert werden. Auch wurden die Ausheilungsergebnisse der Frakturen deutlich verbessert. Insbesondere konnte aber die Infektionsrate drastisch reduziert werden.

Literatur

(1) Bastian, L., Blauth, M., Thermann, H., Tscherne, H.: Verschiedene Therapiekonzepte bei schweren Frakturen des Pilon tibiale (Typ-C-Verletzungen). Unfallchirurg 98, 551 (1995)
(2) Blauth, M., Bastian, L.: Minimalinvasive Osteosynthese des Pilon tibiale. Trauma Berufskrankh. 2 (Suppl. 1), 15 (2000)

(3) BRUG, E., WESTPHAL, TH.: Die Pilon tibial-Fraktur. In: Neumann, H.-S., Klein, W., Brug, E. (Hrsg.): Die dynamisch-axiale externe Fixation. Hans Marseille Verlag, München, 111 (1993)

(4) DILLIN, L., SLABAUGH, P.: Delayed wound healing, infection, and nonunion following open reduction and internal fixation of tibial plafond fractures. J. Trauma 26, 1116 (1986)

(5) FOLWACZNY, E.K., STÜRMER, K.M.: Verletzung des oberen Sprunggelenkes bei Unterschenkelfraktur. Unfallchirurg 102, 611 (1999)

(6) HEIM, U., NÄSER, M.: Die operative Behandlung der Pilon tibial-Fraktur. Technik der Osteosynthese und Resultate bei 128 Patienten. Arch. Orthop. Unfall-Chir. 86, 341 (1976)

(7) HÖNTZSCH, D., KARNATZ, N., JANSEN, T.: Ein- oder zweizeitige (mit Fixateur externe) Versorgung der schweren Pilon-Tibial-Fraktur. Akt. Traumatol. 20, 199 (1990)

(8) MARMOR, L.: An unusual fracture of the tibial epiphysis. Clin. Orthop. 73, 132 (1970)

(9) MARSH, J.L., BONAR, S., NEPOLA, J.V., DECOSTER, TH.A., HURWITZ, SH.R.: Use of an articulated external fixator for fractures of the tibial plafond. JBJS 77-A, 1498 (1995)

(10) MEYER, CH., HARTMANN, B., SCHIEFER, H.G., BONATH, K., SCHNETTLER, R.: Verhalten unterschiedlicher Fixateur-Pin-Materialien im Infekt. Eine tierexperimentelle Studie an der Schafstibia. Vortrag, Jahreskongress des Gerhard-Küntscher-Kreises e.V. „Osteosynthese International", Frankfurt am Main (1999)

(11) MUELLER, M., ALLGOEWER, M., WILLENEGGER, H.: Technik der operativen Frakturbehandlung. Springer Verlag, Berlin, Heidelberg, New York (1963)

(12) O'CONNOR, D.K., MULLIGAN, M.E.: Extraarticular triplane fracture of the distal tibia: a case report. Pediatr. Radiol. 28, 332 (1998)

(13) OVADIA, D.N., BEALS, R.K.: Fractures of the tibial plafond. JBJS 68-A. 543 (1986)

(14) RICHTER, D., HAHN, M.P., LAUN, R.A., EKKERNKAMP, A., MUHR, G., OSTERMANN, P.A.W.: Der sprunggelenksnahe Unterschenkelbruch. Chirurg 69, 563 (1998)

(15) RIES, M.D., MEINHARD, B.P.: Medial external fixation with lateral plate internal fixation in metaphyseal tibia fractures. Clin. Orthop. 256, 215 (1990)

(16) ROMMENS, P.M., CLAES, P., DE BOODT, P., STAPPAERTS, K.H., BROOS, P.L.: Therapeutisches Vorgehen und Langzeitergebnisse bei der Pilonfraktur in Abhängigkeit vom primären Weichteilschaden. Unfallchirurg 97, 39 (1994)

(17) RÜEDI, TH., ALLGÖWER, M.: Spätresultate nach operativer Behandlung der Gelenkbrüche am distalen Tibiaende (sog. Pilon-Frakturen). Unfallheilkunde 81, 319 (1978)

(18) RÜEDI, TH., MATTER, P., ALLGOEWER, M.: Die intraartikulären Frakturen des distalen Unterschenkelendes. Helv. Chir. Acta 35, 556 (1968)

(19) RZESACZ, E.H., KÖNNEKER, W., REILMANN, H., CULEMANN, U.: Die Kombination von Marknagel- und gedeckter Schraubenosteosynthese zur Versorgung der distalen Unterschenkelfraktur mit Sprunggelenkbeteiligung. Unfallchirurg 101, 907 (1998)

(20) SCHECK, M.: Treatment of comminuted distal tibial fractures by combined dual-pin fixation and limited open reduction. JBJS 47-A, 1537 (1965)

(21) SCHNETTLER, R., BÖRNER, M.: Ist die Versorgung der Pilon tibial-Frakturen vom Schweregrad II und III primär mit dem Fixateur externe gerechtfertigt? Hefte zu der Unfallchirurg 230, 167 (1993)

(22) TEENY, S.M., WISS, D.A.: Open reduction and internal fixation of tibial plafond fractures. Variables contributing to poor results and complications. Clin. Orthop. 292, 108 (1993)

(23) VRABL, M.: Die primär geschlossene, nicht gelenküberbrückende Stabilisation von Pilonfrakturen Typ C 2 mit dem Fixateur externe. Unfallchirurg 100, 406 (1997)

(24) WEBER, B.G.: Behandlung der Sprunggelenks-Stauchungsbrüche nach biomechanischen Gesichtspunkten. Hefte Unfallheilk. 81, 176 (1972)

Fixateur Externe bei Sprunggelenksfrakturen

A. Ludwig-Buchal • G. Asche

Einleitung

In den westlichen Industrieländern steigt die durchschnittliche Lebenserwartung unter anderem aufgrund des medizinischen Fortschrittes stetig an. Unsere Patienten werden immer älter. Neben primären Alterungsfolgen wie Osteoporose spielen im höheren Lebensalter auch häufiger bestehende Begleiterkrankungen wie Diabetes mellitus, arterielle Verschlußkrankheit, Ulcera crurae jeglicher Genese, Tumorleiden und Immunsuppression eine immer größer werdende Rolle.
Der Weichteilschaden bzw. der Zustand der Weichteile beeinflußt die Frakturheilung und deren Komplikationen immens. Beim alten Patienten mit primär - im günstigsten Falle - grenzkompensierter Weichteilsituation ergibt sich eine besondere Problematik:
Schlechte Durchblutung oder gar ein vorbestehendes - potenziell infiziertes - Ulkus führen zusammen mit dem frakturbedingten Weichteilschaden (Hämatom, Ödem, Minderdurchblutung) zu stark erhöhten Komplikationsraten bei den oft primär schon nur noch eingeschränkt mobilen oder gar immobilen Patienten. Die Osteoporose - je nach Ausprägungsgrad - bewirkt einen verminderten Halt des Osteosynthesematerials mit den entsprechenden Komplikationen.
Obwohl ein Trend zu generell minimalinvasiven operativen Techniken besteht, sind in diesen Fällen minimalst-invasive Verfahren mit dem vordringlichen Ziel der Komplikationsverminderung neben der anatomisch knöchernen Rekonstruktion gefragt. Neben den klassischen Indikationen für den Fixateur Externe, wie höhergradig offene Sprunggelenksfrakturen und Pilonfrakturen, sehen wir daher abhängig von oben genannten Vorbedingungen und der Luxationstendenz auch eine individuell gestellte Indikation für den Fixateur Externe, evtl. in Kombination mit minimal-invasiver Osteosynthese (K-Draht, RUSH-Pin, Schraube) bei Sprunggelenksfrakturen älterer Patienten.

Operationsprinzip

In Abhängigkeit vom Weichteilschaden bzw. vom vorbestehenden Weichteilzustand erfolgt die minimal-invasive Osteosynthese des oberen Sprunggelenkes mittels K-Drähten, RUSH-Pin oder Spongiosaschrauben, ggf. in Kombination mit einem temporär gelenküberbrückenden Fixateur Externe.

Indikationen

- Höhergradig offene Sprunggelenksfrakturen;
- Pilon-Frakturen;
- geschlossene Sprunggelenksfrakturen mit stärkerem Weichteilschaden;
- Sprunggelenksfrakturen mit vorbestehenden Hauterkrankungen oder Infektionen im primären Op.-Gebiet;
- Sprunggelenksfrakturen bei fortgeschrittener Osteoporose.

Kontraindikationen

- Aus anaesthesiologischer Sicht inoperable Patienten.

Vorteile

- Geringe Weichteiltraumatisierung;
- Aussparen besonders geschädigter Weichteilareale durch free-pin-placement;
- guter Zugang für postoperatives Weichteilmanagement und Beurteilung der Weichteile, da kein Gips notwendig;
- relativ kurze Operationszeit;
- kein Blutverlust;
- ambulante Fixateur-Abnahme ohne Narkose möglich.

Nachteile

- Pin-tract-infection;
- Pflegeaufwand (Fixateurpflege muß gesichert sein).

Patientenaufklärung

- Pininfektrisiko um 7%;
- iatrogene Gefäß- oder Nervenverletzung, Narbenbildung;
- evtl. erneute Op. (Metallentfernung);
- postoperative Thrombose / Embolie;
- allgemeine Narkoserisiken.

Operationsvorbereitung

- Technisch gute Röntgenaufnahmen in 2 Ebenen;
- Operation innerhalb der 6-Stundengrenze, ggf. unter antibiotischer Prophylaxe;
- falls Sofortoperation nicht möglich, Reposition und besonders großzügige Polsterung im Schienenverband;
- Thromboseprophylaxe, Eisbehandlung abhängig von der arteriellen Durchblutung.

Instrumentarium

- Osteosynthese-Grundsieb;
- Fixateur Externe Instrumentarium (Hoffmann II).
- Für die einfache Montage werden benötigt:
  - 2 selbstbohrende Apex-Pins 5 mm,
  - 1 selbstbohrender Apex-Pin 4 mm,
  - 3 Pin-zu-Stab-Verbindungsgelenke,
  - 1 Stab-zu-Stab-Verbindungsgelenk,
  - 2 Brückenstäbe 8 mm (vorzugsweise Karbonfaser).

Lagerung

- Rückenlagerung auf Op.-Tisch mit möglichst einzeln abklappbaren Beinkomponenten (bessere Röntgenbedingungen);
- Bildwandlerdarstellung sollte im Pulsationsbetrieb in 2 exakten Ebenen möglich sein;
- steriles Abdecken nach Desinfektion nach allgemein gültigen Maßstäben;
- prophylaktisch Blutsperremanschette anlegen.

Operationstechnik (Abb. 1)

- Je nach Ausmaß der Verletzung und der entsprechenden Grunderkrankung Entscheidung zur pneumatischen Blutsperre.
- Geschlossene Reposition der Fraktur, falls nicht möglich, Reposition mit Repositionszange über Minimalinzision.
- Freie Plazierung der 5 mm Apex-Pins in distaler Tibia und Calcaneus (von medial).
- Bei Plazierung des 4 mm Pins im Metatarsus I darauf achten, daß nicht zu weit proximal im spongiösen Anteil des Knochens eingegangen wird.
- Anbringen der 3 Pin-zu-Stab-Verbindungsgelenke und zunächst tibio-calcaneare Tansfixation mittels Brückenstab.
- Ggf. zusätzliche Stabilisierung durch Minimal-Osteosynthese nach Feinreposition. Wenn bei höhergradigem Weichteilschaden oder vorbestehenden Veränderungen der Weichteile über dem Frakturbereich der direkte offene Zugang zur Versorgung (z. B. mit Drittelrohrplatte) gescheut wird, kann bei gutem Repositionsergebnis der distalen Fibula ein geschlossenes „Auffädeln“ erfolgen. Nach unseren Erfahrungen gelingt dies mit einem RUSH-Pin besser als mit K-Drähten. Der RUSH-Pin sollte durch Vorbiegen den individuellen Verhältnissen angepaßt werden. Je nach Weite des Intramedullärraumes kann dann ein Pin gewählt werden, der diesen nahezu komplett ausfüllt und somit eine sehr gute innere Schienung gewährleistet.

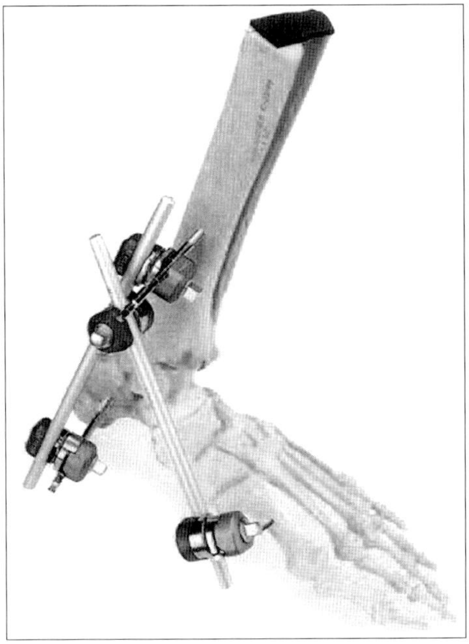

Abb. 1: Die dargestellte Montage zeigt die unilaterale Transfixation des Sprunggelenkes. Abhängig von den individuellen Gegebenheiten, insbesondere bei starker Luxationstendenz durch zusätzliche Beteiligung des gelenkstabilisierenden Bandapparates, kann auch eine bilaterale Rahmenmontage erfolgen (weit durchgeborter Kalkaneus-Apex-Pin). Das free-pin-placement ermöglicht individuelle Varianten.

- Über ein proximales Stab-zu-Stab-Verbindungsgelenk Stabilisierung durch tibio-metatarsale Fixation.
- Positionierung der Verbindungsgelenke möglichst frakturnah, um die Rahmenstabilität zu erhöhen.
- Die Pin-zu-Stab- und Stab-zu-Stab-Verbindungsgelenke sollten so positioniert werden, daß alle 7 mm Vierkantkopfschrauben zur Außenseite des Rahmens zeigen, damit sie nach Feinreposition zur Fixation der Komponenten leicht zugänglich sind.
- Nachziehen aller Vierkantkopfschrauben nach Feinreposition und Bildwandlerkontrolle.

Bezüglich des Patientenkomforts ist ebenso auf knochennahe Montage zu achten, die Weichteile dürfen jedoch nicht tangiert werden.

Fallbeispiel 1 (Abb. 2a-d)

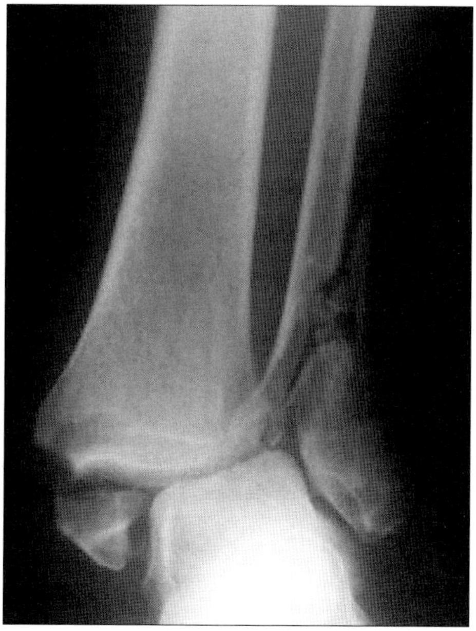

Abb. 2a

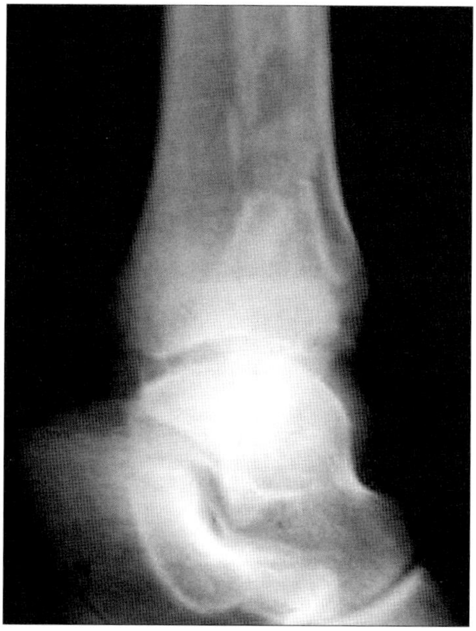

Abb. 2b

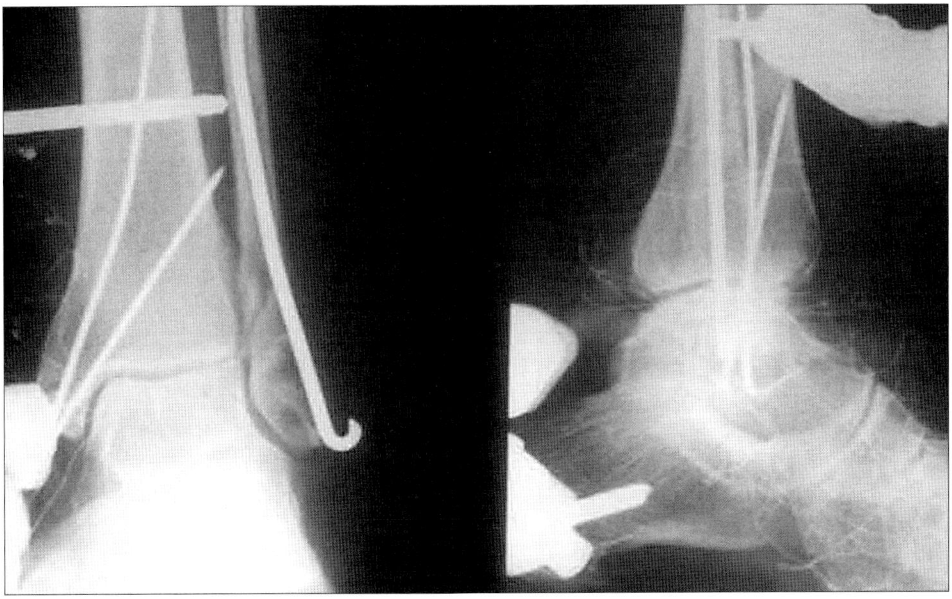

Abb. 2c

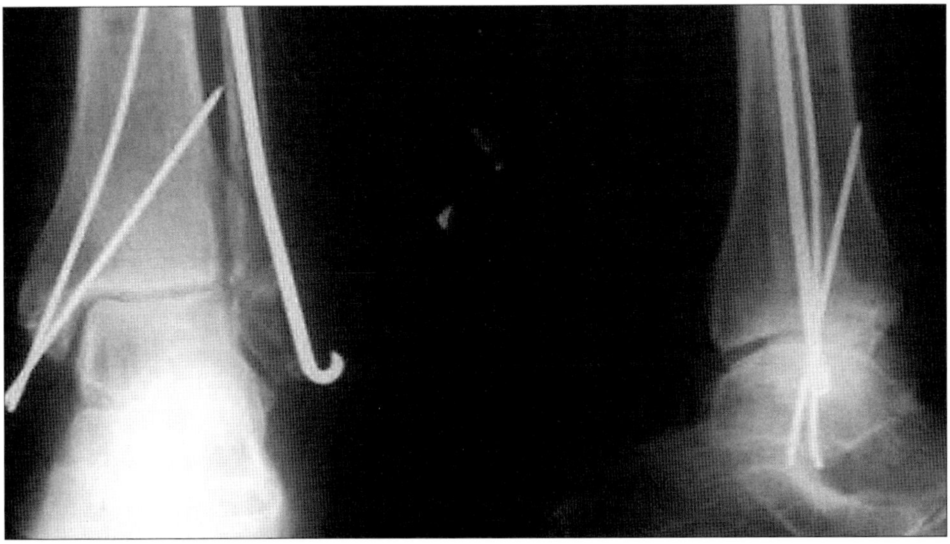

Abb. 2d

Abb. 2a-d: Luxationsfraktur des Sprunggelenkes bei schlechten Weichteilverhältnissen. Die Fraktur wurde geschlossen reponiert und mit einem gelenküberbrückenden Fixateur stabilisiert. Die Fraktur heilte folgenlos aus. Das Sprunggelenk war frei beweglich.

Fallbeispiel 2 (Abb. 3a-d)

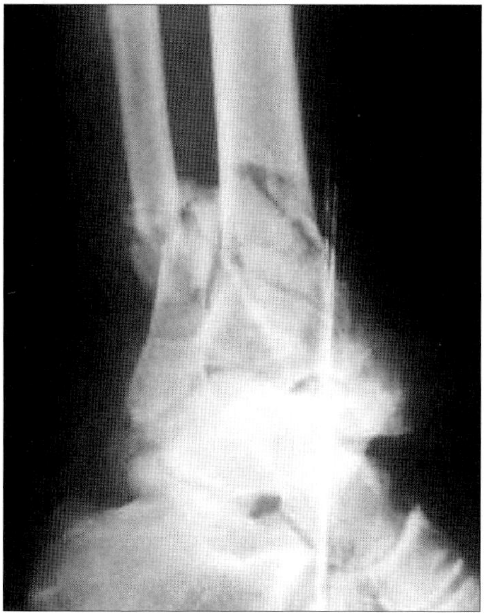

Abb. 3a

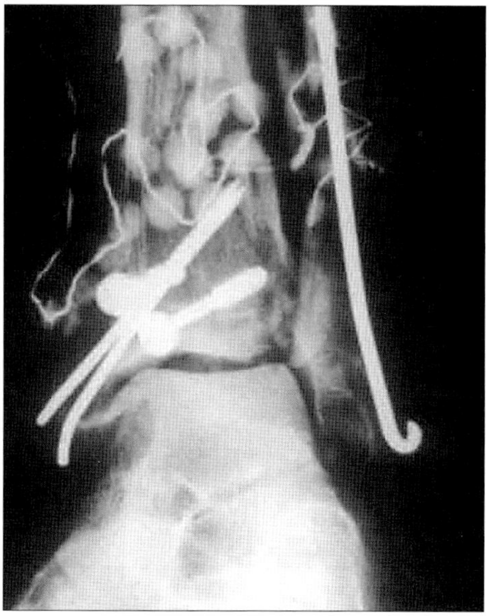

Abb. 3c

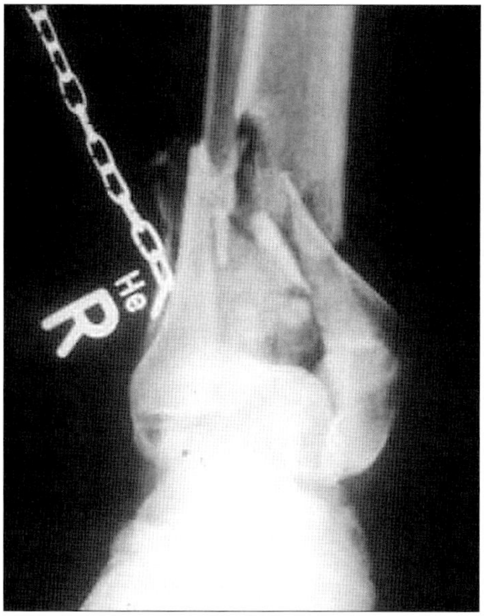

Abb. 3b

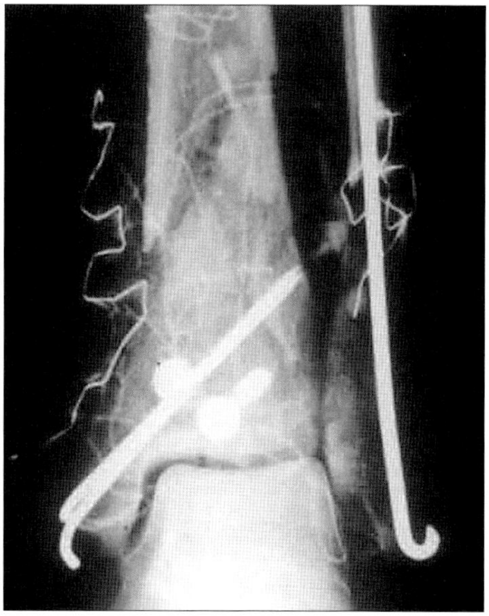

Abb. 3d

Abb. 3a-d: Pilonfraktur; Reposition durch Ligamentotaxis und Stellen von Außen- und Innenknöchel sowie der Gelenkfläche minimal-invasiv. Auffüllen des Defektes nach 6 Wochen durch Spongiosaplastik.

Postoperative Behandlung

- Mediko-physikalische Thrombose-, Embolie-, und Pneumonie-Prophylaxe;
- Hochlagerung der betroffenen Extremität je nach arteriellem Vorschaden;
- postoperative Röntgenkontrolle nach Entfernung ggf. vorhandener Drainagen (2. postop. Tag);
- evtl. fortgeführte Antibiotikagabe (prophylaktisch oder therapeutisch);
- frühe krankengymnastische Mobilisierung der benachbarten Gelenke;
- Fixateurpflege:
  - tägliche Verbandswechsel mit Mobilisierung der die Pins umgebenden Haut (Speichenputzen am Fahrrad);
  - tägliches Abduschen des Fixateurs und der Haut;
  - nach Abtrocknen Umwickeln der Pineintritte mit sterilen Kompressen;
  - die Sprunggelenkstransfixation sollte 6-8 Wochen nicht überschreiten.

Fehler und Gefahren

- Zu proximales Einbringen des Pins im Metatarsale I mit vermindertem Halt im spongiösen Knochen;
- Pin-tract-infection (7%);
- Fixateurpflege muß gewährleistet sein;
- Zu schnelles Bohren oder stumpfe Bohrer → erhöhte Hitzeentwicklung → Osteonekrose → verminderter Halt der Pins.

Seit 1995 behandeln wir in ausgewählten Fällen Sprunggelenksfrakturen mit minimal-invasiver Osteosynthese und gelenküberbrückendem Fixateur. Ausgewählt wurden insbesondere Patienten mit problematischen Weichteilverhältnissen. Besonders alte Menschen fielen in dieses Patientenklientel. Trotz der in der Regel schlechten Ausgangssituation gab es keine tiefen Weichteil- oder Knocheninfekte, insbesondere keine Gelenkinfekte. Eine gute Funktion des verletzten Gelenkes konnte in fast allen Fällen erzielt werden.

Die Behandlung von Femurfrakturen mit dem Fixateur Externe

W. Roth

Allgemeines

Die Femurschaftfraktur stellt beim Erwachsenen unseres Erachtens die klassische Indikation für die Versorgung mit einer intramedullären Osteosynthese dar. Mit diesem zentralen Kraftträger wird die Extremität am schnellsten belastungsfähig und die Rehabilitation gestaltet sich in der Regel problemlos. Nur in den gelenknahen Bereichen und bei Frakturen mit Gelenkbeteiligung hat die Osteosynthese mit einer Platte noch eine Indikation. Selbst dort haben jedoch die intramedullären Kraftträger im coxalen Femurbereich und an den Condylen durch neue Entwicklungen wie Gammanagel und Supracondylärnagel die Plattenosteosynthese verdrängt.

Der Fixateur Externe wird zur Ausbehandlung einer Fraktur im Femurschaft im Erwachsenenalter fast nie empfohlen.

Behrens (1, 2) hat bereits 1981 darauf hingewiesen, daß der Einsatz des Fixateur Externe am Oberschenkel nicht ohne Probleme sei. Wegen der kompakten Muskel-Fascien-Hülle sei durch die Bewegung der Muskulatur bei der Anspannung die Infektionsgefahr erhöht. Beim Einsatz von ventral käme es zu Verwachsungen zwischen den einzelnen Abschnitten der Quadricepsmuskulatur und damit zur Einschränkung der Beweglichkeit im Knie. Eine Rahmenmontage sei ebenfalls wegen der starken Weichteilhüllen und der darin verlaufenden Strukturen, wie Gefäße und Nerven, nicht möglich. Der einzig mögliche Zugang sei von lateral her über das Septum intermusculare zwischen den Beugern und Streckern.

Green (5) hat in einer Monographie „The complications of external skeletal fixation" deshalb eine Zonenidentifikation für den Frakturbereich vorgeschlagen. Dabei sollte die Pinplazierung unter BV-Kontrolle nach diesem Verfahren vorgenommen werden, um Verletzungen wichtiger Strukturen zu vermeiden (Abb. 1, 2).

Mit der Entwicklung neuer modularer Systeme hat die Behandlung mit dem Fixateur Externe in den vergangenen Jahren jedoch auch am Femur immer mehr Anwender gefunden. Besonders bei einigen Sonderindikationen wie beim Mehrfachverletzten und bei offenen Frakturen 2. und 3. Grades hat sich der Einsatz des Fixateurs immer mehr durchgesetzt. Allerdings dient das Verfahren meist nur der vorübergehenden Fixation bis zur Stabilisierung der Allgemeinsituation.

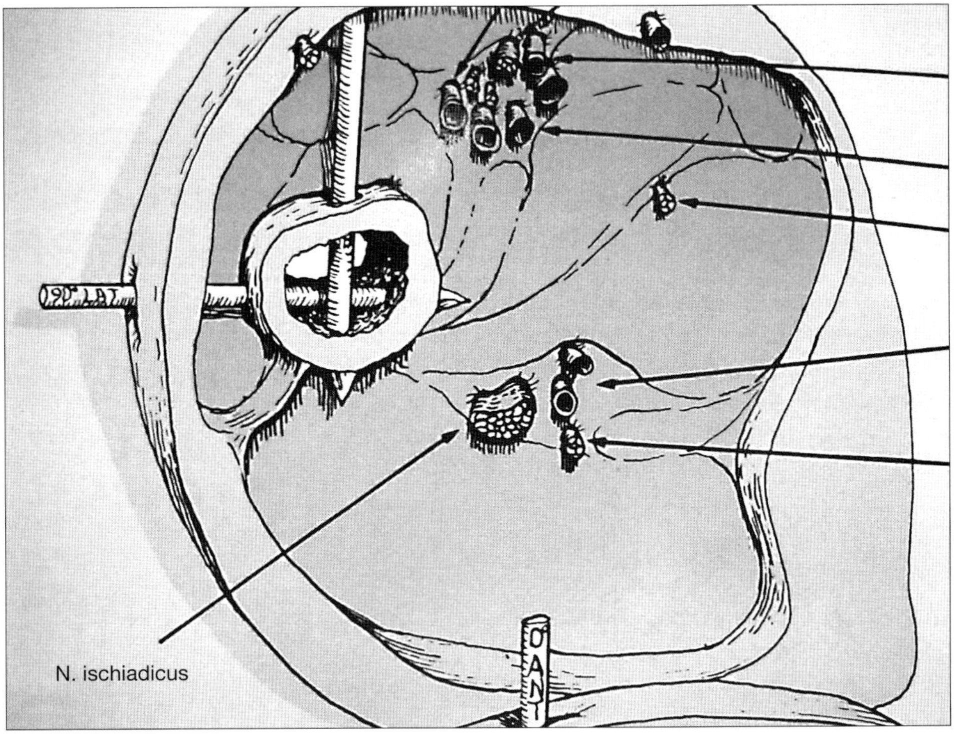

Abb. 1: Berücksichtigung der Gefäße und Nerven beim Plazieren der Apex-Pins.

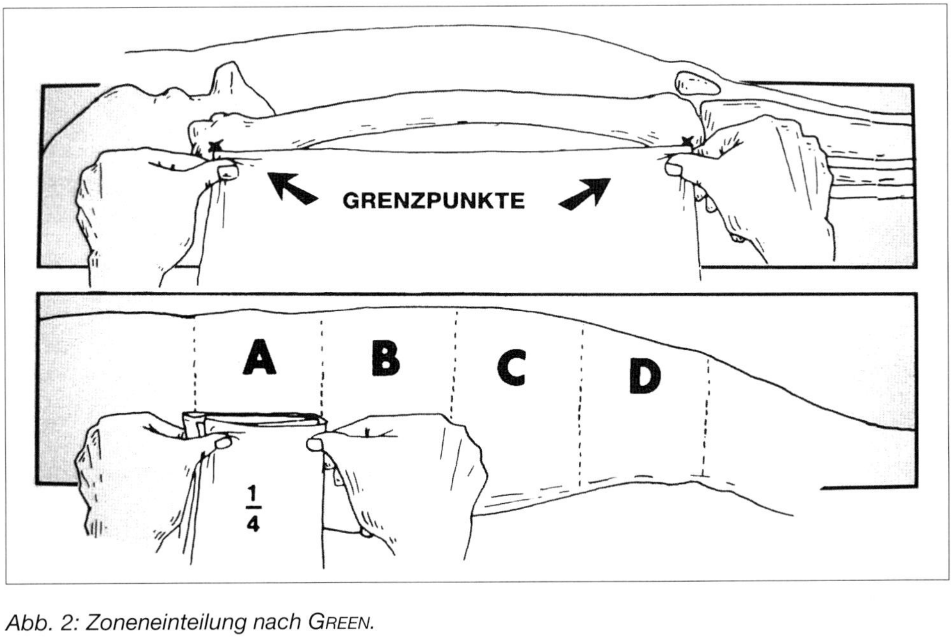

Abb. 2: Zoneneinteilung nach GREEN.

Die definitive Versorgung wird dann sekundär mit einer intramedullären Osteosynthese durchgeführt. Nur bei Femurfrakturen vor Beendigung der Wachstumsphase werden die unilateralen Montagen vor allem mit einem Monotube Fixateur auch bis zur definitiven Ausheilung eingesetzt (4).
Es ist deshalb das Ziel dieses Beitrages, die geeigneten Montageformen für den Oberschenkel aufzuzeigen, ihre Indikation darzulegen und die Stabilität der unilateralen Konstruktionen im Labor zu belegen. Gerade im klinischen Alltag findet man wegen der vielfältigen Variationsmöglichkeiten der HOFFMANN II-Komponenten immer wieder Montageformen, die zwar sehr phantasievoll aussehen, deren Stabilität bzw. Funktionalität jedoch sehr oft fraglich sind.

Operationsprinzip

Das operative Vorgehen bei der Anlage eines Fixateur Externe am Oberschenkel weicht im Grunde nicht von den allgemeinen Prinzipien ab, wie sie in anderen Beiträgen ausführlich beschrieben sind. Zu beachten ist beim Femur jedoch, daß eine höhere Stabilität der Montage erreicht werden muß, weil die kräftige Oberschenkelmuskulatur und der lange Hebel der unteren Extremität mehr Biegemomente auf die Konstruktion ausübt als dies z.B. am Unterschenkel der Fall ist. Des weiteren sind nur unilaterale Modelle am Femur ohne die Gefahr von Problemen wie oben beschrieben montierbar.

Indikationen

Am Femur stellen sich uns in Übereinstimmung mit anderen Mitteilungen (4, 6, 7, 8) folgende Indikationen für den primären Einsatz eines Fixateur Externe:

- Offene Frakturen 2. und 3. Grades, unter Umständen mit Gefäß- und Nervenverletzungen.
- Mehrfachverletzte mit anderen Behandlungsprioritäten.
- Gleichzeitiges SHT.
- Gleichzeitige Verbrennungen im Frakturgebiet.
- Frakturen im Wachstumsalter.
- Infekte nach operativer Frakturversorgung.

Kontraindikationen

Allgemeine Kontraindikationen wie bei den Indikationen in den übrigen Regionen.

Patientenaufklärung

Hierbei muß auf die allgemeine Problematik der Pininfektion wegen der höheren Rate besonders hingewiesen werden. Auch die Quote der Umsteigeoperationen ist bei der Indikation am Femur höher. Deshalb sollte dies bei dem Gespräch mit dem Patienten - soweit möglich - erwähnt werden. Trotzdem sollte auch besprochen werden und demnach die Montage des Fixateurs so durchgeführt werden, daß man die Fraktur prinzipiell damit auch ausbehandeln kann.

Operationsvorbereitung

Technisch gute Röntgenaufnahmen in zwei Ebenen mit Darstellung der benachbarten Gelenke sollten vorliegen. Der Einsatz eines Extensionstisches ist nicht erforderlich. Lagerung erfolgt in Rückenlagerung auf einem Kissen unter dem Kniegelenk in ca. 30°-Beugung. Durchleuchtungsmöglichkeit mit dem C-Bogen ist obligat.

Operationstechnik

Die Operationstechnik unterscheidet sich nicht von den allgemeinen Prinzipien zur Anlage eines Fixateur Externe Typ HOFFMANN II. Allerdings sind am Femur immer Apex-Pins der Stärke 5,0 mm einzusetzen, bei Einsatz des Monotube rot auch die Stärke 6 mm. Die Montage erfolgt von lateral ventral des Septum intermusculare. Der Tractus iliotibialis sollte an jeder Durchtrittsstelle des Pins auf einer Länge von 1,5-2 cm gespalten werden, um Spannungen zu verhindern bei der Bewegung im Kniegelenk. Wenn möglich, sollte die Montage bei Beugung des Kniegelenkes um ~30 ° erfolgen. Damit werden der Tractus iliotibialis und die Muskulatur entspannt.

Montageformen

Wegen der besonderen Situation am Femur mit dem kräftigen Muskelmantel und der stärkeren Belastung durch die Kraftträger sind in dieser Region stabilere Montageformen notwendig. Auch wegen des Zwanges, die Rahmenmontage relativ weit lateral der Hauptbelastungsachse im Femur anzubringen, herrschen bei der Behandlung mit einem Fixateur am Femur andere biomechanische Bedingungen. Aus diesem Grunde wurden mehrere Montageformen auf ihren Einsatz in dieser Region hin getestet.
Geprüft wurden insgesamt acht Montageformen, die einerseits vom Hersteller als geeignet für den Einsatz am Femur angegeben werden, andererseits durch eigene klinische Erfahrungen und Mitteilungen sich als stabile Formen der externen Fixation in dieser Region bewiesen haben.
Besonders der Einsatz bei Frakturen im Wachstumsalter hat wertvolle Hinweise für die Ausbehandlung von Schaftfrakturen auch im Erwachsenenalter gegeben.
Getestet wurden Montagen mit den HOFFMANN II-Komponenten sowie der Monotube in zwei Größen.
Zur Vergleichbarkeit der Meßergebnisse wurden folgende Parameter vorgegeben (Abb. 3, 4).

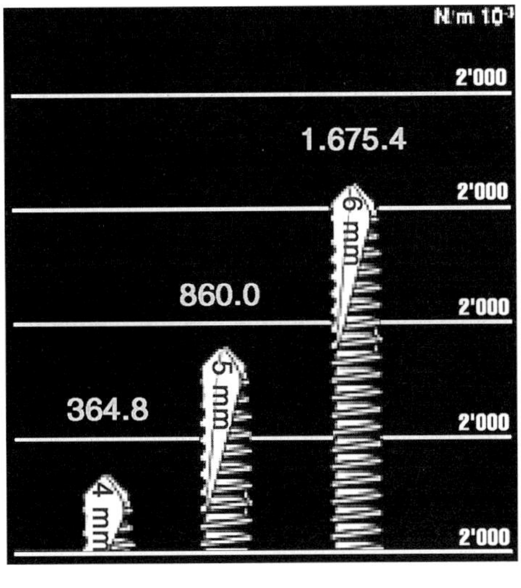

Abb. 3: Einfluß der Pinstärke auf die axiale Belastbarkeit.

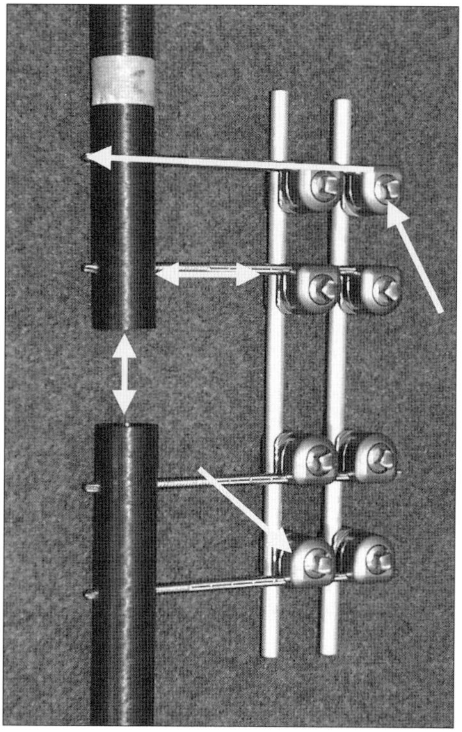

Abb. 4: Parameter zur Vergleichbarkeit der Messungen.

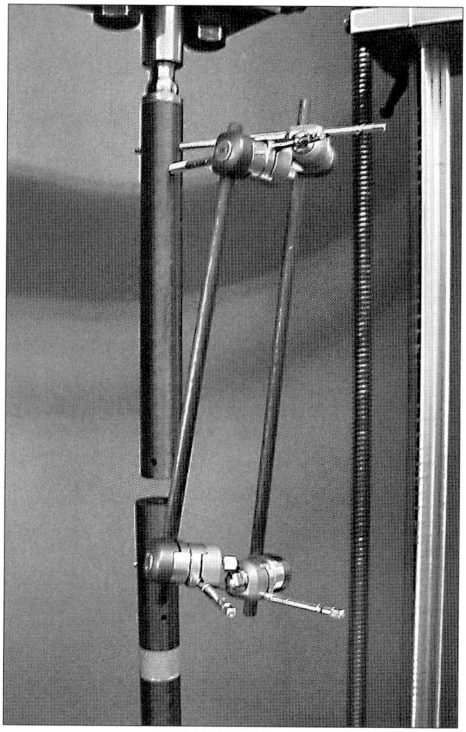

Abb. 5: Versuchsanordnung.

- Ausschließlicher Einsatz von 5 mm Apex-Pins.
- Ausschließliche Verwendung von Aluminiumstangen.
- Immer gleicher Abstand der knochennahen Stange zum Knochen.
- Festdrehen aller Schrauben mit einem Drehmomentschlüssel.
- Während der Messung durften die Fragmente keinen Kontakt miteinander bekommen.

Die einzelnen technischen Details der Versuchsanordnung und der Messungen sind in dem Beitrag von BEHRENS (siehe Seite 29 in diesem Buch) genauer aufgeführt (Abb. 5).

Montagen

Vom Hersteller werden zwei Vorschläge angegeben, deren Einsatz am Femur indiziert sind (Montagen 3 und 5, Abb. 8 und 10a, b). Wir haben sechs weitere Rahmen in die Untersuchungen einbezogen:

- Der unilaterale Rahmen mit vier Apex-Pins, zwei Pinhaltern, zwei gebogenen Ansatzstäben, vier Verbindungsgelenken Stab-Stab und zwei Aluminiumstangen (Montage 1, Abb. 6).
- Die gleiche Konstruktion mit einer zusätzlichen Stange zwischen den beiden frakturnahen Pins (Montage 2, Abb. 7).

Abb. 7: Montage 2, V-Montage mit zusätzlicher Pin-zu-Pin-Stange.

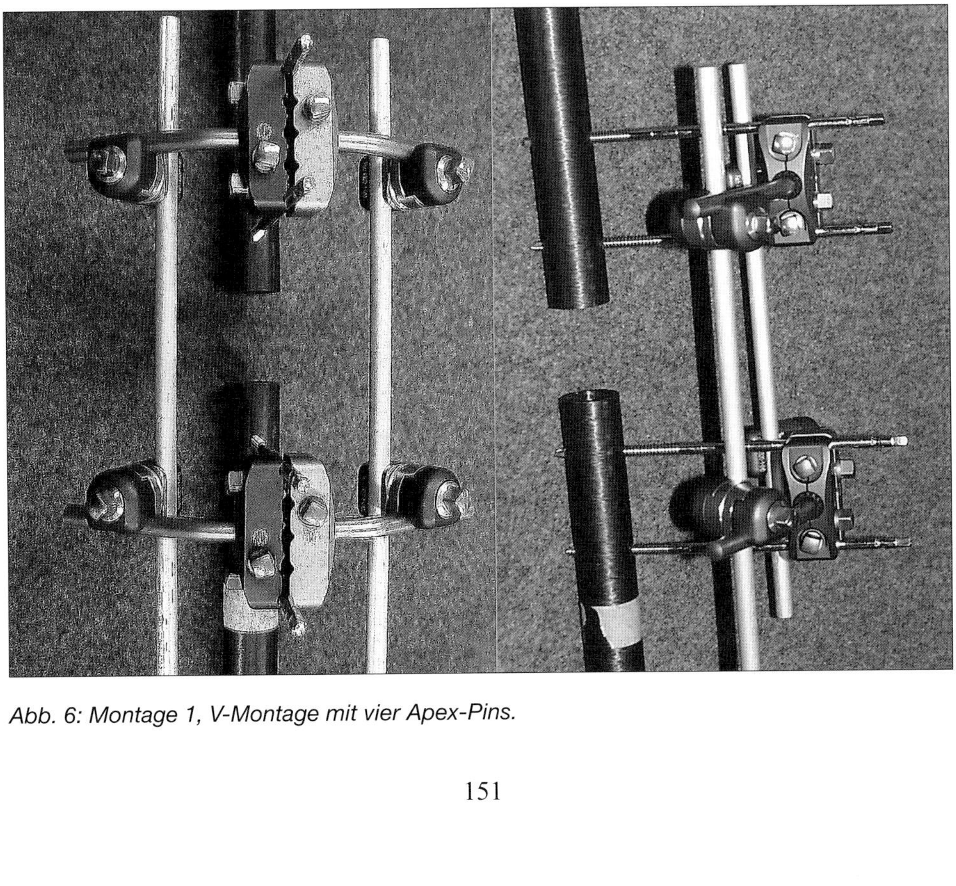

Abb. 6: Montage 1, V-Montage mit vier Apex-Pins.

- Der unilaterale Rahmen wie Montage 1, Abbildung 6, jedoch mit acht Apex-Pins (Abb. 8).
- Der unilaterale Rahmen mit vier Aluminiumstangen (Montage 4, Abb. 9a, b).

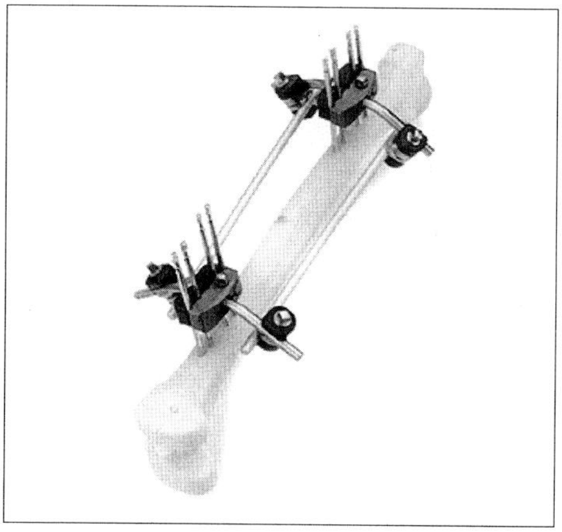

Abb. 8: Montage 3, V-Montage mit acht Pins.

Abb. 9a: Montage 4, V-Montage mit vier Stangen.

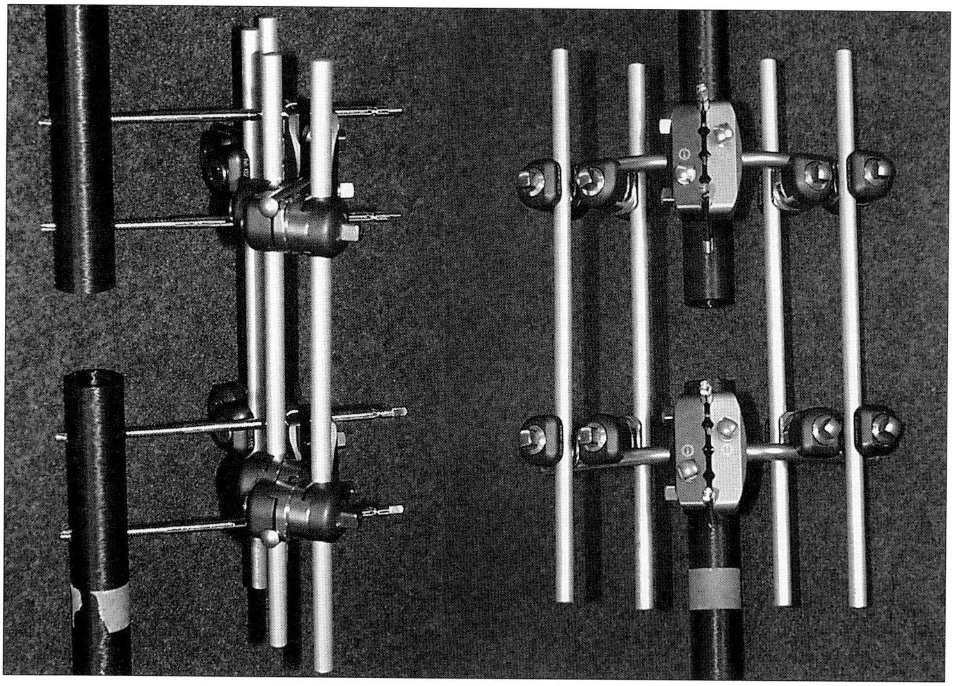

Abb. 9b: Montage 4, V-Montage mit vier Stangen.

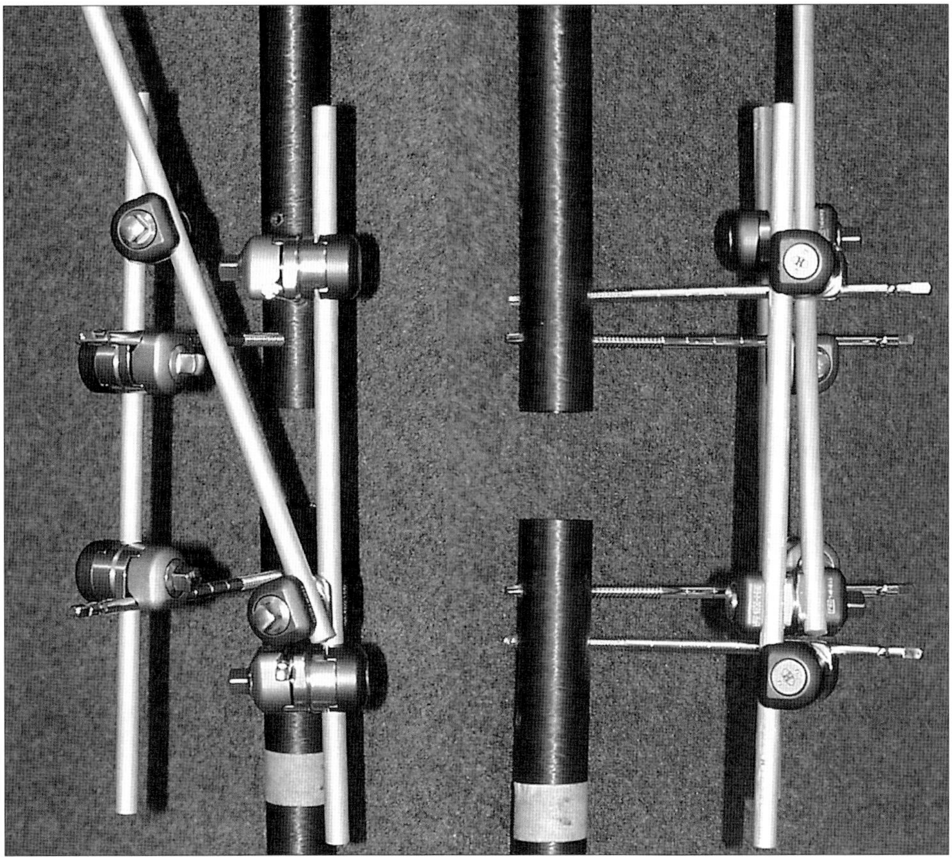

Abb. 10a: Montage 5, Freie Pin-Plazierung (4) und eine Transversalstange.

• Der Rahmen mit freier Pin-Plazierung, vier Apex-Pins, zwei Aluminiumstangen und einer transversalen, diagonal laufenden Verbindungsstange (Montage 5, Abb. 10a, b).

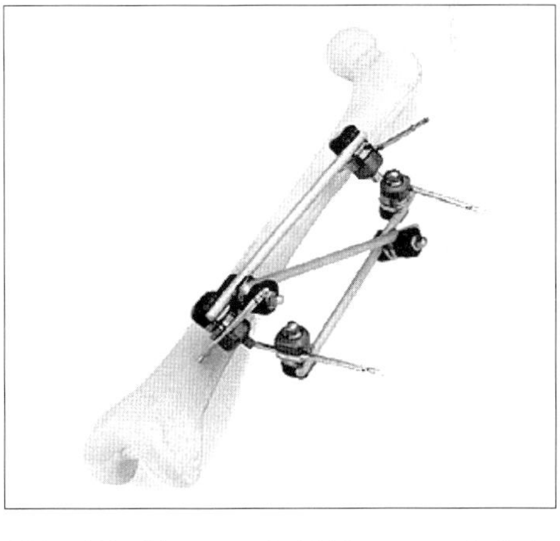

Abb. 10b: Montage 5, V-Montage mit freier Pin-Plazierung.

• Die Montage mit freier Pin-Plazierung, jedoch vier Apex-Pins an der dorsalen Stange (Montage 6, Abb. 11).

• Der unilaterale Rahmen ohne Pinhalter mit vier Apex-Pins, zwei Aluminiumstangen und vier Verbindungsgelenken (Montage 7, Abb. 12).

Abb. 11: Montage 6: Freie Pin-Plazierung mit sechs Pins.

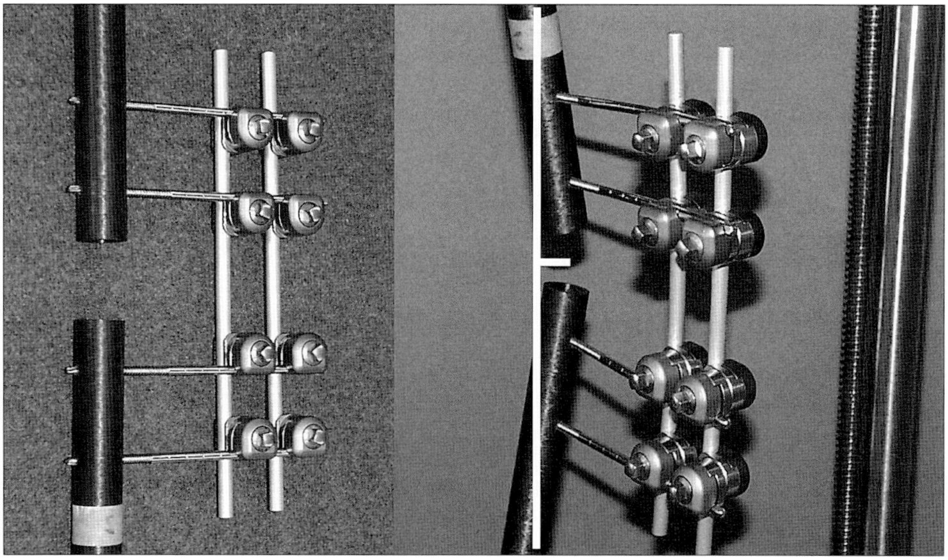

Abb. 12: Montage 7: Doppelstange mit vier Pins, re. Belastung mit 700 N.

- Die laterale Fixation mit einem Monotube rot oder blau - je nach Knochenstärke (Montage 8, Abb. 13).

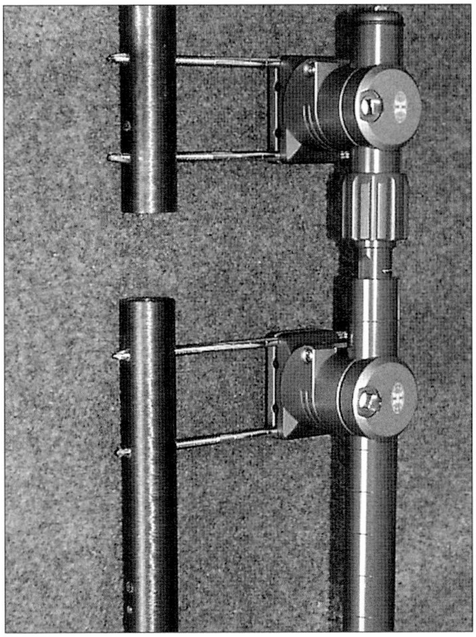

Abb. 13: Montage 8, Monotube rot mit vier Apex-Pins 5 mm.

Darstellung der Meßergebnisse

- Montage 1: Relativ frühe und starke Verformung des Rahmens, bei 100 N schon 4 mm (Abb. 14).

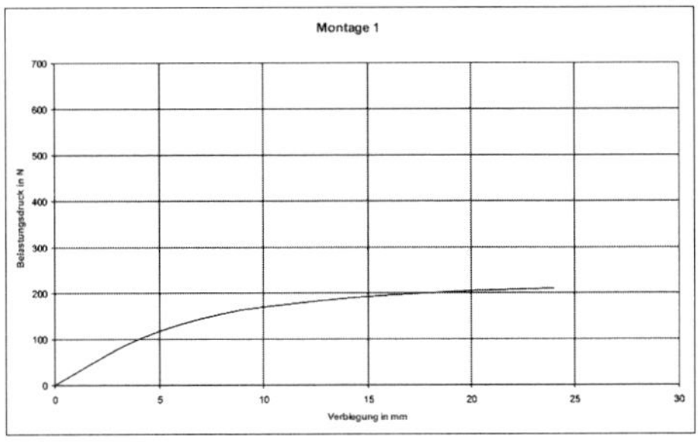

Abb. 14: Meßkurve 1.

- Montage 2: Verdoppelung der Stabilität. Zur Verbiegung von 12 mm sind statt 200 nun 400 N erforderlich (Abb. 15).

Abb. 15: Meßkurve 2.

- Montage 3: Bei größerer Invasivität geringere Stabilität als bei Montage 1 und 2 (Abb. 16).

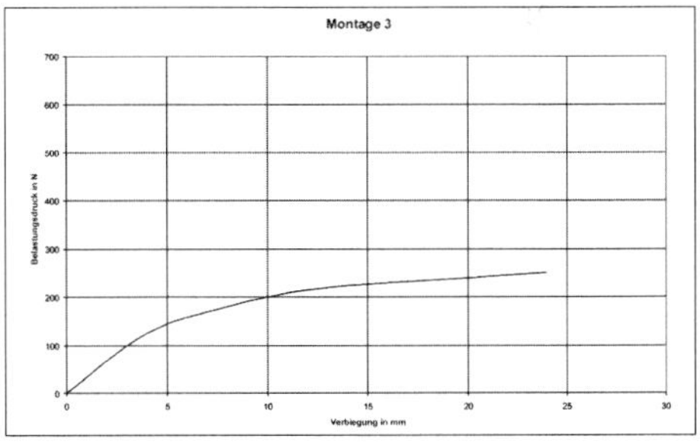

Abb. 16: Meßkurve 3.

- Montage 4: Deutlich geringere Stabilität als Montage 2, jedoch mit erheblich mehr materiellem Aufwand (Abb. 17).

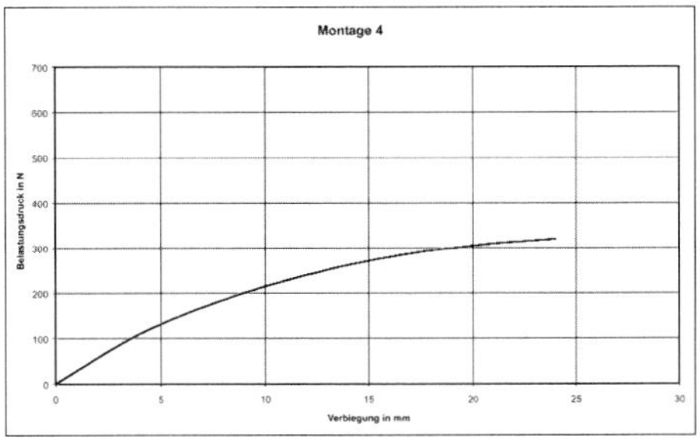

Abb. 17: Meßkurve 4.

• Montage 5: Sehr geringe Stabilität wegen freier Pin-Plazierung (Abb. 18).

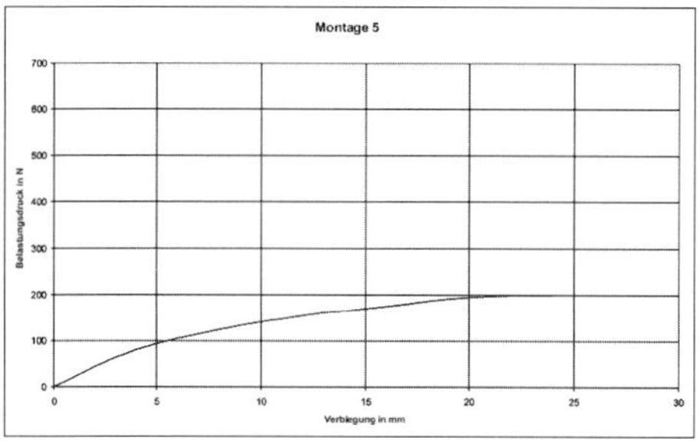

Abb. 18: Meßkurve 5.

• Montage 6: Deutliche Erhöhung der Stabilität unter Akzeptanz größerer Invasivität (Abb. 19).

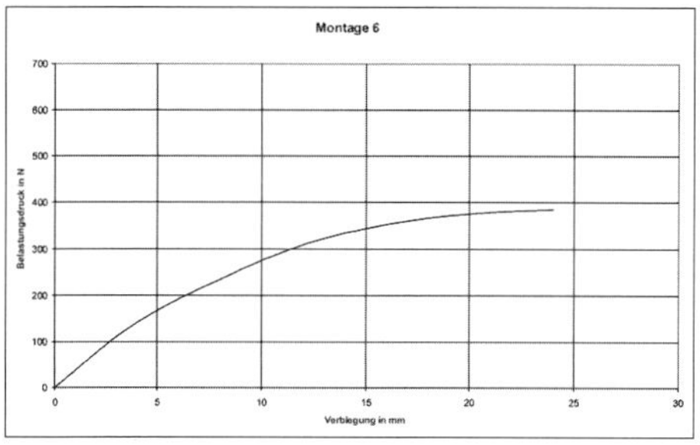

Abb. 19: Meßkurve 6.

• Montage 7: Stabilste Montage mit HOFFMANN II-Komponenten mit Vergleichbarkeit zum Monotube rot (Abb. 20).

Abb. 20: Meßkurve 7.

• Montage 8: Stabilste der getesteten Montagen am Femur (Abb. 21).

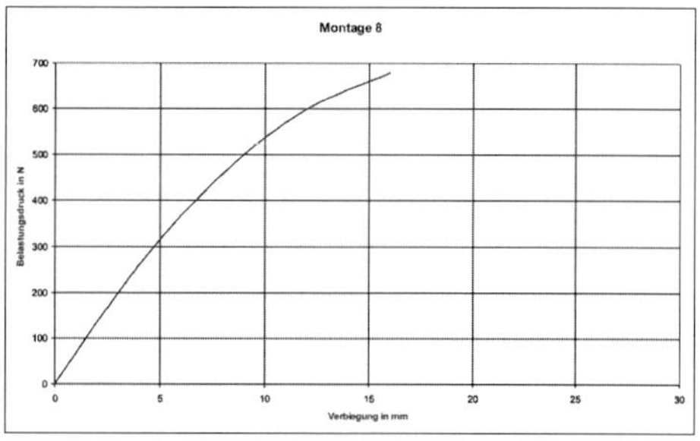

Abb. 21: Meßkurve 8.

Zum Umsetzen dieser Meßergebnisse in Empfehlungen zur klinischen Anwendung wurden die verschiedenen Anwendungsvorschläge analog zur Ähnlichkeit ihrer Bauprinzipien in drei Gruppen aufgeteilt.

• Montageserie 1 bis 4:
Unilaterale Rahmenmontagen mit fester Pin-Plazierung.
• Montageserie 5 und 6:
Freie Pin-Plazierung.
• Montageserie 7 und 8:
Unilaterale Klammermontage mit Doppelstange oder Monotube.

Der Vergleich innerhalb dieser Gruppen führte zu den folgenden Erkenntnissen (Meßkurve 9, Abb. 22).
Unter diesen, vom Bauprinzip ähnlichen Montagen erkennt man nur geringe Unterschiede bezüglich der Verbiegung zwi-

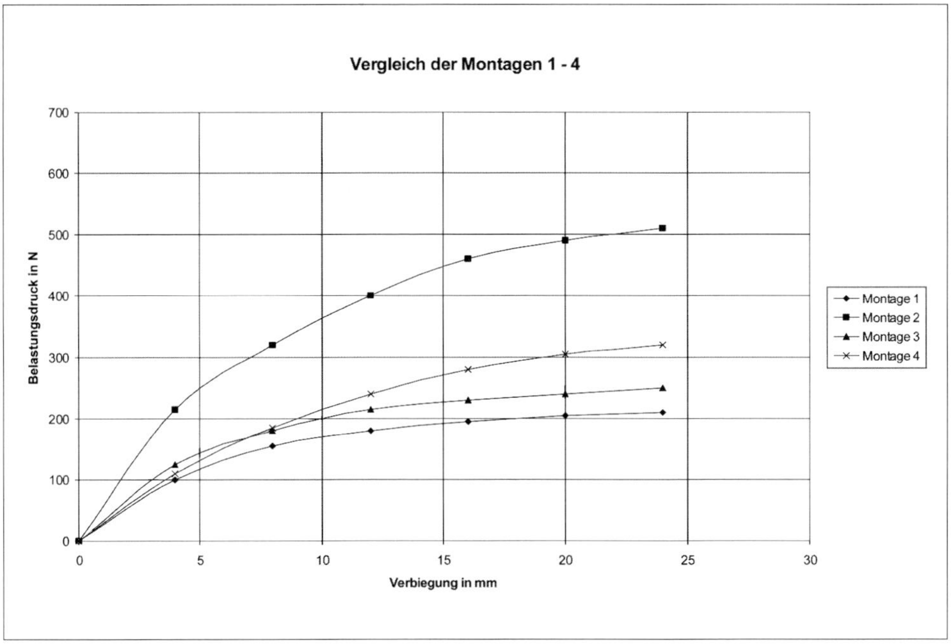

Abb. 22: Meßkurve 9.

schen den Rahmen 1 und 3. Der zusätzliche Einsatz von vier Pins hat die Stabilität gegenüber der Montage 1, die eigentlich mehr für die Tibia empfohlen wird, nur geringfügig erhöht. Offensichtlich liegt das Hauptmoment der Instabilität hier nicht bei den Apex-Pins, sondern in den Verbindungsgelenken. Dies wird weiterhin belegt durch die Tatsache, daß der Grad der Restverbiegung nach Wegnahme des axialen Belastungsdruckes bei beiden Montagen identisch ist. Durch die Hinzunahme einer kurzen Pin-zu-Pin-Stange zwischen die frakturnahen Apex-Pins wird die Stabilität verdoppelt. Die Verbiegung bei einem Druck von 300, die bei den Montagen 1, 3 und 4 schon mehr als 250 mm betrug, lag bei der Montage 2 gerade bei 8 mm. Selbst die Verdopplung der Zahl der Stangen kann die Stabilität nicht annähernd so verbessern, wie dies durch die zusätzlichen Pin-zu-Pin-Stangen erreicht wird.
Somit kann aus dieser Gruppe die Montage Nr. 2 als eine geeignete Form zur Stabilisierung einer Femurfraktur empfohlen werden.
Doch nicht immer erlauben die Begleitverletzungen der Weichteile das Anbringen einer Montage mit starrer Pinplazierung in einer Reihe.
Der Vergleich der Stabilität in den Montagen 5 und 6 ist in Abbildung 23, Meßkurve 10, dargestellt. Bei der Vier-Pin-Montage mit einer transversalen Stange, die auch diagonal um 90° versetzt zur Richtung der Hauptfrakturachse verlaufen kann, ist die Stabilität vergleichbar mit der der Montage 1. Bereits bei 200 N beträgt das Ausmaß der Verbiegung 20 mm.

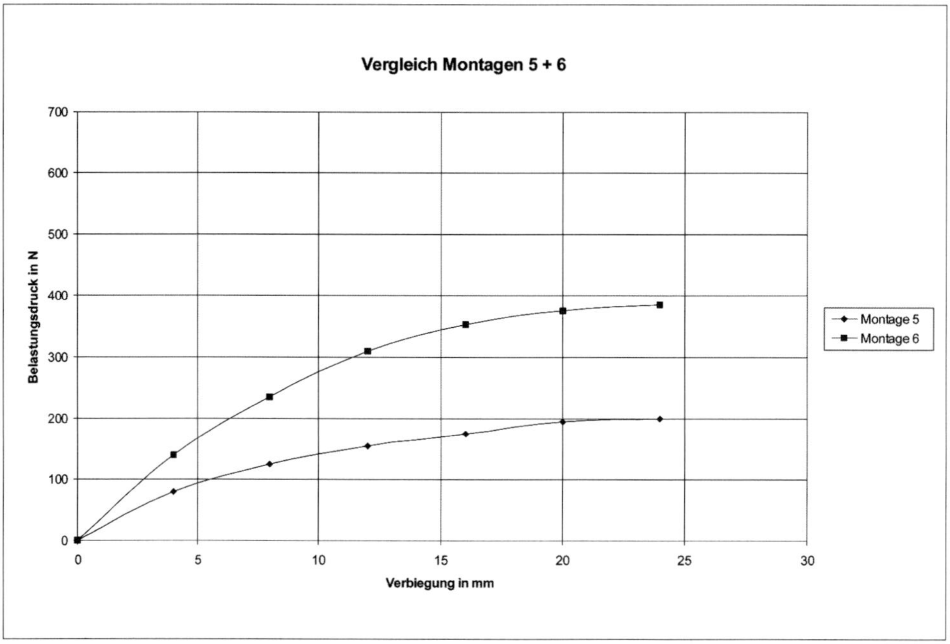

Abb. 23: Meßkurve 10.

Die auftretenden Torsionskräfte scheinen durch die vier eingebrachten Pins nicht ausreichend kompensiert zu werden. Erst das Einbringen von zwei weiteren, möglichst frakturnahen Pins verdoppelt auch hier die Stabilität der Montage. Die Empfehlung zum klinischen Einsatz bei der Notwendigkeit der freien Pinplazierung erfolgt hier also eindeutig zugunsten dieser etwas invasiveren Montage Nr. 6.
Bei den lateralen, sog. Klammermontagen (Abb. 12, 13 und Abb. 24, Meßkurve 11) wurden die Doppelstangenkonstruktion und der Monotube miteinander verglichen. Der Monotube wurde dabei bei blockierter Feder gemessen. Beim Einsatz von 5 mm Apex-Pins sollte die Elastizität in den Pins ausreichend sein, um die Vergleichbarkeit mit der Stangenmontage herzustellen (siehe BEHRENS, Seite 29).
Die beiden Meßkurven sind bis zu einer Belastung von 300 N fast kongruent und weichen auch bis 600 N nur geringfügig voneinander ab. Beide sind mit Abstand die stabilsten Formen der Fixation mit einem externen Rahmen am Femur.
Sollte die Notwendigkeit bestehen, mit der externen Fixation die Fraktur zur Ausheilung zu bringen, so kann während des Verlaufes der Frakturheilung der Umbau zum Monotube mit seiner axialen Dynamik den Heilungsprozeß positiv beeinflussen.

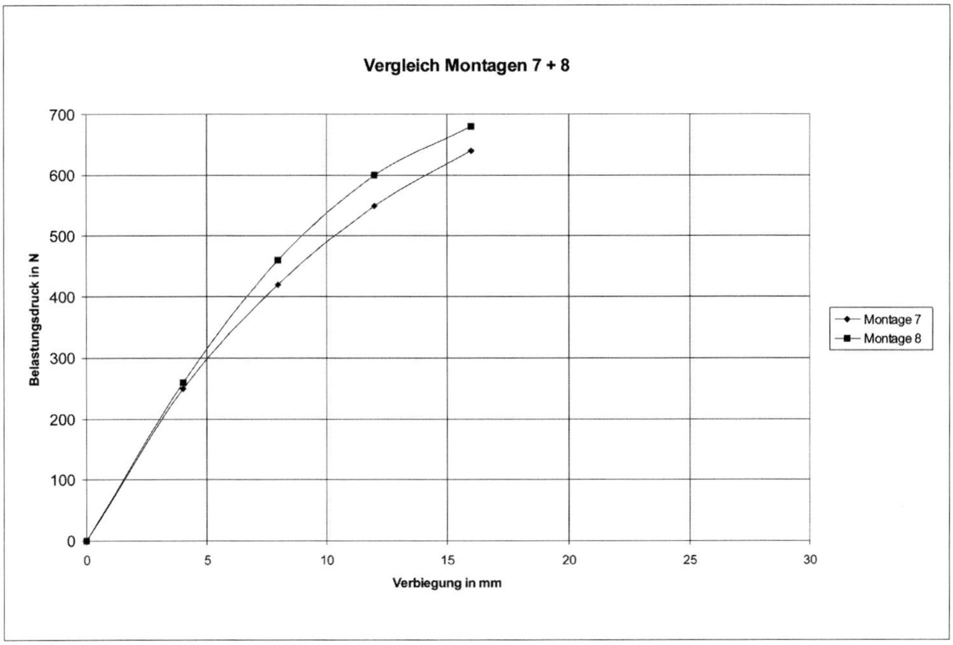

Abb. 24: Meßkurve 11.

Zusammenfassung aller Messungen

Bei der Bewertung der Stabilität bzw. Rigidität eines Fixateurs wird auch auf die Mitteilungen von BEHRENS, Seite 29 in dieser Monographie, hingewiesen. Es läßt sich sicherlich - wie in der Vergangenheit in vielen Monographien beschrieben wurde - durch zusätzliche Stangen und Pins die Stabilität der Montagen so erhöhen, daß im Laborversuch noch bessere Werte erzielt werden. Damit geht jedoch die Elastizität und damit die Dynamik, welche eine Fraktur zur Ausheilung über Callus dringend benötigt, verloren. Es kam oft zu einer Atrophie des Knochens, und durch die lange Verweilzeit des Fixateurs treten Pin-Komplikationen in deutlich höherem Ausmaß auf.

Andererseits führt eine zu geringe Stabilität der Montage, verbunden mit hoher Elastizität, jedoch zur Verschiebung der Fragmente mit der Folge des Repositionsverlustes und der daraus resultierenden Fehlheilung bzw. Pseudarthrose (Abb. 25).

Als Ergebnis der Stabilitätsuntersuchungen von Fixateur Externe-Montagen für den Oberschenkel können vier Empfehlungen gegeben werden:

- Doppelstange mit vier Apex-Pins Ø 5 mm,

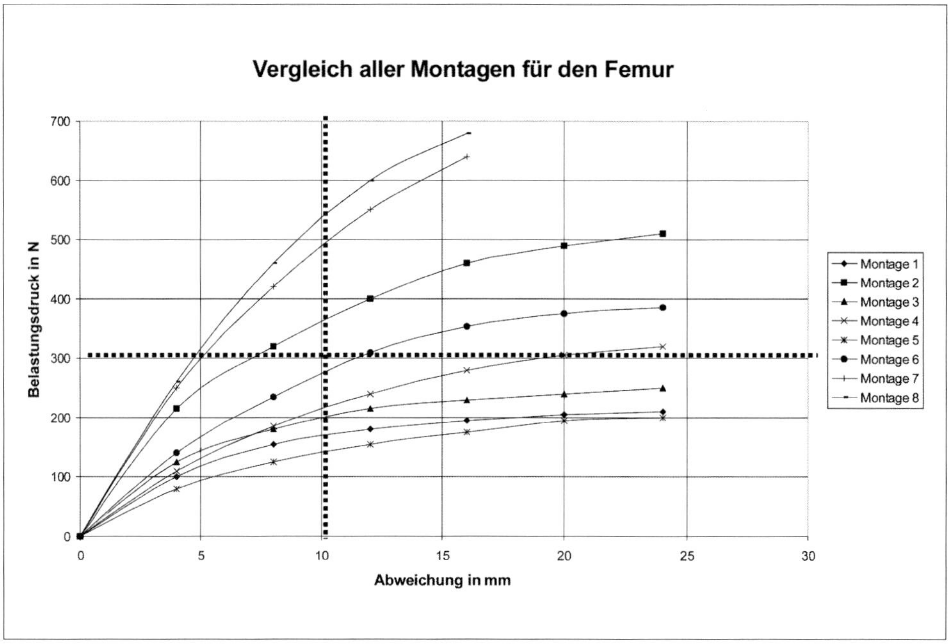

Abb. 25: Vergleich aller Meßergebnisse.

- Monotube rot mit vier Apex-Pins Ø 5 mm,
- Standardrahmen mit zusätzlicher Stange Pin-zu-Pin,
- freie Pin-Plazierung mit vier Apex-Pins an lateraler Stange und zusätzlicher transversaler Stange.

Die Indikation zur Ausbehandlung einer Femurfraktur mit einem Fixateur Externe stellt sich selten. Bis auf Frakturen im Wachstumsalter, die durchaus - wie an anderer Stelle hingewiesen wird - mit dieser Methode ausbehandelt werden können, ist in der Regel beim Erwachsenen das Umsteigen auf eine intramedulläre Osteosynthese indiziert. Über den besten Zeitpunkt dazu ist G. ASCHE in seinem Beitrag bereits eingegangen.

Beim Mehrfachverletzten oder bei der weit offenen Fraktur oder bei Verbrennungsverletzten erlaubt jedoch die Weichteilsituation bzw. das Allgemeinbefinden des Patienten selten, diesen optimalen Zeitpunkt einzuhalten. Deshalb ist die Stabilisierung mit dem Fixateur Externe unter solchen Gesichtspunkten anzulegen, daß eine Ausheilung der Fraktur mit diesem Verfahren in anatomiegerechter Stellung erfolgen kann. Dies impliziert auch die Möglichkeit, mit physiotherapeutischer Behandlung bereits auf der Intensivstation beginnen zu können und dem Patienten nicht nur - wie so oft zu hören und zu lesen ist - eine achsengerechte provisorische Reposition der Femurfraktur mit dem Fixateur zu halten.

Dabei gilt es schon bei der Anlage des Fixateurs, durch Vermeidung typischer Fehler die unten aufgeführten Gefahren der Methode zu minimieren und durch Auswahl der für die Fraktur und die Situation des Patienten am besten geeigneten Montage die Voraussetzungen zu schaffen, damit die Verletzung möglichst schnell zu einer Ausheilung ohne Folgen führt.

Folgende Gefahren sind bei der Behandlung mit einem unilateralen Fixateur bis zur Ausheilung zu beachten:

- Varusdeformierung im Laufe der Behandlung;
- Fehlstellung aufgrund schwieriger geschlossener Reposition bei der Anlage mit verzögerter Heilung bis hin zur Pseudarthrose;
- erhöhte Weichteilproblematik mit Pin-Infekten und Lockerungen;
- mangelhafte Belastungsfähigkeit bei instabilen Frakturen.

Das Wissen dieser Komplikationen führt zu rechtzeitigem Erkennen. Somit kann dann die Situation durch entsprechendes Handeln wieder beherrscht werden.

Zusammenfassung

Die Behandlung der Oberschenkelschaftfrakturen mit einem Fixateur Externe ist mit den heute zur Verfügung stehenden Modellen und den vorgeschlagenen Montageempfehlungen mit gutem Erfolg möglich. Trotzdem stellt sie kein Standardverfahren dar und bleibt somit den oben beschriebenen Indikationen vorbehalten. Nur bei Frakturen vor Ende des Wachstums hat sich die Indikation mit diesem Verfahren breiter etabliert. Das Verfahren sollte jedoch immer so eingesetzt werden, daß auch eine Durchbehandlung bis zur knöchernen Durchbauung erreicht werden kann. Es stellt somit kein provisorisches Fixationsverfahren dar, welches durch einen Zweiteingriff immer korrigiert werden muß. Dieses Ziel kann nur erreicht werden, wenn auch die der Fraktur und den Weichteilen entsprechende Fixateur Externe-Montage eingesetzt wird.

Literatur

(1) BEHRENS, F., JOHNSON, W.D., KOCH, T.W., KOVACEVIC, N.: Bending stiffness of unilateral and bilateral fixator frames. Clin. Orthop. 178, 103-110 (1983)

(2) BEHRENS, F., FISCHER, D., JONES, R.: External fixator application. Mosby St. Louis, pp 125-143 (AAOS instructional course lectures, Vol. XXX) (1981)

(3) BURNY et al.: External fixation in femoral fractures. A study of 120 cases. In: J. Canadell, F. Forriol, J. Lazo: The 14th International Hoffmann external fixation Conference. Granada 107-108 (1992)

(4) CANADELL, J., FORRIOL, F.: Unilateral external Fixation, University of Navarra, Pamplona (1993)

(5) GREEN, S.A.: The complications of external skeletal fixation. Clin. Orthop. 180, 117-124 (1983)

(6) RÖÖSER, B.O., BENGSTON, S., HERRLIN, K., ONNERFÄLLT, R.: External fixation of femoral fractures: experience with 15 cases. J. Orthop. Trauma 4, 70-74 (1990)

(7) WINCKLER, ST., BRUG, E.: Der Stellenwert der Femurfraktur beim Polytrauma. In: Neumann, H.S., Klein, W., Brug, E. (Hrsg.): Die dynamisch-axiale externe Fixation. Hans Marseille Verlag, München, 95-102 (1993)

(8) ZACHEE, B., ROOSEN, P., MC AECHERN, A.G.: The dynamic axial fixator in fractures of tibia and femur. A retrospective study in 98 patients. Acta Orthop. Belg. 57, 266-271 (1991)

Externe Hybrid-Fixation an der Tibia

D. J. Beck Jr. • D. Seligson • C. S. Roberts

Operationsprinzip

Bei einem Hybrid-Fixateur Externe werden die konventionelle Draht- und Ringfixation (ILIZAROV-Technik) mit der unilateralen Stangenfixation zur Behandlung proximaler oder distaler, sowie offener oder geschlossener metaphysärer Trümmerfrakturen der Tibia kombiniert.

Zu den Hauptvorteilen dieser Technik zählen:

a) Flexibilität bei der Behandlung offener oder geschlossener Frakturen;

b) einfache Handhabung für den Chirurgen;

c) minimale Gewebsinvasivität und -schädigung und

d) leichter Zugang an die Extremität für eventuell erforderliche Weichteildeckungen.

Die Hauptnachteile der externen Hybrid-Fixation bestehen in einer erhöhten Beweglichkeit der Fragmente im Frakturbereich im Vergleich zu anderen Systemen aufgrund der Asymmetrie des Fixateurs und den mit einer externen Fixationsvorrichtung einhergehenden Unannehmlichkeiten.

Indikationen

- Proximale oder distale metaphysäre Trümmerfrakturen der Tibia (Tibiakopf- bzw. Pilonfraktur);
- komplizierte proximale oder distale Tibiafrakturen;
- Tibiafrakturen mit ausgedehntem Weichteilschaden.

Kontraindikationen

- Anatomische Kontraindikationen einschließlich krankhafter Adipositas, Haut- oder Weichteilschäden;
- mangelhafte Mitarbeit und Kontrollierbarkeit des Patienten;
- hochgradig instabile dislozierte Frakturen.

Patientenaufklärung

Der Patient soll in der Lage sein, während des postoperativen Verlaufs die Pflege des Fixateur Externe übernehmen zu können. Die möglichen Risiken einer Pin-Infektion, Lockerung des Fixateurs und Ausbildung einer Pseudarthrose müssen mit dem Patienten besprochen werden. Das Einverständnis des Patienten für den weiteren Behandlungsverlauf bis zur Entfernung des Fixateurs ist erforderlich.

Operationsvorbereitung

Bei jedem Patienten mit einer durch ein Hochrasanztrauma hervorgerufenen Fraktur der Tibia muß vor der Anbringung des Fixateurs die Nerven- und Gefäßfunktion beurteilt werden. Der Patient muß sich in einem stabilen Allgemeinzustand befinden, um einen für dieses Verfahren erforderlichen ca. 30- bis 90-minütigen operativen Eingriff tolerieren zu können. Zur präoperativen Planung gehören orthogonale Röntgenaufnahmen der Fraktur ebenso wie Knie- und Sprunggelenkaufnahmen.
Hilfreich kann ebenso eine über die Filme gelegte Paus-Skizze zur Plazierung der Nägel und KIRSCHNER-Drähte sein. Am Anfang der Operation sollte probehalber die Längenmessung der unilateralen Seitenstange sowie Größenbestimmung der metaphysären Ringe erfolgen. Ringelemente und Verbindungsstangen sowie eine vollständige Auswahl von Pins (Apex oder Schanz) und Verbindungselementen müssen vorhanden sein.
Der Patient wird in Rückenlage auf einem strahlendurchlässigen Operationstisch gelagert. Eine Unterpolsterung des betroffenen Kniegelenks ist manchmal zur Stabilisierung hilfreich. Eine Blutsperre kann verwendet werden, ist jedoch - wie bei den meisten externen Fixationstechniken - meistens nicht erforderlich.

Operationstechnik

Zunächst wird die Metaphysenfraktur fixiert. Zwei KIRSCHNER-Drähte (K-Drähte) mit sogenannten „Oliven"-Segmenten werden unter Druck durch das metaphysäre Stück bzw. die metaphysären Stücke mit einem Winkel von ca. 60° zur Frontalebene eingebracht (Abb. 1). Während des Einbringens der Drähte kann durch eine große Repositionszange eine Kompression der Fraktur und die Reposition erreicht werden. Sobald sich die Transfixionsdrähte in situ befinden, werden sie manuell weitergezogen und zwar so, daß durch gegenüberliegende Plazierung eine Reposition der Fragmente und eine leichte Kompression der Fraktur erzielt wird. Sobald eine ausreichende Reposition erreicht wurde, werden die Drähte auf 50-90 kg in entgegengesetzten Richtungen gespannt und an einer kompletten 5/8-Ringkonstruktion befestigt (Abb. 2). Die Ring- und Drahtkonstruktion wird dann an einer unilateralen Stange befestigt, die mit dem antero-medialen Tibiaschaft durch drei 5 oder 6 mm Pins im Winkel von 45° zueinander verbunden wird. 2 oder 3 Gewindegänge müssen die Gegenkortikalis durchbohren (Abb. 2). Neueste Forschungsergebnisse haben festgestellt, daß ein zusätzlich im proximalen Bereich des Carbonrings in oder durch das metaphysäre Fragment eingedrehter Pin oder „drop wire" eine zusätzliche Stabilität der Frontalebene der Fraktur während der axialen Belastung gewährleistet (Abb. 3 und 4). Die Applikationstechnik bei einer Pilonfraktur ist ähnlich dem bei proximalen Frakturen beschriebenen und in Abbildung 5 veranschaulichten Vorgehen.

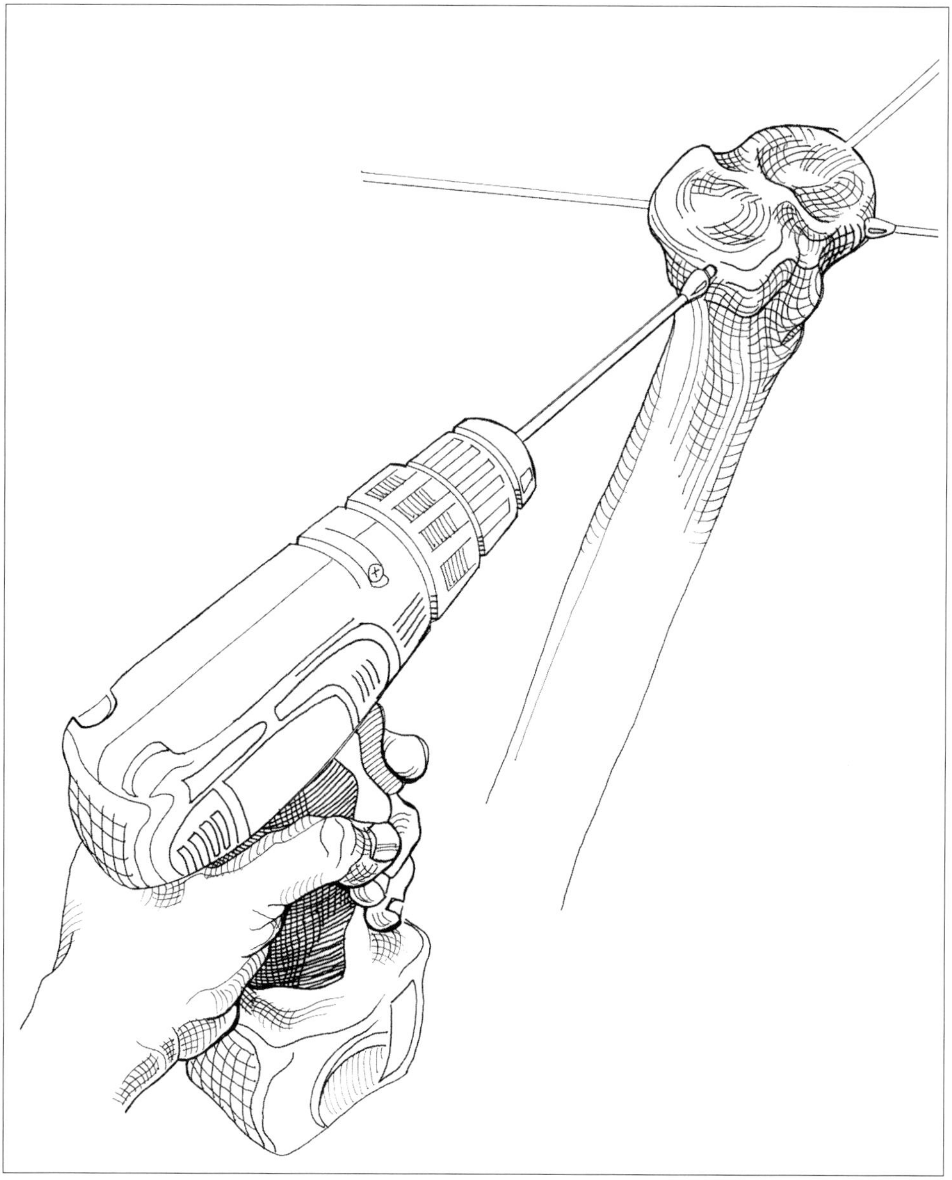

Abb. 1: Plazierung der metaphysären Olivendrähte. Zwei KIRSCHNER-Drähte mit „Oliven"-Verdickungen werden im Winkel von ca. 60° zueinander mit den Oliven auf entgegengesetzten Seiten der Metaphyse plaziert. Die Olive kann abhängig von der Größe und Mobilität der Frakturfragmente posterior oder anterior plaziert werden. Anschließend wird eine dünne Drahtzugvorrichtung verwendet, um die Drähte in entgegengesetzten Richtungen auf 50-90 kg zu spannen. Der Gegenzug erzeugt eine Kompression auf die bei diesen Verletzungen vorhandenen vielen Frakturfragmente. Zur Erleichterung der Reposition und zur zusätzlichen Kompression der Fraktur kann eine große Repositionszange perkutan außerhalb der eingebrachten Drähte während des Anspannens angelegt werden.

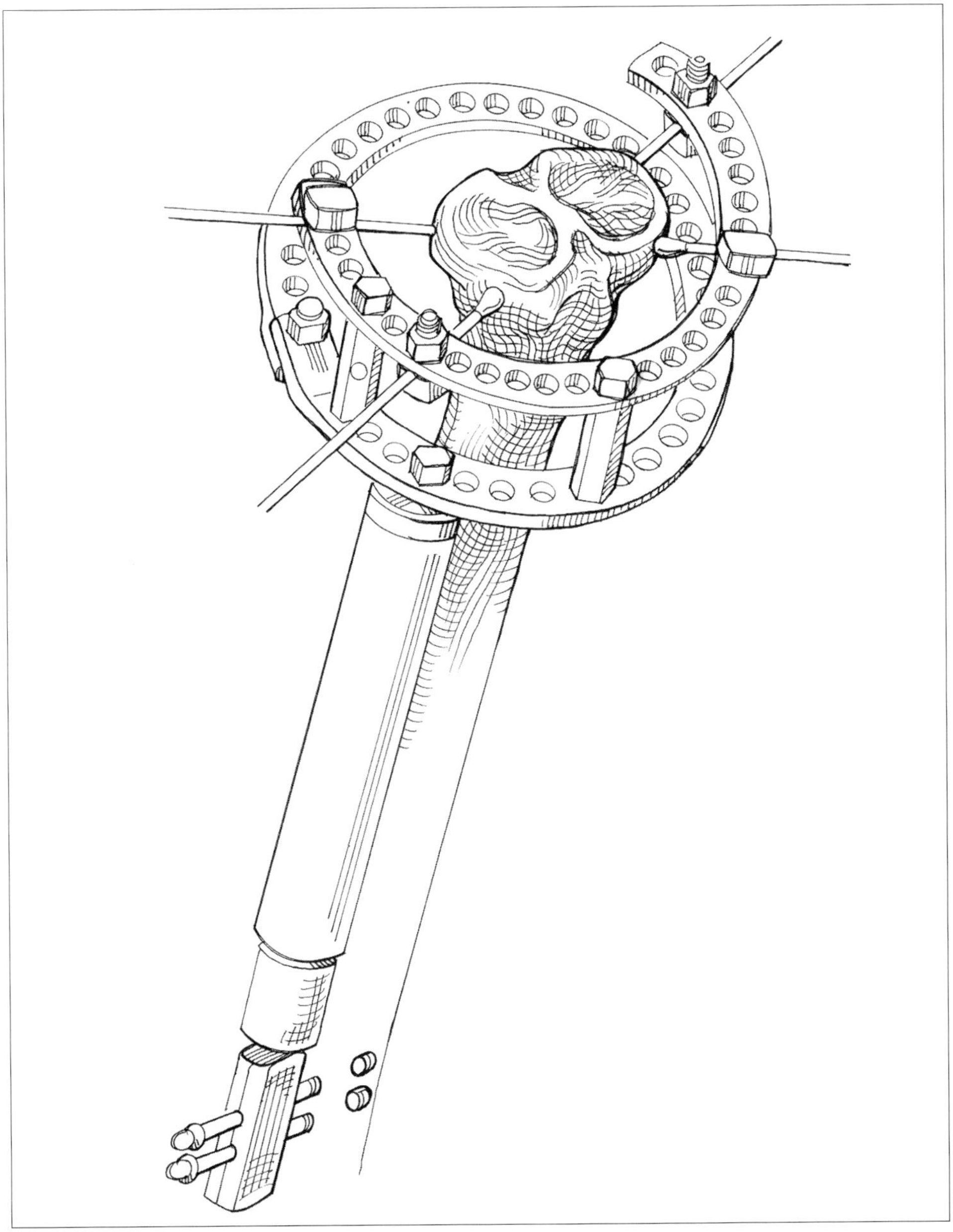

Abb. 2: Befestigung der proximalen Ringgruppe an der unilateralen Seitenstange. Sobald die Drähte nach der Reposition angespannt werden, kann der proximale Ring unter Durchleuchtungskontrolle und Distraktionsligamentotaxis locker an der Seitenstange befestigt werden, die Reposition wird vor dem Anziehen der Klammerbefestigungen entsprechend angepaßt. Die Ringkonstruktion sollte ein wenig medial versetzt zur Tibiavorderkante zentral angebracht werden. In die tibiale Diaphyse werden drei Pins plaziert: zwei Pins rechtwinklig zur medialen Vorderseite der Tibia und ein Pin direkt anterior oder geringgradig lateral zur Tibiavorderseite.

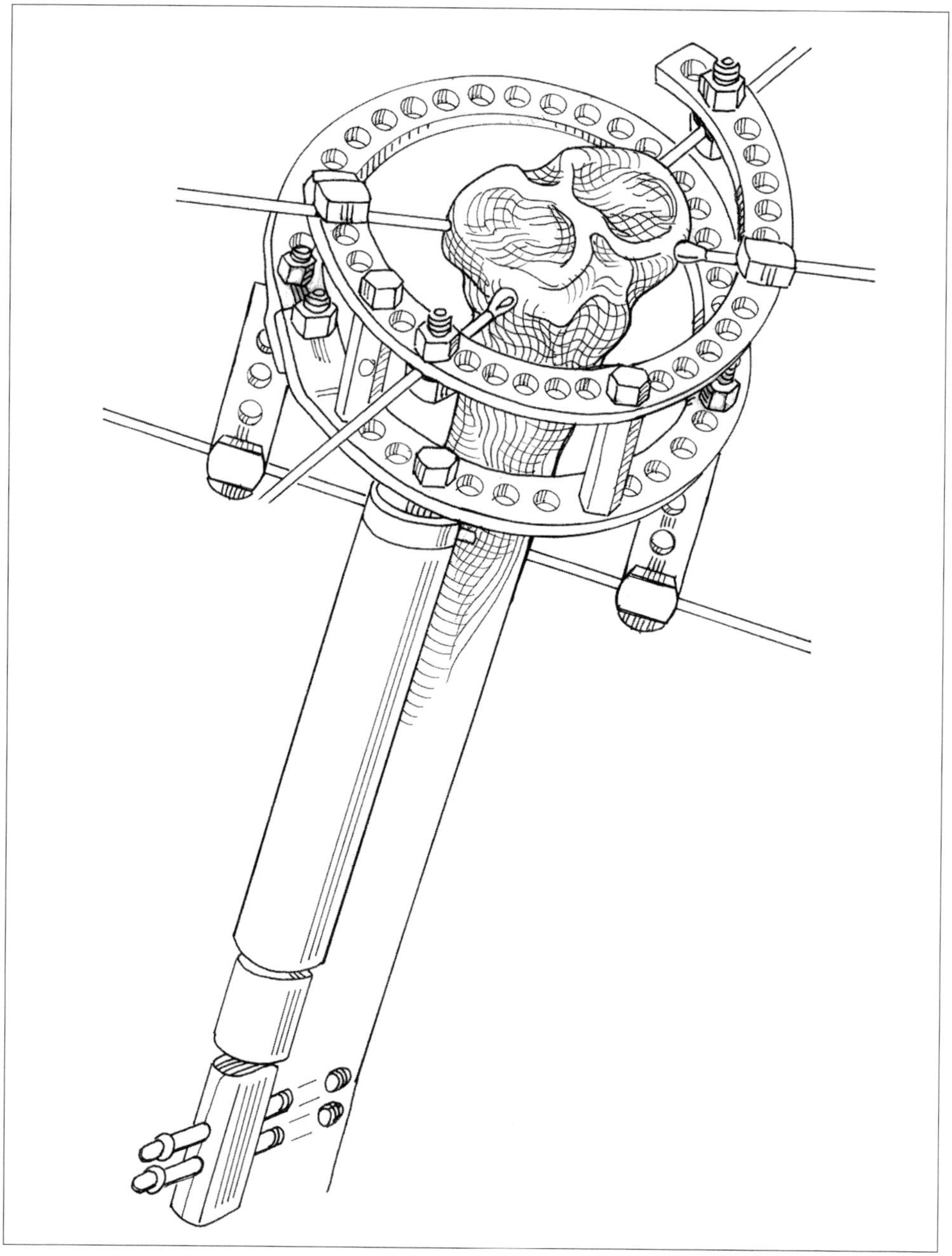

Abb. 3: Hinzufügen eines zusätzlichen Verbindungsdrahtes („Drop"-Wire) zur Ringkonstruktion. Ein zusätzlicher glatter oder mit Olive versehener Draht kann in einem ähnlichen Winkel zu einem der ersten Drähte, jedoch 2-3 cm unterhalb des distalen Ringes, plaziert und leicht gespannt am Fixateur zur zusätzlichen metaphysären Stabilisierung befestigt werden. Hierbei handelt es sich um eine schnelle Möglichkeit zur Erzielung einer besseren Stabilität der proximalen Fixateur-Konstruktion.

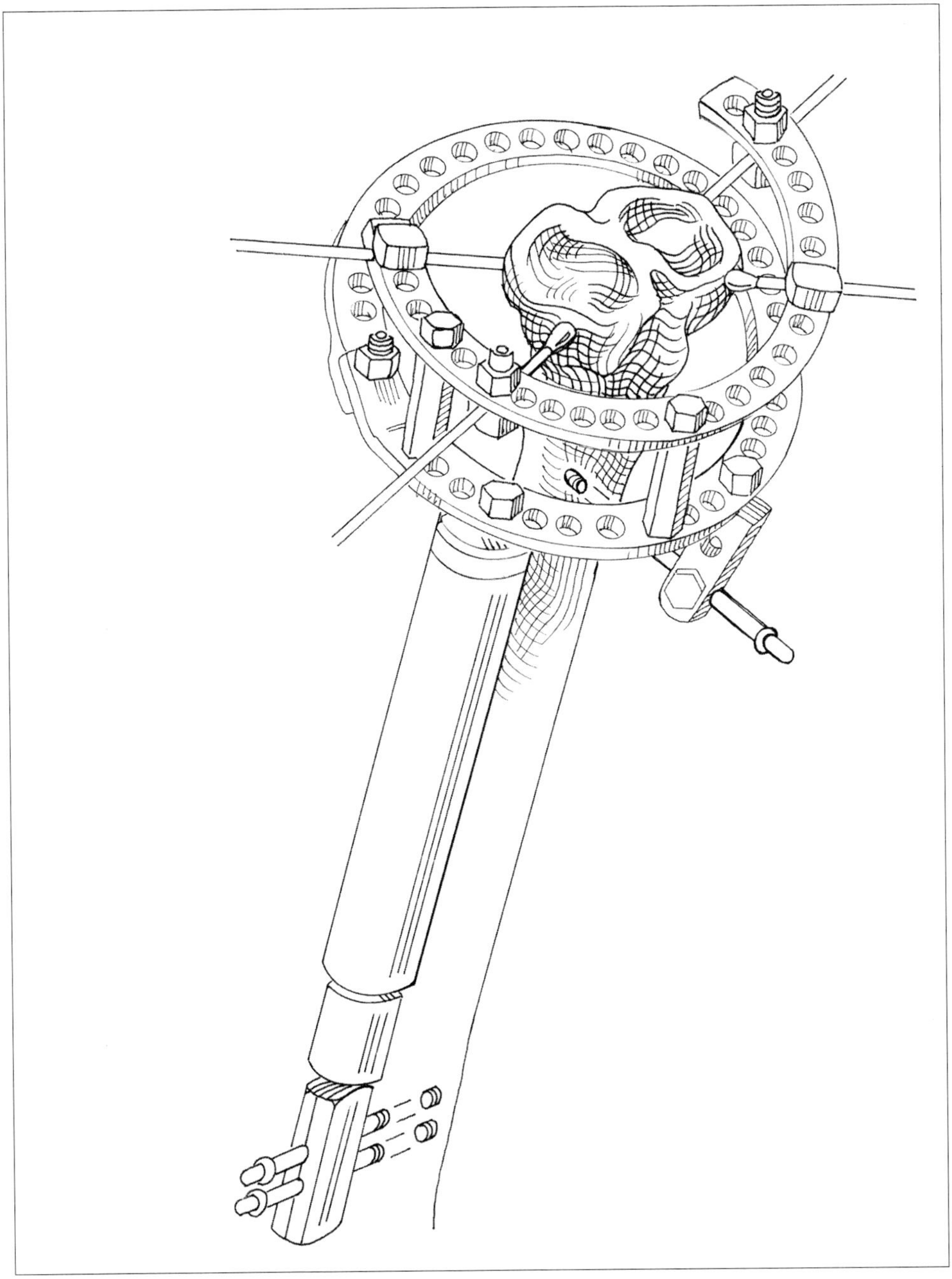

Abb. 4: Hinzufügen eines zusätzlichen anterioren Pins im metaphysären Knochen. Auf die gleiche Weise wie der Zusatzdraht („Drop"-Wire) sorgt ein zusätzlicher Pin in das metaphysäre Fraktursegment für eine signifikante Stabilisierung der Fraktur und Steifigkeit der Fixateurkonstruktion. Durch die Verwendung des zusätzlichen metaphysären Pins kann eine 40%ige Zunahme der Steifigkeit erreicht werden.

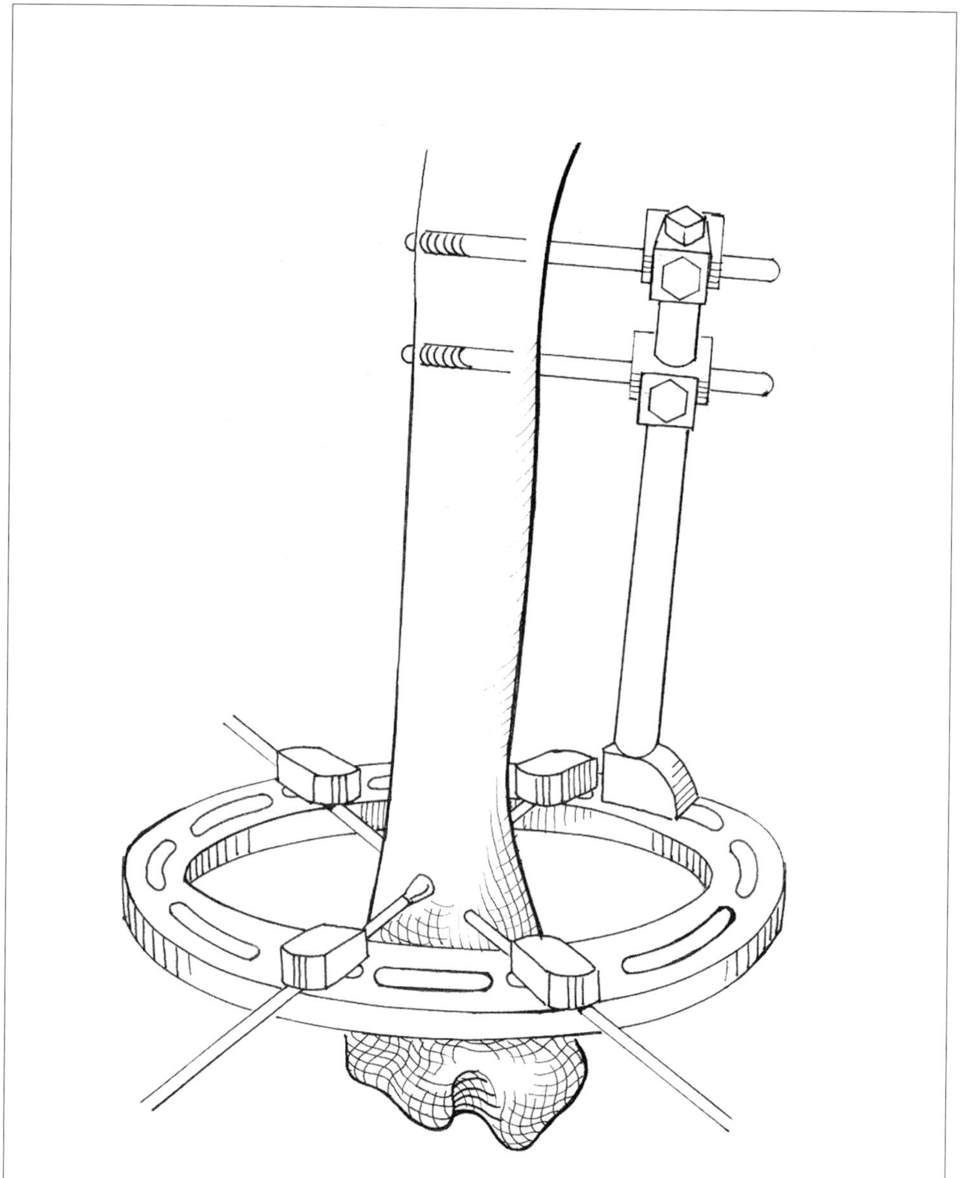

Abb. 5: Schematische Darstellung der Anwendung eines Hybrid-Fixateurs Externe an der distalen Tibia. Die Konstruktion eines Hybrid-Fixateurs für die distale Tibiafraktur (Pilonfraktur) ist ähnlich der für proximale metaphysäre Frakturen. In Abhängigkeit von dem gewählten System können 1 oder 2 Ringkonstruktionen nach dem gleichen Prinzip der Drahtfixation verwendet werden, die an einer Seitenstange und danach durch 2-3 Pins an der Diaphyse befestigt werden.

Postoperative Behandlung

Der im Operationssaal angelegte Verband wird während der nächsten 48 Stunden belassen und danach, solange sich der Patient noch im Krankenhaus befindet, entsprechend gewechselt. Der Patient sollte in der vorschriftsmäßigen Pinpflege geschult werden.
Abhängig von der Stabilität der Fraktur nach erfolgter externer Fixation kann frühzeitig mit einem aggressiven Physiotherapieprogramm mit Teilbelastung von 5-10 kg der betroffenen Extremität begonnen werden (mit Gehrahmen, Stock, Krücken). Bewegungsübungen der benachbarten, nicht betroffenen Gelenke sind zur Prävention von Gelenkversteifungen so bald wie möglich zu beginnen.
Die Osteosynthese wird in 1- bis 2-wöchigen Abständen röntgenologisch und klinisch kontrolliert und die Belastung in Abhängigkeit von der Knochenheilung und der Patienten-Compliance erhöht.
Üblicherweise dauert die Behandlung mit einem Fixateur Externe 6-8 Wochen. Anschließend wird der Fixateur entweder ambulant oder im Operationssaal entfernt sowie gegebenenfalls ein Brace zur Vermeidung einer Überbelastung der frisch verheilten Fraktur angelegt.
Eine auf die Patientenbedürfnisse hinsichtlich Arbeit und täglichen Lebens ausgerichtete Rehabilitation begleitet die fortschreitende Heilung bis zur endgültigen Vollbelastung.

Besonderheiten der Operationstechnik

Beim osteoporotischen Knochen wird zwischen die „Olive" und den Knochen eine Unterlegscheibe positioniert, um die Olive am Einschneiden in die Kortikalis zu hindern.
Eine zusätzliche Fixation komplizierter Trümmerfrakturen kann mit zusätzlichen Pins in der Diaphyse oder Zusatzdrähten zum proximalen Ringanteil erreicht werden (Abb. 3 und 4).
Es gibt inzwischen mehrere neue Systeme, die symmetrischere Fixateur-Konstruktionselemente einsetzen, wobei unsere Untersuchungen ergaben, daß diese Elemente die Instabilität im Frakturbereich verringern. Individuelle Modifikationen am Hybrid-Fixateur sind für alle Systeme möglich, wobei das Grundprinzip des symmetrischen Fixateurs bei den Modifikationen beachtet werden sollte.

Fehler und Gefahren

Zu den intraoperativen Gefahren zählen die Schädigung wichtiger neurovaskulärer Strukturen während der perkutanen Plazierung der Transfixationsdrähte im metaphysären Bereich. Wie mit jeder perkutanen Technik ist zur Vermeidung einer Schädigung dieser Strukturen Vorsicht geboten. Transfixationsdrähte können die Kniegelenkskapsel penetrieren. Die Kontamination des Kniegelenks ist unter Umständen unausweichlich, wohingegen eine septische Arthritis durch die postoperative Gabe eines niedrigdosierten oralen Antibiotikums vermeidbar ist.

Häufig gemachte Fehler schließen die unzulängliche Fixation der metaphysären Fragmente, einen übermäßig spitzen Winkel zwischen den transfixierenden KIRSCHNER-Drähten und ungenügende Stabilisierung der Seitenstange an der Ringkonstruktion ein. Diesen häufig begegneten Klippen kann durch Verwendung von Transfixionsdrähten mit „Oliven"-Vergrößerungen und durch Konstruktion eines symmetrischen Fixateurs begegnet werden.

Peri- und postoperative Komplikationen

- Flexionsfehler an der proximalen Frakturstelle aufgrund von Quadrizepskontraktion;
- Pininfektionen und Pinlockerung bzw. -verlust;
- Versagen der Komponenten;
- Pseudarthrosen.

Ergebnisse

Frühergebnisse von klinischen Studien mit dem Hybrid-Fixateur Externe demonstrierten Effektivität bei der Osteosynthese von Tibiafrakturen. Ein Hybrid-Fixateur kann die besten Merkmale der Ganzring- und KIRSCHNER-Draht-Fixation mit der einfachen Handhabung sowie besserem Zugang für eine Weichteilrekonstruktion nach der Knochenstabilisierung in sich vereinigen. Durch Beachtung von Rahmensymmetrie und entsprechender Auswahl von Patienten wird Erfolg gewährleistet.

Literatur

(1) ANGLEN, J.O.: Early Outcomes of Hybrid External Fixation for Fractures of the Distal Tibia. Journal of Orthopaedic Trauma 13 (2), 92-97 (1999)

(2) BECK, D.J., VOOR, M.J., ROBERTS, C.S.: Simple Frame Adjustments Significantly Improve Hybrid External Fixator Stability. Vorgelegt auf der Jahrestagung 2000 der American Academy of Orthopaedic Surgeons.

(3) HUTSON, J.J., ZYCH, G.A.: Infections in Periarticular Fractures of the Lower Extremity Treated with Tensioned Wire Hybrid Fixators. Journal of Orthopaedic Trauma 12 (3) 214-218 (1998)

(4) KHALILY, C., VOOR, M.J., SELIGSON, D.: Fracture Site Motion with Ilizarov and "Hybrid" External Fixation. Journal of Orthopaedic Trauma 12 (1), 21-26 (1998)

(5) LONNER, J.H., SILISKI, J.M., JUPITER, J.B., LHOWE, D.W.: Posttraumatic Nonunion of the Proximal Tibial Metaphysis. American Journal of Orthopaedics 28 (9) 523-528 (1999)

(6) PUGH, K.J., WOLINSKY, P.R., PIENKOWSKI, D., BANIT, D., DAWSON, J.M.: Comparative Biomechanics of Hybrid External Fixation. Journal of Orthopaedic Trauma. 13 (6), 418-425 (1999)

Danksagung: Wir danken Mrs. Shawna KHALILY für die Anfertigung der Abbildungen.

Tenxor^{TM} – ein universeller Hybridfixateur

St. Rose • J. Frank • S. M. Soylu • I. Marzi

Einleitung

Die Behandlung gelenknaher Frakturen im Bereich des Knie- oder Sprunggelenkes erfordert besondere taktische Überlegungen.
Während die suprakondyläre Femurregion durch den Muskelmantel gut geschützt ist und die letzten Jahre zudem alternative minimal-invasive Verfahren wie die retrograde Marknagelung und winkelstabile Plattensysteme hervorgebracht haben, stellt die Weichteilsituation im Bereich des verletzten Tibiakopfes oder Sprunggelenkes besondere Anforderungen.
Die Fixateur Externe-Behandlung – sei es temporär bis zur Weichteilkonsolidierung oder auch bis zur Ausbehandlung – hat in dieser Region nach wie vor einen hohen Stellenwert.
Die häufigen schweren Weichteilverletzungen der mittleren und distalen Unterschenkelregion benötigen in vielen Fällen ein spezielles Management der zerstörten Knochenstrukturen und Weichteile (z. B. Segmenttransport), welches ebenfalls elegant mit einem durchdachten externen Fixateur durchgeführt werden kann.
Im Folgenden werden das operative Konzept sowie 2 Fallbeispiele dargestellt.

Operationsprinzip

Ringfixateure wurden schon Anfang des Jahrhunderts entwickelt und dann von ILIZAROV (ILIZAROV, G., Sammelband der Orthopädischen Gesellschaft, Kurgan 146 [1954]) für die Frakturbehandlung, die Behandlung von Fehlbildungen der Extremitäten und hier insbesondere die Kallusdistraktion weiterentwickelt. Das Tenxor^{TM} Fixateur Externe System kombiniert die Elemente des zirkulären Ringfixateurs und des modularen oder unilateralen Rahmenfixateurs. Die Konstruktion verbessert die Neutralisation der auf die Frakturzone einwirkenden axialen und rotatorischen Kräfte. Er ist als Hybridfixateur definiert und besteht aus einer Anordnung von KIRSCHNER-Drähten und Halbpins in einer Rahmenkonstruktion.

Indikationen

- Mehrfragment- und Trümmerfrakturen des Tibiakopfes;
- komplizierte Pilon tibiale-Frakturen mit begleitenden Weichteilverletzungen;
- periartikuläre Frakturen des Knie- und Sprunggelenkes, die nicht durch eine interne Osteosynthese oder konventionelle Halbpins fixiert werden können;

- distale Femurtrümmerfrakturen mit Weichteilschäden;
- Verlängerungsosteotomien nach ausgedehnten meta- und diaphysären Knochendefekten vorwiegend am Unterschenkel;
- Segmenttransporte und Korrekturosteotomien vorwiegend am Unterschenkel.

Kontraindikationen

- Fehlende Patientencompliance insbesondere für die Pflege eines Fixateur Externe, die Akzeptanz eines eingeschränkten Tragekomforts und Belastbarkeit;
- schwerste Zerstörungen von Knochen und Weichteilen, die eine Pinplazierung nicht erlauben.

Vorteile

- Erhalt der angrenzenden Gelenksbeweglichkeit häufig möglich;
- Reduktion der iatrogenen zugangsbedingten Gewebeschädigung;
- geringere Gefahr der Pinauslockerung im Vergleich zu konventionellen Halbpins;
- relativ einfache Handhabung;
- Zeitgewinn bis zur Weichteilkonsolidierung und definitiven Versorgung;
- Möglichkeit der Ausbehandlung unter Freigabe der Gelenkbeweglichkeit;
- Behandlung osteoporotischer Frakturen.

Nachteile

- Eingeschränkter Patientenkomfort;
- oft langwierige Behandlung;
- relative Fragmentstabilität.

Patientenaufklärung

Der Patient muß über die Notwendigkeit der regelmäßigen Fixateurpflege auch durch ihn selbst aufgeklärt werden und einverstanden sein. Der Patient sollte mit dem reduzierten Tragekomfort und einer längeren Behandlungsdauer einverstanden sein. Weiterhin sollte er verstanden haben, daß es neben den gängigen Operationskomplikationen zur Lockerung der Pins, Infektionen im Bereich der Pins und Pseudarthrosenbildung kommen kann. Letztendlich ist es wichtig, daß er mit dem Arzt zusammen die Vor- und Nachteile der Behandlung versteht, und die Entscheidung des Therapeuten für die Fixateurbehandlung nachvollziehen kann.

Operationsvorbereitung

- Standardröntgenaufnahmen in 2 Ebenen mit angrenzenden Gelenken;
- fakultativ Computertomographie mit Rekonstruktion;
- Gewährleistung des vollständigen Sortiments von Fixateurbestandteilen;
- kreislaufstabiler Patient;
- präoperativer Check neuro-vaskulärer Begleitverletzungen;
- Einbeziehung evtl. notwendiger sekundärer Weichteilrekonstruktion bei der Pinplazierung.

Instrumentarium

- Grundsieb für Osteosynthese;
- HOFFMANN II®- und Triax™-Komponenten;
- Selbstbohrende Apex Pins® 4 und 5 mm;
- 1,5 bzw. 2 mm lange KIRSCHNER-Drähte;
- Tenxor™ Instrumentarium.

Lagerung

- Rückenlagerung;
- Kissen unter Knie;
- Blutsperre nicht unbedingt erforderlich;
- evtl. Beckenkamm zur Spongiosatransplantation abdecken.

Operationstechnik

Die Beschreibung der OP-Technik beschränkt sich auf die wesentlichen Schritte zur Versorgung von Tibiaplateau- und Pilon tibiale-Frakturen. Zu Details wird auf die ausführliche Operationsanleitung verwiesen. In beiden Fällen beginnt die Osteosynthese mit der KIRSCHNER-Drahtplazierung im Gelenkbereich.

Tibiaplateau

Zur K-Drahtplazierung ist im proximalen Tibiaplateau der Verlauf des N. peroneus wichtiger Bezugspunkt. Seine Verletzung muß unbedingt vermieden werden. Weiterhin ist beim Einbringen im Bereich des Wadenbeinhalses auf die hier liegende Teilung des N. peroneus zu achten.

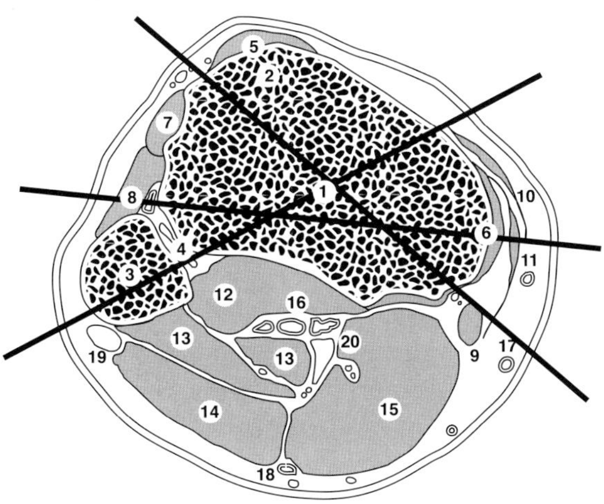

1. Tibia
2. Tuberositas tibiae
3. Fibula
4. Proximales Tibiofibulargelenk
5. Patellarsehne
6. Innenband
7. M. tibialis anterior
8. M. extensor digitorum longus
9. M. gracilis
10. M. sartorius
11. M. semitendinosus
12. M. popliteus
13. M. soleus
14. M. gastrocnemius (lateraler Kopf)
15. M. gastrocnemius (medialer Kopf)
16. A./V. poplitea
17. V. saphena magna
18. V. saphena parva
19. N. peronaeus communis
20. N. tibialis

Abb. 1

Unter Berücksichtigung der in Abbildung 1 gezeigten Anatomie sollten die K-Drähte zur Vermeidung von Gelenkkapselverletzungen mindestens 14 mm unterhalb der Tibiagelenkfläche eingetrieben werden. Vermieden werden sollte eine Plazierung des anterolateral-posteromedialen K-Drahtes in die Patellarsehne. Ein gekreuzter Draht sollte ventral des anterolateralen Kompartimentes laufen und nicht den Gelenkraum oder den M. gastrocnemius verletzen. Fehlplazierungen in dieser Region induzieren Schmerzen und damit eine eingeschränkte Kniegelenkbeweglichkeit. In Zonen mit wichtigen neurovaskulären Strukturen sollten die K-Drähte unter Sicht nach einer entsprechend langen Inzision (3-4 cm) eingebracht werden, sonst reichen Schnitte von 1-2 cm.

Multiplanare K-Drähte bieten eine stabilere Konstruktion gegenüber varisierenden/valgisierenden und flektierenden/extendierenden Deformationskräften. Für die proximale Tibia empfiehlt sich die Plazierung von 3 K-Drähten. In der Diaphyse eingebrachte Apex-Pins bieten eine gute Langzeitfixation. Während bei intraartikulären und kurzen Schrägfrakturen 2-3 Apex-Pins im Diaphysenbereich ausreichen, kann bei instabileren Frakturtypen zur Erhöhung der Ringstabilität gegenüber Flexion-Extensions-Instabilitäten unter axialer Belastung ein zusätzlicher metaphysärer Apex-Pin unabhängig am Ring eingebracht werden. Die Verwendung von K-Drähten mit Olive erlaubt die Kompression von größeren schräg verlaufenden Fragmenten.

Vor der K-Draht Plazierung ist die vorherige temporäre Reposition der Fragmente mit Repositionszangen möglich. Auch sollte nach Einbringung der K-Drähte über die Notwendigkeit einer Spongiosatransplantation entschieden werden. Bei der Auswahl des geeigneten Karbonringes sollten zwischen Ring und Weichteilen ca. 2 Finger Raum vorhanden sein.

Der erste Draht wird parallel zur Tibiagelenkfläche und etwas anterior oder direkt durch das Fibulaköpfchen plaziert und tritt an der Tibia antero-medial aus (cave: N. peronaus, Patellarsehne). Der dorsal offene Karbonring wird unter Verwendung von 2 Ringklemmen und 2 K-Draht-Haltern mit dem K-Draht verbunden. Auf eine korrekte Montage von Ringklemme und K-Draht-Halter muß geachtet werden, auch empfiehlt sich das Anbringen der Ringklemme von außen. Der Klick-Mechanismus bietet hier einen besonderen Komfort, da Korrekturen immer leicht möglich sind. Der zweite K-Draht wird von anterolateral nach posteromedial im Winkel von ca. 40 - 60 Grad zum ersten K-Draht parallel zur Gelenkfläche plaziert. Der dritte Draht wird von medial nach lateral zwischen die ersten beiden K-Drähte plaziert und die Lage mit dem Bildwandler kontrolliert. Idealerweise bildet sich dabei ein Dreieck im Zentrum des Tibiakopfes (Abb. 2).

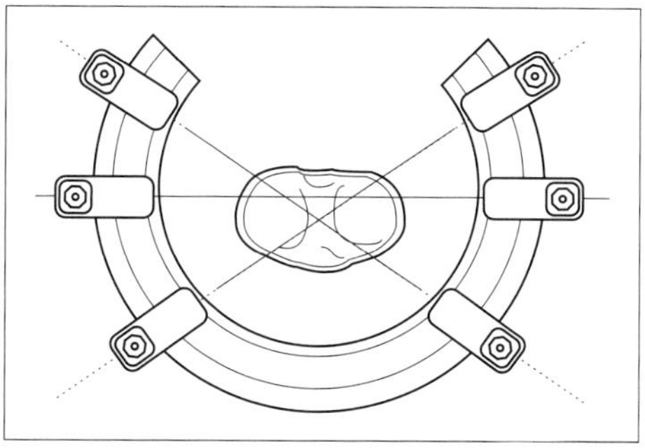

Abb. 2

Da jeder K-Drahthalter in vertikaler Richtung bis maximal 25 mm verschoben werden kann, kann der Karbonring alternativ auch nach Einbringen aller K-Drähte montiert werden. Anschließend werden die K-Drähte verspannt. Dabei muß unbedingt darauf geachtet werden, daß der K-Draht-Halter parallel zu dem K-Draht steht, da jede Verbiegung während des Spannens eine Bruchstelle erzeugen kann. Die K-Draht Spannzange benötigt eine überstehende Mindestdrahtlänge von 70 mm. Die erste Markierung an der Spannzange führt für 1,5 mm K-Drähte zu einer Spannung von 50 kg und die zweite Markierung für 2 mm Drähte zur Spannung von 100 kg. Einen optimalen Ausgleich der Spannung zwischen den verschiedenen K-Drähten und die höchste Steifigkeit errreicht man, wenn der am weitesten vom Ring entfernte Draht in absteigender Folge zuerst gespannt wird. Die diaphysäre Abstützung des Karbon-Ringes erfolgt über 2-3 diaphysäre Apex-Pins, welche dann über HOFFMANN II-Verbindungsstäbe mit dem Karbonring zusammengeklickt werden.

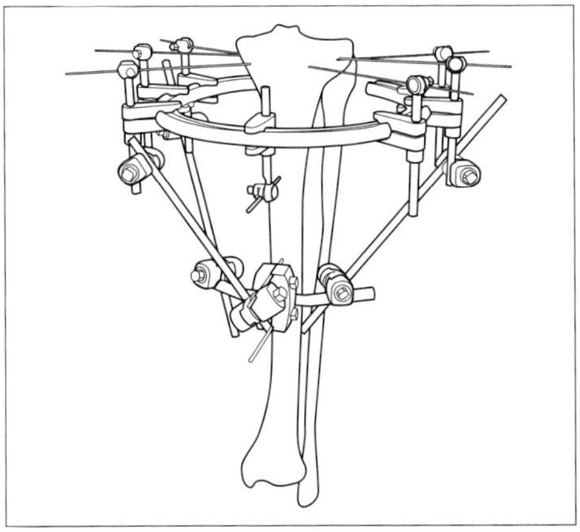

Abb. 3

Die endgültige Reposition erfolgt über eine Manipulation von Karbon-Ring und Brückenstäben, die dann in korrekter Position mit dem 7 mm-Schraubenschlüssel arretiert werden. Die überstehenden K-Drähte werden auf ca. 35 mm gekürzt und weggebogen (Abb. 3).

Distale Tibia/Knöchelfraktur

Der Aufbau des Tenxor™-Rahmens deckt sich mit dem bei der Tibiakopffraktur, allerdings ist bei der Plazierung der K-Drähte die Anatomie des distalen Unterschenkels zu berücksichtigen.

Wie in Abbildung 4 gezeigt,

- laufen Arteria/Vena und Nervus tibialis posterior hinter der Tibia und kreuzen nach medial beim Erreichen des Sprunggelenkes;
- liegen A. und V. tibialis anterior und der N. fibularis profundus an der lateralen Oberfläche der Tibia;
- befinden sich der N. saphenus und die V. saphena magna an der Innenseite der Tibia
- und teilt sich der N. fibularis superficialis hier mit seinen Ästen.

Abbildung 5 zeigt ein Beispiel einer Rahmenkonstruktion an der distalen Tibia.

Postoperative Behandlung

Verbandswechsel ca. 48 Stunden postoperativ und Anleitung des Patienten in der Pinpflege. Bei nachblutenden Pininzisionen frühere Verbandswechsel. Abhängig vom Allgemeinzustand des Patienten frühe Mobilisation und krankengymnastische Übungsbehandlung der nicht verletzten benachbarten Gelenke.

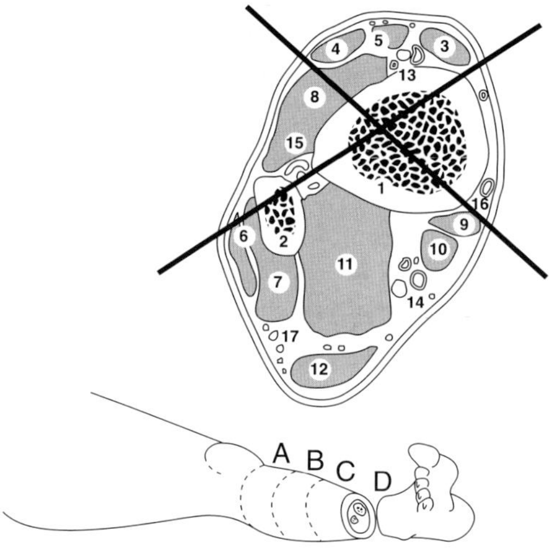

1. Tibia
2. Fibula
3. M. tibialis anterior
4. M. extensor digitorum longus
5. M. extensor hallucis longus
6. M. peronaeus longus
7. M. peronaeus brevis
8. M. peronaeus tertius
9. M. tibialis posterior
10. M. flexor digitorum longus
11. M. flexor hallucis longus
12. M. triceps surae (Achillessehne)
13. A./V. tibialis anterior und N. peronaeus
14. A./V. tibialis posterior und N. tibialis
15. A./V. peronaea
16. V. saphena magna
17. V. saphena parva

Abb. 4

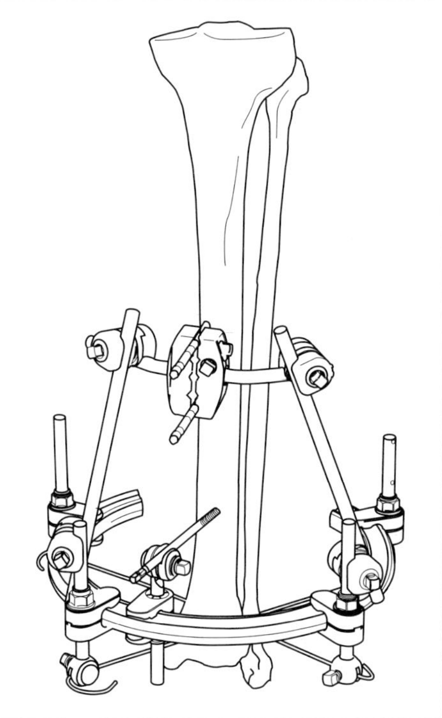

Abb. 5: Beispiel einer Rahmenkonstruktion an der distalen Tibia.

Abhängig von der Fraktursituation frühe Beübung der verletzten Gelenke unter Abrollbelastung von ca. 15-20 kg für 4 - 6 Wochen, dann zunehmender Belastungsaufbau über weitere 4 - 6 Wochen.

Fehler und Gefahren

- Verletzung neurovaskulärer gelenknaher Strukturen;
- bei Gelenkpenetration Antibiose erforderlich;
- Wandern der K-Drähte bei osteoporotischen Knochen;
- unzulängliche Fixation der metaphysären Elemente,
- zu spitze Winkel zwischen den K-Drähten;
- ungenügende Stabilisierung des Karbonringes an den Seitenstangen;
- unregelmäßiges Nachziehen der Schraubenmuttern.

Intra- und postoperative Komplikationen

- Pininfektionen, -lockerungen, -verluste;
- Pseudarthrosen;
- instabile Fixateurmontagen;
- sekundäres Kompartmentsyndrom.

Ergebnisse

Klinischer Fall 1

M.M., 30 Jahre, männlich. Einquetschung des linken Unterschenkels zwischen zwei Lastenanhänger mit Paletten. Diagnose: Drittgradig offene Pilon tibiale Trümmerfraktur und Tibiaschaftfraktur rechts mit ausgedehntem Knochendefekt (GUSTILLO III b) (Abb. 6). Therapie: Erstversorgung mit Rohrfixateur und Weichteildébridement, K-Drahtosteosynthese der Tibiagelenkfläche und Vakuumversiegelung. Mehrere Second look-Operationen und 9 Tage später plastische Deckung des Weichteildefektes mit mikrovaskulärem freiem Parascapula-Lappen. 4 Wochen später Transplantation eines kortiko-spongiösen Beckenkammspanes. 10 Wochen später Aufhebung der

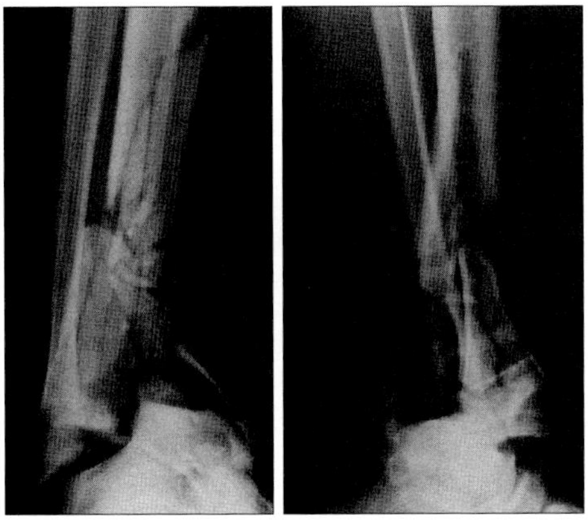

Abb. 6: Unfallaufnahme zum Klinischen Fall 1: Drittgradig offene Pilon tibiale Trümmerfraktur (GUSTILLO III b).

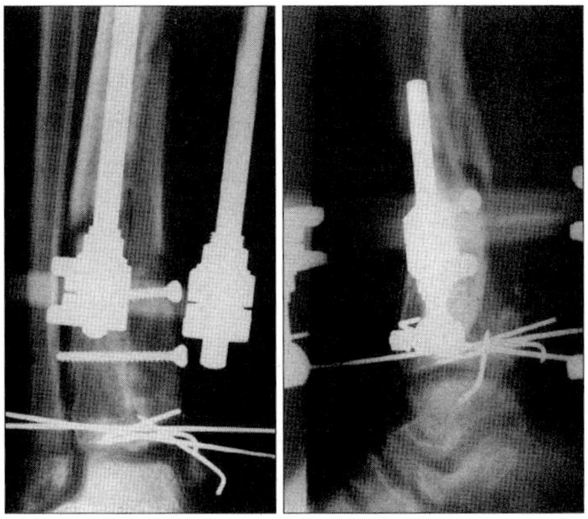

Abb. 7: Klinischer Fall 1: Tenxor™ Hybridfixateur und sekundäre Transplantation eines cortiko-spongiösen Beckenkammspanes.

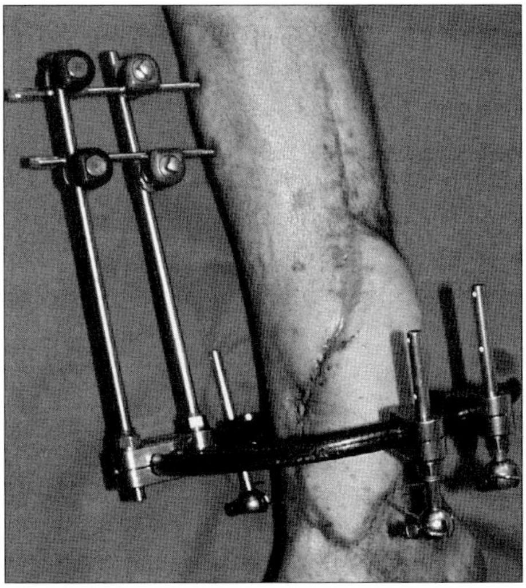

Abb. 8: Klinischer Fall 1: Tenxor™ Hybridfixateur bei drittgradig offenem Pilon tibiale und Parascapulalappen-Transfer.

OSG-Transfixation und Montage eines Tenxor™ (Abb. 7, 8). Ausheilung in mäßiger Varusstellung bei belastungsfähiger schmerzfreier Extremität 12 Monate nach Unfall (Abb. 9).

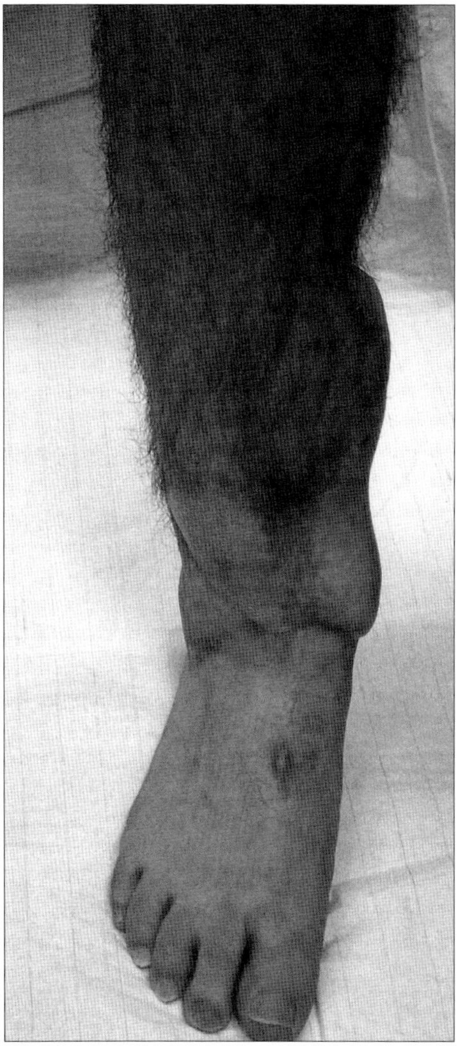

Abb. 9: Klinischer Fall 1: Ausheilungs- und Belastungsaufnahme.

Klinischer Fall 2

T.A., 29 Jahre, männlich. Einquetschung des linken Unterschenkels zwischen Motorrad und Leitplanke. Diagnose: Drittgradig offene Unterschenkelfraktur (Gustillo IIIb) rechts, laterale Tibiakopffraktur links. Therapie: Erstversorgung mit Plattenosteosynthesen und Jet-Lavage sowie Vakuumversiegelung. Sekundärverlegung bei Infekt mit nachfolgender ausgedehnter Nekrosektomie und Segmentresektion bei Nachweis einer Clostridium perfringens Infektion (Abb. 10).

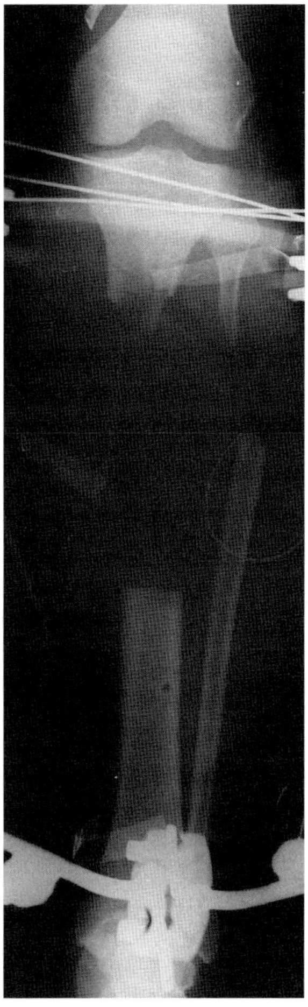

Abb. 10: Klinischer Fall 2: Segmentresektion bei drittgradig offener Unterschenkelfraktur und Z.n. Clostridium perfringens Infektion.

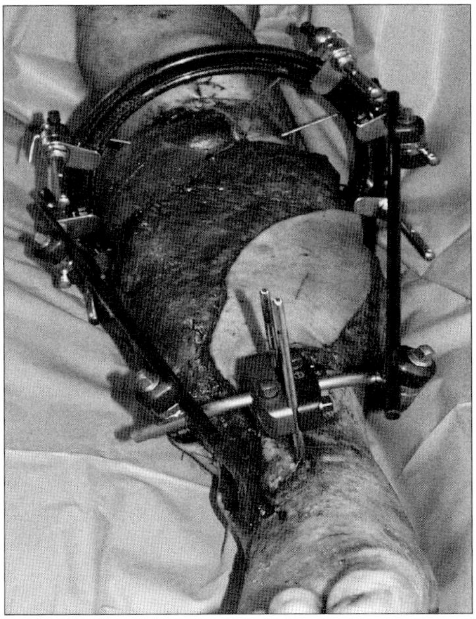

Abb. 11: Klinischer Fall 2: Tenxor™ Hybridfixateur und sekundärer Latissimus dorsi-Transfer zur Weichteildeckung.

Mehrere Second look-Operationen (Débridements) und hyperbare Sauerstofftherapie. Nach 3 Wochen freier mikrovaskulärer Latissimus dorsi-Lappentransfer sowie 3 Tage später lateral gestielter Gastrocnemius-Lappentransfer und Montage eines Tenxor™ Ringfixateurs (Abb. 11). Segmenttransport über Tenxor™ (Abb. 12) mit Andockung an das Tibiakopfsegment 22 Monate nach Unfall (Abb. 13).

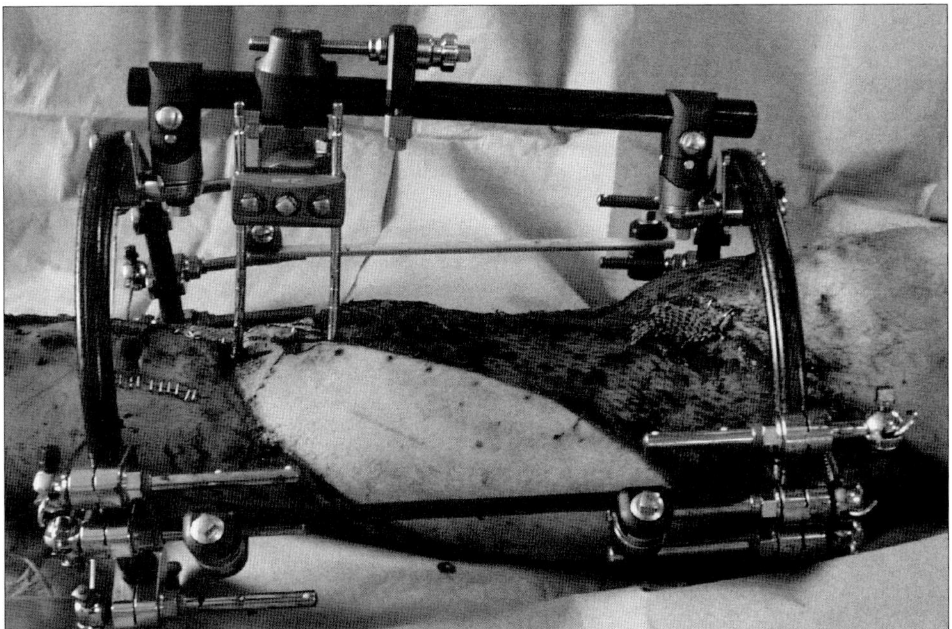

Abb. 12: Klinischer Fall 2: Segmenttransport Tibia mit Tenxor™ und Triax™.

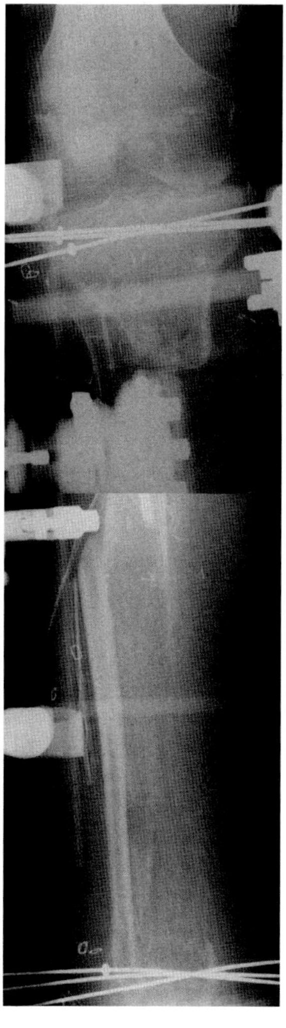

Abb. 13: Klinischer Fall 2: Segmenttransport Tibia mit Andocken des Transportsegmentes am Tibiakopf.

Schlußfolgerung

Die moderne und leicht zu handhabende Konstruktion des Tenxor™ Hybridfixateur Systems erlaubt einen universellen Einsatz dort, wo insbesondere im diaphysären und metaphysären Bereich die Standardverfahren wie Platten-, Schrauben- oder auch intramedulläre Osteosynthesen aufgrund der schweren Gewebestörung nicht mehr anwendbar sind. Bei der Anwendung zu beachten sind eine exakte Montage mit gut gewählten KIRSCHNER-Drähten und eine stabile Aufhängung des Karbonringes an den diaphysären Apex Pins (Rahmensymmetrie). Defekte im diaphysären Bereich können ebenfalls über einen Segmenttransport unter Einsatz z. B. eines Monotube® Triax™ aufgebaut werden. Bei korrektem Einsatz stellt das Hybrid-Fixateursystem eine wertvolle Ergänzung zur Behandlung komplexer Frakturen insbesondere im Unterschenkelbereich dar, mit dem Vorteil, daß angrenzende Gelenkfunktionen erhalten werden können.

Literatur

(1) BRUTSCHER, R., JOSTEN, C.H.: Spongiosaplastik und Transportcorticotomie - Alternative oder Ergänzung. Chirurg 62, 388-393 (1991)

(2) RÜTER, A, BRUTSCHER, R.: Die Ilizarow-Kortikotomie und Segmentverschiebung zur Behandlung großer Tibiadefekte. Operative Orthopädie und Traumatologie. 1, 80-87 (1989)

(3) PUGH, K.J., WOLINSKY, P.R., PIENKOWSKI, D. et al.: Comparative biomechanics of hybrid external fixation. Journal of Orthopaedic Trauma. 13, 418-425 (1999)

(4) ANGLEN, J.O.: Early outcomes of hybrid external fixation for fractures of the distal tibia. Journal of Orthopaedic Trauma. 13, 92-97 (1999)

(5) KHALILY, C., VOOR, M.J., SELIGSON, D.: Fracture site motion with Ilizarov and „Hybrid“ external fixation. Journal of Orthopaedic Trauma. 12, 21-26 (1998)

(6) HUTSON, J.J., ZYCH, G.A.: Infections in periarticular fractures of the lower extremity treated with tensioned wire hybrid fixators. Journal of Orthopaedic Trauma. 12, 214-218 (1998)

Die Anwendung des Hybrid-Fixateurs bei proximalen Tibiafrakturen

R. Varsalona • S. Avondo • G. Sessa • Q. Mollica

Einleitung

Schwere Formen proximaler Tibiafrakturen mit intra- und extraartikulärem Frakturverlauf und Dissoziation von Meta- und Diaphyse stellen für den Operateur ein schwieriges Behandlungsproblem dar und sind mit einer erheblichen Komplikationsrate behaftet. Die Behandlungsergebnisse sind in vielen Fällen unbefriedigend. Derartige Verletzungen entstehen häufig durch Traumata mit starker Gewalteinwirkung und gehen in der Regel mit Weichteilschäden wie Prellungen, Spannungsblasen, kommunizierenden offenen Wunden, Kompartmentsyndromen und Verletzungen von Nerven und Gefäßen einher.

Behandlungsziel ist in solchen Fällen die möglichst genaue anatomische Rekonstruktion der Gelenkflächen, die Wiederausrichtung des Kniegelenks und die Wiederherstellung von Länge und Rotationsstellung des betroffenen Beines. Wichtig dabei ist die stabile Fixation der Fraktur mit der Möglichkeit einer frühen Beübung und Belastung sowie die Minimierung des Risikos einer posttraumatischen Arthrose.

Unsere Empfehlung basiert auf einer retrospektiven Studie, in der die Behandlung schwerer Formen periartikulärer Tibiafrakturen mittels externer Hybrid-Fixation ausgewertet wurde.

Materialien und Methoden
(Tabelle 1)

In allen Fällen wurden die externen Hybrid-Fixationssysteme Monticelli-Spinelli™ und TenXor™ (Stryker Trauma) verwendet.

Tab. 1

AO-Klassifikation der proximalen Tibiafrakturen	Anzahl der Fälle
41.A2	3
41.A3	3
41.C1	16
41.C2	12
41.C3	18

Indikationen

Das Anwendungsspektrum dieser Behandlungsmethode umfaßt instabile extraartikuläre Frakturen, bikondyläre Frakturen, Dissoziation von Schaft und Kondylen bei intraartikulären Frakturen, schwere Trümmerfrakturen bzw. kondyläre Frakturen des medialen Tibiaplateaus sowie damit einhergehende schwere Weichteilschäden, die eine offene Standardreposition und die Anwendung interner Fixationsverfahren nicht zulassen. Als schwere Weichteilschäden galten definitionsgemäß kommunizierende offene Wunden sowie, bei geschlossenen Frakturen, Kompartmentsyndrom, Schürfwunden, Prellungen, Quetschungen und ausgeprägte Schwellungen (Verletzungen Typ II oder III nach den Kriterien von TSCHERNE und GOTZEN). Einfache Splitterfrakturen, Splitterfrakturen mit Impression oder Frakturen mit umschriebener Depression des lateralen Gelenkplateaus wurden, unabhängig vom Ausmaß der Weichteilschädigung, nicht mit der Methode der externen Fixation behandelt. Dieses Verfahren blieb den schwersten Formen von Tibiaplateaufrakturen vorbehalten.

Operationstechnik

Die Operation wird in Vollnarkose oder Spinalanästhesie, auf einem Frakturtisch oder einem röntgendurchlässigen Tisch, in transkalkanealer Extension und unter Bildwandlerkontrolle durchgeführt. Die präoperative Röntgen- und CT-Untersuchung erleichtert die Lagebestimmung der wichtigsten Gelenkfragmente. Die Kongruität der Gelenkflächen wird auch intraoperativ mittels Arthroskopie beurteilt. Dies ist hilfreich für die Behandlung und ermöglicht die Diagnose intrakapsulärer Läsionen.

Imprimierte Gelenkfragmente werden mit Hilfe eines durch ein Kortikalisfenster eingeführten Elevatoriums oder eines anderen Hebeinstruments angehoben. Die Kondylen werden reponiert und mittels Ligamentotaxis und perkutaner Einführung einer Ahle oder eines Elevatoriums ausgerichtet. Gegebenenfalls können durch relativ kleine Inzisionen und ein kleines Kortikalisfenster hindurch imprimierte Gelenkfragmente reponiert und Defekte mit Knochenspänen aufgefüllt werden.

Danach werden die beiden Kondylen komprimiert, mit einer großen einzinkigen Repositionszange provisorisch stabilisiert und mit kanülierten 6-mm-Spongiosaschrauben und/oder Oliven-KIRSCHNER-Drähten fixiert, die dann auf dem Ring des Hybrid-Fixateurs gespannt werden. Die kanülierten Schrauben werden gelenkflächennah so plaziert, daß anschließend unterhalb der Schrauben die KIRSCHNER-Drähte eingeführt werden können. Röntgen Bildwandlerkontrollen in zwei Ebenen erleichtern die Beurteilung der Reposition und die Plazierung der kanülierten Schrauben. Sind die Kondylen reponiert und fixiert, wird ein externer Hybrid-Fixateur installiert.

Die externen Hybrid-Fixateure Monticelli-Spinelli™ und TenXor™ sind modulare Systeme. Bei proximalen Tibiafrakturen verwenden wir das TenXor™-System, bei dem (röntgendurchlässige) Dreiviertelringe aus Kohlefasern, Ringhalter und Ansatzstücke für die Drähte verwendet werden. Die verwendeten Teile werden bei diesem System mit Hilfe eines „Klick"-Systems verbunden, das eine freie Positionierung der Drähte bzw. Pins erlaubt und so die chirurgische Anwendung erleichtert. Dabei sind verschiedene Konfigurationen mit therapeutisch wünschenswertem biomechanischen Verhalten möglich. Der Ring wird in Höhe des proximalen Tibiaabschnitts so positioniert, daß das Bein im Zentrum des Ringes liegt und die Ringöffnung nach hinten gerichtet ist, damit das Knie ungehindert gebeugt werden kann. Ring und Knie müssen rund herum mindestens zwei Finger breit von einander entfernt sein, damit Platz für eventuelle Schwellungen ist und die Weichteile versorgt werden können.

Bei Verwendung von KIRSCHNER-Drähten ist unbedingt darauf zu achten, daß keine Sehnen oder Gefäß-Nervenbündel durchstochen werden. Eine wichtige Orientierungsmarke für die Einbringung der Drähte in die proximale Tibia ist das Fibulaköpfchen. Da jedoch unmittelbar hinter ihm der Nervus peronealis verläuft, muß man aufpassen, daß der Nerv nicht transfixiert wird. Der Durchmesser der KIRSCHNER-Drähte beträgt 2,0 mm. Der erste KIRSCHNER-Draht sollte durch das Fibulaköpfchen hindurch oder unmittelbar über dessen Spitze eingebracht werden. Um ein Eindringen in die Gelenkkapsel zu vermeiden, muß er mindestens 14 mm unter der Gelenklinie plaziert werden. Außerdem muß der Austrittspunkt medial von der Patellarsehne liegen, weil ein Durchtritt durch die Sehne zu Schmerzen und Bewegungseinschränkungen führen würde.

Der zweite Querdraht, der so genannte „medial face wire", wird unmittelbar vor den Muskeln des anterolateralen Kompartments so eingeführt, daß er an der posteromedialen Tibiakante, vor dem Musculus gastrocnemius, austritt. Liegt der Austrittspunkt zu weit anterior oder zu weit posterior, so daß der Draht den Ansatz der ischiokruralen Muskelgruppe bzw. den medialen Gastrocnemius-Kopf durchsticht, kann dies zu Beschwerden führen. Die anteriore Plazierung dieser beiden schrägen, gespannten KIRSCHNER-Drähte erhöht die Biegesteifigkeit in der anterioposterioren Ebene und somit den Widerstand gegen eine Dislokation bei proximalen metaphysären Frakturen. Der dritte KIRSCHNER-Draht wird in der koronaren Ebene, posterior vom Tibiazentrum, in lateromedialer Richtung eingebracht. Auf diese Weise entsteht im Innern des Knochens eine Dreieckskonfiguration. Die Drähte werden gespannt, bis sich alle drei in befriedigender Position befinden und unter ausreichender Spannung stehen.

Distal werden zwei oder drei 5,0-mm-Halfpins anterior oder anteromedial in den Tibiaschaft eingebracht und mit einem Mehrfach-Pinhalter des HOFFMANN® II Systems verbunden. Dieser distale Rahmen wird über verstellbare Komponenten (Stäbe oder einen unilateralen Fixateur Externe) mit dem Ring verbunden, um Deformitäten im Sinne einer Varus-, Valgus-, Flexions- oder Rotationsfehlstellung zu korrigieren. Durch postoperative Röntgenkontrolle wird die ausreichende Reposition bestätigt.

Postoperative Behandlung

Die Extremität wurde in allen Fällen hochgelagert, bis die Weichteilschwellung abgeklungen war.
Vom zweiten bis fünften Tag nach der Operation an wurde das Knie mit Hilfe einer elektrischen Bewegungsschiene oder im Rahmen einer physiotherapeutischen Übungsbehandlung bewegt. Je nach Art der Fraktur mußten Patienten mit isolierter Tibiaplateaufraktur entweder jede Belastung vermeiden oder sie durften unter Überlastungsschutz mit maximal 20 kg teilbelasten. In vielen Fällen machten allerdings die Begleitverletzungen eine Gewichtsbelastung unmöglich.
Die Patienten wurden wöchentlich in der Praxis nachuntersucht. Röntgenkontrollen waren zwei Wochen, vier Wochen, acht Wochen, drei Monate, sechs Monate und ein Jahr nach der Operation vorgesehen.

Ergebnisse

Alle proximalen Tibiafrakturen heilten ohne zusätzliche Maßnahmen aus. Die klinische und röntgenologische Konsolidierung wurde nach durchschnittlich 15,9 Wochen (Spannweite 12-23 Wochen) erreicht. Volle Gewichtsbelastung war nach durchschnittlich 8,4 Wochen (Spannweite 5-10 Wochen) erlaubt. Nur bei fünf der 52 Patienten wuchs der Knochen mit einem Winkel von mehr als 6° schlecht zusammen. Sechsundvierzig Patienten konnten das Bein am Ende vollständig strecken, bei sechs Patienten war die Streckung um weniger als 10° eingeschränkt. Drei Patienten konnten das Knie in einem Winkel von weniger als 90° beugen, 27 erreichten einen Beugungswinkel von mehr als 100°, 22 davon waren in der Lage, das Knie mit einem Winkel von mehr als 110° zu beugen. Nur bei einem Patienten kam es zu einer Atrophie des Oberschenkels um mehr als 1 cm.
Die Patienten wurden durchschnittlich 18 Monate (6 Monate bis 2 Jahre) nachbeobachtet und auf der Basis eines Ergebnisscores nach DELAMARTER und HOHL evaluiert.
Intraoperative Verletzungen von Nerven oder größeren Gefäßen kamen nicht vor.
Folgende postoperative Komplikationen wurden beobachtet: oberflächliche Pinkanalinfektionen bei 15 KIRSCHNER-Drähten/Pins, von denen alle unter lokaler Pinpflege und kurzfristiger oraler Antibiotikagabe abklangen.

Fallstudie I

(Abb. 1a-c, 2a, b, 3a-c)

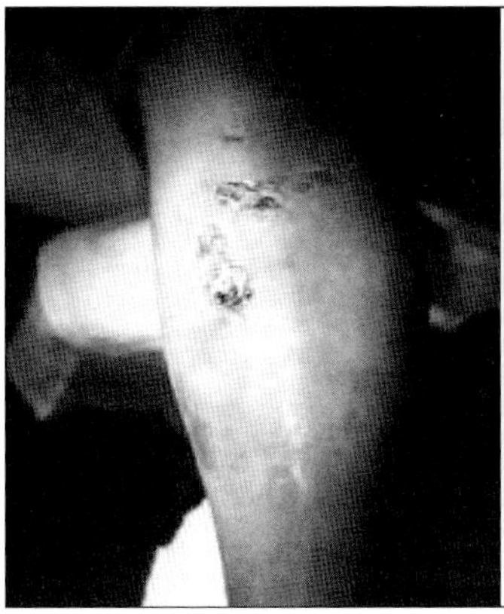

Abb. 1a

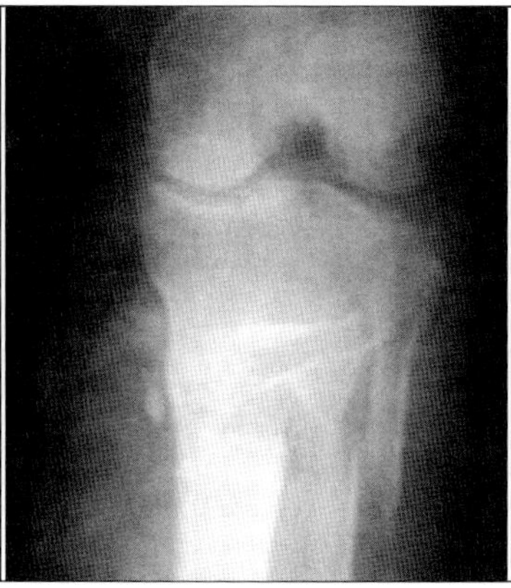

Abb. 1b

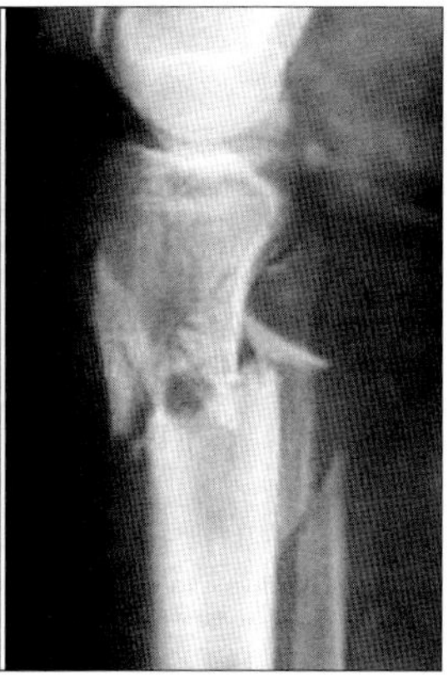

Abb. 1c

Abb. 1a, b, c: Ein 46jähriger Fußgänger wurde von einem Auto angefahren und erlitt eine offene proximale Tibiafraktur (41.A3 – GUSTILO-ANDERSON Grad II).

Abb. 2a, b: Die AP-Röntgenaufnahme und das Foto des klinischen Aspekts zeigen die Reposition und Stabilisierung mit Hilfe eines TenXor™-Rahmens.

Abb. 3a, b, c: AP- und LL-Röntgenaufnahmen und die klinische Situation neun Monate nach der Verletzung. Die Fraktur ist ausgeheilt und die Beweglichkeit in vollem Umfang wiederhergestellt.

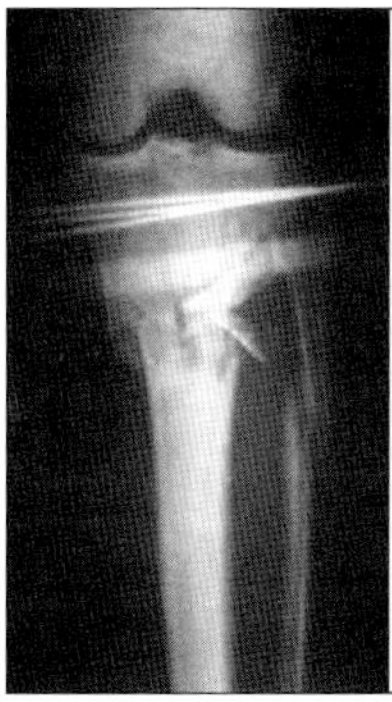

Abb. 2a

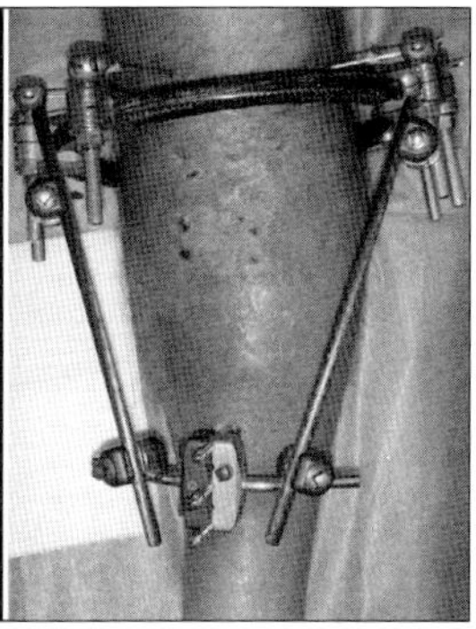

Abb. 2b

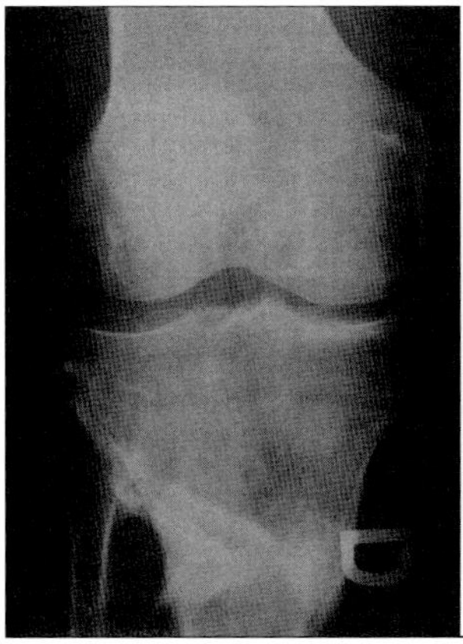

Abb. 3a

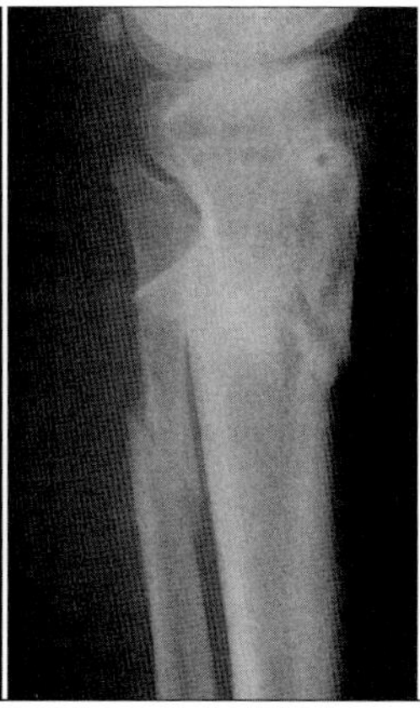

Abb. 3b

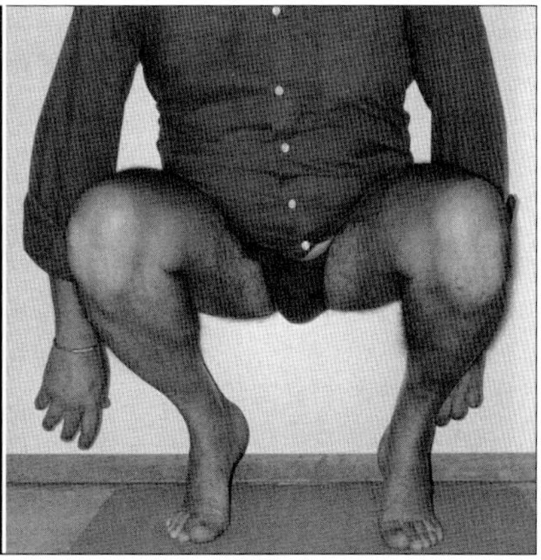

Abb. 3c

Fallstudie II

(Abb. 4a, b, 5a, b, 6a-c)

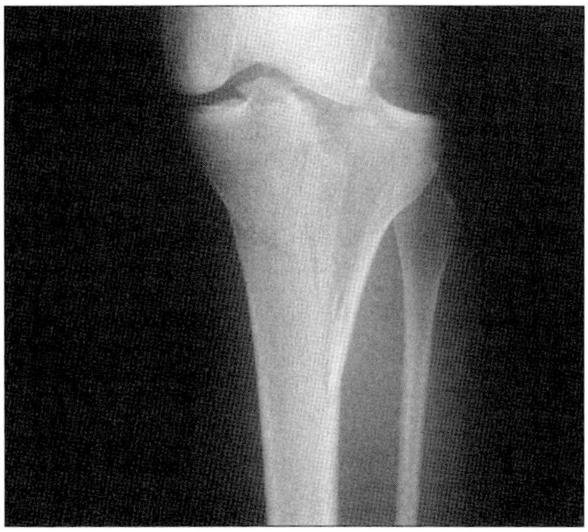

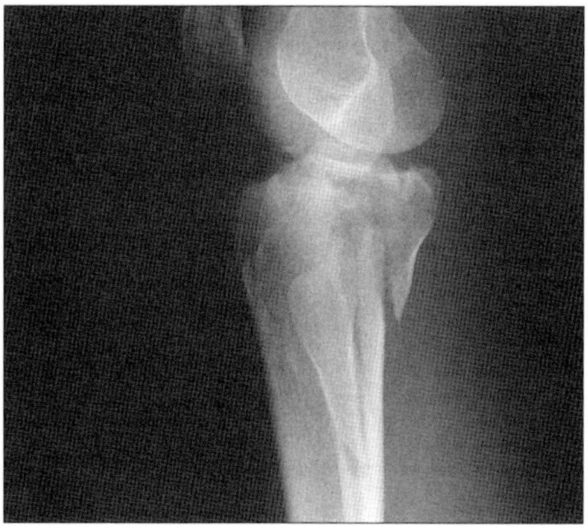

Abb. 4a *Abb. 4b*

Abb. 4a, b: Eine 18-jährige Frau erlitt bei einem Autounfall eine proximale Tibiafraktur.

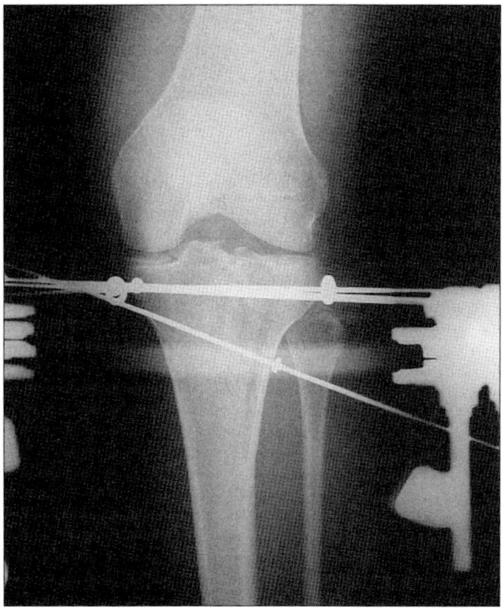

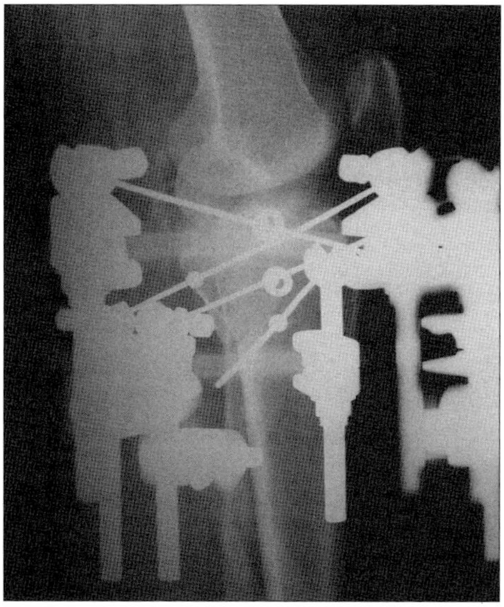

Abb. 5a *Abb. 5b*

Abb. 5a, b: AP- (5a) und laterale (5b) Röntgenaufnahmen belegen die Reposition und Stabilisierung mit gespannten Oliven-KIRSCHNER-Drähten, die auf den Kohlefaserring eines TenXor™-Rahmens montiert sind.

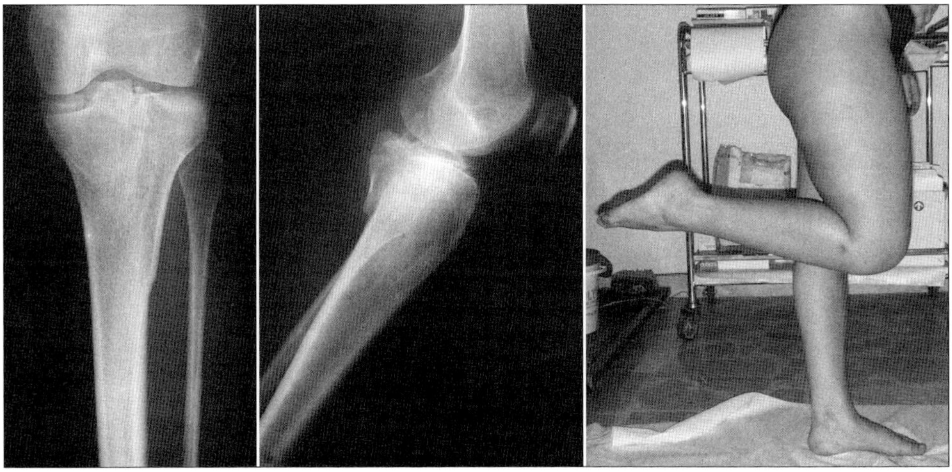

Abb. 6a *Abb. 6b* *Abb. 6c*
Abb. 6a, b, c: AP- (6a) und LL- (6b) Röntgenaufnahmen und klinischer Aspekt (6c) zeigen die Knochenheilung und die Beweglichkeit des Knies 14 Monate nach der Verletzung.

Diskussion

Proximale Tibiafrakturen nach starker Gewalteinwirkung sind komplexe Läsionen. Metaphyse und Diaphyse der Tibia werden von einander getrennt und beide Kondylen in Mitleidenschaft gezogen; dabei kommt es zu erheblichen Gelenkschäden, Trümmerfrakturen, Impressionen und Dislokationen. Häufig bestehen gleichzeitig Schädigungen des Weichteilmantels von Knie und Bein, Kompartmentsyndrome, Nerven- und Gefäßverletzungen sowie in einigen Fällen offene Frakturen. Die vielen verschiedenen Aspekte ein und derselben Verletzung erschweren die operative Versorgung außerordentlich. Infolgedessen sind die Ergebnisse häufig unbefriedigend, und noch immer ist strittig, ob eine konservative oder eine operative Behandlung vorzuziehen ist. Da diese Frakturen meist durch Traumata mit starker Gewalteinwirkung hervorgerufen werden, sind sie inhärent instabil und oft mit Spätkomplikationen wie z. B. Bewegungseinschränkungen, Deformitäten, chronischer Instabilität und Arthrose verbunden.

Folgende Behandlungsmöglichkeiten kommen in Frage: offene Reposition und interne Fixation mit Platten und Schrauben, externe Fixation (in manchen Fällen kombiniert mit minimaler interner Fixation) oder geschlossene Behandlung mittels Extension, Gipsverband oder Gipsschiene. Bei der offenen Technik muß der Nutzen der Wiederherstellung normaler anatomischer Verhältnisse gegen das Risiko von Infektionen, Weichteilkomplikationen und Pseudarthrosebildung abgewogen werden. Umgekehrt muß die Erhaltung von Funktion und Langlebigkeit des Kniegelenks angestrebt werden.

Die herkömmliche offene Reposition und Versorgung der Fraktur mit Platten ist mit einer erheblichen Inzidenz von Wundkomplikationen und unbefriedigenden Ergebnissen behaftet. So sind z. B. bei komplexen bikondylären Frakturen (Typ C) manchmal zwei Osteosyntheseplatten erforderlich, um eine optimale Fixation zu erzielen, die Achse zu stabilisieren und ggf. Metaphyse und Diaphyse wiederzuvereinigen. Infolge der zum Teil umfangreichen Weichteilablösungen, die dabei erforderlich sind, weist dieses Verfahren eine inakzeptabel hohe Infektionsrate auf. Darüber hinaus entwickelt sich trotz aller Bemühungen um die Rekonstruktion der Gelenkfläche bei einem erheblichen Anteil der Patienten eine posttraumatische Arthrose.

Eine wichtige Voraussetzung für die Rekonstruktion des Tibiaplateaus ist ein ausreichend intakter Zustand der Weichteilgewebe. Wenn die Haut geprellt oder mit Blasen übersät ist, sollte die Operation verschoben und die Zeit, bis die Weichteile sich erholt haben, durch temporäres Anlegen eines BÖHLER-Extensionsrahmens überbrückt werden. Nicht alle Verletzungen durch Gewalteinwirkung führen zu offenen Wunden. Die Weichteile können bei geschlossenen Verletzungen sogar stärker zerstört sein als bei offenen. Werden sie unter Gipsverbänden versteckt oder durch Ablösung im Rahmen einer Operation zusätzlich geschädigt, kann dies katastrophale Konsequenzen nach sich ziehen; diese reichen von verzögerter Wundheilung bis hin zur Gewebsdemarkierung mit der Folge einer massiv infizierten offenen Fraktur.

In den letzten Jahren sind Verfahren mit geschlossener Reposition und externer Fixation so weiter entwickelt worden, daß sie mittlerweile eine gute Lösung mit vielseitigen Anpassungsmöglichkeiten an verschiedene Situationen darstellen. In der Regel läßt sich eine stabile Fixation durch Anwendung von gespannten Drähten proximal und Halfpins distal erreichen. Dieser spezielle Rahmen stellt einen externen Hybrid-Fixateur dar, bei dem die axiale Kompressionssteife eines linearen Fixateurs mit der Biege- und Torsionssteife und der neutralisierenden Wirkung eines zirkulären Fixateurs auf die sonstigen Störkräfte kombiniert ist, die auf die Frakturstelle einwirken. Ein Hybrid-Fixateur kommt mit weniger transfixierenden Elementen aus als ein Vier-Ring-Fixateur, erzielt aber eine ähnliche axiale Kompression und eine ähnliche Biege- und Torsionssteife.

Ein Hybrid-Fixateur ist in der Lage, Länge und Ausrichtung eines Knochens konstant zu halten und dabei eine Trümmerzone im metadiaphysären Bereich zu überbrücken. Er ermöglicht den Zugang zu allen offenen Wunden oder geschädigten Weichteilen. Eine nachträgliche Korrektur von Winkel- oder Rotationsdeformitäten ist möglich. Der Hybridrahmen erlaubt eine frühe Teilbelastung und einen gewissen Bewegungsumfang des Kniegelenks.

BUCHKO hat die Vorteile der Arthroskopie bei Tibiaplateaufrakturen beschrieben. Wir halten ebenfalls die Arthroskopie bei Frakturen der Kategorie C für nützlich. Mit ihrer Hilfe kann ohne Arthrotomie oder Ablösung des Meniskus eine direkte visuelle Kontrolle der intraartikulären

Tab. 2

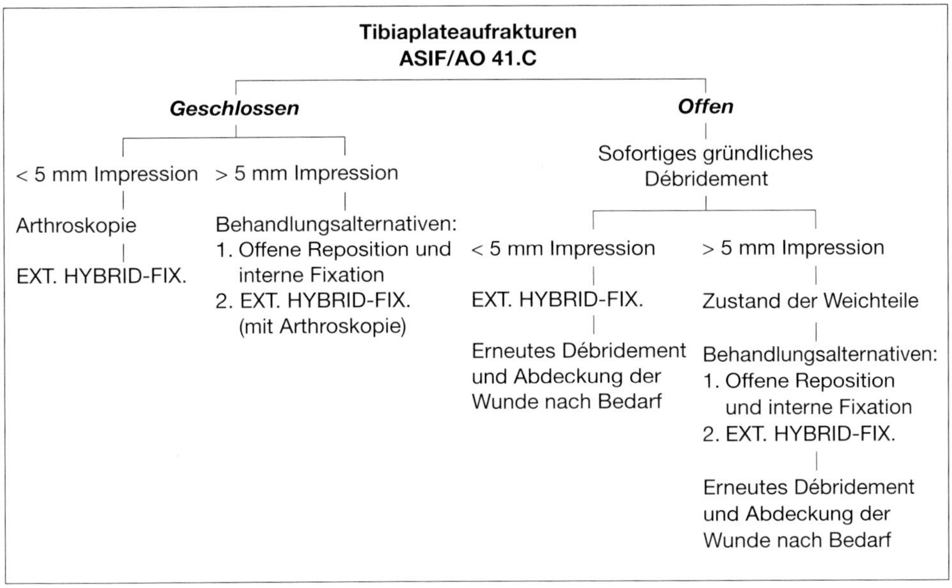

Frakturanteile, eine Anhebung imprimierter Fragmente, eine Behandlung assoziierter Band- und Meniskusverletzungen und eine Gelenkspülung zur Entfernung loser Fragmente vorgenommen und auf diese Weise das Ausmaß postoperativer Beschwerden wie Schmerzen und Gelenksteife vermindert werden. Aus diesen Gründen haben wir unseren Algorithmus für die Behandlung von Tibiaplateaufrakturen (Typ C) entwickelt (Tab. 2).

Schlußfolgerung

Bislang gelingt es noch mit keiner Therapie, die posttraumatische Arthrose zu verhindern, die in der Regel auf die oben beschriebenen Verletzungen folgt, doch scheint der hier vorgestellte Ansatz wenigstens zu ausreichender biomechanischer Stabilität zu führen. Darüber hinaus wird eine zusätzliche Schädigung der Weichteile und der Frakturstelle weitgehend vermieden, so daß größere Komplikationen, mit Ausnahme der posttraumatischen Arthrose, relativ selten auftreten.

Die externe Hybrid-Fixation stellt eine gute Alternative für die Behandlung proximaler meta- und/oder epiphysärer Tibiafrakturen dar. Sie vermeidet Störungen der biologischen Prozesse in Weichteilen und Knochen und ermöglicht eine frühe Mobilisierung und Gewichtsbelastung des Gelenks.

Literatur

(1) BAI, B., KUMMER, F., SALA, D., KOVAL, K., WOLINSKY, P.: Effect of articular step-off and meniscectomy on joint alignment and contact pressures for fractures of the lateral tibial plateau. J. Orthop. Trauma 15, 101-106 (2001)

(2) BUCHKO, G.M., JOHNSON, D.H.: Arthroscopy assisted operative management of tibial plateau fractures. Clin. Orthop. 332, 29-36 (1996)

(3) DENDRINOS, G., KONTOS, S., KATSENIS, D., DALAS, A.: Treatment of high-energy tibial plateau fractures by the Ilizarov circular frame. J. Bone Joint Surg. 78-B, 5, 710-717 (1996)

(4) GAUDINEZ, R.F., MALLIK, A.R., SZPORN, M.: Hybrid external fixation of comminuted tibial plateau fractures. Clin. Orthop. 328, 203-210 (1996)

(5) GELLER, J., TORNETTA P., TIBURZI, D., KUMMER, F., KOVAL, K.: Tension wire position for Hybrid External Fixation of the Proximal Tibia. J. Orthop. Trauma 14, 502-504 (2000)

(6) LUNDY, D.W., ALBERT, M.J., HUTTON, W.C.: Biomechanical comparison of hybrid external fixators. J. Orthop. Trauma 12, 496-503 (1998)

(7) RAIKIN, S., FROIMSON, M.: Combined limited internal fixation with circular frame external fixation of intra-articular tibial fractures. Orthopaedics 22, 1019-1025 (1999)

(8) REID, J., VAN SLYKE, M., MOULTON, M., MANN, T.: Safe placement of proximal tibial transfixation wires with respect to intracapsular penetration. J. Orthop. Trauma 15, 10-17 (2001)

(9) SHTARKER, H., DAVID, R., STOLERO, J., GRIMBERG, B., SOUDRY, M.: Treatment of open tibial fractures with primary suture and Ilizarov fixation. Clin. Orthop. 335, 268-74 (1997)

(10) TOULIATOS, A., XENAKIS, T., SOUCACOS, P.K., SOUCACOS, P.N.: Surgical management of tibial plateau fractures. Acta Orthop. Scand. (Suppl. 275) 68, 92-96 (1997)

(11) WEINER, L., KELLEY, M., STEUER, J., WATNICK, N., EVANS, M., BERGMAN, M.: The use of combination internal fixation and hybrid external fixation in severe proximal tibia fractures. J. Orthop. Trauma 9, 244-250 (1995)

Besondere Anwendungen

- Indikation, Komponententeile, Montage, Nachbehandlung, Beispiele -

Fixateur Externe bei Beckenringfrakturen

A. Elsen

Einleitung

Bei der Behandlung von instabilen Beckenfrakturen hat sich die operative Therapie gegenüber konservativen Behandlungsverfahren durchgesetzt. Zur operativen Behandlung stehen verschiedene interne und externe Stabilisierungsverfahren zur Verfügung.

In der Primärphase ist ein Patient mit instabiler Beckenringfraktur insbesondere durch die Massenblutung in das kleine Becken gefährdet. Durch Zerreissung der Ringstruktur kann sich die Blutung mangels Widerlager nicht selbst komprimieren. Die hämodynamische Stabilisierung des Verletzten durch Reposition und damit Kompression der frakturbedingten Blutung steht vor der Versorgung von Begleitverletzungen (Urogenitaltrakt, Viscera) im Vordergrund.

Ein Fixateur Externe bietet sich dazu als schnelles Notfallverfahren an. Gegenüber der Beckenzwinge bietet er bei geeigneter Frakturform die Möglichkeit der definitiven Versorgung ohne später notwendigen Verfahrenswechsel. Montagen mit vorgespannten Pins und komplexe Rahmenkonstruktionen zeigen biomechanisch gegenüber der hier vorgestellten Montage eine verbesserte Kompression des hinteren Beckenringes, sind jedoch mit einem deutlich höheren zeitlichen und technischen Aufwand verbunden.

Vorteile Fixateur Externe

- Schnelles, unter Schockraumbedingungen durchführbares Verfahren;
- minimales Operationstrauma;
- im Verlauf sekundäre Repositionskorrekturen jederzeit ohne erneute OP möglich;
- durch stabile Frakturversorgung erleichterte Lagerung (auch Beatmungspatienten, Bauchlage mit entsprechender Polsterung möglich);
- definitive Versorgung ohne Verfahrenswechsel in Abhängigkeit von der Frakturform.

Nachteile Fixateur Externe

- Weichteilproblematik / Pininfekte, insbesondere bei Adipositas;
- in Abhängigkeit vom Frakturtyp ggf. zusätzliche dorsale Stabilisierung notwendig.

Indikation

1. Notfallversorgung sämtlicher instabiler Beckenfrakturen.
2. Definitive Versorgung von Typ-B-Verletzungen.
3. Bei Typ-C-Verletzungen nach evtl. komplementärer interner Osteosynthese des hinteren Beckenringes.

Durchführung

Der Patient wird auf einer röntgendurchlässigen Platte gelagert. Präoperativ sollte kurz geprüft werden, ob beide Hüftgelenke mit dem Bildwandler a.p. eingestellt werden können. Zur Orientierung werden die Spina iliaca ant. sup. sowie die Symphyse und die Femoralgefäße palpiert.

Jeweils 5 cm lange Hautschnitte 2 cm distal der Spina iliaca anterior. Stumpfes Eingehen mit der Schere bis auf den Knochen, Aufspreizen und Identifikation der Spina iliaca anterior inferior.

Über Trokar Applikation eines Apex-Pins, Festlegen des Eintrittspunktes unter kurzer BW-Kontrolle, um eine extraartikuläre Lage des Pins sicherzustellen.

Die Bohrrichtung verläuft von der Spina iliaca anterior inferior in Richtung auf das Iliosacralgelenk, d.h. am liegenden Patienten ca. 20° nach kranial und 30° nach innen geneigt (Abb. 1, 2).

Gegebenenfalls muß vor Eindrehen des Pins dieser zur Vermeidung eines Abrutschens mit leichten Hammerschlägen angekörnt werden. Die selbstschneidenden Pins finden bei richtiger Bohrrichtung ihren Weg zwischen den Kortikalices. Die Pins sollten so weit wie möglich eingedreht werden, um einen festen Halt zu haben. In gleicher Technik wird parallel ein zweiter Pin ca. 3 cm weiter proximal sowie die beiden Pins auf der Gegenseite gesetzt.

Anbringen von Doppelbacken möglichst knochennah. Zur Verbindung können ein Carbonrohr, der Monotube oder auch mehrere Verbindungsstäbe eingesetzt werden. Im eigenen Vorgehen wählen wir aufgrund der einfachen Montage sowie der Strahlentransparenz häufig ein Carbonrohr (Abb. 3, 4).

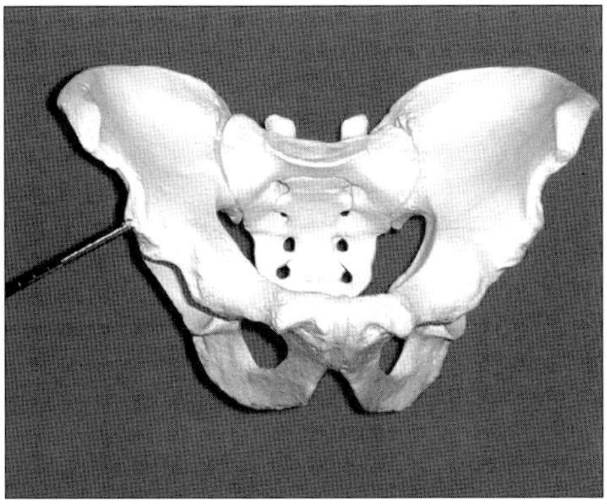

Abb. 1

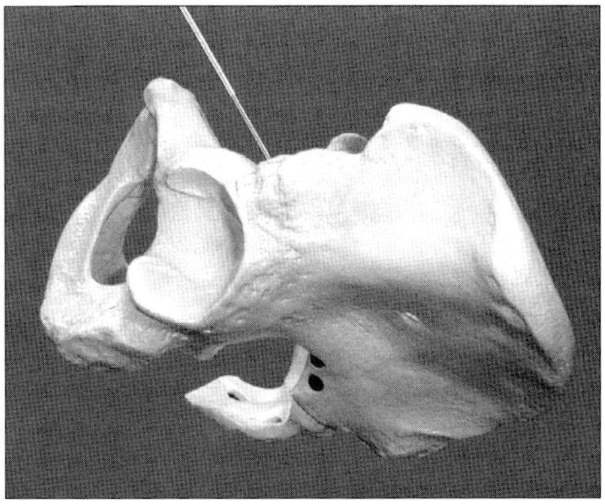

Abb. 2

Die Reposition erfolgt durch Zug und Rotation des Beines sowie über die als „Joy-Stick" eingebrachten Pins.

Die Verbindungselemente werden angezogen, wobei auf genügenden Raum (4-5 cm) zwischen Montage und Hautniveau geachtet werden muß. Zugleich darf die Montage kein Hindernis für eine Laparotomie darstellen. Zum Schluß wird die spannungsfreie Lage der Pins in der Haut kontrolliert, gegebenenfalls kleine Entlastungsschnitte durchgeführt.

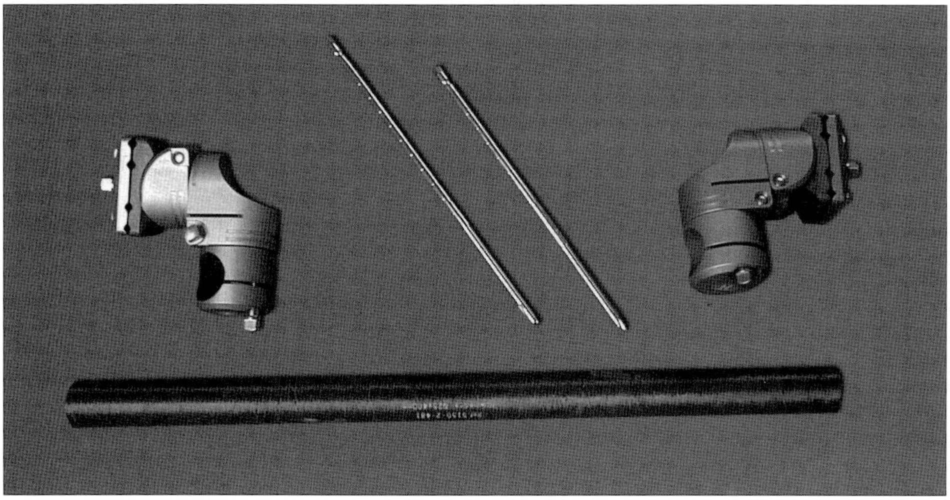

Abb. 3

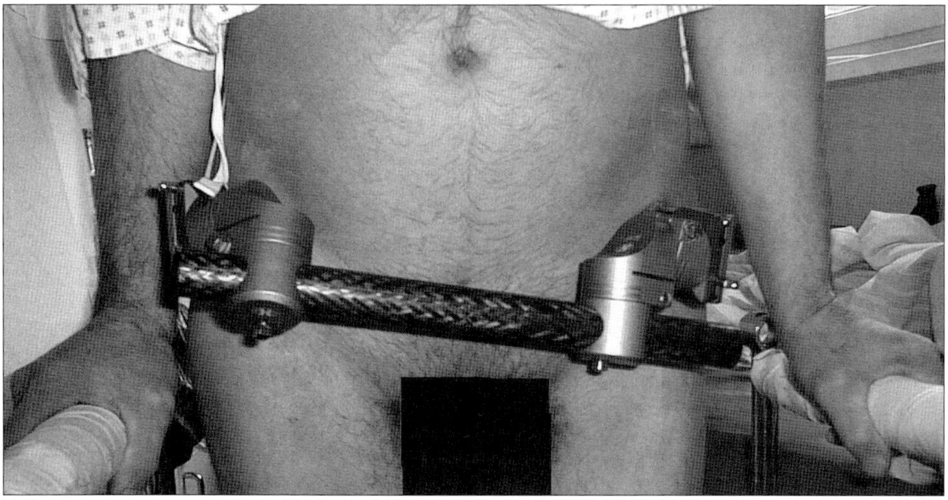

Abb. 4

Die Mobilisierung erfolgt in Abhängigkeit von den Begleitverletzungen. Bei isolierten Typ-B-Verletzungen kann eine sofortige Mobilisierung angestrebt werden. Typ-C-Verletzungen nach evtl. komplementärer dorsaler Osteosynthese werden im eigenen Vorgehen nach 3-4 Wochen und entsprechenden radiologischen Kontrollen mobilisiert.

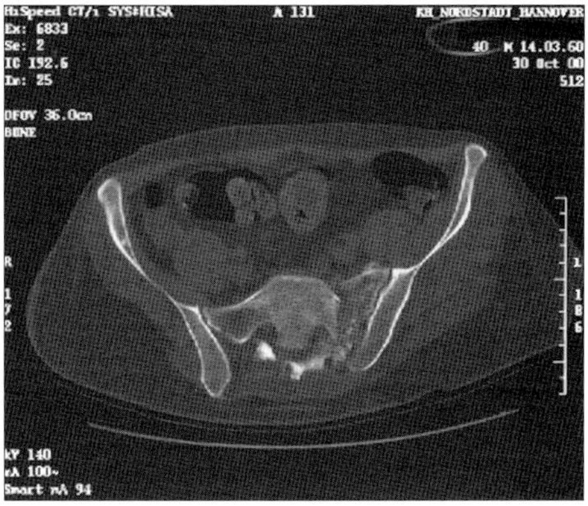

Abb. 6: CT am Unfalltag.

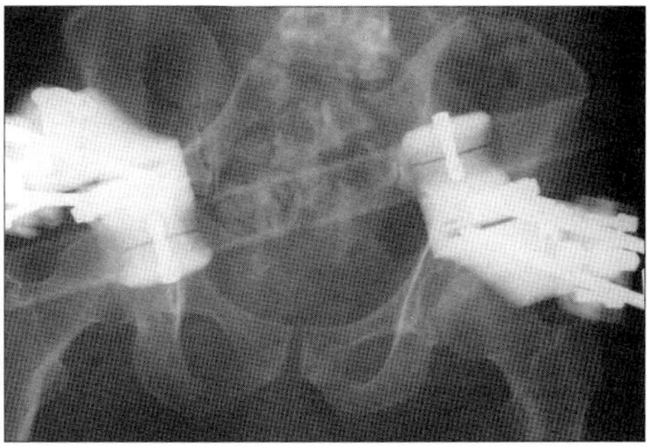

Abb. 7: Kontrolle nach Fixateur Externe.

Fallbeispiel 1 (Abb. 5 - 8)

1. M.S., männlich, * 14.03.1960
   Sturz aus großer Höhe;
   Beckenfraktur C1, Läsion des Plexus lumbosacralis.

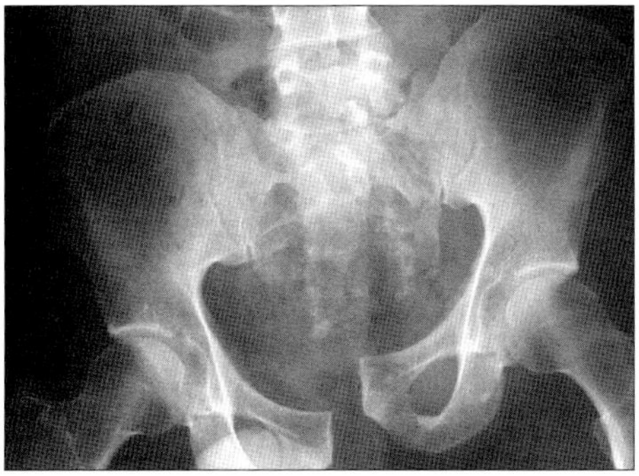

Abb. 5: Unfallbild.

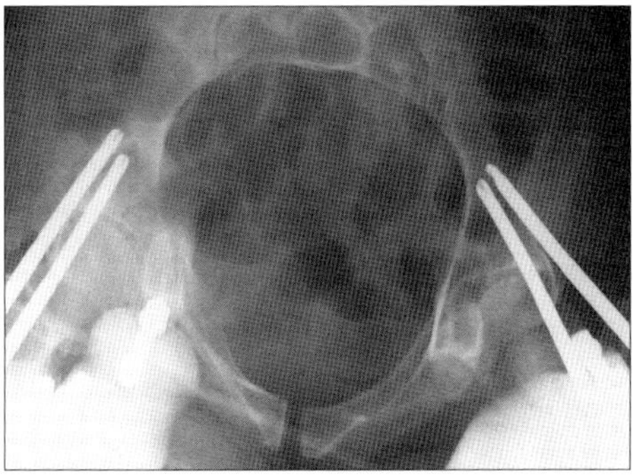

Abb. 8: Postoperative Inlet-Aufnahme.

Fallbeispiel 2 (Abb. 9 - 11)

2. M.S., männlich, *25.05.81
   Motorradunfall;
   Beckenfraktur C3;
   Periproktische Weichteilverletzung,
   Riß des Sphincter ani;
   Leberruptur, Milzruptur, Zwerchfell-ruptur, Thoraxtrauma;
   Fraktur LWK 4.

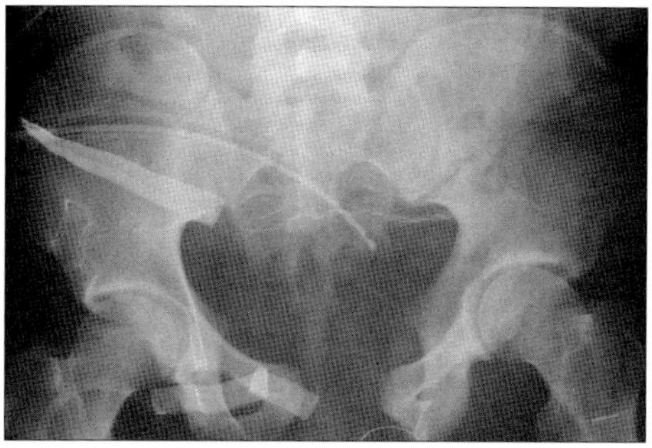

Abb. 9: Unfallbild.

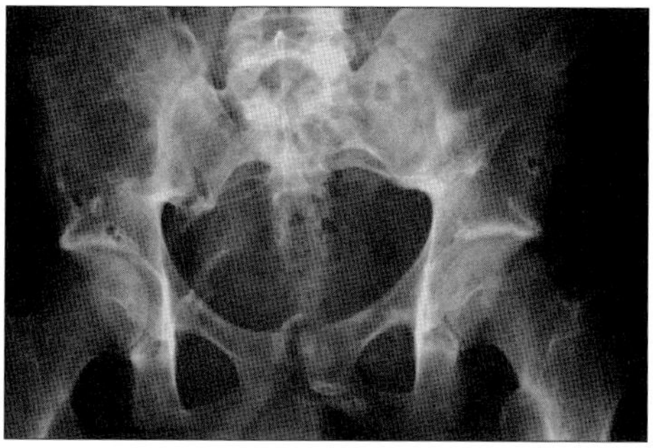

Abb. 11: 8 Monate nach Unfall.

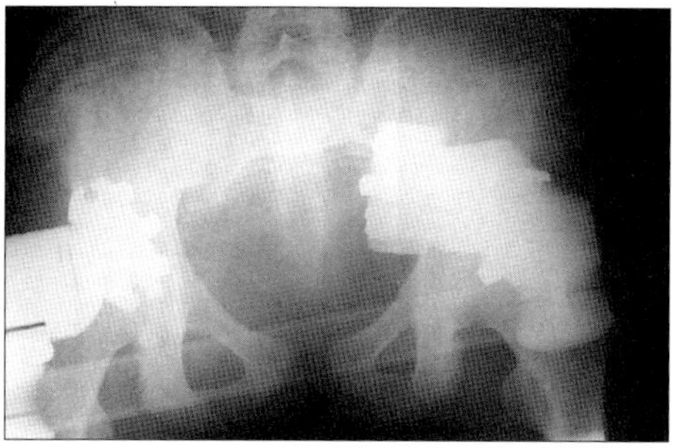

Abb. 10: Versorgung mit Fixateur Externe.

Literatur

(1) EGBERS, H., SCHROEDER, L., HAVEMANN, D., BÖMER, H.: Indikationen für die äußere Stabilisation von Beckenringfrakturen. Hefte Unfallheilkd. 164, 292-293 (1984)

2) EGBERS, H., DRAIJER, F., HAVEMANN, D., ZENKER, W.: Stabilisierung des Beckenringes mit Fixateur externe: biomechanische Untersuchungen und klinische Erfahrungen. Orthopäde 21, 363-372 (1992)

(3) POHLEMANN, T., GÄNSSLEN, A., STIEF, C.: Komplexe Verletzungen des Beckens und Acetabulums. Orthopäde 27, 32-44 (1998)

Die unilaterale externe Fixation in der rekonstruktiven Chirurgie

F. Forriol • J. Cañadell

Knochenverlängerung

Das chirurgische Verfahren der Knochenverlängerung ermöglicht es, die langen Röhrenknochen durch Osteotomie oder Distraktion des Wachstumsknorpels und plötzliche oder allmähliche Separation der beiden Knochenfragmente mit anschließender knöcherner Konsolidierung zu verlängern. Die verschiedenen Systeme zur Stimulation der Osteogenese durch Distraktion und die verschiedenen Verfahren zur sukzessiven Verlängerung teilen sich in zwei Hauptkategorien: Systeme bzw. Verfahren mit Osteotomie und anschließender schrittweiser Verlängerung und Systeme bzw. Verfahren mit Epiphysendistraktion.

ILIZAROV (35-36) entwickelte das Konzept der Kortikotomie und löste damit das Problem des Erhalts der Knochenkontinuität. Bei diesem Osteotomieverfahren bleiben Periost und Markarterie unverletzt; der Verlängerungskallus wird dadurch besser vaskularisiert und die Regeneration des Knochens gefördert. Die Schonung von Periost, Markgefäßen und Weichteilen durch eine möglichst atraumatische Osteotomie ist ein entscheidender Faktor, der sich positiv auf die Bildung des Konsolidierungskallus auswirkt. Jedoch bleibt auch bei sehr behutsamer Durchführung einer geschlossenen Osteotomie die endomedulläre Vaskularisierung nur in 30% der Fälle intakt, so daß die Blutversorgung des Kallus hauptsächlich durch die Periostgefäße gewährleistet wird (6, 39).

Wo immer dies möglich ist, empfehlen wir die Durchführung der Osteotomie im metaphysär-diaphysären Bereich, und zwar aus folgenden Gründen: Die Vaskularisierung des Knochens wird weniger beeinträchtigt, es gibt in diesem Bereich weniger Muskelansätze, und der spongiöse Knochen konsolidiert leicht. Zwar muß ein größeres Knochenvolumen gebildet werden, aber die Knochenqualität ist besser, und Komplikationen kommen seltener vor. Eine Osteotomie im Bereich der Diaphyse ist indiziert, wenn der Knochen kurz ist und die Anordnung der Pins nichts anderes zuläßt und wenn die Pins von einem der Gelenke ferngehalten werden müssen.

Übereinstimmend halten die meisten Autoren (1, 5, 8, 15, 21, 28, 35, 36, 44-45) 1 mm/Tag für die ideale Distraktionsgeschwindigkeit. Dabei ist unerheblich, ob die Distraktion einmal pro Tag erfolgt, ob sie auf zwei oder vier Sitzungen pro Tag verteilt wird oder ob ein Apparat verwendet wird, der über 24 Stunden mit konstanter Geschwindigkeit arbeitet.

Nach Untersuchungen von White et al. (52) macht es für die radiologische Qualität des Kallus keinen großen Unterschied, ob die Verlängerung einmal pro Tag oder fraktioniert erfolgt. Wird die Geschwindigkeit der Verlängerung erhöht, liegen die neu gebildeten Trabekel weiter auseinander als gewöhnlich und es entstehen Mikrozysten, die ausgedehnte Zonen mit Trabekeldefekten bilden können. Dies beeinträchtigt die homogene Reifung des Kallus (28).

Eine wichtige Rolle bei der Knochenverlängerung spielt das Alter. Der ideale Zeitpunkt, um damit zu beginnen, liegt im neunten bis zwölften Lebensjahr, wenn die Fähigkeit zur Osteogenese noch gut erhalten, der Patient aber schon alt genug ist, um den Prozeß der Verlängerung und die Notwendigkeit der verschiedenen Maßnahmen zu verstehen (44).

Bei Patienten mit symmetrisch verkürzten Gliedmaßen wird im Durchschnitt eine stärkere Verlängerung pro Segment vorgenommen als bei Patienten, bei denen nur eine Längendifferenz zwischen den beiden Gliedmaßen zu korrigieren ist (Abb. 1).

Patienten mit symmetrischer Verkürzung können durch eine Gliedmaßenverlängerung die normalen Körperproportionen wiederherstellen. Beruht die Verkürzung auf einer Achondroplasie, treten beim Bewegen der Gelenke kaum Probleme auf, vermutlich weil die Muskeln und Gefäße bei diesen Patienten länger sind als die Knochen. Bei jedem zu verlängernden Segment sind bestimmte charakteristische Merkmale zu berücksichtigen, allen voran das Verhältnis zur gesamten Körpergröße des Patienten. So ist es z.B. nicht wünschenswert, die Tibia stärker zu verlängern als das Femur (5, 15, 44) (Abb. 2 und 3).

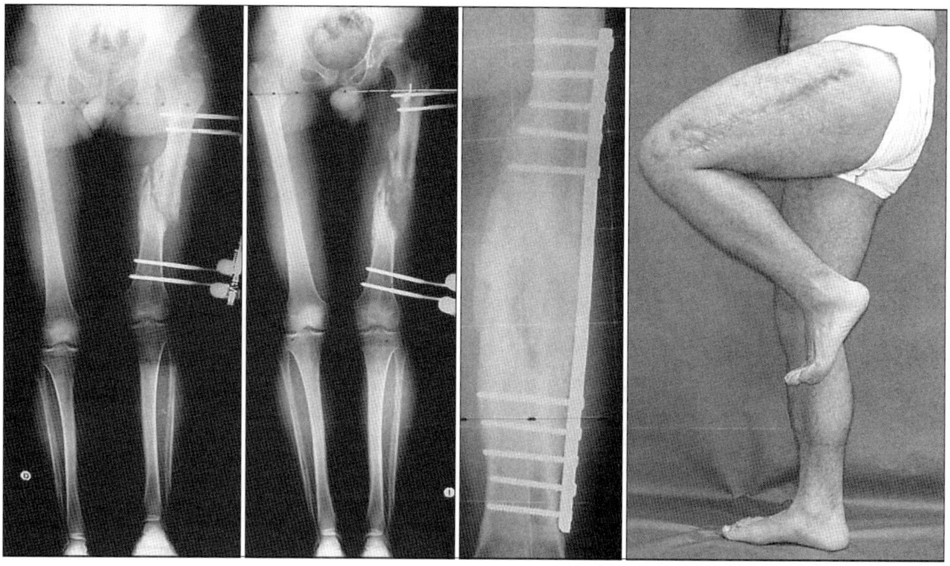

Abb. 1: Posttraumatische Femurverlängerung wegen Verkürzung des Knochens um 5 cm nach einer Frakturbehandlung.

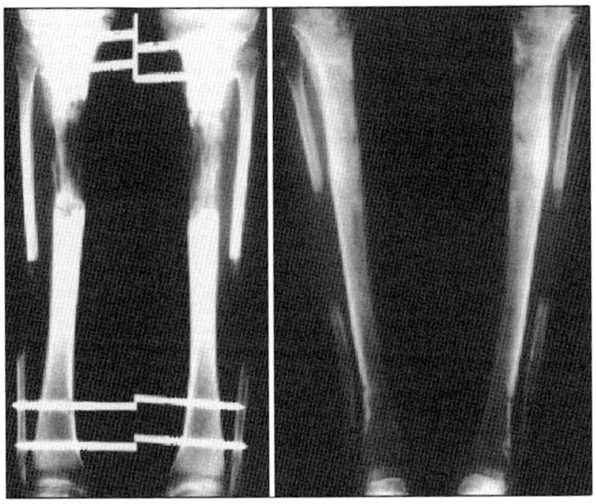

Abb. 2: Bilaterale Tibiaverlängerung bei TURNER-Syndrom.

Die langen Knochen der Hände und Füße sollten nur verlängert werden, wenn dies vom funktionellen Gesichtspunkt aus vertretbar ist. Auch wenn die Längenzunahme nur ein paar Zentimeter ausmacht, ist diese Prozedur mit besonderen Schwierigkeiten und Problemen verbunden. Es ist ratsam, in einer ersten Sitzung die Tenotomien durchzuführen, um Achsenabweichungen zu verhindern, und ein Spongiosagraft zu transplantieren, um die Reifung des Kallus zu beschleunigen (4).

Abb. 3: Bilaterale Verlängerung von Femur und Tibia bei Achondroplasie.

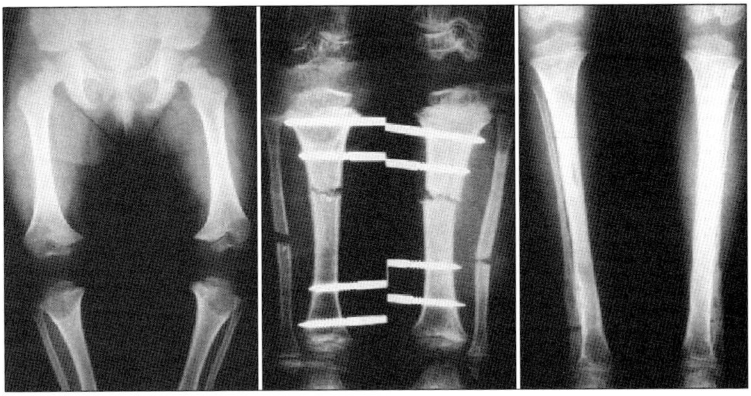

Die Verlängerung des Humerus bietet keine allzu großen Probleme. Erzielbar ist eine Längenzunahme um 10 cm. Eine Verlängerung der Unterarmknochen ist angezeigt, wenn eine Verkürzung um mehr als 2 cm vorliegt, wenn der Radiuskopf instabil ist und wenn das Hand- oder das Ellenbogengelenk in seiner Funktion stark beeinträchtigt ist oder die Pronations-/Supinationsbewegung Schwierigkeiten bereitet.

Die Epiphysendistraktion

Die Epiphysendistraktion ist besonders wirksam, wenn sie zur Korrektur von Beinlängenunterschieden um maximal 10% (kurz vor Abschluß des Wachstums), zur Behandlung von Patienten mit progredienter kongenitaler Hypoplasie, bei stark wachsenden Patienten oder bei Patienten mit Achondroplastie eingesetzt wird (2-3, 9-10, 19-20, 45).

Gegenüber der Verlängerungsosteotomie hat die Epiphysendistraktion viele Vorteile, da bei diesem Verfahren weder eine Osteotomie noch eine Osteosynthese oder eine Knochentransplantation erforderlich ist.

Zur Zeit akzeptieren wir als Indikation für die Epiphysendistraktion geringe Längenunterschiede, kongenitale Femurverkürzungen und Längenunterschiede mit Achsenfehlstellungen (9-10, 23-24).

Die Epiphysendistraktion ist ein einfaches und sicheres Verfahren, bei dem die Verlängerung im allgemeinen im Kniebereich durch Aufbrechen der distalen Epiphysenfuge des Femurs oder der proximalen Epiphysenfuge der Tibia erreicht wird.

Patienten mit Achondroplasie raten wir nicht zur Epiphysendistraktion, da sich bei ihnen stärkere Längenzunahmen in kürzerer Zeit mittels Osteotomie im metaphysären oder diaphysären Bereich erzielen lassen.

Die kongenitale Femurverkürzung ist eine seltene Erkrankung. Sie kann ein- oder beidseitig auftreten und ist häufig mit anderen kongenitalen Fehlbildungen assoziiert. Der Schweregrad dieser Fehlbildung reicht vom vollständigen Fehlen des Knochens in Assoziation mit Entwicklungsstörungen des Beckens bis zu einem normal geformten Femur, das nur kleiner ist als der kontralaterale Knochen. Die grundlegenden Behandlungsziele bestehen bei diesen Patienten in der Korrektur größerer Längenunterschiede und einer wirksamen Behandlung der assoziierten Störungen (31) (Abb. 4).

Eine Verlängerung ist nur indiziert, wenn das kürzere Femur mehr als 60% der Länge des normalen Femurs erreicht und die Diskrepanz weniger als 17 cm beträgt (32).

Die Epiphysendistraktion kann bei diesen Patienten zwei- oder dreimal durchgeführt werden. Ansonsten ist später eine Verlängerungsosteotomie möglich, wobei aber nicht vergessen werden darf, daß die Femurverlängerung von allen Eingriffen zur Korrektur kongenitaler Fehlbildungen der unteren Extremität mit der höchsten Komplikationsrate behaftet ist (29).

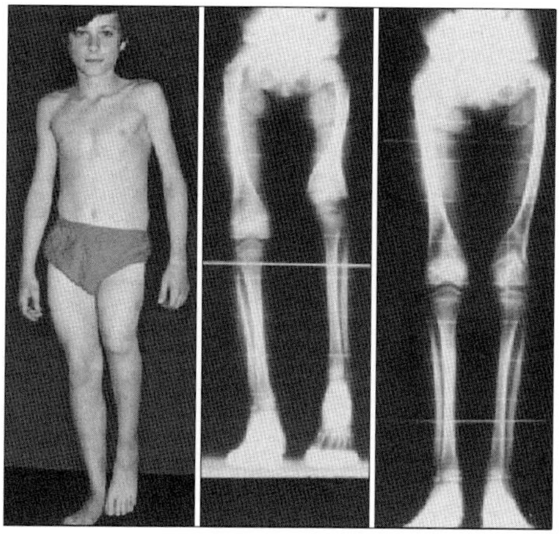

Abb. 4: Knochenverlängerung bei kongenitaler Femurverkürzung.

De Bastiani et al. (20) und Aldegheri et al. (2-3) prägten den Begriff „Hemichondrodiastase" als Bezeichnung für die asymmetrische Distraktion des Wachstumsknorpels mit Hilfe eines geschlossenen, langsamen und kontrollierten Vorgehens. Ziel dieses Verfahrens ist die Korrektur von Achsenfehlstellungen im Bereich der Epi- oder Metaphyse.

Achsenabweichungen gehören zu den häufigsten Deformitäten in der pädiatrischen Orthopädie. Eine Korrekturosteotomie ist indiziert, wenn die Fehlstellung auf einer asymmetrischen Störung der Wachstumszone beruht, bei der der Knorpel auf der einen Seite stärker wächst als auf der anderen. Weitere Indikationen sind traumatisch oder degenerativ bedingte Fehlstellungen. Solange der Patient noch wächst, kann zur Behandlung der unilaterale Fixateur Externe an-

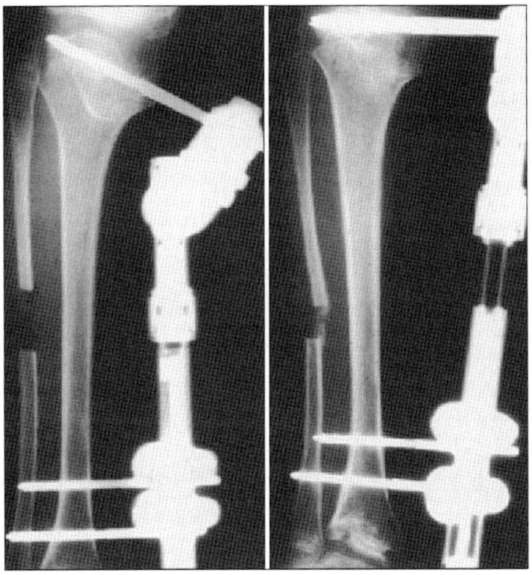

Abb. 5: Korrektur der Achsenfehlstellung mit Hilfe des unilateralen Fixateur Externe bei Tibia vara.

gewendet und gleichzeitig mit der Epiphysendistraktion eine sukzessive Achsenkorrektur durchgeführt werden (10). Wenn sich die Wachstumsfuge des zu korrigierenden Knochens bereits geschlossen hat oder dabei ist, sich zu schließen, empfehlen wir eine metaphysäre Kortikotomie mit anschließender Achsenkorrektur (Abb. 5).

Komplikationen bei der Knochenverlängerung

In den meisten publizierten Studien stellen die Komplikationen ein wichtiges Kapitel dar, doch ist ein Vergleich der Studienergebnisse schwierig. Je nach dem, welche Kriterien angewendet werden, kann der Anteil der Patienten mit Komplikationen irgendwo zwischen 3% und 100% liegen. Wichtige Faktoren sind die angewendete Technik, die Zusammensetzung der Studienpopulation, die Ätiologie der Störungen und das Ausmaß der Verlängerung.

Darüber hinaus gibt es immense Unterschiede hinsichtlich der behandelten Krankheiten bzw. Störungen und hinsichtlich dessen, was unter dem Begriff „Komplikation“ verstanden wird, denn man darf nicht vergessen, daß eine Definition der aufgetretenen Ereignisse häufig schwierig ist. Ein kleines Problem, das sich bei manchen Patienten leicht beheben läßt, kann in anderen Fällen Anlaß zur Verzögerung oder gar zum Abbruch der Verlängerungsprozedur sein. Wir beurteilen derartige Ereignisse nach zwei Kriterien: ihrer Lokalisation und ihrer Bedeutung für das Endresultat (5) (Tab. 1).

Die häufigsten Probleme sind Gelenkversteifungen, Achsenabweichungen und Osteolyse der Pins, während Subluxationen der Gelenke, Frakturen mit der Folge einer Achsenabknickung (40) und verzögerte Konsolidierung weniger häufig vorkommen. Fast die Hälfte aller beobachteten Ereignisse spielt sich im Verlängerungskallus ab, ein Drittel in den Gelenken. Das bedeutet, daß etwas mehr als 75% aller Ereignisse in diese beiden Pro-

Tab. 1: Klassifikation der Komplikationen, die bei einer Knochenverlängerung auftreten können

Typ 1
Ereignisse mit geringer Inzidenz, die den Verlängerungsprozeß nicht verzögern und ohne Beeinträchtigung des Endresultats behoben werden können.

Typ 2
Ereignisse, die eine vorübergehende Aussetzung des Verlängerungsprozesses erforderlich machen oder durch einen zusätzlichen operativen Eingriff behoben werden können.

Typ 3
Ereignisse, die ein Abbrechen des Verlängerungsprozesses und in manchen Fällen sogar die Entfernung des Fixateurs erforderlich machen.

Typ 4
Ereignisse, die im Verlauf oder nach Beendigung des Verlängerungsprozesses auftreten und das kosmetische oder funktionelle Endergebnis beeinträchtigen.

blemkategorien fallen, während die übrigen 25% sich auf Probleme verteilen, die den Knochen, das Fixationsgerät und die Weichteile betreffen. In einem Überblick über unsere eigenen Fälle stellten wir fest, daß die Probleme, die wir als wichtig erachten, d.h. diejenigen, bei denen die Verlängerungsprozedur vollständig abgebrochen werden mußte und bleibende Folgen zu verzeichnen waren, 1,8% aller Komplikationen ausmachten (5, 27, 29, 44).

Der Fixateur Externe in der Behandlung von Gelenkerkrankungen

Der unilaterale Fixateur Externe ist zu einem unerläßlichen Werkzeug für die Lösung bestimmter Gelenkprobleme und für die Korrektur von Deformitäten geworden. Wir halten seine Anwendung in folgenden Fällen für indiziert:

1. Der Fixateur Externe bei Arthrodesen
Arthrodesen werden in den letzten Jahren immer seltener durchgeführt, da einerseits die Gelenk-Endoprothetik große Fortschritte gemacht hat und andererseits die Häufigkeit der Arthritiserkrankungen zurückgegangen ist. Dennoch ist und bleibt die Arthrodese für den operativ tätigen Orthopäden eine Option für die Behandlung ganz spezifischer Fälle, insbesondere solcher mit Beteiligung von Knie- und Sprunggelenk (Abb. 6).
Ziel der Arthrodese ist die Fusion der am Gelenk beteiligten Knochen, damit schmerzauslösende Bewegungen nicht mehr möglich sind. Dabei kann diese Technik durchaus einen „mobilisierenden" Effekt haben. Sie verbessert die Gehfähigkeit und erhöht so die Mobilität und die Arbeitsfähigkeit des Patienten. Anstelle eines schmerzenden Gelenkes, das möglicherweise Kontrakturen aufweist und in ungünstiger Stellung fixiert ist, bekommt der Patient ein Gelenk, das in einer funktionell günstigen Position ankylosiert ist.

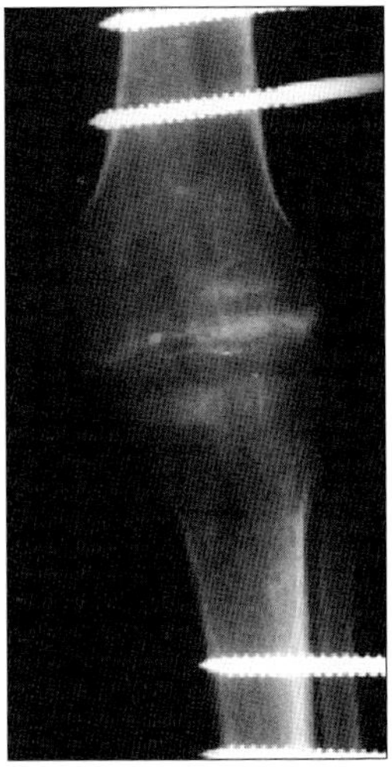

Abb. 6: Kniearthrodese mit Hilfe eines unilateralen Fixateur Externe nach Explantation einer Kniegelenks-Totalendoprothese.

2. Der Fixateur Externe bei Osteotomien der unteren Extremitäten

Mit Hilfe der Osteotomie kann die mechanische Achse der Gewicht tragenden Knochen verändert und die Belastbarkeit der Gelenkflächen erhöht werden. Achsenfehlstellungen können korrigiert und Schmerzen gelindert werden. Aus diesen Gründen wird die Osteotomie zur Behandlung bestimmter angeborener oder traumatisch bedingter Deformitäten sowie zur Beseitigung von Gelenkschmerzen mit Anzeichen einer drohenden Degeneration empfohlen.

Das Hauptziel jeder Korrekturosteotomie der unteren Extremitäten besteht darin, den Beinen ihre Funktion als mechanische, Gewicht tragende Stützen zurückzugeben, d.h. die Achse wiederherzustellen, die durch die Mittelpunkte von Hüft-, Knie- und Sprunggelenk verläuft.

Es gibt zwei Arten von Osteotomien: Die einen bewirken eine sofortige Korrektur durch einen einzigen operativen Eingriff, bei den anderen erfolgt die Korrektur allmählich durch langsame und über mehrere Tage andauernde Maßnahmen. Für den ersteren Typ empfehlen wir den Fixateur Externe nicht, bei der allmählichen Korrektur dagegen halten wir das Gerät für ein unerläßliches Werkzeug.

3. Arthrodiastase zur Behandlung von versteiften Gelenken

Zu den ältesten Aufgaben des operativ tätigen Orthopäden gehört die Behandlung von Gelenken, die bis zu einem gewissen Grade versteift sind und deren Zustand sich verschlimmert. Das Ziel der Behandlung besteht in der Wiederherstellung der Funktion und der Linderung von Schmerzen.

Am häufigsten wird dieses Problem durch Implantation einer Endoprothese oder durch eine Arthrodese gelöst.

Die Arthrodiastase, die erstmals von Volkov und Oganesian beschrieben wurde (51), ermöglicht eine Mobilisierung des Gelenkes unter Ausschaltung der erhöhten intraartikulären Reibung und pathologischer Bewegungen. Gleichzeitig erfolgt eine Neubildung bzw. ein Remodelling der Gelenkflächen und eine schrittweise Korrektur von Beuge- oder Streckkontrakturen.

Das Verfahren bietet somit die folgenden Vorteile (13, 16): Es erlaubt eine Mobilisierung des Gelenkes im Rahmen seines physiologischen Bewegungsumfangs, stabilisiert die Knochensegmente und gewährleistet einen konstanten Abstand zwischen den zu remodellierenden Gelenkkomponenten, so daß ein schmerzhafter Kontakt zwischen den Knochen nicht möglich ist (Abb. 7).

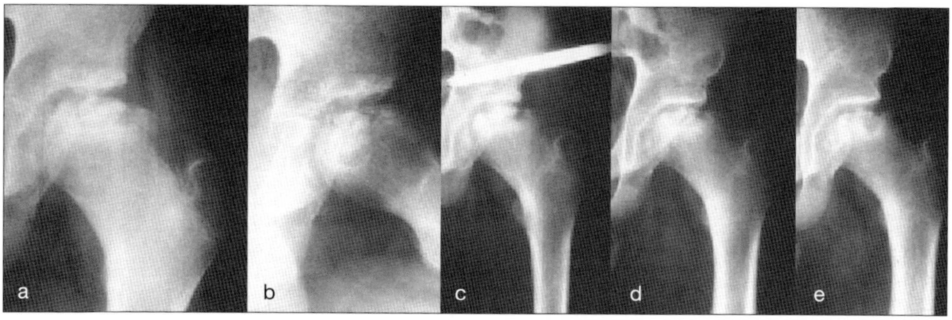

Abb. 7: Arthrodiastase bei Morbus Perthes: a) b) vor der Behandlung, c) während der Behandlung, d) e) zwei Jahre nach der Operation.

Aus den genannten Gründen ist die Arthrodiastase bei jungen Patienten indiziert, die an schmerzhaften Versteifungen oder Ankylosen in Kombination mit korrigierbaren Muskelkontrakturen leiden und in einem physischen und psychischen Zustand sind, der die Anwendung dieser Methode erlaubt. Das Verfahren bietet eine definitive Lösung des Problems oder es ermöglicht zumindest die Verschiebung aggressiverer Eingriffe.

Morrey (41-42) verwendet einen speziellen transfixen Fixateur Externe, der einen gewissen Grad an Mobilität erlaubt. Der Fixateur sorgt für eine Distraktion des Ellenbogengelenks, d.h. er hält die Gelenkkomponenten in einem gewissen Abstand voneinander und ermöglicht so die Durchführung einer Arthroplastie durch Interposition. Dies geschieht bei versteiften Gelenken durch Zwischenschaltung eines osteochondralen Grafts und bei instabilen Gelenken, indem eine intraartikuläre Fraktur bzw. eine Luxation des Gelenkes herbeigeführt wird.

4. Reposition des Femurkopfes bei hartnäckiger kongenitaler Hüftluxation

In den seltenen Fällen einer Hüftluxation mit Femurhochstand erleichtert der Fixateur Externe die allmähliche Reposition des Femurkopfes nach unten und die weitere operative Behandlung mittels Becken- und Femurosteotomie (Abb. 8).

5. Girdlestone-Operation

Zu den Indikationen des Fixateur Externe zählen wir die Anwendung bei der Girdlestone-Operation zur Explantation der Komponenten einer Gelenkendoprothese.

Das Verfahren wurde mehrfach modifiziert. Unsere Aufmerksamkeit gilt zur Zeit der Empfehlung einer postoperativen sechswöchigen transossären Extension mit 4,5 kg in neutraler Rotations- und leichter Abduktionsstellung. Während dieser Zeitspanne werden Übungen unter Zuhilfenahme des Extensionsapparates verordnet, und anschließend wird eine physiotherapeutische Behandlung mit

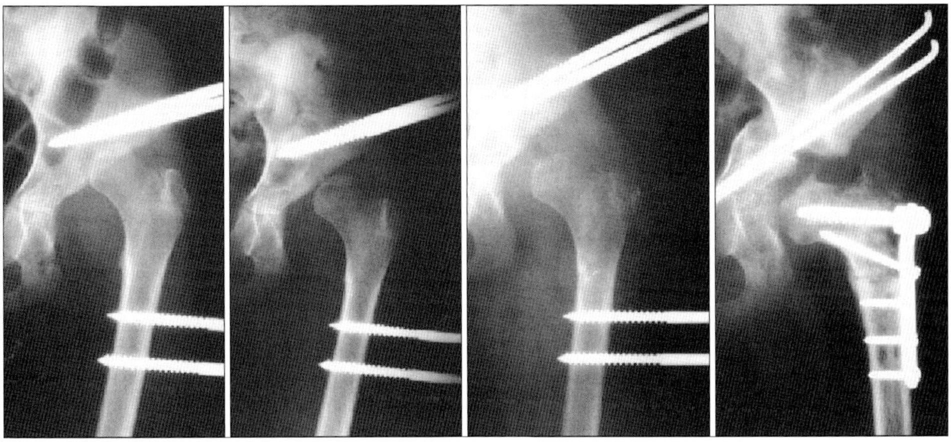

Abb. 8: Reposition des Femurkopfes mittels Fixateur Externe bei kongenitaler Hüftluxation.

Übungen an parallelen Stangen empfohlen. Unseres Erachtens kann diese Zeit der Bettruhe durch Anwendung eines unilateralen Fixateur Externe vermieden werden. Die proximalen Pins des Fixateurs müssen dabei im Ilium, die distalen in der Femurdiaphyse plaziert werden.

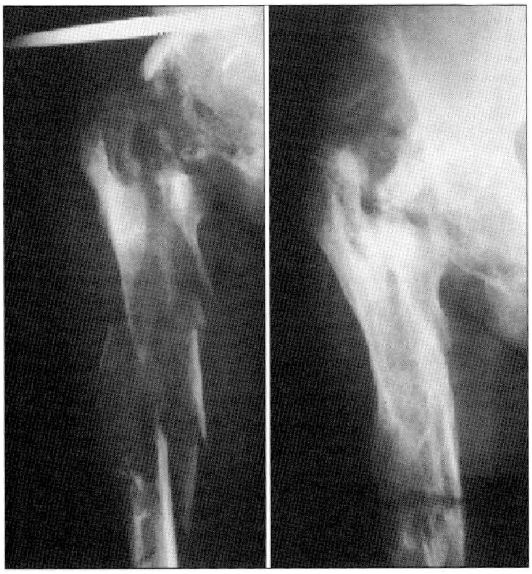

Abb. 9: Girdlestone-Operation nach Explantation einer infizierten Prothese mit assoziierter Femurfraktur.

Im Falle einer Infektion müssen die diaphysären Pins außerhalb des Bereichs eingebracht werden, in dem der Schaft der Femurkopfprothese implantiert ist (Abb. 9).

Der Fixateur Externe in der Behandlung von Pseudarthrosen, Infektionen und Knochendefekten

Die Anwendung des Fixateur Externe bei Pseudarthrosen hängt davon ab, um welche Art von Pseudarthrose es sich handelt. Folgende Behandlungsmodalitäten sind möglich (7, 37-38):

1. Kompression bei hypertrophen Pseudarthrosen.
2. Neutralisation bei atrophen Pseudarthrosen.
3. Distraktion bei Pseudarthrosen mit Knochenverkürzung, wenn gleichzeitig der Längenunterschied behandelt werden soll.

An der Tibia treten häufig atrophe Pseudarthrosen auf. In diesen Fällen ist die Stabilisierung und die Transplantation eines Knochengrafts von entscheidender Bedeutung. Bei hypertrophen Pseudarthrosen besteht das Hauptziel in der Stabilisierung der Extremität und ausreichender Kompression.
Bei Pseudarthrosen des Humerus wird die Anwendung des Fixateur Externe empfohlen, weil dadurch die Notwendigkeit aggressiver operativer Eingriffe an der Stelle der Pseudarthrose reduziert wird, während die Transplantation eines Knochengrafts möglich ist und die Funktion der Extremität nicht behindert wird.

Knochentransport

ILIZAROV (33-34) entwickelte die Methode des Knochentransports (Verschiebeosteotomie). Dabei wird ein Knochenfragment innerhalb einer Extremität verschoben, um einen Knochendefekt aufzufüllen. Auf diese Weise wird die Notwendigkeit einer Knochentransplantation umgangen. Das Verfahren beruht auf der Stimulation von Osteogenese und neuem Knochenwachstum durch langsame, kontrollierte Distraktion und Kompression (1 mm/Tag). Der Knochentransport ermöglicht die gleichzeitige Korrektur von Knochendefekten und Längenunterschieden. Allerdings wird dem Verfahren heute manchmal allzu großer Enthusiasmus entgegengebracht, und in der Hoffnung, mit ihm ließen sich alle Probleme lösen, wird äußerst großzügig reseziert.
Man sollte jedoch nicht vergessen, daß es auch andere Behandlungsverfahren gibt und daß die Behandlung umso länger dauert und mit umso mehr Komplikationen verbunden ist, je größer der Defekt ist. Wir müssen außerdem darauf hinweisen, daß das von ILIZAROV entwickelte Verfahren als technisch schwierig zu betrachten ist. Es erfordert lange Operationserfahrung und tägliche Kontrollen von seiten des Chirurgen, der bei den ersten Anzeichen einer Komplikation entsprechende Gegenmaßnahmen ergreifen muß, sowie Kooperationsbereitschaft von seiten des Patienten, da der zirkuläre Fixateur unbequem und die Behandlung langwierig ist.
Der Knochentransport hat folgende Vorteile (49-50):

- Die Knochenbildung in der Distraktionszone erfolgt autogen und spontan.
- Es ist nur ein einziger operativer Eingriff mit geringem Risiko erforderlich.
- Korrekturen sind möglich.
- Andere Probleme können gleichzeitig behandelt werden.
- Das Osteosynthese-System ist so stabil, daß eine frühe Gewichtsbelastung möglich ist. Außerdem ist es leicht und kann während der Behandlung modifiziert werden.
- Die Patienten können ambulant behandelt werden.

Das Vorgehen beim Knochentransport unter Zuhilfenahme eines unilateralen Fixateur Externe ist immer gleich (14) (Abb. 10):

1. Die Länge des Defekts wird berechnet und der Stab des Fixateurs entsprechend verlängert.
2. Die Pins an den Enden werden so mit dem Stab verbunden, daß sie sich nicht bewegen können. Die Mutter, die den Pinhalter mit dem Verlängerungsstab des Fixateurs verbindet, bleibt offen oder wird entfernt.

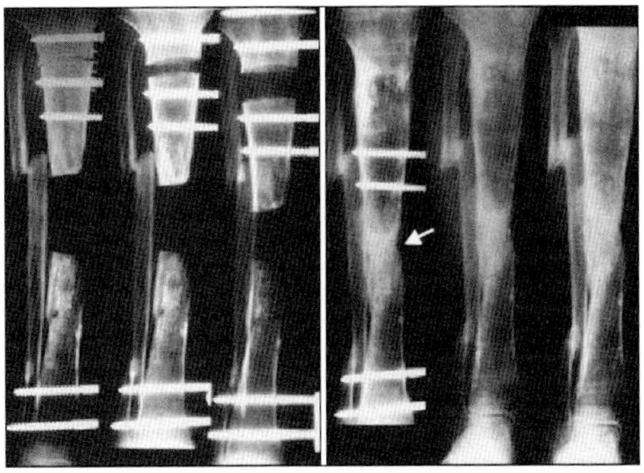

Abb. 10: Knochentransport mit Hilfe des unilateralen Fixateur Externe. Für die Andockstelle zwischem dem mittleren und dem distalen Fragment (Pfeil) wurde ein frisches Spongiosagraft benötigt.

3. Ein dritter Pinhalter mit zwei Pins wird zwischen den beiden anderen angebracht. Man kann auch zwei Einzelpinhalter verwenden; dies hat den Vorteil, daß die Pins dort plaziert werden können, wo dies am leichtesten möglich ist bzw. wo sie am meisten gebraucht werden.
4. Zwischen dem losen Pinhalter an dem einen Ende und den intermediären Pins wird eine perkutane Osteotomie durchgeführt.
5. Der Stab des Fixateurs wird täglich um 1 mm verkürzt. Alle eventuell erforderlichen Modifikationen können während der Behandlung gemacht werden. Zu Beginn der Konsolidierungsphase können alle überflüssigen Teile entfernt werden.

Man darf nicht vergessen, daß der Knochentransport ein Verfahren mit sehr präziser Indikationsstellung ist und nicht mißbräuchlich angewendet werden darf. Es ist nur dann indiziert, wenn andere Möglichkeiten nicht mehr zur Verfügung stehen. Manche Autoren neigen heute dazu, den infizierten Bereich zu resezieren bzw. die Zone, in welcher der Verlust eingetreten ist, einfach zu komprimieren. Der dadurch verursachte Längenunterschied kann dann mittels Callostasis (22, 46-47) oder Knochenverlängerung in deutlichem Abstand von der Resektionsstelle korrigiert werden (30).

Externe Fixation bei Tumoren

Die konservative Behandlung von Tumoren mit Erhaltung der betroffenen Extremität überwiegt heute gegenüber der Amputation. Neue chemo- und radiotherapeutische Protokolle und neue Methoden der diagnostischen Darstellung ermöglichen die Erhaltung der Extremität mittels moderner Knochenrekonstruktionsverfahren. Bis in die 1970-er Jahre waren Behandlungsverfahren ohne Amputation nur bei Patienten mit aggressiven gutartigen Tumoren indiziert. Später wurde dieser Ansatz auf Patienten mit hoch malignen Tumoren ausgeweitet. Es war nämlich beobachtet worden, daß lokale Rezidive nach erhaltenden Operationen ebenso häufig auftraten wie nach Amputationen, daß aber die Lebensqualität und das psychische Befinden der Patienten nach einer rekonstruktiven Operation besser waren (26).

Der unilaterale Fixateur Externe ist bei der Behandlung von Knochentumoren von großem Nutzen. Wir wenden ihn in drei verschiedenen Situationen an (11, 17-18):

1. Der Fixateur Externe vor der Resektion eines Tumors

Der Fixateur Externe wird zur Behandlung pathologischer Frakturen empfohlen, um Pflege und Behandlung des Patienten während der präoperativen Strahlentherapie zu vereinfachen. Bei pathologischen Frakturen, die durch Metastasen unbekannten Ursprungs verursacht wurden, stellt die Anwendung des Geräts eine vorübergehende Maßnahme dar, bis das Ergebnis der Biopsie bekannt ist und eine definitive Behandlung eingeleitet werden kann.

Bei Anwendung des Fixateur Externe ist weder Bettruhe noch die Durchführung aggressiverer Operationen erforderlich, die das Risiko einer Tumorstreuung mit sich bringen.

2. Die Anwendung des Fixateur Externe im Rahmen einer Tumorresektion mit anschließender Rekonstruktion des Knochendefekts

Wir wenden den Fixateur Externe in Zusammenhang mit einer Tumorresektion in folgenden Situationen an:

a. Epiphysendistraktion bei Patienten im Wachstumsalter mit metaphysären Tumoren

Wenn ein maligner Knochentumor in der Metaphyse eines langen Röhrenknochens mit offener Wachstumsfuge lokalisiert ist, ohne in die Epiphyse hinüberzuwachsen, halten wir dies für eine Indikation zur Resektion des metaphysären Knochentumors unter Erhaltung der Epiphyse nach dem von CAÑADELL beschriebenen Verfahren (11-12, 17, 48).

Die Operation umfaßt drei Phasen (Abb. 11).

1. Ein unilateraler Fixateur Externe mit einem T-Stück wird auf vier Pins montiert, von denen zwei in die Epiphyse, die übrigen zwei 8-10 cm jenseits des Tumors in die Diaphyse eingebracht worden sind. Noch im Operationssaal wird mit der Distraktion begonnen. Diese wird mit einer Rate von 1-2 mm/Tag fortgesetzt, bis eine Verlängerung um 2 cm erzielt ist. In dieser Zeit beendet der Patient die Chemotherapie.
2. Der Tumor wird mit einem breiten Sicherheitsabstand auf der Seite der Diaphyse reseziert.
3. Der Knochendefekt wird mit einem Knochengraft aufgefüllt.

Wenn diese Technik angewendet werden soll, muß der Operateur sicher sein, daß die Wachstumsfuge und die Epiphyse frei von malignen Zellen sind. Bei dem Verfahren wird der Verlust der Epiphyse vermieden, und das Gelenk des Patienten kann erhalten werden.

b. Knochentransport zur Auffüllung des Defektes nach Tumorresektion

Wir wenden dieses Verfahren sehr selten an und empfehlen es nur zur Behandlung kleiner Tumoren der Femurdiaphyse und einiger kleiner Tumoren der distalen Femurmetaphyse bei sehr jungen Patienten mit rasch ablaufenden und befriedigenden Regenerationsprozessen. Nach Distraktion der Epiphyse wird der Tumor reseziert. Ohne Wechsel des Fixateurs wird die Verschiebung des Knochenfragments zur Auffüllung des Defektes durchgeführt.

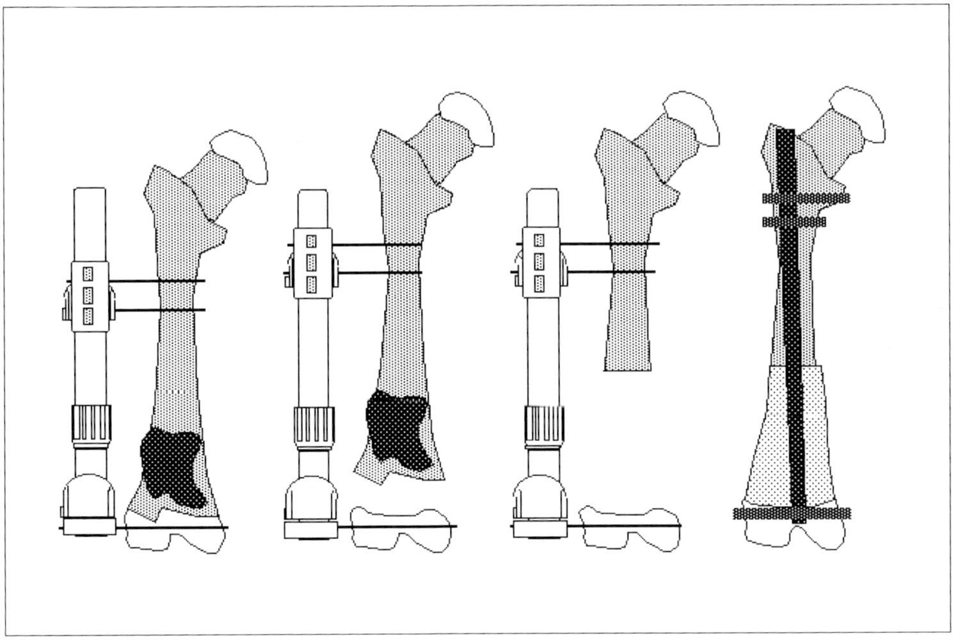

Abb. 11: CAÑADELL-Verfahren zur Resektion maligner Metaphysentumoren bei Kindern.

Wichtig ist, daß der Patient und seine Familie über die Art und Dauer der Behandlung informiert sind. NAGGAR et al. (43) beschreiben einen Fall, bei dem die Resektion eines Osteosarkoms einen Defekt von 18 cm Länge hinterließ und die Behandlung 16 Monate dauerte.

3. Der Fixateur Externe nach der Tumorresektion

a. Behandlung von Längenunterschieden. Knochenverlängerung bei Tumorpatienten

Die Behandlung maligner Knochentumoren mittels aggressiver Operationsverfahren mit erheblichen Knochen- und Weichteilresektionen in Kombination mit Radio- und Chemotherapie bei noch wachsenden Patienten kann schließlich zu Längenunterschieden führen. Zu den Prinzipien bei der Rettung von Extremitäten gehört die Erhaltung der Funktion. Die Korrektur von Längenunterschieden hat daher für uns eine hohe Priorität. Die Entscheidung, ob eine Verlängerungsoperation bei einem onkologischen Patienten indiziert ist, treffen wir anhand folgender Kriterien (11, 18):

1. Die interdisziplinäre Behandlung muß seit mindestens drei Jahren abgeschlossen sein; nach diesem Sicherheitsabstand gehen wir davon aus, daß der Patient tumorfrei ist.
2. Der Längenunterschied muß mindestens 4 cm betragen (Abb. 12).

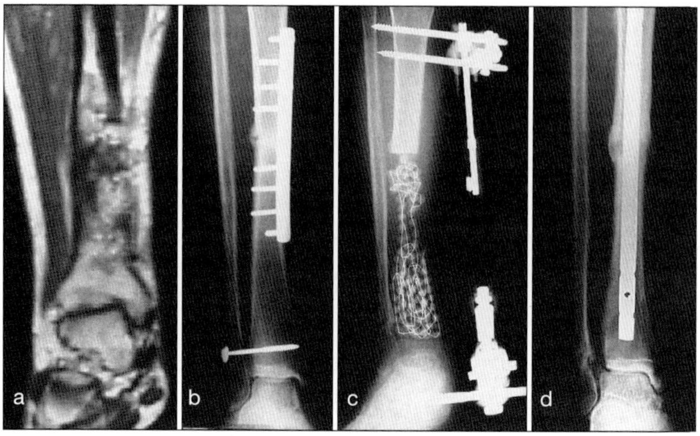

Abb. 12: Fixateur Externe als Spacer in der Tumorchirurgie.
a) Osteosarkom.
b) Infektion eines osteochondralen Allografts.
c) Entfernung des Allografts und Verwendung des Fixateur Externe als Spacer.
d) Das neue osteochondrale Allograft vier Jahre später.

Wir verwenden das Standardverfahren der Knochenverlängerung, müssen allerdings darauf hinweisen, daß sowohl die Osteogenese als auch die Reifung des neu gebildeten Kallus langsamer vor sich gehen als bei Patienten mit Längenunterschieden aufgrund anderer Ursachen. In den meisten Fällen ist die Funktion der betroffenen Gliedmaßen befriedigend und der Patient selbst beurteilt die Behandlung als positiv, selbst wenn der Röntgenbefund nicht gut ist.

b. Pseudarthrose

Wenn ein Allograft eine Pseudarthrose aufweist und gleichzeitig eine Knochenverlängerung zur Korrektur eines Längenunterschiedes erwünscht ist, verwenden wir manchmal einen Fixateur Externe mit drei Pinhaltern, von denen einer der Kompression und ein zweiter der Distraktion dient. Eine Pseudarthrose entsteht, wenn zur Rekonstruktion der Extremität ein Autograft verwendet wird. Mit Hilfe des Fixateur Externe kann die Eröffnung des Pseudarthrose-Fokus und die Durchführung einer aggressiven Operation an der Extremität vermieden werden, die bereits durch Chemotherapie, Operation und gelegentlich auch Radiotherapie geschädigt ist.

c. Verwendung als Spacer bei Infektionen

Der Fixateur Externe dient als Stütze im Bereich eines Knochendefekts. Nach der Resektion des infizierten Knochens können Gentamicin-Kügelchen eingeführt werden, und wenn die Zone dann infektionsfrei geworden ist, kann ein neues Allograft implantiert werden (Abb. 13).

d. Korrektur von Deformitäten

Wir verwenden den Fixateur Externe zur Korrektur von Deformitäten wie z.B. Beugekontrakturen des Kniegelenks infolge Weichteilretraktion nach Bestrahlung.

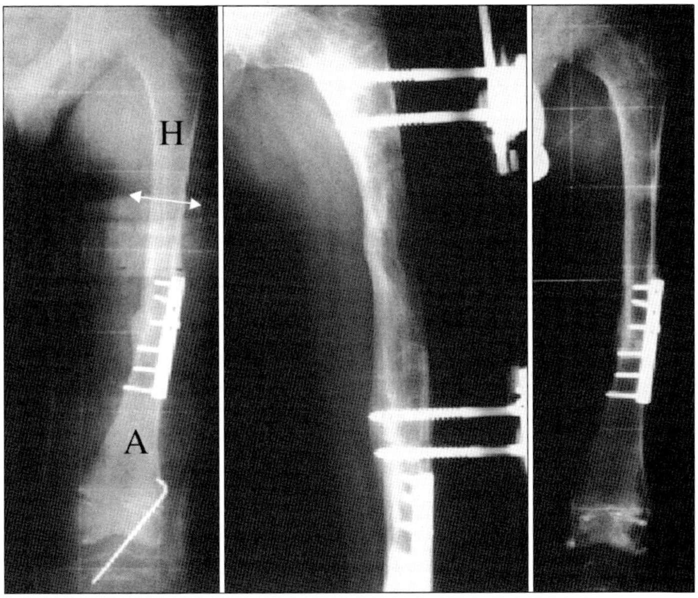

Abb. 13: Knochenverlängerung in der Tumorchirurgie (A: Allograft; H: Eigenknochen). Die Osteotomie wurde an dem Eigenknochen durchgeführt.

e. Der Fixateur Externe in der rekonstruktiven Chirurgie bei Knochenresorption nach Implantation einer Totalendoprothese des Kniegelenks

Bei der operativen Rekonstruktion von Extremitäten nach En-bloc-Resektionen, die im allgemeinen zum Zwecke der Exstirpation von Knochen- oder Weichteiltumoren durchgeführt werden, kommen alle Verfahren zur Anwendung, die der Wiederherstellung der Knochenkontinuität dienen.

Prothesen können bei metaphysären und epiphysären Tumoren eine gute Lösung darstellen, bei großen Läsionen der Diaphyse, bei denen auch die Metaphyse betroffen ist, sind sie dagegen weniger geeignet. Dank verbesserter Chemotherapie haben viele junge Patienten und Patienten mittleren Alters eine immer längere Lebenserwartung und können sich normal betätigen. Mit einer Endoprothese haben sie jedoch häufig Probleme, weil sie immer wieder ausgetauscht werden muß. Verfahren mit dem Ziel einer physiologischen Rekonstruktion erweisen sich deshalb in solchen Fällen häufig als befriedigendere Lösung. Gelegentlich bricht die Tumorprothese zusammen und kann mit Hilfe eines Fixateur Externe gerettet werden.

Literatur

(1) Aldegheri, R., Renzi Brivio, L., Agostini, S.: The callostasis method of limb lengthening. Clin. Orthop. 241, 137-145 (1989)

(2) Aldegheri, R., Trivella, G., Lavini, F.: Epiphyseal distraction. Chondrodiastasis. Clin. Orthop. 241, 117-127 (1989)

(3) Aldegheri, R., Trivella, G., Lavini, F.: Epiphyseal distraction. Hemichondrodiastasis. Clin. Orthop. 241, 128-136 (1989)

(4) AMILLO, S., GIL, J., PAMPLIEGA, T.: Lengthening of the first metatarsal bone. A case of congenital shortening. Acta orthop. scand. 62, 295-296 (1991)
(5) AQUERRETA, D., FORRIOL, F., CAÑADELL, J.: Complications of bone lengthening. Int. Orthop. 18, 299-303 (1994)
(6) ARRIÉN, A.: Estudio comparativo de las osteotomias a cielo abierto y percutaneas en la elongación osea. Dissertation. Universität Navarra. Pamplona (1986)
(7) BURRI, C., WÖRSDORFER, O.: Corrective osteotomies of the lower extremity in the presence of infection. In: G. Hierholzer, K.H. Müller: Corrective osteotomies of the lower extremity after trauma. Springer Verlag, Berlin, Heidelberg, 171-182 (1985)
(8) CAÑADELL, J., AQUERRETA, D., FORRIOL, F.: Prospective study of bone lengthening. J. Pediatr. Orthop. Part B, 2, 1-7 (1993)
(9) CAÑADELL, J., DE PABLOS, J.: Breaking bony bridges by physeal distraction. A new approach. Int. Orthop. 9, 223-229 (1984)
(10) CAÑADELL, J., DE PABLOS, J.: Correction of angular deformities by physeal distraction. Clin. Orthop. 283, 98-105 (1992)
(11) CAÑADELL, J., FORRIOL, F., CARA, J.A.: Fijación externa en patología tumoral. Rev. Orthop. Traumatol. 39, 3-11 (1995)
(12) CAÑADELL, J., FORRIOL, F., CARA, J.A.: Removal of metaphyseal bone tumours with preservation of the epiphysis. Physeal distraction before excision. J. Bone Joint Surg. (Br.) 76-B, 1, 127-132 (1994)
(13) CAÑADELL, J., FORRIOL, F.: Arthrodiastasis in the treatment of hip joint rigidity. Int. J. Orthop. Trauma (suppl.) 3, 98-100 (1993)
(14) CAÑADELL, J., FORRIOL, F.: The external fixator in the treatment of infected pseudoarthrosis and bone defects. Osteosynthese International 5, 221-225 (1997)
(15) CAÑADELL, J., FORRIOL, F.: Use of monoaxial fixators in leg lengthening. In: Surgical Techniques in Orthopaedics and Traumatology. Scientifiques et Médicales, Elsevier SAS, Paris, 1-5 (2000)
(16) CAÑADELL, J., GONZALES, F., BARRIOS, R.H., AMILLO, S.: Arthrodiastasis for stiff hips in young patients. Int. Orthop. 17, 254-258 (1993)
(17) CAÑADELL, J., SAN JULIÁN, M., CARA, J.A., FORRIOL, F.: External fixation in tumour pathology. Int. Orthop. 22, 126-130 (1998)
(18) CARA, J.A., FORRIOL, F., CAÑADELL, J.: Bone lengthening after conservative oncologic surgery. J. Pediatr. Orthop. Part B, 2, 57-61 (1993)
(19) DE BASTIANI, G., ALDEGHERI, R., RENZI-BRIVIO, L., TRIVELLA, G.: Chondrodiastasis. Controlled symmetrical distraction of the epiphyseal plate. Limb lengthening in children. J. Bone Joint Surg. (Br.) 66B, 550-556 (1986)
(20) DE BASTIANI, G., ALDEGHERI, R., RENZI-BRIVIO, L., TRIVELLA, G.: Limb lengthening by distraction of the epiphyseal plate. J. Bone Joint Surg. (Br.) 66B, 545-549 (1986)
(21) DE BASTIANI, G., ALDEGHERI, R., RENZI-BRIVIO, L., TRIVELLA, G.: Limb lengthening by callus distraction (callostasis). J. Pediatr. Orthop. 7, 129-134 (1987)
(22) DE CLOEDT, P., LEGAYE, J., LOKIETEK, W.: La place de la méthode d'Ilizarov dans le traitement des pseudoarthroses septiques des os longs. Acta Orthop. Bel. 54, 353-359 (1988)
(23) DE PABLOS, J., CAÑADELL, J.: Experimental physeal distraction in immature sheep. Clin. Orthop. 250, 73-80 (1990)
(24) DE PABLOS, J., VILLAS, C., CAÑADELL, J.: Bone lengthening by physeal distraction. An experimental study. Int. Orthop. 10, 163-170 (1986)
(25) DELAND, J.T., GARG, A., WALKER, P.S.: Biomechanical basis for elbow hinge-distractor design. Clin. Orthop. 215, 303-312 (1987)
(26) ENNEKING, W.F.: A system of staging musculoskeletal neoplasms. Clin. Orthop. 204, 9-14 (1986)
(27) FABER, F.W., KEESSEN, W., VAN ROERMUND, P.M.: Complications of leg lengthening. 46 procedures in 28 patients. Acta Orthop. Scand. 62, 327-332 (1991)
(28) FORRIOL, F., IGLESIAS, A., ARIAS, M., AQUERRETA, D., CAÑADELL, J.: Relationship between radiologic morphology of the bone lengthening formation and its complications. J. Pediatr. Orthop. Part B, 8, 292-298 (1999)
(29) FRANKE, J., HEIN, G., SIMON, M., HAUCH, ST.: Comparison of distraction epiphyseo-

lysis and partial metaphyseal corticotomy in leg lengthening. Int. Orthop. 14, 405-413 (1990)

(30) GIEBEL, G.: Resektionsdébridement am Unterschenkel mit kompensatorischer Kallusdistraktion. Unfallchir. 94, 401-408 (1991)

(31) GRILL, F., DUNGL, P., STEINWENDER, G., HOSNY, G.: Congenital short femur. J. Pediatr. Orthop. 2, 35-41 (1993)

(32) GRILL, F., DUNGL, P.: Lengthening for congenital short femur. Results of different methods. J. Bone Joint Surg. 73-B, 439-447 (1991)

(33) ILIZAROV, G.A., KAPOUNOV, A.G., DEGTIARI, V.E., LEDIAEV, V.I.: Treatment of pseudoarthrosis and ununited fractures complicated by purulent infection by the method of compression-distraction osteosynthesis. Orthop. Traumatolol. Protez. 33, 10-14 (1972)

(34) ILIZAROV, G.A.: Basic principles of transosseous compression and distraction osteosynthesis. Orthop. Traumatolol. Protez. 32, 7-15 (1971)

(35) ILIZAROV, G.A.: Clinical application of the tension-stress effect for limb lengthening. Clin. Orthop. 250, 8-17 (1990)

(36) ILIZAROV, G.A.: The tension-stress effect on the genesis and growth tissue. Part I. The influence of stability of fixation and soft tissue preservation. Clin. Orthop. 238, 249 (1989)

(37) JENNY, G., JENNY, J.Y., MOSSER, J.J.: Ilizarov's method in infected tibial pseudoarthrosis and for reconstruction of bone defects. Orthop. Traumatol. 3, 55-58 (1993)

(38) JUPITER, J.B., FIRST, K., GALLICO, G.G., MAY, J.W.: The role of external fixation in the treatment of posttraumatic osteomyelitis. J. Orthop. Trauma 2, 79-93 (1988)

(39) KORZINEK, K., TEPIC, S., PERREN, S.M.: Limb lengthening and three-dimensional deformity corrections. A retrospective clinical study. Arch. Orthop. Trauma Surg. 109, 334-340 (1990)

(40) LEYES, M., NOONAN, K.J., FORRIOL, F., CAÑADELL. J.: Statistical analysis of axial deformity during distraction osteogenesis of the tibia. J. Pediatr. Orthop. 18, 190-197 (1997)

(41) MORREY, B.F.: Distraction arthroplasty. Clinical application. Clin. Orthop. 293, 46-54 (1993)

(42) MORREY, F.: Post-traumatic contracture of the elbow. Operative treatment, including distraction arthroplasty. J. Bone Joint Surg. (Am.) 72-A, 601-608 (1990)

(43) NAGGAR, L., CHEVALLEY, F., BLANC, C.H., LIVIO, J.J.: Treatment of large bone defects with the Ilizarov technique. J. Trauma 34, 390-393 (1993)

(44) NOONAN, K.J., LEYES, M., FORRIOL, F., CAÑADELL, J.: Distraction osteogenesis of the lower extremity with use of monolateral external fixation. J. Bone Joint Surg. 80A, 793-806 (1998)

(45) PALEY, D.: Current technique of limb lengthening. J. Pediatr. Orthop. 8, 73-92 (1988)

(46) RÜTER, A., BRUTSCHER, R.: Die Behandlung ausgedehnter Knochendefekte am Unterschenkel durch die Verschiebeosteotomie nach Ilizarov. Operat. Orthop. Traumatol. 1, 80-89 (1989)

(47) SALES DE GAUZY, J., VIDAL, H., CAHUZAC, J.P.: Primary shortening followed by callus distraction for the treatment of a post-traumatic bone defect: case report. J. Trauma 34, 461-463 (1993)

(48) SAN-JULIAN, M., AQUERRETA, J.D., BENITO, A., CAÑADELL, J.: Indications for epiphyseal preservation in metaphyseal malignant bone tumors of children: relationship between image methods and histological findings. J. Pediatr. Orthop. 19, 543-548 (1999)

(49) SCHMIDT, H.G.K., WITTEK, F., FASCHINGBAUER, M., FINK, B.: Die Behandlung der chronischen Osteitis am Oberschenkel. Unfallchirurg 95, 562-565 (1992)

(50) SCHMIDT, H.G.K., WITTEK, F., FINK, B., BUCK-GRAMCKO, U.: Die Behandlung der chronischen Osteitis am Unterschenkel. Unfallchirurg 95, 566-573 (1992)

(51) VOLKOV, M.V., OGANESIAN, O.V.: Restoration of function in the knee and elbow with a hinge-distractor apparatus. J. Bone Joint Surg. (Am.) 57-A, 591-600 (1975)

(52) WHITE, S.H., KENWRIGHT, J.: The timing of distraction of an osteotomy. J. Bone Joint Surg. (Br.) 72-B, 356-361 (1990)

Fixateurbehandlung beim Kind

L. v. Laer

Einleitung

Das grundsätzliche Therapieziel bei der Behandlung dislozierter Schaftfrakturen im Wachstumsalter besteht darin, mit einem minimalen Gesamtaufwand ein Optimum an Endergebnis zu erreichen.
An erster Stelle muß eine prompte und adaequate Schmerzbehandlung stehen, gefolgt von einer - wenn immer möglich - funktions- und belastungsstabilen Retention in all den Fällen, in denen eine Reposition in irgendeiner Form von Anästhesie vorgenommen wird. Handelt es sich um eine „undislozierte" Fraktur, die konservativ ohne Anästhesie behandelt werden kann, so ist - angesichts der raschen Frakturheilung im Wachstumsalter - dieser Anspruch an eine funktions- und belastungsstabile Retention nicht aufrechtzuerhalten.
Durch sämtliche therapeutischen Maßnahmen darf weder das weitere Wachstum noch die Heilung gestört werden, die Komplikationsrate muß gering sein, und der Patient muß in den Genuß einer raschen Wiedererlangung seiner Sport- und Spielfähigkeit gelangen.
All diese Forderungen sind grundsätzlich mit einer externen Fixation zu erfüllen, vorausgesetzt, es wird die richtige Indikation gestellt und die richtige Technik der Applikation, der Pflege und der Nachbehandlung berücksichtigt.
Im folgenden soll auf die Grundprinzipien der Indikation, die anzuwendende Technik und die bisherigen Erfahrungen eingegangen werden.

Indikation

Die Indikation zur Anwendung externer Montagen im Wachstumsalter ergibt sich sowohl für die Behandlung von frischen Frakturen, als auch für die Korrektur posttraumatischer Deformitäten.
Bei den Frakturen kommen nicht nur dislozierte Schaftfrakturen im Rahmen eines Polytraumas, offene Frakturen, Mehretagenfrakturen oder Frakturen mit begleitenden Nerven- und Gefäßverletzungen in Frage, sondern im Prinzip jede dislozierte Einzelverletzung ohne begleitende Läsionen. Lediglich im Alter bis zum 3. Lebensjahr ist selbst im Falle dislozierter Frakturen oft eine konservative Behandlung ohne Anästhesie angesichts der raschen Konsolidierung und der „spontanen" Korrekturpotenzen möglich, so daß dann auf eine funktions- und belastungsstabile Osteosynthese verzichtet werden kann.

Wachstumsstörungen

Stimulative Wachstumsstörungen sind nach sämtlichen Frakturen im Wachstumsalter zu erwarten. Diese führen unterhalb des 10. Lebensjahres gehäuft zu Verlängerungen, jenseits des 10. Lebensjahres gehäuft zu Verkürzungen. Wenn dislozierte Schaftfrakturen prompt und weitgehend anatomisch korrekt reponiert und stabil retiniert werden, kann die Häufigkeit und das Ausmaß posttraumatischer Differenzen fast in den Rahmen idiopathischer Differenzen (25%, 10 mm), d.h. in eine Häufigkeit von ca. 40% mit einem Ausmaß von knapp 10 mm gesenkt werden (4).

Die folgenden Probleme und Argumente seien anhand der Erfahrungen aus einer multizentrischen Studie von 121 *Oberschenkelschaftfrakturen* erörtert (9).

Heilungsdauer

Die Heilungsdauer von Schaftfrakturen ist von der Frakturfläche abhängig: Je größer die Frakturfläche, desto schneller ist die Fraktur bewegungsstabil verheilt. Das bedeutet, daß Querfrakturen mit der kleinsten Frakturfläche die längsten Konsolidierungszeiten aufweisen. Nach unseren bisherigen Erfahrungen am Oberschenkel beträgt die Konsolidierungsdauer bei den Querfrakturen durchschnittlich 57 Tage, bei den Schrägfrakturen durchschnittlich 44 Tage. Die Heilungsgeschwindigkeit kann im Rahmen einer Fixateurbehandlung nur durch das gezielte, frühzeitige Dynamisieren der Fraktur mit dem Apparat beeinflußt werden.

Komplikationen

Komplikationen können – wie bei jeder anderen chirurgischen Behandlungsmethode – natürlich auch bei der externen Fixation auftauchen: Infekte, Refrakturen bei Konsolidierungsverzögerungen und technische Fehler, die u.U. zu einem Therapiewechsel zwingen. Im Rahmen der o.g. Studie bei der Behandlung dislozierter Oberschenkelschaftfrakturen (n = 121) (9) lag die Infektionsrate mit 7,4% noch relativ hoch, Refrakturen mit 5,8% und technischen Fehlern in 4,1%, die fast alle zu Therapiewechseln (3,3%) bzw. Nachrepositionen geführt hatten. 85% sämtlicher Komplikationen ereigneten sich im Rahmen der Querfrakturen. Durch gezieltere Indikationen, bessere Beachtung der Technik, frühzeitigere Dynamisierungen und bessere Pflege konnten wir die hohe Komplikationsrate in der ersten Phase der „learning curve“ in den letzten 2-3 Jahren doch deutlich senken.

Resumee aus den Komplikationen

Angesichts der längeren Konsolidierungszeiten bei den Querfrakturen und der damit verbundenen längeren Liegedauer der Fixateure stellen wir die Indikation zur externen Fixation vor allem für sämtliche Schrägfrakturen. Natürlich können auch Querfrakturen mit einem Fixateur behandelt werden. Dies setzt jedoch eine sofortige und effiziente Dynamisierung voraus, und Eltern und Patient müssen primär sorgfältig auf die längere Liegedauer des Apparates und die unter Umständen größere Komplikationsrate hingewiesen werden.

Technik und Instrumentarium

Grundsätzlich sollten die frakturnahen Schrauben nicht näher und nicht weiter als etwa 2 Querfinger von der Fraktur eingebracht werden. Des weiteren darf auch das verbindende Rohr nicht zu weit von der Fraktur, d.h. ebenfalls nicht mehr als 1 Querfinger von der Haut entfernt sein.

Als Apparate zur Frakturbehandlung und zu Verlängerungsosteotomien haben sich bisher die Montube® Modelle der Firma Stryker® Howmedica am besten bewährt: Sie sind leicht, erlauben eine freie Montage der ersten Pins, an die der Apparat angepaßt werden kann und sie sind gut dynamisierbar. Es empfiehlt sich beim mehrmaligen Gebrauch der Apparate, diese präoperativ sorgfältig auf die Funktion sämtlicher Elemente, vor allem aber des Dynamisierpartes zu überprüfen. Ein Nachteil besteht darin, daß sekundäre Achsabweichungen – z.B. im Rahmen von Verlängerungen – nur schwierig vorzunehmen sind. Meist muß dazu ein zweiter Apparat aufmontiert werden, was schon aus Kostengründen, aber auch aufgrund zu kurz abgeschnittener Pins, außerordentlich problematisch sein kann. Ein Korrekturelement liegt leider nicht vor.

Als *Pins* haben sich die selbstbohrenden und selbstschneidenden Apex®-Pins, ebenfalls der Firma Stryker® Howmedica bewährt, die in einer Dicke zwischen 3 und 4,5 mm zur Anwendung kommen.

Für Kinder im eigentlichen Wachstumsalter – also unterhalb des 10. Lebensjahres – eignet sich sowohl zur Frakturversorgung als auch für Osteotomien und Rekonstruktionen das Instrumentarium des HOFFMANN® Compact II, ebenfalls von der Firma Stryker® Howmedica.

Dynamisierung

Wie schon gesagt: Je kleiner die Frakturfläche, desto früher sollte dynamisiert werden. Bei allen Querfrakturen sofort intraoperativ, bei allen Schrägfrakturen zwischen dem 10. und 14. postoperativen Tag.

Pflege

Grundsätzlich gilt die Regel: feucht, wenn feucht und trocken, wenn trocken. Überall, wo viel Sekret zu erwarten ist, wie z. B. am Oberschenkel, vor allem proximal, müssen, solange der Sekretfluß dauert, feuchte Verbände appliziert werden, um Verkrustungen und den damit verbundenen Sekretstau mit der Gefahr eines Infektes zu vermeiden. Am Unterschenkel, wo kaum Sekretionen zu erwarten sind, kann trocken behandelt werden. Wann immer eine Kruste um die Pins auftritt, muß sie entfernt werden.

Um die Pflege zu erleichtern, dürfen die Patienten auch ohne weiteres mit dem gesamten Apparat in die Badewanne. Man muß lediglich die Wanne vor Kratzern durch die Pins und den Apparat schützen. Auch das Baden im Meer ist ohne weiteres erlaubt.

Je unkomplizierter man mit dem Apparat umgeht, desto einfacher gestaltet sich die Pflege und die Handhabung des Fixateurs. Wichtig ist, daß, wenn immer die Lage des Fixateurs es erlaubt, die Pflege vom Patienten selbst durchgeführt wird.

Voraussetzung für eine gute Pflege sind genügend große Haut- und Faszieninzisionen, die einen prompten Abfluß des allfälligen Sekretes gewährleisten.

Bisherige Erfahrungen und Indikationen

Frakturen

Oberarm

Indikation

Die Indikation für eine Osteosynthese der Oberarmfrakturen im Wachstumsalter ist selten. Diese Fraktur ist grundsätzlich eine Domäne der funktionell-konservativen Behandlung, z.B. mit dem Sarmientobrace. Selbst wenn primär ein motorischer und sensibler Radialisausfall vorliegt, sehen wir, wenn sonst keine Indikation für eine Anästhesie vorliegt, primär keine Indikation zum operativen Vorgehen. Auch vollständig dislozierte und verkürzte Querfrakturen im eigentlichen Wachstumsalter bis zum 10./12. Lebensjahr können ohne weiteres konservativ-funktionell behandelt werden, da verbleibende Längendifferenzen an den oberen Extremitäten in einem Ausmaß von 1 - 2 cm keine relevante Rolle spielen. So sehen wir die Indikation zum primär operativen Vorgehen entweder bei instabilen Trümmerfrakturen oder bei vollständig dislozierten Querfrakturen Jugendlicher oder sekundär, wenn die Fraktur auf konservativem Wege nicht achsengerecht gehalten werden kann. Für Trümmer- und Schrägfrakturen empfiehlt sich der Fixateur Externe, für Querfrakturen die intramedulläre Nagelung.

Technik

Applikation der Pins - meist für den gelben Monotube - proximal im Bereich der Tuberositas deltoidea, distal im Bereich des Epicondylus radialis humeri (abhängig von der Fugenreife). Die intramedullären Nägel werden ebenfalls - je nach Lokalisation der Fraktur - auf- oder absteigend über die Tuberositas deltoidea oder den Epicondylus radialis eingebracht.

Radius

Indikation

Die Indikation stellt am Vorderarm eine Seltenheit dar und ist nur gegeben für isolierte Radiusfrakturen Jugendlicher am Übergang vom mittleren zum distalen Drittel oder für proximale Ulnafrakturen im Rahmen von hohen MONTEGGIA-Läsionen.

Technik

Für die Versorgung des Radius kommt eher der gelbe Monotube oder - wie auch für proximale Ulnafrakturen - eine freie Montage mit dem Compact II-Instrumentarium zur Anwendung (s. auch Rekonstruktion veralteter MONTEGGIA-Frakturen).

Oberschenkel (multizentrische Studie [9])

Indikation

Sämtliche dislozierten Frakturen jenseits des Alters von ca. 3 Jahren. Da 85% sämtlicher Komplikationen bei den Querfrakturen auftraten, empfehlen wir für diese die intramedulläre Nagelung und würden den Fixateur grundsätzlich bei sämtlichen Schräg- und Trümmerfrakturen anwenden.

Technik

Die intramedullären Nägel werden je nach Lage der Fraktur aufsteigend von medial und lateral, absteigend nur von lateral eingebracht (1). Die Technik zur

Montage des Fixateurs und der Zeitpunkt der Dynamisierung wurde schon eingangs geschildert.

Unterschenkel

Indikation

Grundsätzlich besteht für isolierte Tibiafrakturen keine Indikation zur Osteosynthese, höchstenfalls bei drohendem Kompartmentsyndrom bei jugendlichen Patienten. Ansonsten ist die Indikation bei allen dislozierten instabilen Frakturen gegeben, die eine Anästhesie zur Versorgung benötigen.

Technik

Anbringen der Pins analog zum Oberschenkel 2 Querfinger vom Frakturende entfernt, von medioventral, so daß die hintere Tibiakante vom Pin gefaßt wird. Proximal ist auf den Verlauf der Fuge der Tuberositas zu achten, die nicht verletzt werden darf.

Rekonstruktionen / Korrekturosteotomien (2, 3, 5, 6, 8) **(ohne Verlängerungen)**

Veraltete MONTEGGIA-Läsionen, bzw. übersehene Radiusköpfchenluxationen

Indikation

Grundsätzlich sehen wir die Indikation zur Rekonstruktion der veralteten Radiusköpfchenluxation in allen Fällen, die nicht länger als 2 - 3 Jahre seit dem Unfall zurückliegen. Selbst wenn dann geringgradige Längendifferenzen vorliegen, würde dies keine Kontraindikation darstellen. Auch das Alter des Patienten selbst stellt im Moment für uns keine Kontraindikation dar.

Technik

Es wird das Instrumentarium des Compact II verwendet. Zuerst Einbringen von Pins in der proximalen Ulna so proximal wie möglich, ohne das Gelenk zu tangieren. Etwa 1 Querfinger davon die Osteotomie planen und einen weiteren Querfinger distal davon Einbringen der distalen 3 Pins. Es werden 3 mm Apex-Pins verwendet.

Anschließend Durchführen der Ulnaosteotomie mit dem Meißel. Approximatives Befestigen des Fixateurs. Über einen radiodorsalen zusätzlichen Schnitt wird die Loge des Radiusköpfchens dargestellt. Es müssen sämtliche Reste des Ligamentum anulare entfernt werden. Dann wird das Köpfchen unter Sicht reponiert, der Fixateur geöffnet, das Köpfchen mit einem stumpfen Hohmann in seiner Loge gehalten und die Pro-Supinationsbewegung durchgeführt. Bei reponiertem Köpfchen wird nun in der maximalen Supination der Fixateur fixiert und die Gegenbewegung durchgeführt. Zeigt sich hier nun eine Subluxationstendenz, wird der Fixateur wieder geöffnet, das Köpfchen unter Sicht vollständig reponiert und in dieser Position gehalten, der Fixateur wieder fixiert und nun sämtliche anderen Bewegungen des Ellbogens bis in die Extremstellung nachvollzogen. Besteht bei einer der Bewegungen wieder eine Subluxationstendenz, so wird das vorherige Procedere wiederholt. So lange, bis in sämtlichen Bewegungen das Köpfchen sicher in der Loge bleibt. Auf eine Ringbandplastik wird verzichtet.

Die Nachbehandlung besteht im spontanen Bewegen bis an die Schmerzgrenze.

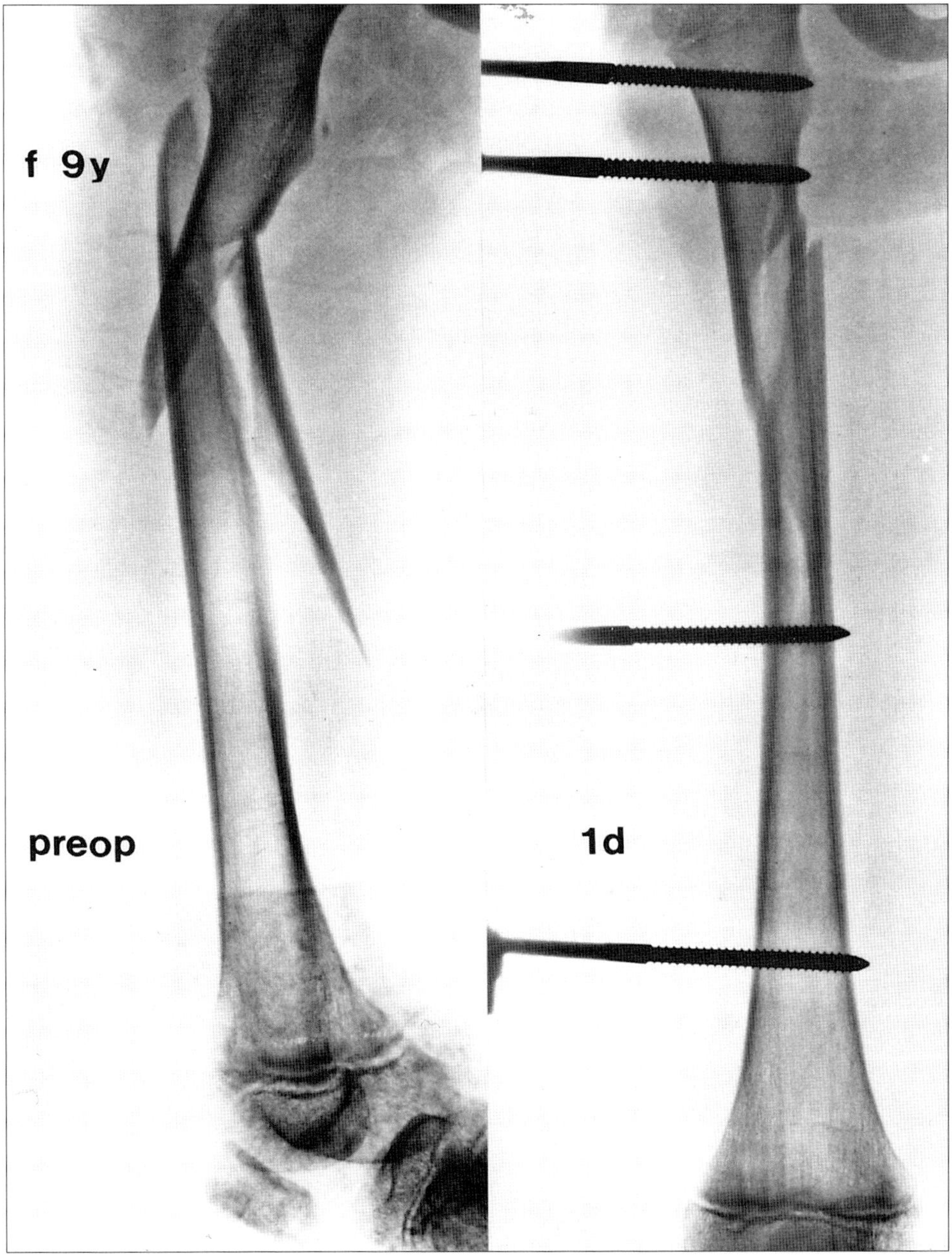

Abb. 1: Die Behandlung der instabilen Oberschenkelschaftfraktur mit dem Fixateur Externe. 9jähriges Mädchen mit instabiler Oberschenkelschaftfraktur. Notfallmäßige Versorgung mit einer freien Montage. Die distalen Schrauben sind zu weit voneinander entfernt, die Distanz zur Fraktur ist proximal und distal korrekt. Die Patientin belastet nach 12 Tagen voll an Stöcken, die Fraktur ist nach 5 Wochen konsolidiert, nach weiteren 2 Wochen wurde die Metallentfernung vorgenommen.

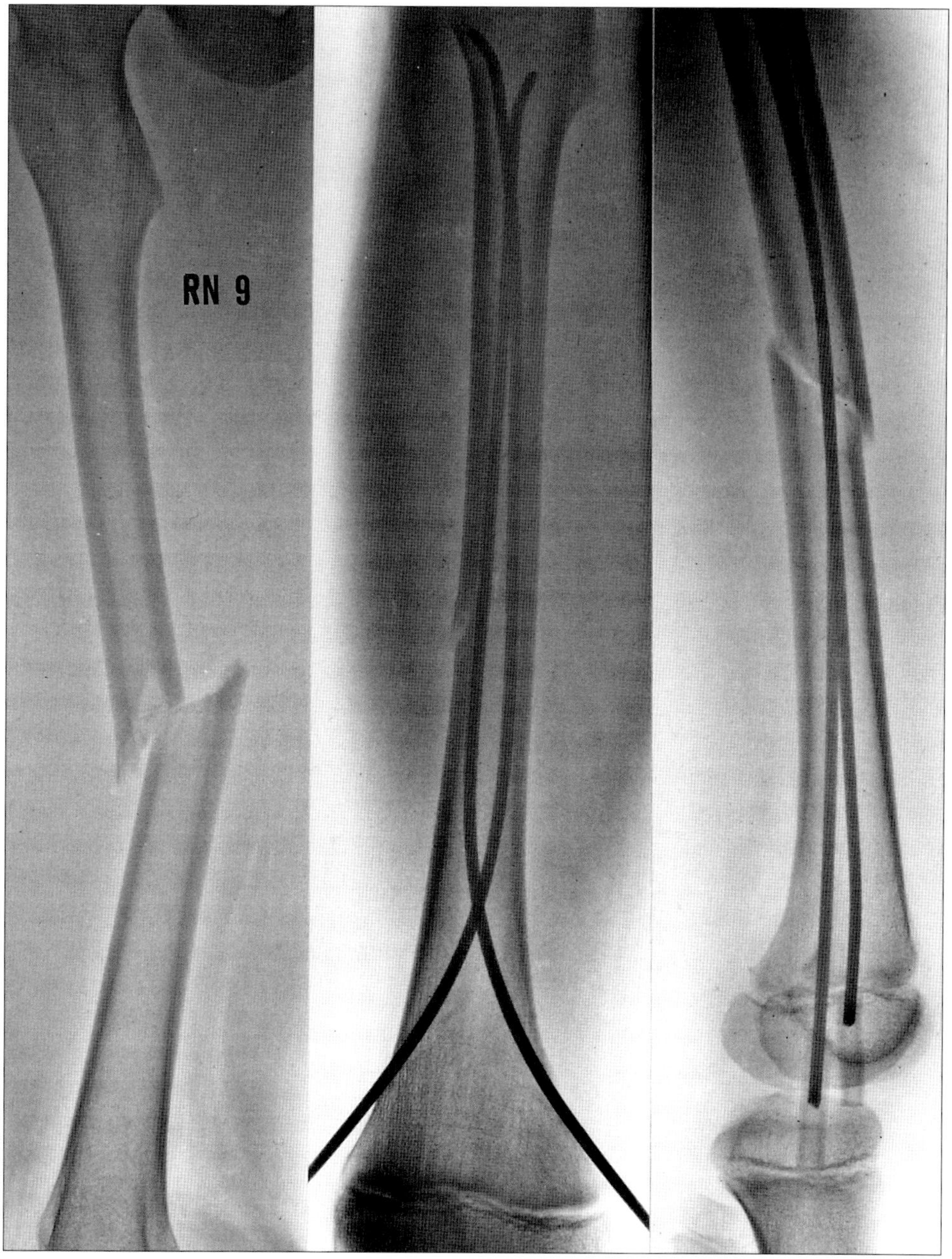

Abb. 2: Die Behandlung der stabilen Oberschenkelschaftfraktur mit der intramedullären Nagelung nach MAITEZEAU. *9jähriger Knabe mit einer stabilen, kurzen Schrägfraktur, die notfallmässig mit 2 intramedullären „dynamischen" Nägeln versorgt wurde. Die Nägel dürften ein wenig stärker sein (etwa 1/3 des Markraumes an der dünnsten Stelle), das 3-Punkte Prinzip der Osteosynthese ist korrekt erfüllt. Der Patient belastet nach 3 Wochen voll an Stöcken, die Fraktur ist nach 7 Wochen konsolidiert, das Metall wurde 4 Monate postoperativ entfernt.*

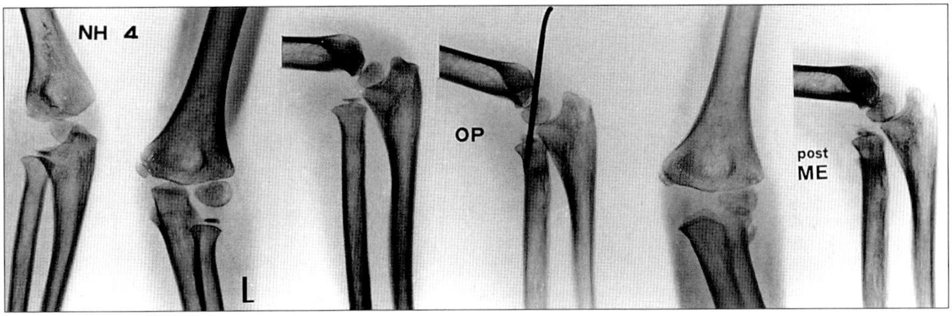

Abb. 3a: Die Rekonstruktion der übersehenen, veralteten Radiusköpfchenluxation mit dem Fixateur Externe. 4jähriger Knabe mit übersehener „MONTEGGIA-Läsion" (bowing fracture der Ulna und Radiusköpfchenluxation nach ventral). 4 Monate nach dem Unfall erfolgt ein erster Rekonstruktionsversuch ohne Ulnaosteotomie mit einer Ringbandplastik. Zur Sicherung des Repositionsergebnisses wurde die obsolete transartikuläre KIRSCHNER-Drahtspickung nach WITT durchgeführt. Nach Entfernung des Drahtes kam es erwartungsgemäß zur prompten Reluxation.

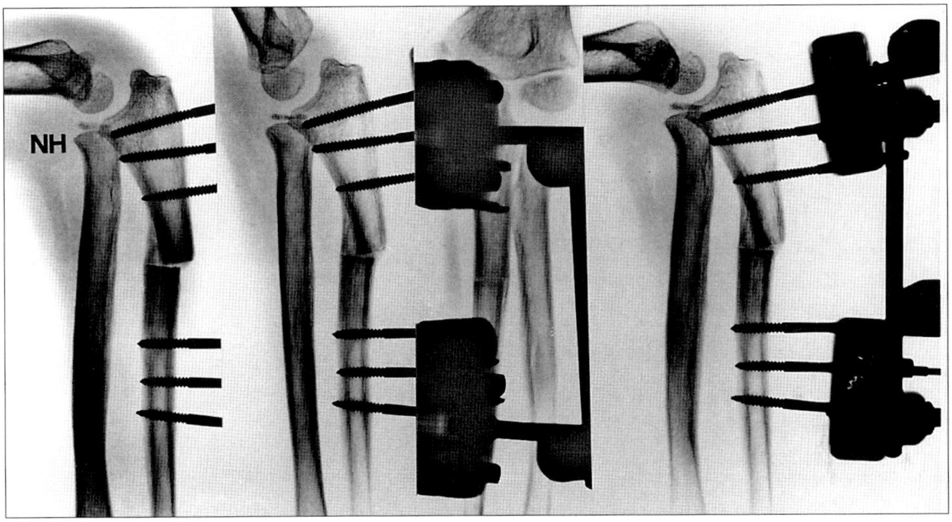

Abb. 3b: Derselbe Patient; beim zweiten Rekonstruktionsversuch, 12 Monate nach Unfall, wurde zuerst der Fixateur plaziert, dann die Ulnaosteotomie vorgenommen und zum Schluß die offene Reposition des Köpfchens nach Beseitigung des narbigen Interpositums aus der Loge vorgenommen. Das Köpfchen wird mit einem stumpfen Hohmann bei geöffnetem Fixateur reponiert gehalten und die Pro-Supinationsbewegung durchgeführt. In der Endbewegung entweder der Pro- oder der Supination wird der Fixateur geschlossen und nun die Gegenbewegung vollzogen. Beginnt das Köpfchen in der Gegenrichtung der Bewegung wieder zu subluxieren, so wird der Fixateur erneut geöffnet, die Extrembewegung vollendet bei reponiert gehaltenem Köpfchen und der Fixateur wieder verschlossen. Dies wird so lange wiederholt, bis das Radiusköpfchen unter Sicht und DL-Kontrolle in allen Bewegungen zentriert an korrekter Stellung bleibt. Auf diese Weise sucht sich das reponierte Köpfchen von selbst die korrekte Richtung der Ulnaosteotomie. Auf eine zusätzliche Ringbandplastik wird verzichtet. Unmittelbar postoperativ kann der Patient mit spontanen Bewegungsübungen beginnen, es erfolgt keine Ruhigstellung. Die Osteotomie heilt innerhalb von 10 Wochen.

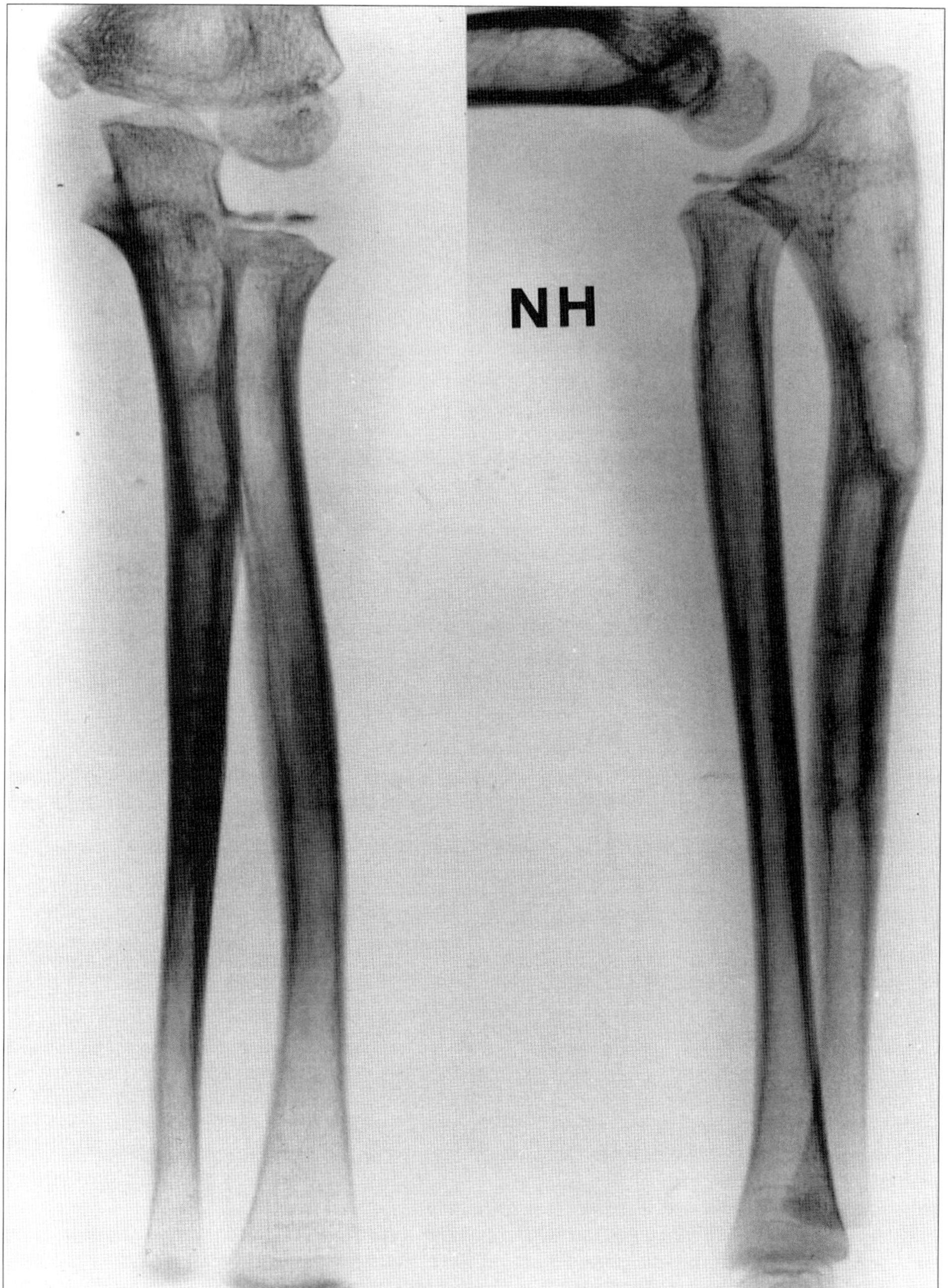

Abb. 3c: Derselbe Patient; nach 12 Wochen erfolgt die Metallentfernung. Bei der Nachuntersuchung nach einem Jahr ist radiologisch das Radiusköpfchen korrekt an Ort und Stelle, klinisch ist die Beweglichkeit des Ellbogens in allen Bewegungen seitengleich frei, die dezente Angulation der Ulna fällt kosmetisch nicht auf.

Valgisierende und rekurvierende Osteotomien distaler Humerus

Indikation

Cubitus varus oder hypervalgus, verbliebene und persistierende Ante- oder Rekurvationsfehlstellungen mit entsprechender Funktionseinschränkung der Flexion/Extension.

Technik

Es wird der gelbe Monotube verwendet. Zuerst Einbringen der distalen Schrauben von lateral, je nach Fugenzustand im Bereich der Trochlea oder des Epicondylus radialis.

Dann Einbringen der proximalen Schrauben im Bereich der Tuberositas deltoidea.

Durchführen der Osteotomie etwa 1 cm proximal der distalen Pins und Entnahme eines Keiles, je nach Richtung und Ausmaß der bestehenden Deformität, unter Umständen in 2 Ebenen.

Anlegen und Fixation des Monotubes und kosmetische und funktionelle Beurteilung des Ergebnisses.

Bei nicht genügendem Befund Öffnen des Fixateurs und Nachkorrektur, unter Umständen in allen Ebenen, bis das Ergebnis kosmetisch und funktionell der präoperativen Planung entspricht.

Es empfiehlt sich, vor allem bei kosmetischen Deformitäten, beide Arme abzudecken, um intraoperativ die Ellbogenachsen vergleichen zu können. Das Ergebnis sollte am besten noch intraoperativ photographisch dokumentiert werden.

Die Nachbehandlung erfolgt spontanfunktionell bis an die Schmerzgrenze.

Varus- und Valgusdeformität metaphysäres Femur und metaphysäre Tibia

Indikation

Folgen von Wachstumsstörungen führen an der distalen Tibia nahezu immer zu einer Varusdeformität, am distalen Femur sowohl zu Valgus-, aber auch Varusdeformitäten, in vielen Fällen kombiniert mit einer Antekurvation. Die Indikation zur Korrektur sollte, wenn möglich, erst um den Wachstumsabschluß gestellt werden, so daß man mit der Osteotomie definitive Längen- und Achsenverhältnisse schaffen kann. Wir stellen für jede Deformität mit und über 10° bei Wachstumsabschluß an den unteren Extremitäten die Indikation zur Korrekturosteotomie.

Technik

Grundsätzlich wird immer eine aufklappende Distraktionsosteotomie vorgenommen, um die Verkürzung der Deformität auszugleichen. Dazu muß der Apparat in die Konkavität der Deformität gebracht werden. Dies ist für Valgusdeformitäten am distalen Femur und für Varusdeformitäten der distalen Tibia kein Problem. Bei Varusdeformitäten am distalen Femur ist dies aus praktischen Gründen nicht möglich. Hier müssen dann zwei Apparate aufeinander montiert werden, um durch gleichzeitige Kompression des äußeren und durch parallele Distraktion des hautnahen Fixateurs eine varisierende Distraktion von lateral zu erreichen. Um die zunehmende Achsenkorrektur zu erreichen, müssen beide bzw. alle 4 Rotationsbacken geöffnet sein. Bei der Osteotomie wird der Apparat wie üblich montiert, die Osteotomie, wenn immer möglich, im Bereich der Metaphyse mit dem Meißel durchgeführt. Der Beginn der Kallusdistraktion beginnt erst nach 6-7 Tagen bei offenen Rotationsbacken. Es wird, wie üblich, 1 mm pro Tag in 4 Etappen gedreht. Ist die angestrebte Achsenkorrektur erreicht, werden die Rotationsbacken fixiert. Besteht dann noch eine Verkürzung des betroffenen Skelettabschnittes, kann ohne weiteres - je nach Bedarf - dann in axialer Richtung noch weiter verlängert werden.

Nachbehandlung

Die Patienten werden sofort an Stöcken mobilisiert und können - schmerzabhängig - sofort belasten. Die Pinpflege gestaltet sich nicht anders als bei den übrigen Applikationen.

Resümee

Die externe Fixation ist gerade im Wachstumsalter sowohl zur Behandlung frischer meta- und diaphysärer Schaftfrakturen, als auch zur Rekonstruktion und Korrektur posttraumatischer Deformitäten unentbehrlich geworden und ein fester Bestandteil der therapeutischen Technik. Unabhängig davon, welche Anordnung gewählt wird, muß man die Indikation dazu richtig stellen, die Technik beherrschen und mit den möglichen Komplikationen umgehen können. Sie konkurriert mit keiner anderen Methode, sondern stellt eine wichtige Ergänzung in den technischen Möglichkeiten zur Behandlung kindlicher Probleme am Knochen dar.

Literatur

(1) DIETZ, H.G., P.P. SCHMITTENBECHER, P. ILLING: Intramedulläre Osteosynthese im Wachstumsalter. Urban und Schwarzenberg, München, Wien, Baltimore (1997)

(2) LAER, VON, L.R.: Posttraumatische Deformitäten des wachsenden Skeletts an den unteren Extremitäten. Bericht über die 2. Dresdner Unfalltagung, 191-196 (2000)

(3) LAER, VON, L.R., C.C. HASLER: Spontankorrekturen, Wachstumsstörungen und posttraumatische Deformitäten nach Frakturen im Bereich des Vorderarmes am wachsenden Skelett. In: Handchirurgie, Mikrochirurgie, Plastische Chirurgie. Thieme Verlag, Stuttgart, Heft 4, Jahrgang 32, 231-241 (2000)

(4) LAER, VON, L.R.: Frakturen und Luxationen im Wachstumsalter. G. Thieme, Stuttgart, New York, 3. Auflage (1996)

(5) LAER, VON, L.R.: Late missed Monteggia fractures. Osteosynthese international 8, 1-4 (2000)

(6) LAER, VON, L.R., R. BRUNNER, CH. LAMPERT: Fehlverheilte suprakondyläre und kondyläre Humerusfrakturen. Orthopäde 20, 331-340 (1991)

(7) LAER, VON, L.R., A. VOCKE: Behandlung von Schaftfrakturen im Wachstumsalter. Chirurg 12 (1999)

(8) STRECKER, W., P. KEPPLER, L. KINZL: Posttraumatische Beindeformitäten. Springer, Berlin, Heidelberg, New York (1997)

(9) WEINBERG, A.M., C.C. HASLER, A. LEITNER, CH. LAMPERT, L. VON LAER: External Fixation of Pediatric Femoral Shaft Fractures. European Journal of Trauma 1, 25-32 (2000)

Die Anwendung eines Fixateur Externe zur Beckenosteotomie bei Blasenekstrophie

P. Lascombes • J.L. Lemelle

Epispadien und Ekstrophien der Blase gehören zu den kongenitalen Fehlbildungen, deren Gemeinsamkeit darin besteht, daß die dorsale Wand der Urethra partiell oder vollständig fehlt. Bei Epispadien ist nur die Urethra beteiligt, bei Ekstrophien erstreckt sich der Defekt auch auf die Blase. Die verschiedenen Formen des Epispadie-Ekstrophie-Komplexes umfassen ein Spektrum von Fehlbildungen, das von kontinenten Epispadien bis zur Kloakenekstrophie reicht. Zusätzlich ist bei diesen Fehlbildungen auch das Os ilii verändert: der Beckenring steht vorn weit offen (6, 9, 20).

- Die Schambeinäste berühren sich nicht, und die vordere Schambeinfuge ist so weit, daß sie nach Abschluß des Wachstums 14 cm erreichen kann.
- Die Darmbeinschaufeln sind stärker frontal ausgerichtet als normal; der Winkel beträgt im Durchschnitt 30°, verglichen mit 57° beim normalen Becken (14).
- Die Acetabula sind stärker nach außen gerichtet und retrovertiert.
- Die Anteversion des Femurs ist dagegen ganz normal ausgebildet.

Trotz der genannten orthopädischen Störungen ist die Funktion der unteren Extremitäten kaum beeinträchtigt; die betroffenen Patienten können mit leicht nach außen gerichteten Zehen gehen (18). Orthopädische Chirurgen sind daher nur selten mit der Behandlung dieser Fehlbildung aus orthopädischen Gründen befaßt. Für den Kinderchirurgen dagegen stellt ein Kind mit Ekstrophie-Epispadie-Komplex eine der schwierigsten Herausforderungen seines Fachgebietes dar. Die plastische Rekonstruktion zielt auf den anatomischen Verschluß von Blase und Bauchwand, auf die Erhaltung der Nierenfunktion, die Herstellung von Harnkontinenz mit willkürlicher Blasenentleerung und die Konstruktion von funktionell und kosmetisch befriedigenden äußeren Genitalien.

Inzidenz und Schweregrad von Blasenekstrophien gehen immer weiter zurück, weil die Diagnose heute bereits intrauterin mittels Ultraschall gestellt wird und sehr häufig zum Schwangerschaftsabbruch führt. In den übrigen Fällen lassen sich, wie jüngst veröffentlichte Übersichtsarbeiten zeigen, durch mehrzeitige Rekonstruktionsoperationen erstaunliche Verbesserungen erzielen.

Die Behandlung der genannten Fehlbildung ist vor allem Aufgabe des Kinderurologen, doch kann der operativ tätige Kinderorthopäde durch eine geeignete Beckenosteotomie zur Verbesserung der Gesamtresultate beitragen. Die Schließung des Beckenrings erhöht die Erfolgschancen der Initialbehandlung beträchtlich. Eine gleichzeitig mit dem Blasenverschluß durchgeführte Beckenosteotomie bewirkt, daß die Bauchwunde weniger unter Spannung steht, und sichert die erfolgreiche Rekonstruktion des Blasenhalses und der Urethra-Hinterwand ab. Für die Beckenosteotomie bei Blasenekstrophie stehen im Wesentlichen zwei Verfahren zur Wahl: die posteriore Darmbeinosteotomie und die kombinierte anteriore Becken- und vertikale Iliumosteotomie. Die posteriore Darmbeinosteotomie wird bilateral in Schräglage über einen einzigen vertikalen Zugang durchgeführt. Früher hoffte man, eine Durchtrennung der rechten und linken Sakroiliakalbänder könnte einem erneuten Auseinanderweichen der Schambeinfuge im Laufe des Wachstums vorbeugen (5, 11). Heute weiß man jedoch, daß die Beckendeformität nach einigen Jahren wieder auftritt. Dennoch bleibt die initiale Beckenosteotomie in den meisten Fällen notwendig, um die Spannung zu vermindern, unter der die Bauchwand und die rekonstruierten unteren Harnwege stehen (4).

Wenn bei älteren Kindern und Jugendlichen die mehrzeitige Rekonstruktion nicht zu dem gewünschten Ergebnis eines kontinenten unteren Harntrakts mit willkürlicher Blasenentleerung führt, kommen weitere Behandlungsoptionen, wie sie auch bei der inkontinenten neurogenen Blase angewendet werden, in Betracht. So z.B. die Enterozystoplastik, die intermittierende transurethrale Katheterisierung und die kontinente künstliche Harnableitung (2).

Das Risiko einer sexuellen Dysfunktion ist bei Knaben größer als bei Mädchen. Der Penis ist häufig kurz und krümmt sich bei einer Erektion in einer nach dorsal konkaven Kurve so, daß er vor die Bauchwunde zu liegen kommt. Die Ejakulation von Spermien erfolgt häufig verzögert und in geringer Menge. Die Aufhängung der Corpora cavernosa an den unteren Schambeinästen bedeutet, daß die Corpora den größten Teil ihrer Länge verbrauchen, um die Mittellinie zu erreichen, bevor sie den Penisschaft bilden können. Die Rekonstruktion der Harnröhre bei Epispadie nach dem CANTWELL-RANSLEY-Verfahren wird meist im zweiten Lebensjahr durchgeführt (7).

Diese Operation umfaßt in der Regel keine erneute Beckenosteotomie. Bei manchen älteren Patienten mit Zustand nach fehlgeschlagenem Rekonstruktionsversuch bei Ekstrophie und Epispadie kann jedoch eine Beckenosteotomie zur kosmetischen Verbesserung des äußeren Genitales ins Auge gefaßt werden. Die Bezeichnung Beckenosteotomie (3, 8, 13, 15) bzw. pubische Rekonstruktion (10, 17) wurde für viele verschiedene Verfahren verwendet.

Früher haben wir die bilaterale posteriore Beckenosteotomie mit Fixation des Beckens durch einen Fixateur Externe angewendet. Dadurch wurde jedoch die Form des Beckens vollständig verändert und das Gesamtvolumen der Beckenhöhle vermindert. Infolgedessen kam es im Laufe des weiteren Wachstums zu einem Rezidiv der Deformität. Wir haben auch eine direkte Rekonstruktion der oberen Schambeinäste mittels Knochentransplantation vom Darmbeinkamm und Fixation des Transplantats durch KIRSCHNER-Drähte probiert (12). Dieses Verfahren ist an den oberen Schambeinästen einfach durchzuführen, verändert aber die Verhältnisse an den unteren Schambeinästen selbst dann nicht, wenn zusätzlich eine Osteotomie der unteren Sitzbeinäste erfolgt. Die Ergebnisse hinsichtlich der Penislänge entsprachen nicht den Erwartungen. Dieses Verfahren wurde auch mit einer sukzessiven Verlängerung des Os pubis mittels Fixateur Externe beschrieben (16). Eine bessere Lösung ist die bilaterale Darmbein-Beckenosteotomie nach SALTER, bei der die Schnittebene unmittelbar über dem Acetabulum von der Spina iliaca anterior inferior bis zur Incisura ischiadica verläuft. Das Becken wird dabei mit einem Fixateur Externe fixiert (1).

Operationstechnik

1. Präoperative Planung

Sehr nützlich ist ein präoperatives CT mit 3D-Rekonstruktion:
Es erweitert den Kenntnisstand über Art und Ausmaß der Fehlbildung und erleichtert die Planung der Osteotomien. Anhand der Aufnahmen kann die erforderliche Pinlänge errechnet werden, da es – auch bei Verwendung eines einzelnen C-Arms – nicht einfach ist, die Pintiefe während der Operation zu kontrollieren.

2. Bilaterale Beckenosteotomie

Der Patient wird auf dem Rücken gelagert, und die gesamte Vorderwand des Rumpfes sowie die beiden unteren Extremitäten werden so vorbereitet, daß zwei Operationsteams gleichzeitig eine bauchchirurgische und eine orthopädische Operation durchführen können. Der Hautschnitt erfolgt unmittelbar über dem Beckenkamm. Die Faszie wird durchtrennt und die knorpelige Apophyse des Beckenkamms bis auf den Knochen hinunter gespalten. Die laterale und die mediale Darmbeinwand werden subperiostal freigelegt. Der vordere Darmbeinabschnitt zwischen den beiden Spinae iliacae anteriores wird dargestellt. Mit Hilfe von zwei breiten Wundhaken wird die Incisura ischiadica dargestellt, wobei sehr sorgfältig auf die Schonung des Nervus ischiadicus zu achten ist. Die Anwendung der GIGLI-Säge ist bei dieser Stellung der Beckenschaufeln nicht einfach. Die Osteotomie kann deshalb unter direkter Sichtkontrolle mittels Osteotomen vorgenommen werden. Der Schnitt verläuft von der Spina iliaca anterior inferior bis zur Incisura ischiadica. Die Beweglichkeit der beiden Fragmente wird geprüft. Der distale Anteil wird dann seitlich in medialer Richtung verschoben und dabei nach medial gedreht, ohne dabei aber die Überdachung des Femurkopfes zu beeinträchtigen, so wie es auch bei der Standardosteotomie nach SALTER der Fall ist. Dann werden zwei Pins durch die gesamte Dicke des Iliums zwischen den beiden Kortikales eingebracht. Da die Breite des Darmbeins gering und seine Stellung abnorm ist, muß dies unter Sichtkontrolle erfolgen. Nach Einlegen einer Drainage wird die Wunde, unter Berücksichtigung der Lage der beiden Pins, die durch den breiten Zugang oder durch zwei zusätzliche Hautschnitte eingeführt wurden, routinemäßig verschlossen.

3. Rekonstruktion von Harnblase und Harnröhrenwand

Die meisten Autoren bevorzugen die anatomische Rekonstruktion in Form einer mehrzeitigen Blasen- und Urethra-Rekonstruktion. Unerlässlicher Bestandteil aller Behandlungsstrategien ist der Blasenverschluß. Selbst unter optimalen Bedingungen, wie sie beispielsweise beim Neugeborenen gegeben sind, führt der Blasenverschluß zu einer Blase mit geringer Kapazität. Bei der Ekstrophie liegt die Blase außerhalb der Bauchhöhle an der Körperoberfläche, und ihre Schleimhaut ist nach außen gewendet, d. h. der Luft ausgesetzt. Beim Blasenverschluß muß das Organ so weit mobilisiert werden, daß es in das Becken hineinverlagert und der M. rectus abdominalis davor geschlossen werden kann. Der Bauchwanddefekt wird vom oberen Ende der Ekstrophie bis zu den Schambeinen mit resorbierbaren Nähten geschlossen.

Zum Blasenverschluß gehört auch die Rekonstruktion des Blasenhalses und der proximalen Urethra. Eine zu frühe mehrzeitige anatomische Rekonstruktion kann bei Ekstrophie und Epispadie zum Mißerfolg führen. In solchen Fällen wird häufig eine Blasenvergrößerung und eine Blasenhalsoperation erforderlich. Möglich ist auch eine intermittierende transurethrale Katheterisierung oder die Erzielung von Kontinenz durch künstliche Harnableitung. Dieses letztgenannte, von MITROFANOFF beschriebene Verfahren besteht im Wesentlichen in einer Appendicovesicostomie zur Beseitigung einer persistierenden Harninkontinenz (19).

4. Fixation des Beckens

Zwei weitere Pins müssen unterhalb der Osteotomie-Ebene eingebracht werden. Manche Operateure verwenden dieselbe Hautinzision und führen die beiden Pins in den Bereich des Acetabulums ein. Dieses Verfahren ist aus vielen Gründen unsicher. Die Pins dürfen auf keinen Fall in das Hüftgelenk wandern, und eine sichere Fixation ist unbedingt erforderlich. Zumindest einer der Pins wird daher in den oberen Schambeinast eingebracht. Der anschließende Verschluß der Schambeinfuge verändert die Lage der Pins in Relation zum Gefäß-Nervenbündel mit den Femoralgefäßen und dem lateral liegenden Nervus femoralis. Infolgedessen kommt es häufig zu einer postoperativen Femoralislähmung, deren vollständiges Abklingen sich über mehrere Monate hinzieht. Aus diesem Grunde plazieren wir die Pins lieber medial von dem femoralen Gefäß-Nervenbündel in den oberen Schambeinast. Dazu ist ein Hautschnitt über dem rechten und dem linken Schambein erforderlich, damit man die knöchernen Strukturen direkt erreichen und sicher sein kann, daß das Gefäß-Nervenbündel weiter lateral liegt. Nach dem Einbringen des ersten Pins in das Schambein wird der zweite so weit lateral davon plaziert, wie es der Breite des Fixateurs entspricht. Die Lage des zweiten Pins, der deutlich medial vom Acetabulum liegen muß, wird mit Hilfe des C-Arms kontrolliert.

5. Fixateur Externe

Die beiden proximalen, im Darmbein verankerten Pins und die beiden distalen, im Schambein verankerten Pins werden beidseits durch einen Stab mit einander verbunden. Dann wird ein dritter Stab zwischen die rechts und links im Schambein verankerten Pins positioniert. Die Schamfuge wird behutsam geschlossen, indem der Operateur seitlich auf die beiden Hüften drückt – niemals aber durch direkte Manipulation an dem Fixateur Externe. Die Pins werden dann an allen Punkten gesichert. Die Röntgenkontrolle zeigt den Verschluß der Schamfuge und die Verschiebung des distalen, unter der doppelten Beckenosteotomie liegenden Beckenfragments nach medial.

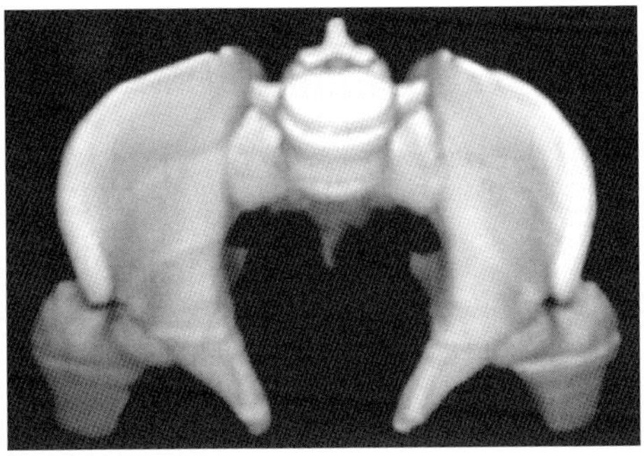

Abb. 1a: Präoperativer Zustand, 3D-CT-Scan.

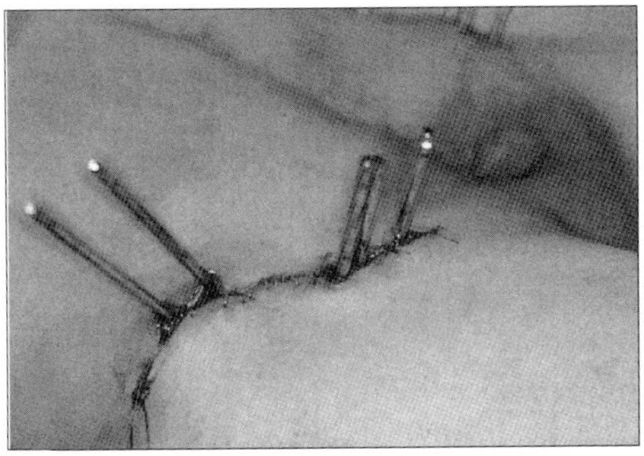

Abb. 1b: Plazierung der Pins unterhalb und oberhalb der Osteotomie.

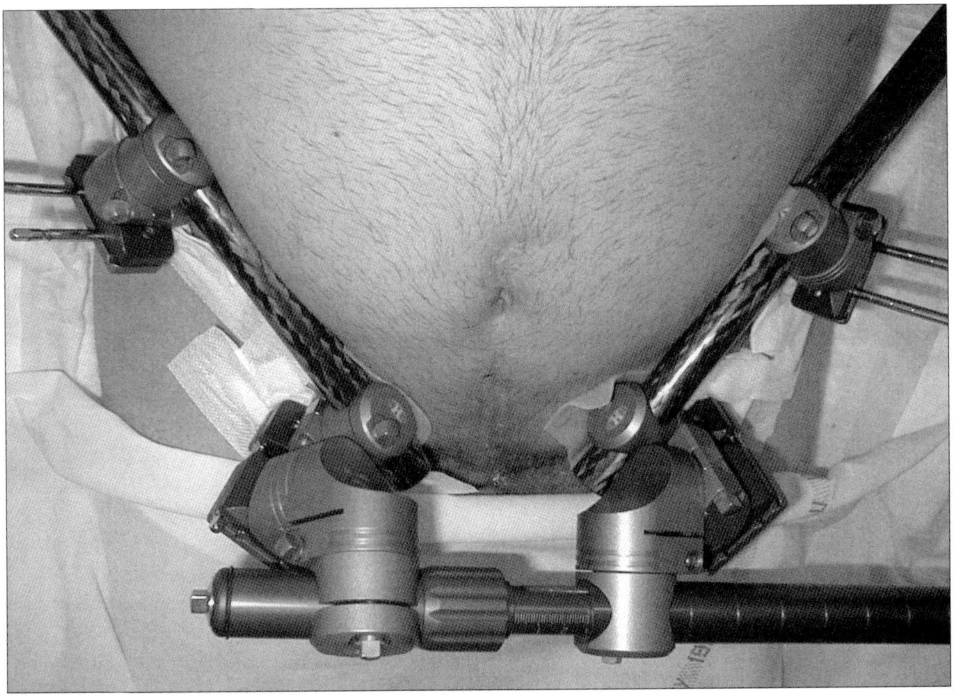

Abb. 1c: Fixateur Externe mit drei Stäben.

6. Postoperative Versorgung

Wund- und Pinpflege erfolgen routinemäßig. Vor dem Ende der ersten Woche wird die richtige Lage der anterioren Pins durch ein CT-Scan kontrolliert. Wenn die Pins nicht tief genug eingeführt sind und nicht beide Kortikales fassen, müssen sie in erneuter Allgemeinanästhesie vorsichtig weiter eingeschoben werden, damit eine solide Knochenfixation erzielt wird. Möglichst früh beginnt die physiotherapeutische Übungsbehandlung mit aktiver und passiver Bewegung von Hüft-, Knie- und Sprunggelenken und Stimulation der Muskulatur. Je nach dem Ausmaß der knöchernen Konsolidierung darf der Patient nach drei Wochen sitzen und nach zwei Monaten gehen. Dies läßt sich anhand von CT-Scans besser beurteilen als anhand von Standardröntgenaufnahmen. Der Fixateur Externe kann nach drei Monaten entfernt werden.

Fallberichte

1. T.T., ein 20-jähriger Patient, stellte sich mit einer erfolglos operierten Epispadie, einem sehr kurzen Penis und einer nach dorsal offenen Urethra vor. Es wurde versucht, den Penis zu verlängern, die dorsale Chorda zu entfernen und Urethra und Glans zu rekonstruieren. Die Weite der Schamfuge betrug 10 cm (Abb. 1a). Durch eine Becken-Doppelosteotomie wurde versucht, den Abstand zwischen den beiden Corpora cavernosa zu verringern, in der Hoffnung, auf diese Weise den Penisschaft zu verlängern. Eine doppelte Fixation mit drei Stäben wurde durchgeführt (Abb. 1b, 1c). Da die distalen Pins unmittelbar unter der Osteotomie-Ebene lagen, kam es in den ersten postoperativen Tagen zu einer Lähmung des rechten N. femoralis. Im Verlauf von

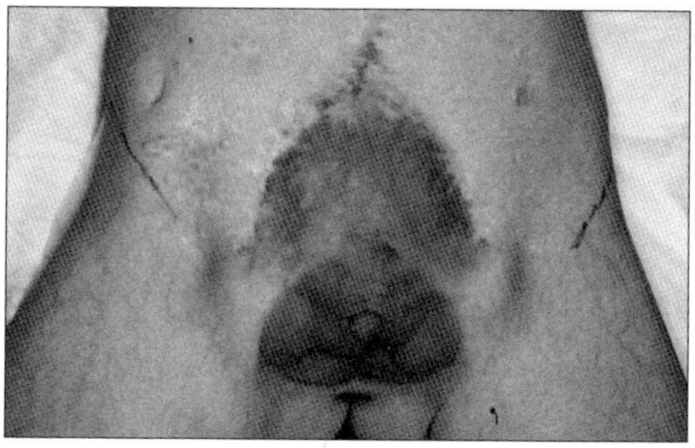

Abb. 2a: Klinischer Zustand vor der Operation.

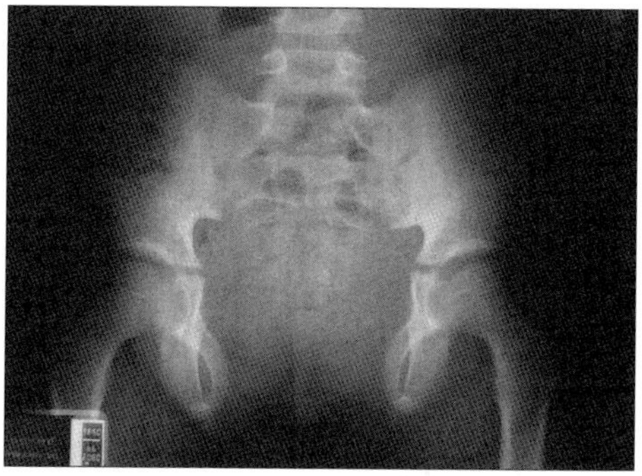

Abb. 2b: Präoperative Röntgenaufnahme.

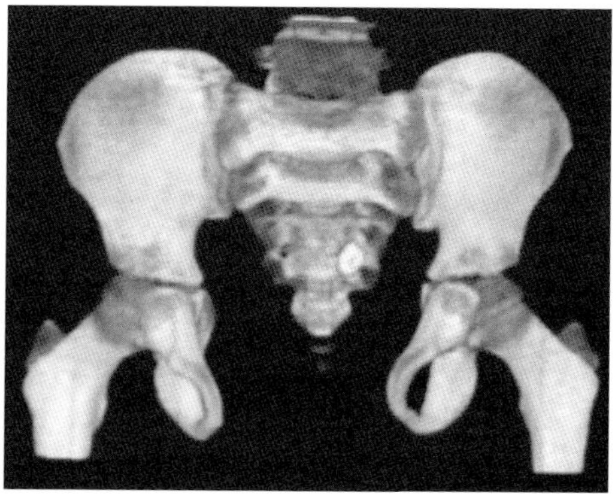

Abb. 2c: Präoperativer Zustand, 3D-CT-Scan.

vier Monaten verschwand diese Lähmung bis auf eine leichte Restschwäche. Nach drei Monaten war die knöcherne Konsolidierung so weit fortgeschritten, daß der Fixateur Externe entfernt und das Becken belastet werden konnte. Als Endergebnis konnte zwar das Gesamtbild des Penis mit einer kosmetisch befriedigenden Glans und einer Harnröhrenmündung an deren Spitze verbessert werden, doch blieb der Penis sehr kurz. Einige Monate später wurde dem Patienten deshalb eine Penisplastik vorgeschlagen.

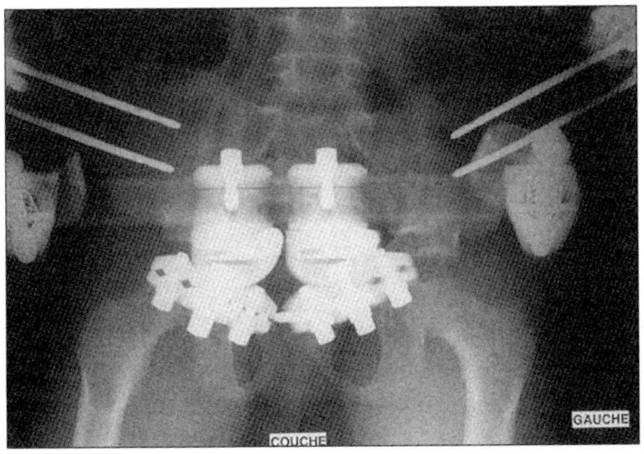

Abb. 2d: Postoperative Röntgenaufnahme.

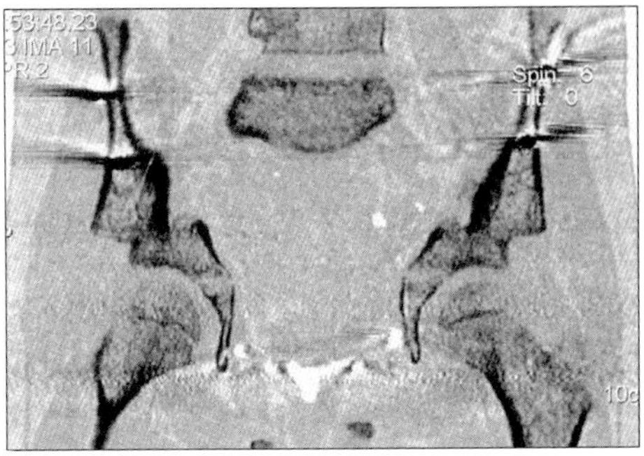

Abb. 2f: Lage der medialen Pins im Bereich des Schambeins.

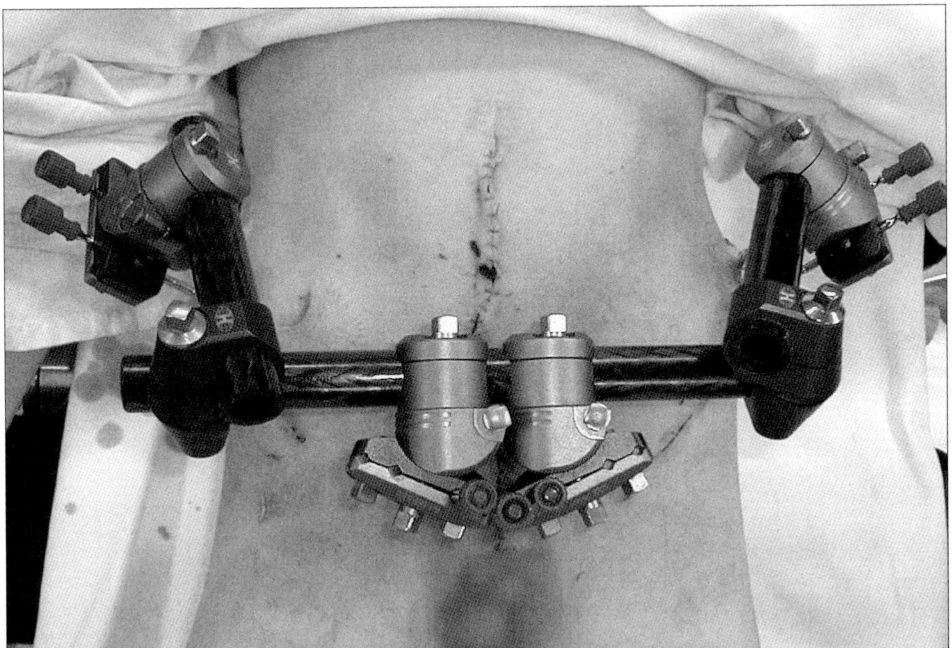

Abb. 2e: Klinischer Aspekt mit Fixateur Externe.

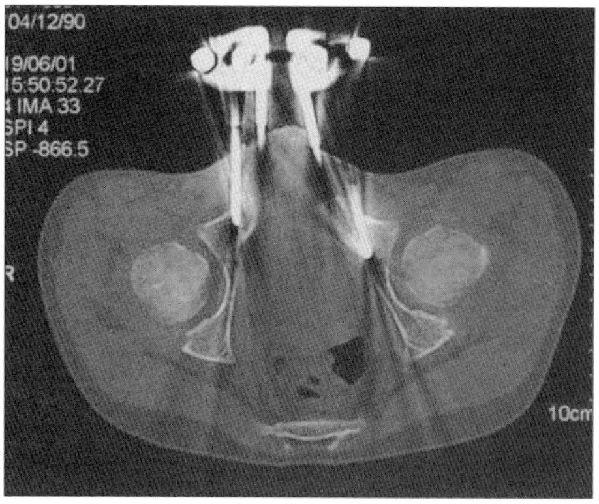

Abb. 2g: Lage der medialen Pins im Bereich des Acetabulums.

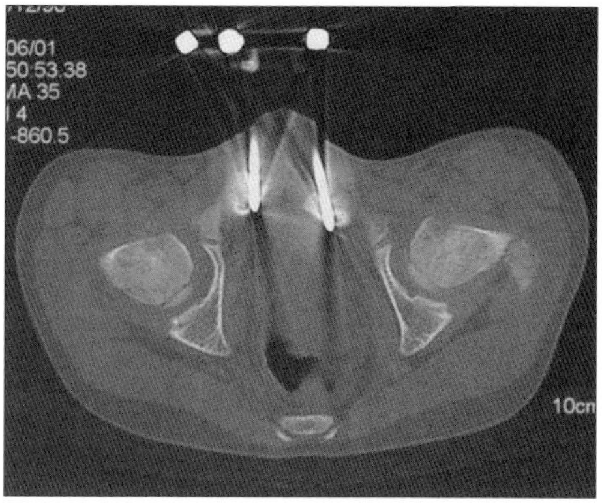

Abb. 2h: Knöcherne Konsolidierung der Osteotomie: CT-Scan nach zwei Monaten.

2. B.D., ein zehnjähriger Junge, hatte einen Defekt der Rektusmuskulatur, eine Hernie in der vorderen Bauchwand und einen sehr kurzen Penis von weniger als 1 cm Länge (Abb. 2a, 2b, 2c). Nach zahlreichen urologischen Komplikationen – darunter eine Blasenperforation und eine bilaterale Ureterohydronephrose – wurde der Patient zu uns überwiesen. Beim initialen Blasenverschluß wurden Rektusmuskulatur und Schambeinfuge nicht geschlossen, und die Blase wurde nur mit einem Vorhautlappen gedeckt. Die Behandlung umfaßte eine Blasenvergrößerung und eine kontinente Appendicovesicostomie nach MITROFANOFF. Wegen des persistierenden Defektes in der vorderen Bauchwand wurde in einer zweiten Sitzung ein Verschluß der Rektusmuskeln in der Medianlinie bis zu den Schambeinen durchgeführt. Der Penis blieb unverändert, insbesondere wurde keine Verlängerung versucht, da dies zu Verletzungen von Drüsen, Nerven und Gefäßen sowie zu einer Atrophie der Corpora cavernosa führen kann. Um die Spannung der Rektusnähte zu vermindern und die Heilungschancen zu erhöhen, wurde eine Becken-Doppelosteotomie durchgeführt. Darüber hinaus erfolgte eine doppelte Fixation mit drei Stäben, wofür beidseits jeweils zwei Pins oberhalb der Osteotomie in das Darmbein und zwei Pins in das Schambein eingebracht wurden (Abb. 2d, 2e). An Tag 6 zeigte ein CT-Scan die Lage der Pins und ermöglichte das Weitervorschieben der medialen Pins, so daß beide Kortikales gefaßt wurden (Abb. 2f). Die Lage der Pins im Bereich des Acetabulums war einwandfrei (Abb. 2g).
Bei der Physiotherapie bewegte der Patient aktiv die Oberschenkel. Quadrizeps und Kniegelenke funktionierten gut. Nach zwei Monaten zeigte das CT eine gute knöcherne Konsolidierung (Abb. 2h), so daß Gewichtsbelastung erlaubt werden konnte. Nach drei Monaten wurde der Fixateur Externe entfernt.

Schlußfolgerung

Patienten mit erfolglos rekonstruierter Blasenekstrophie und Epispadie stellen den Operateur vor ein gewaltiges Dilemma. Bei Kindern und Jugendlichen bestehen gute Erfolgsaussichten durch eine gut geplante Rekonstruktion einschließlich Osteotomie (selbst wenn eine solche bereits einmal durchgeführt wurde) und erneutem Urethraverschluß mit oder ohne Behebung der Epispadie oder durch eine Revision der Urethra mit sekundärer Blasenrekonstruktion. Der Fixateur Externe eignet sich gut zur Beckenfixation während der orthopädischen Behandlung der Blasenekstrophie bei Kindern und Jugendlichen. Hierbei wird eine Becken-Doppelosteotomie mit vier Pins auf jeder Seite durchgeführt: zwei im Darmbein oberhalb der Osteotomie und zwei im oberen Schambeinast. Drei Stäbe sind notwendig: einer, um die beiden Schambeine einander anzunähern, und auf beiden Seiten jeweils einer oberhalb der Osteotomie. Die postoperative Versorgung erfolgt routinemäßig (Physiotherapie und Pinpflege). Nach drei Monaten ist die knöcherne Konsolidierung abgeschlossen, und der Fixateur Externe kann entfernt werden.

Literatur

(1) Gearhart, J.P.: Osteotomy and bladder exstrophy patient. Dialogues in Pediatr. Urology. William J. Miller Associates, Pearl River, 16, 1-8 (1993)

(2) Gearhart, J.P., Peppas, D.S., Jeffs, R.D.: The failed exstrophy closure: strategy for management. Br. J. Urol. 71, 217-220 (1993)

(3) Horoszowski, H., Israeli, A., Heim, M., Jonash, P., Farine, I.: A new orthopedic fixation method in the treatment of bladder exstrophy. Clin. Orthop. Rel. Research 165, 200-203 (1982)

(4) Kantor, R., Salai, M., Ganel, A.: Orthopaedic long-term aspects of bladder exstrophy. Clin. Orthop. Rel. Research 335, 240-245 (1997)

(5) Lascombes, P., Dautel, G., Grosdidier, G., Borrelly: Anatomic basis for the orthopedic treatment of bladder exstrophy: anatomic study of the sacrosciatic ligaments in the newborn. Surg. Radiol. Anat. 10, 97-100 (1988)

(6) Lascombes, P., Dautel, G., Grosdidier, G.: Anatomical basis of pelvic growth in bladder exstrophy. Surg. Radiol. Anat. 11, 85-89 (1989)

(7) Lottmann, H.B., Yaqouti, M., Melin, Y.: Male epispadias repair: surgical and functional results with the Cantwell-Ransley procedure in 40 patients. J. Urol. 162, 1176-1180 (1999)

(8) McKenna, P.H., Khoury, A.E., McLorie. G.A., Churchill, B.M., Babyn, P.B., Wedge, J.H.: Iliac osteotomy: a model to compare the options in bladder and cloacal exstrophy reconstruction. J. Urology 151, 182-187 (1994)

(9) Nordin, S., Clementson, C., Herrlin, K., Hägglund, G.: Hip configuration and function in bladder exstrophy treated without pelvic osteotomy. J. Pediatr. Orthop. 5, 119-122 (1996 B)

(10) Perovic, S., Brdar, R., Scepanovic, D.: Bladder exstrophy and anterior pelvic osteotomy. Br. J. Urology 70, 678-682 (1992)

(11) Schillinger, J.F., Wiley, M.J.: Bladder exstrophy: penile lengthening procedure. Urology 14, 434-438 (1984)

(12) Schmidt, A.H., Keenen, T.L., Tank, E.S., Bird, C.B., Beals, R.K.: Pelvic osteotomy for bladder exstrophy. J. Pediatr. Orthop. 13, 214-219 (1993)

(13) SHULTZ, W.G.: Plastic repair of exstrophy of bladder combined with bilateral osteotomy of ilia. J. Urology 79, 453-458 (1958)

(14) SPONSELLER, P., BISSON, L. J., GEARHART, J. P., JEFFS, R. D., MAGID, D., FISHMAN, E.: The anatomy of the pelvis in the exstrophy complex. J. Bone Joint Surg. 77-A, 177-189 (1995)

(15) SPONSELLER, P.D.: The role of osteotomy in reconstruction of failed bladder exstrophy. Dialogues in Pediatr. Urology, William J. Miller Associates, Pearl River, 22-27, 5-7 (1999)

(16) STEIN, R., JUNGER, T.H., ANDERS, M., FISCH, M., KERSCHBAUMER, F., HOWALD, H.P., HOHENFELLNER, R.: The Giessen-Mains-Frankfurt procedure: a new method for complex pelvic reconstruction for bladder exstrophy. J. Urol. 165, 1235-1239 (2001)

(17) SUSSMAN, J.S., SPONSELLER, P.D., GEARHART J.P., VALDEVIT, A.D.C., KIER-YORK, J., CHAO, E.Y.S.: A comparison of methods of repairing the symphysis pubis in bladder exstrophy by tensile testing. Br. J. Urology 79, 979-984 (1997)

(18) SUTHERLAND, D., PIKE, L., KAUFMAN, K., MOWERY, C., KAPLAN, G., ROMANUS, B.: Hip function and gait in patients treated for bladder exstrophy. J. Pediatr. Orthop. 14, 709-714 (1994)

(19) ULMAN, I., ERGUN, O., AVANOGLU, A., GOKDEMIR, A.: The place of Mitrofanoff neourethra in the repair of exstrophy-epispadias complex. Eur. J. Pediatr. Surg. 8, 352-354 (1998)

(20) WAKIM, A., BARBET, J.P., LAIR-MILAN, F., DUBOUSSET, J.: The pelvis of fetuses in the exstrophy complex. J. Pediatr. Orthop. 17, 402-405 (1997)

Anhang

Die nachfolgend wiedergegebene Broschüre kann bezogen werden bei

AIOD Deutschland e.V.
Dr.-Homer-Stryker-Platz 1
47228 Duisburg
Tel.: (02065) 837 -153
Fax: (02065) 837 -165

AIOD
DEUTSCHLAND E.V.

IHR FIXATEUR EXTERNE

Patienteninformationsbroschüre

Dr. med. G. Asche
Kreiskrankenhaus Freudenstadt

In Zusammenarbeit mit:
Dr. med. Dipl.-Ing. Th. W. Fengler
H. Pahlke
Chirurgie-Instrumenten-Arbeitsgruppe Berlin

Vorwort

Die Arbeitsgemeinschaft für dynamische Osteosynthese - AIOD - ist eine internationale Organisation von Ärzten und Medizintechnikern, die sich mit der Problematik der Behandlung von Brüchen der großen Röhrenknochen durch gering invasive und damit auch den Patienten nur wenig belastende Behandlungsmethoden beschäftigt. Dazu gehört die von Gerhard Küntscher entwickelte Marknagelung, aber auch die Behandlung mit dem Fixateur Externe, wie er bei Ihnen zur Anwendung kam. Einen wesentlichen Anteil für die komplikationslose und zeitgerechte Ausheilung der Knochenbrüche hat bei dem Einsatz dieser Methode neben dem Operateur, von dem Sie eine technisch einwandfreie Durchführung der Operation erwarten, auch der Patient selbst.
Die Behandlung mit dem Fixateur Externe erfordert deshalb eine intensive Mitarbeit des Patienten. Nur er kann durch sachgerechte Pflege der Eintrittsstellen der Schrauben (Pins) eine Infektion verhindern oder den Beginn so früh erkennen, daß sie ohne weitere operative Maßnahmen beherrscht werden kann.
Diese Broschüre der AIOD Deutschland soll daher allen Patienten, die einen Fixateur Externe tragen, dabei behilflich sein, so schnell wie möglich und ohne Komplikationen eine Ausheilung der Fraktur zu erreichen.

Dr. med. W. Roth
Präsident der AIOD Deutschland e.V.

Inhaltsverzeichnis

1. Ziel dieser Broschüre

Sie haben einen Knochenbruch erlitten, der die Versorgung mit einem Fixateur Externe erforderlich machte.
Dieses Heft soll Ihnen einige Erklärungen zu der Versorgung mit einem Fixateur Externe geben, so daß Sie die Behandlung verstehen und daran teilhaben können.
Die tägliche Pflege wird nicht nur während Ihres Krankenhausaufenthaltes notwendig sein, sondern auch nach der Rückkehr in den häuslichen Bereich. Das Ziel dieser Broschüre ist es, Ihnen bei dieser Aufgabe zu helfen.
Sollten Sie Fragen haben, die nicht in dieser Broschüre beantwortet werden, so zögern Sie bitte nicht, sich an die behandelnde Klinik oder Ihren Hausarzt zu wenden.

Telefonnummern:

____

Ansprechpartner in der behandelnden Klinik:

____

____

Hausarzt:

____

Andere:

____

2. Was ist ein Fixateur Externe?

Als Folge eines Unfalls haben Sie einen Knochenbruch erlitten oder haben ein Problem orthopädischer Natur (Osteotomie, Arthrodese), und der behandelnde Chirurg hat sich mit Ihnen zusammen entschieden, daß Sie mit einem Fixateur Externe versorgt werden.

Die externe Fixation ist eine Methode zur Knochenstabilisierung, die seit Beginn dieses Jahrhunderts existiert.
Der Rahmen des Fixateur Externe besteht aus den Materialien Stahl, Kohlefaser oder Aluminium und setzt sich aus den folgenden verschiedenen Elementen zusammen:

1. Knochenschrauben (Pins)

2. Brückenstäbe

3. Verbindungsgelenke

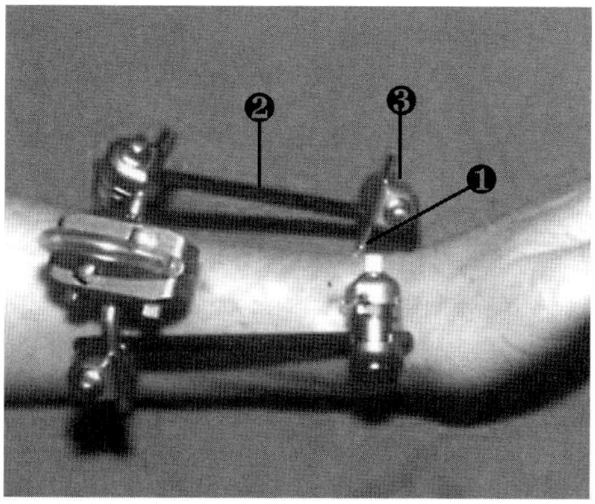

Die Pins werden durch die Haut hindurch in den Knochen eingebracht. Anschließend werden die außen sichtbaren Knochenschrauben durch Verbindungsgelenke und Brückenstäbe miteinander verbunden. Diesen Aufbau nennt man Fixateur Externe. Die Wahl der Fixateur-Externe-Montagen ist abhängig vom Chirurgen und von der Art der Verletzung, die Sie erlitten haben. Alle Montagen zur externen Fixation basieren auf den gleichen Prinzipien der Verbindung von Pins und Stäben.

Ein externer Fixationsrahmen bietet eine Reihe von Vorteilen:

- Guter Zugang sowie Pflege der Hautverletzungen.
- Frühe Bewegungsmöglichkeit der Gelenke, um ihre Einsteifung zu verhindern.
- Sehr geringe Infektionsmöglichkeit im Frakturbereich.
- Leichter Abbau des Fixateur Externe in der Ambulanz.
- Bewegungsfreiheit des verletzten Gliedes und der Nachbargelenke.

3. Während Ihres Krankenhausaufenthaltes

Die tägliche Pflege Ihres Fixateur Externe ist unumgänglich, damit Komplikationen vermieden werden. Zu Beginn Ihres Krankenhausaufenthaltes werden die Krankenhausmitarbeiter Ihnen bei der Durchführung dieser täglichen Aufgabe behilflich sein. Sobald es jedoch Ihr Gesundheitszustand erlaubt, wird man Sie bitten, sich dieser Aufgabe selbst anzunehmen.

3.1 Tips zur täglichen Pflege im Krankenhaus

- Gründliche Reinigung der Hände.
- Reinigung der die Haut durchquerenden Pins und ihrer Eintrittsstellen mit einer sterilen Kompresse.
- Reinigung des Fixateurrahmens.
- Nach Wundheilung Reinigung durch tägliches Duschen.
- Trocknen der Pineintrittsstellen.
- Trocknen des Fixateurrahmens.
- Abdecken der Pineintrittsstellen mit einer sterilen Kompresse.

3.2 Ist die Absonderung von Flüssigkeit um die Pineintrittsstelle herum normal?

Die Antwort auf diese Frage lautet: Ja
In den ersten Tagen nach Anlage eines externen Fixateurs werden Sie eine leichte Blutung an den Pineintrittsstellen beobachten, die nach und nach geringer wird. Dann sondert sich einige Tage lang eine klare Flüssigkeit ab, dieses ist jedoch eine normale Reaktion Ihres Organismus.

3.3 Welche weitere Behandlung können Sie während Ihres Krankenhausaufenthaltes erwarten?

Sofort nach Anlage des Fixateur Externe wird eine Röntgenaufnahme des betroffenen Gliedes angefertigt, Kontrollen sind bei Bedarf erforderlich, üblicherweise alle 3 - 4 Wochen.
Die Analyse des Röntgenbildes ermöglicht es dem Chirurgen, die Frakturstellung und die korrekte Plazierung der Pins zu kontrollieren. Später gibt die Röntgenaufnahme Auskunft über die Frakturheilung und über den richtigen Zeitpunkt des Fixateur-Abbaus.
Bitte bedenken Sie, daß die Heilung der Fraktur von Patient zu Patient unterschiedlich ist. Dieses liegt zum großen Teil an der Art der Frakturform und an dem Ausmaß des unfallbedingten Weichteilschadens. Ihr Chirurg wird Sie über seine Entscheidung informieren.

3.4 Krankengymnastik

Die durch die Haut gehenden Pins sind ein wesentlicher Bestandteil Ihres Fixateur Externe. Sie können möglicherweise Ihre Beweglichkeit einschränken. Um einen ausgedehnten Verlust an Beweglichkeit und Muskelkraft zu vermeiden, wird Ihnen Ihr Krankengymnast während Ihrer Genesung helfen.

Die Krankengymnastik besteht darin, die Beweglichkeit der Gelenke wiederherzustellen und Muskelspannung und Muskelkraft wiederaufzubauen, während zeitgleich Weichteile und gebrochener Knochen ausheilen können.

Um Ihnen die Rückkehr zu Ihrem gewohnten Leben zu erleichtern, ist es wichtig, das betroffene Glied möglichst früh und kontrolliert zu mobilisieren.

Die frühe Mobilisierung ist wichtig, um ein Anschwellen des verletzten Körpergliedes zu vermeiden und eine normale Beweglichkeit der Nachbargelenke zu gewährleisten. Außerdem beugt es dem Verlust der Muskelkraft vor.

4. Nach Ihrer Entlassung aus dem Krankenhaus

4.1 Tips zur täglichen Pflege zu Hause

Nach Ihrer Entlassung aus dem Krankenhaus werden Sie eine Reihe von Anweisungen erhalten, welche medizinische Verordnungen und welches medizinische Material Sie für die tägliche Pflege benötigen.
Die tägliche Pflege unterliegt jetzt Ihrer Verantwortung. Sie können einen Freund oder ein Familienmitglied bitten, Ihnen dabei behilflich zu sein. Für die tägliche Pflege benötigen Sie folgendes:

- sterile Mull-Kompresse (10 x 20 cm)
- Seife und Wasser
- saubere, gebügelte Unterlage
- Handdusche

Wie und wie oft sollten Sie die Pflege Ihres Fixateurs durchführen?

- 1 x täglich

So sollten Sie vorgehen:

1. Gehen Sie in Ihr Badezimmer, wo Sie eine Duschmöglichkeit haben.
2. Bereiten Sie die Pflegeutensilien auf einer sauberen Unterlage vor.
3. Setzen Sie sich auf einen sicheren Stuhl vor Ihre Duschwanne oder Badewanne.
4. Waschen Sie Ihre Hände gründlich (hygienische Handdesinfektion).
5. Lassen Sie kräftig und reichlich handwarmes Wasser über den Fixateur und die Pineintrittsstellen laufen (Bild 1).
6. Entfernen Sie verbliebenen Schorf mit einer sterilen Kompresse (wie beim Speichenputzen am Fahrrad), die Haut um die Pins sollte beweglich sein.
7. Anschließend nochmals kräftig abduschen (siehe Punkt 5).
8. Trocknen Sie jede einzelne Pineintrittsstelle mit einer sterilen Kompresse (Bild 2).
9. Trocknen Sie den Fixateur mit einem sauberen, gebügelten Handtuch (Bild 3).
10. Verbliebene Feuchtigkeit an der Luft trocknen lassen.
11. Decken Sie die Pineintrittsstellen mit einer sterilen Kompresse ab.

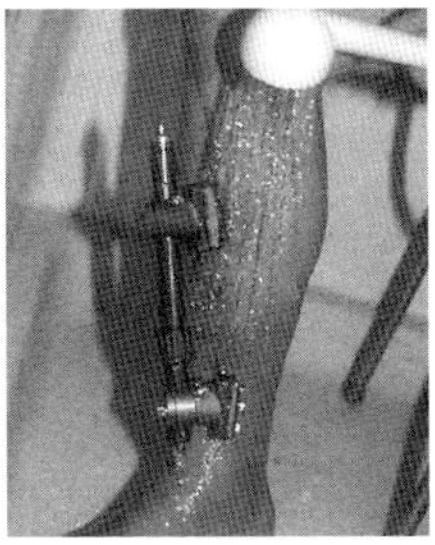

Bild 1

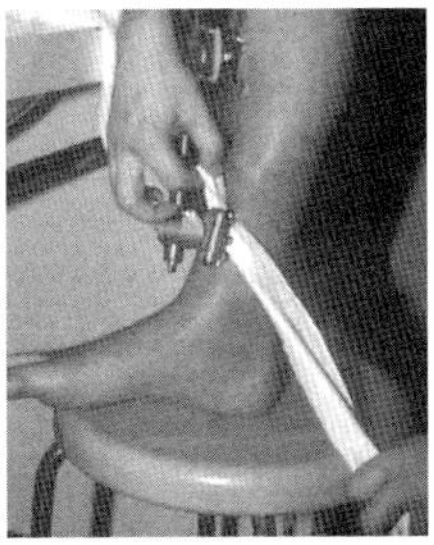

Bild 2

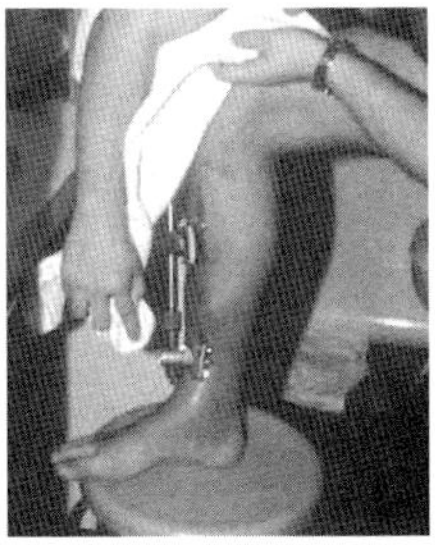

Bild 3

5. Vorsichtsmaßregeln

5.1 Allgemeines

Abhängig von der Art der Verletzung, die Sie erlitten haben, werden Sie in der Lage sein, eine Reihe von normalen Aktivitäten auszuführen.
Dennoch sollten Sie gewisse Vorsichtsmaßregeln im Gedächtnis behalten.
Ihr Knochen ist noch nicht vollständig verheilt, weshalb Sie versuchen sollten, jede Art von Erschütterung oder Fall zu vermeiden (Vorsicht vor nassen Oberflächen, Treppen, Teppichen, unpassendem Schuhwerk). Um eine mögliche Infektion zu vermeiden, sollten die folgenden Hygieneregeln Beachtung finden:

- Vermeiden Sie Kontakt mit Tieren.
- Vermeiden Sie Kontakt mit Erde oder Staub.
- Vermeiden Sie den häufigen Kontakt Ihrer Hände mit dem Fixateur Externe.

Nach Absprache mit Ihrem Chirurgen können Wannenbäder und Schwimmen erlaubt sein. Lockern oder verändern Sie die Komponenten des Fixationsrahmens nicht. Folgen Sie auf jeden Fall den Instruktionen Ihres Chirurgen und des Krankenhauspersonals in Bezug auf:

- die Mobilisierung
- die Belastbarkeit
- die Physiotherapie

Die Belastung oder frühe Teilbelastung ist für die schnelle Knochenbruchheilung von entscheidender Bedeutung.

Diese wird von Ihrem Arzt in Zusammenarbeit mit der Krankengymnastik je nach Befinden in steigendem Maße erlaubt.

5.2 Was ist im Falle einer Hautinfektion zu tun?

Auch wenn Sie alle diese Vorsichtsmaßregeln befolgen, besteht die Möglichkeit einer Infektion an den Pineintrittsstellen. Sie erkennen eine Infektion an den folgenden Anzeichen:

- lokale Rötung der Haut
- Schmerzen
- Schwellung oder Spannen der Haut
- ungewohntes Gefühl um die Pineintrittsstelle herum
- Fieber

Sollten eines oder mehrere der oben genannten Anzeichen auftreten, empfehlen wir Ihnen, sofort Ihren Hausarzt oder Ihren Chirurgen zu konsultieren. Eine 8-tägige Behandlung mit Antibiotika könnte erforderlich werden. Bei anhaltender Infektion können die Pins in örtlicher Betäubung gewechselt werden. Dies ist aber nur in ca. 2% aller Pins notwendig.

5.3 Abnahme des Fixateurs

Im allgemeinen wird das betroffene Körperglied in 4-6 wöchigen Abständen geröntgt, um die Qualität des Frakturheilungsprozesses zu bewerten. Entscheidet Ihr Chirurg, daß die Fraktur verheilt ist, wird der Fixateur ambulant oder in einer Tagesklinik entfernt. Ihr Chirurg wird Sie dann über die weiteren Schritte und Vorsichtsmaßnahmen informieren.
Die Pineintrittsstellen werden mit einem schützenden Verband bedeckt. Bitte berühren Sie diese Stellen etwa 2 Tage lang nicht. Während dieser Zeit oder bis die Wunden komplett verheilt sind, empfehlen wir, nicht zu duschen oder zu baden.

Wir hoffen, daß Ihnen diese Broschüre eine Hilfe und ein Ratgeber ist, und wir wünschen Ihnen eine rasche und komplikationsfreie Genesung.

6. Regularien

6.1 Bestätigung

Ich bestätige hiermit den Empfang eines Fixateur Externe und verpflichte mich, denselben nach Entfernung unverzüglich wieder zurückzugeben.

_______________, den _____________

____

(Unterschrift des Patienten)

____

(Unterschrift des Arztes)

Der zur Behandlung Ihrer Verletzung angebrachte Fixateur Externe wird Ihnen bis zur völligen Ausheilung leihweise, ohne besondere Berechnung überlassen. Wir bitten Sie, denselben nach Entfernung unverzüglich wieder beim Krankenhaus

____

____

abzugeben (bzw. kostenfrei als Wertsendung zurückzusenden). Der Wert dieses Fixateurs beträgt ca. EURO
Für den Fall, daß wir denselben nicht mehr zurückbekommen, behalten wir uns vor, Ihnen den Anschaffungswert für ein gleichwertiges Ersatzgerät in Rechnung zu stellen.
Wir wünschen Ihnen eine baldige völlige Genesung.

6.2 Informationen für den weiterbehandelnden Arzt

____

____

Ihr(e) Patient(in)

wurde nach einem Knochenbruch mit einem Fixateur Externe behandelt. Um eine reibungslose Nachbehandlung zu gewährleisten, finden Sie in diesem Informationsschreiben wichtige Hinweise.

1. Bitte verändern Sie nichts an der äußeren Konstruktion des Fixateur Externe und drehen Sie nicht an den Schrauben, da sonst die speziell auf den Frakturtyp eingestellte Verspannung ungünstig verändert werden kann.
2. Der Patient sollte regelmäßig die für ihn ausgearbeitete Krankengymnastik durchführen. Veränderungen in der Belastbarkeit ergeben sich aus Röntgenkontrollen und werden Ihnen und dem Patienten mitgeteilt.
3. Bitte veranlassen Sie in 4-wöchigen Abständen Röntgenkontrollen zur Frage des Heilungsverlaufes und der Belastbarkeit.
4. Sollte sich die Haut um die Pineintrittsstellen röten, die Haut spannen und/oder sich das normalerweise klare Wundsekret trübe färben, sind dies die ersten Anzeichen einer Infektion, die sofort mit einer 8-tägigen Gabe eines Antibiotikums (Tetracycline) behandelt werden sollte.

5. Bei einer länger anhaltenden Infektion sind ggf. chirurgische Maßnahmen nötig (z.B. Pin-Wechsel).
6. Die Pflege des Fixateur Externe und der Pineintrittsstellen übernimmt der Patient selbständig. Krusten und Borken sollten immer entfernt werden, damit das Wundsekret einen freien Abfluß hat. Auch eine regelmäßige Reinigung der Wunden und der Pins mit täglichem Duschen ist erforderlich.
7. Um eine optimale Nachbehandlung zu erreichen, sollte sich der Patient alle 4 bis 6 Wochen in der erstbehandelnden Klinik einfinden. Die Entfernung des Fixateur Externe ist für den Patienten nahezu schmerzfrei und erfolgt ambulant und ohne Narkose.

Wir danken Ihnen für Ihre Mithilfe und hoffen auf eine durch gemeinsame Initiative unterstützte, baldige Genesung unseres gemeinsamen Patienten.

Anschriften der Erstautoren

Asche, Gernot, Dr. med. Seiten 51, 58, 69, 83, 113, 139, 236
Abteilung für Unfallchirurgie, Kreiskrankenhaus Freudenstadt
Karl-von-Hahn-Straße 12, 72250 Freudenstadt

Beck, Dennis J. Jr., M.D. Seite 162
University of Louisville, Department of Orthopaedic Surgery
Louisville, Kentucky, 40292, USA

Behrens, Markus A., Ing. dipl. EPFL Seite 29
Entwicklung und Testlabor Stryker Trauma S.A.
Ch. des Aulx 5, CH-1228 Plan-les Ouates, Genf, Schweiz

Deck, Thomas, Dr. med. Seite 58
Chirurgische Abteilung, Kreiskrankenhaus Freudenstadt
Karl-von-Hahn-Straße 12, 72250 Freudenstadt

Elsen, Achim, Dr. med. Seite 192
Klinik für Unfallchirurgie, Klinikum Hannover - Standort Nordstadt
Haltenhoffstraße 41, 30167 Hannover

Florin, Nicole, Dr. med. Seite 72
Klinik für Unfall-, Hand- und Wiederherstellungschirurgie,
Klinikum Hannover Nordstadt
Haltenhoffstraße 41, 30167 Hannover

Forriol, Francisco, Prof. Dr. Seiten 41, 197
Facultad de Medicina, Universidad de Navarra
E-31080 Pamplona, Spain

Kummer, Benno, Prof. Dr. med. Seite 22
Zentrum Anatomie der Universität
Joseph-Stelzmann-Straße 9, 50931 Köln

Laer, Lutz v., Prof. Dr. med. Seite 214
Peter-Rot-Straße 98, CH-4058 Basel, Schweiz

Lascombes, Pierre, Prof. Seite 225
Centre Hospitalier Universitaire, Hôpital des Enfants, Chirurgie infantile A
Rue du Morvan, F-54500 Vandoeuvre les Nancy, France

Ludwig-Buchal, Andrea, Dr. med. Seite 139
Chirurgische Abteilung, Kreiskrankenhaus Freudenstadt
Karl-von-Hahn-Straße 12, 72250 Freudenstadt

Rose, Stefan, Priv.-Doz. Dr. med. Seite 171
Klinikum der Johann Wolfgang Goethe-Universität, Zentrum der Chirurgie,
Klinik für Unfall-, Hand- und Wiederherstellungschirurgie
Theodor-Stern-Kai 7, 60590 Frankfurt am Main

Roth, Wolfgang, Dr. med. Seite 146
Chirurgische Abteilung, St. Elisabeth Klinik Saarlouis
Kapuzinerstraße 4, 66740 Saarlouis

Schütz, Ludwig, Dr. med. Seite 83
Unfallchirurgische Universitätsklinik Leipzig
Liebigstraße 20a, 04103 Leipzig

Schroeder, Ludwig, Priv.-Doz. Dr. med. habil. Seite 12
Abteilung Unfallchirurgie, Martin-Luther-Krankenhaus Schleswig
Lutherstraße 22, 24837 Schleswig

Socha, Ulrich, Dr. med. Seiten 94, 103
Ev. Diakonissenkrankenhaus
G.-Schwarz-Straße 49, 04177 Leipzig

Stahl, Jens-Peter, Dr. med. Seite 126
Klinik und Poliklinik für Unfallchirurgie, Justus-Liebig-Universität
Rudolf-Buchheim-Straße 7, 35385 Gießen

Unger, Frank, Dipl.-Med. Seite 94
Ev. Diakonissenkrankenhaus Leipzig
G.-Schwarz-Straße 49, 04177 Leipzig

Varsalona, Roberto, Dr. Seite 181
Department of Orthopaedics and Trauma, University of Catania
Via Plebiscito, 628, I-95128 Catania, Italy